Alber/Blankenhorn/Grobshäuser/Lang/Maus/
Mutschler/Radeisen/Ratjen/Sager/Scheel

Klausurtraining Steuerrecht

Steuern und Finanzen in Ausbildung und Praxis, Band 9

2. Auflage

2013
HDS-Verlag
Weil im Schönbuch

HDS
Verlag

Bibliografische Information der Deutschen Nationalbibliothek
Die Deutsche Nationalbibliothek verzeichnet diese Publikation
in der Deutschen Nationalbibliografie; detaillierte bibliografische Daten
sind im Internet über http://dnb.de abrufbar

Gedruckt auf säure- und chlorfreiem, alterungsbeständigem Papier

ISBN: 978-3-941480-92-6

© 2013 HDS-Verlag
Harald Dauber
www.hds-verlag.de
info@hds-verlag.de

Einbandgestaltung: Constantin Burkhardt-Ene
Layout: Zerosoft, Timisoara
Druck und Bindung: STANDARTU SPAUSTUVE DRUCKEREI

Printed in Lithuania
2013

HDS-Verlag Weil im Schönbuch

Die Autoren

Prof. Matthias Alber, Professor für Steuerrecht an der Hochschule für öffentliche Verwaltung und Finanzen in Ludwigsburg. Er ist Autor verschiedener Fachbücher und u.a. Mitautor des Kommentars „Die Körperschaftsteuer" (Dötsch u.a.). Darüber hinaus ist er Mitherausgeber der Fachzeitschrift für Familienunternehmen und Stiftungen sowie seit vielen Jahren in der Steuerberaterausbildung tätig.

Harald Blankenhorn, Diplom-Finanzwirt (FH), ist beim Ministerium für Finanzen und Wirtschaft tätig. Er ist seit Jahren Lehrbeauftragter an der Hochschule für öffentliche Verwaltung und Finanzen in Ludwigsburg.

Prof. Dr. Uwe Grobshäuser, Professor für Steuerrecht an der Fachhochschule Ludwigsburg, Hochschule für öffentliche Verwaltung und Finanzen in Ludwigsburg. Er ist Autor verschiedener Fach- und Lehrbücher zum Steuerrecht und seit Jahren in der Steuerberaterausbildung tätig.

Fritz Lang, Diplom Finanzwirt (FH), Regierungsdirektor, Studienbereichsleiter Ertragsteuerrecht an der Fachhochschule der Sächsischen Verwaltung Meißen. Der Autor verfügt über eine 20 jährige Berufserfahrung als hauptamtlicher Dozent und ist langjährig in der Steuerberaterausbildung/Steuerberaterfortbildung tätig. Publizistisch ist er bereits als Fachbuchautor und Mitherausgeber eines steuerlichen Kommentars in Erscheinung getreten.

Prof. Günter Maus, Professor für Steuerrecht an der Fachhochschule Ludwigsburg, Hochschule für öffentliche Verwaltung und Finanzen in Ludwigsburg. Er ist Autor verschiedener Fach- und Lehrbücher zum Steuerrecht und seit Jahren in der Steuerbeamten- und Steuerberaterausbildung tätig.

Ingo Mutschler ist Dozent für Steuerrecht an der Fachhochschule für Finanzen in Edenkoben. Er ist Autor verschiedener steuerrechtlicher Fachbeiträge.

Prof. Rolf-Rüdiger Radeisen, Diplom-Kaufmann, Steuerberater in Berlin. Er ist Autor und Mitautor bei verschiedenen Umsatzsteuerkommentaren und Fachbüchern, Honorarprofessor an der HTW – Hochschule für Technik und Wirtschaft in Berlin und seit Jahren für die GFS Gesellschaft zur Fortbildung im Steuerrecht mbH bundesweit in der Aus- und Fortbildung für Steuerberater tätig.

Carola Ratjen, Diplom-Finanzwirtin und Assessorin, Dozentin an der Fachhochschule für Verwaltung und Dienstleistung in Altenholz.

Silke Sager ist Dozentin an der Fachhochschule für Finanzen in Edenkoben. Sie ist Autorin verschiedener steuerrechtlicher Fachbeiträge.

Prof. Thomas Scheel, Professor für Steuerrecht an der Hochschule für öffentliche Verwaltung und Finanzen in Ludwigsburg. Er ist Autor verschiedener Fach- und Lehrbücher zum Steuerrecht und seit Jahren in der Steuerberaterausbildung tätig.

Vorwort

Dieses Buch hilft Ihnen bei der Vorbereitung auf eine erfolgreiche Prüfung.

Zahlreiche ausgewählte aktuelle Fälle und Übungsklausuren zu den prüfungsrelevanten Bereichen garantieren eine solide und erfolgreiche Prüfungsvorbereitung.

Abgedeckt sind die folgenden Themen: Abgabenordnung, Finanzgerichtsordnung, Einkommensteuer, Bilanzsteuerrecht, Umsatzsteuer, Bewertung, Erbschaftsteuer, Körperschaftsteuer und Gewerbesteuer.

Gute Klausuren werden nur von Teilnehmern geschrieben, die optimal vorbereitet ins Examen gehen. Anhand der hier zu lösenden Klausurfälle kann der Examensteilnehmer überprüfen, ob der Prüfungsstoff sitzt.

Die Konzeption des Buches ermöglicht eine solide und zielgerichtete Prüfungsvorbereitung für steuerrechtliche Studiengänge an allen Arten von Hochschulen, für die Fortbildung zum Steuerfachwirt und zur Vorbereitung auf die Steuerberaterprüfung.

Die 2. Auflage wurde überarbeitet bzw. um neue Klausuren ergänzt.

Juli 2013   Die Autoren

Bearbeiterübersicht

Alber:	Klausuren Körperschaftsteuer
Blankenhorn:	Klausur Gewerbesteuer
Grobshäuser:	Klausuren Einkommensteuer
Lang:	Klausur Ertragsteuerrecht
Maus:	Klausuren Bilanzsteuerrecht
Mutschler:	Klausur 1 + 3 Umsatzsteuer
Radeisen:	Klausuren Erbschaftsteuer
Ratjen:	Klausur 2 + 3 Abgabenordnung
Sager:	Klausur 1 + 4 Abgabenordnung
Scheel:	Klausur 2 + 4 Umsatzsteuer

Inhaltsverzeichnis

Klausuren Abgabenordnung

Übungsklausur 1
Bearbeitungszeit: 5 Stunden

I.   Sachverhalte

Sachverhalt 1
In der Kanzlei von Steuerberater Fritz Fröhlich (F) erscheint am 10.12.08 der ledige Stevie Oh (S) aus Edenkoben/Pfalz als neuer Mandant. S erzielt Einkünfte aus nichtselbständiger Arbeit als Tierpfleger, aus Vermietung und Verpachtung sowie seit 02 gewerbliche Einkünfte als freischaffender Stuntman, er wird von Filmproduktionsfirmen zur honorarmäßigen Mitwirkung bei der Erstellung von Filmen engagiert. S hat Probleme verschiedenster Art mit dem für ihn zuständigen Finanzamt Landau/Pfalz.

Für den Veranlagungszeitraum 01 hatte S seine eigenhändig erstellte Einkommensteuererklärung am 02.12.07 beim Finanzamt Landau abgegeben. Der Eingang sei ihm zwar anlässlich eines Telefonats in einer anderen Sache beiläufig bestätigt worden, jedoch habe er noch immer keinen Bescheid erhalten. S ist besorgt, dass die von ihm aus diesem Jahr erwartete Steuererstattung inzwischen verjährt sein könnte.

Im Veranlagungszeitraum 02 hatte S seine Tätigkeit als Stuntman begonnen. Allerdings hatte er seine Einkünfte aus dieser Tätigkeit nicht in seiner in 04 selbst erstellten und eingereichten Steuererklärung angegeben, da er davon ausgegangen war, dass es sich um ein steuerlich nicht relevantes Hobby handele. Er habe in diesem Jahr auch unter dem Strich Verluste gemacht. Den erzielten Einnahmen in Höhe von 3.700 € standen Ausgaben für Fahrtkosten, Ausrüstung, Werbung etc. in Höhe von 4.200 € gegenüber. Da er nun aber aufgrund verschiedener weiterer Umstände ohnehin mit der Steuerfestsetzung für 02, die er im August 04 erhalten habe, nicht mehr einverstanden sei, frage er sich, ob die Verluste nicht noch nachträglich geltend gemacht werden könnten. Ihm sei bei einer genaueren Prüfung des damaligen Bescheides ohnehin noch aufgefallen, dass er bei seinen Werbungskosten aus nichtselbständiger Arbeit einen Schreibfehler begangen habe. Wie auch aus der seiner damals der Anlage N beigefügten Berechnung ersichtlich hatte S die Kilometerangabe für seinen Arbeitsweg statt korrekt mit 120 mit 12 km angegeben. Nach den Berechnungen seines Steuerprogramms habe er statt tatsächlich 2.400 € versehentlich nur 1.800 € Werbungskosten geltend gemacht. Das Finanzamt habe die Angaben ohne Abweichung übernommen und im Bescheid vom August 04 die Steuern erklärungsgemäß festgesetzt, ein Vorbehalt der Nachprüfung war nicht im Bescheid enthalten. Im Hinblick auf diese Sachverhalte wolle S eine Überprüfung der Steuer für 02 durch das Finanzamt beantragen. Dieses sei ihm nun aber zuvorgekommen, in dem es ihm bereits am 20.11.08 einen geänderten Steuerbescheid für 02 zugesandt habe. Dieser beruhte auf einer geänderten Gewinnfeststellung aus der Beteiligung des S (als Kommanditist) an der ActionStar KG (A-KG). Der ihm zuzurechnende Gewinnanteil sei um 500 € erhöht worden. Auch mit dieser Erhöhung ist S nicht einverstanden. Man habe bei der KG Einnahmen erfasst, die dieser gar nicht zuzurechnen seien. Die Änderung habe nicht erfolgen dürfen. Außerdem habe er diesbezüglich gar keinen Bescheid erhalten. Die Gewinnerhöhung in diesem Bescheid, der im August 08 ergangen war, sei ihm quasi im Vorbeigehen lediglich vom Mitgesellschafter und Komplementär Uwe Oh (U) mitgeteilt worden, das sei doch ein zweifelhaftes Vorgehen. S fragt, ob es insgesamt sinnvoll sei, gegen den Änderungsbescheid Einspruch einzulegen.

Im Veranlagungszeitraum 03 hatte S eine Tätigkeit als Personality Coach begonnen. In dieser Funktion bot er seine Dienste als persönlicher Trainer und Berater für Menschen an, die besonders unter Schüchternheit und Kontaktscheu leiden. Bereits von Beginn hat erzielte er hohe Einkünfte (+ 5.600 € in 03) aus der Tätigkeit, hatte diese jedoch nicht in seiner Steuererklärung für 03 erfasst, da er der Auffassung gewesen war, diese seien nicht steuerpflichtig. Im erklärungsgemäß (Abgabe in 05) und ohne Vorbehalt der Nachprüfung ergangenen Einkommensteuerbescheid 03 vom 15.05.05 waren diese Einkünfte daher auch nicht enthalten. Da er im Oktober 05 bei Dreharbeiten einen Kollegen kennengelernt habe, der einer ähnlichen Tätigkeit nachgeht, war ihm nun klar geworden, dass er einen Fehler gemacht habe. Er fragt sich, welche Konsequenzen ihn nunmehr erwarten könnten. Die Tätigkeit als Coach hatte er Ende 04 aus Zeitmangel wieder eingestellt. Auch in 04 hatte er aber noch Einkünfte in Höhe von 8.400 € gehabt, die er auch in der Erklärung für 04 nicht angegeben habe, weil er nicht wollte, dass durch die Angaben der Fall in 03 wieder aufgerollt wird. Der Einkommensteuerbescheid für 04 war im Dezember 05 erklärungsgemäß (Abgabe November 05) ergangen. Hinzu komme, dass einer seiner Kunden ihn in der letzten Woche dahin gehend informiert habe, dass das Finanzamt bei der Betriebsprüfung dessen Immobilienmaklerbüros die Eingangsrechnung des S, die der Kunde im Rahmen seiner Betriebsausgaben geltend gemacht habe, genauer unter die Lupe genommen und kopiert habe.

Die Veranlagung 06 sei hingegen weitgehend abgewickelt. Allerdings verlange hier das FA noch die Zahlung horrender Säumniszuschläge, die S nicht akzeptieren könne. Er habe den aufgrund des am 20.06.08 bekannt gegebenen Steuerbescheides eine Abschlusszahlung von 3.735 € bis zum 20.07.08 zu leisten gehabt. Auf diese Zahlungsaufforderung hin habe er am 18.07.08 einen entsprechenden Scheck an die zuständige Finanzkasse zur Post gegeben. Der Eingang wurde ihm auch auf Anfrage am 19. Juli bestätigt. Trotzdem habe man ihn nun zur Zahlung eines angeblichen Säumniszuschlags von 37 € aufgefordert. Dies sei er nicht bereit zu akzeptieren.

Zu guter Letzt berichtet S noch über eine Pfändungs- und Einziehungsverfügung, die ihm am 01.04.08 zugestellt worden sei. Darin pfändete das Finanzamt Trier alle gegenwärtigen und zukünftigen Forderungen, die einem Vollstreckungsschuldner namens Bronko Boss (B), wohnhaft in Trier, gegen S aus Handwerkerleistungen zustehen. Tatsächlich hatte der Allroundhandwerker B am Wohngebäude des S mehrere Reparatur- und Instandsetzungsarbeiten vorgenommen. Nach den Unterlagen des S waren am 01.04.08 noch Forderungen in Höhe von 3 x 5.000 € offen. Den ersten Teilbetrag von 5.000 € könne er nicht mehr an das Finanzamt zahlen, da er die Summe auf Drängen des B im Mai 08 diesem bar ausgezahlt habe. Bezüglich des zweiten Teilbetrages steht S auf dem Standpunkt, dass die Arbeit des B gravierende Mängel aufgewiesen habe, die vor der Begleichung noch beseitigt werden müssten. Im Hinblick auf den dritten Teilbetrag sei er ebenfalls nicht zur Zahlung bereit, da er dem B am 15.08.08 ein Stromaggregat zum Preis von 10.000 € verkauft und man sich darauf geeinigt habe, die jeweiligen Forderungen miteinander zu verrechnen. Dem Finanzamt gegenüber hat S auf die Pfändung noch nicht reagiert. Allerdings wurde ihm inzwischen mit Schreiben vom 02.07.08 ein Zwangsgeld in Höhe von 400 € angedroht für den Fall, dass er nicht bis zum 01.09.08 eine Drittschuldnererklärung abgebe. Eine Festsetzung des Zwangsgelds sei aber seither noch nicht erfolgt.

Eine abschließende Frage hat S noch: Als er kürzlich bei der Abgabe der Einkommensteuererklärung 07 im Finanzamt in seinem zuständigen Bezirk vorsprach habe er über den Schreibtisch hinweg einen Blick auf den Aktendeckel seiner Steuerakte werfen können und dabei entdeckt, dass sein Steuerfall in 06 der sogenannten Risikoklasse 1 für besonders risikobehaftete Fälle zugeordnet sei. S fühlt sich mit dieser Einordnung unwohl und fragt sich, warum man seinen Fall so eingeschätzt habe. Er will wissen, ob er über die Einordnung für das Jahr 07 beim Finanzamt Auskunft bekommen kann bzw. ob er gegen eine ungünstige Risikoklasse rechtlich vorgehen kann.

II. Aufgabe

Würdigen Sie den Sachverhalt umfassend aus abgabenrechtlicher Sicht. Gehen Sie dabei auch auf steuerstrafrechtliche Fragen ein. Welche Maßnahmen sind durch bzw. für den Mandanten zu ergreifen?

Lösung der Übungsklausur 1

Gem. § 80 Abs. 1 AO kann S sich in steuerlichen Sachen vor dem Finanzamt vertreten lassen. Er hat hierzu dem eine schriftliche Vollmacht zu erteilen, die dem Finanzamt vorzulegen ist.

Veranlagungszeitraum 01

Für den Veranlagungszeitraum 01 hat S eine Steuererklärung eingereicht, die bisher vom Finanzamt nicht der Besteuerung zugrunde gelegt worden ist. Es ist insoweit zu beachten, dass gem. § 169 Abs. 1 S. 1 AO eine Steuerfestsetzung nur bis zum Ablauf der Festsetzungsfrist möglich ist. Diese Frist beginnt, da eine Ablaufhemmung gem. § 170 Abs. 2 Nr. 1 AO aufgrund der Verpflichtung des S zur Abgabe der Steuererklärung gem. § 149 Abs. 1 S. 1 AO i.V.m. § 25 Abs. 3, § 56 EStDV besteht, mit Ablauf des Jahres, in dem S die Steuererklärung abgegeben hat. Dies geschah hier erst in 07. Spätester Beginn ist hier jedoch der Ablauf des dritten auf den Veranlagungszeitraum folgenden Kalenderjahres, hier also mit Ablauf des Jahres 04. Die Frist dauert gem. § 169 Abs. 2 Nr. 2 4 Jahre und endet somit regulär mit Ablauf des Jahres 08. Folglich muss die Festsetzung bis zum Ende des Jahres 08 erfolgen, wenn keine Ablaufhemmung gem. § 171 AO greift. Dies ist hier fraglich. In Betracht kommt § 171 Abs. 3 AO, hierfür müsste innerhalb der Festsetzungsfrist ein Antrag auf Steuerfestsetzung gestellt worden sein. S hat am 02.12.07 seine Steuererklärung abgegeben. Hier ist jedoch nach h.M. kein Antrag auf Steuerfestsetzung zu sehen, da S lediglich seine abgabenrechtlichen Pflichten erfüllt hat. Folglich greift § 171 Abs. 3 AO vorliegend nicht und es droht der Eintritt der Festsetzungsverjährung.

Um eine Fristenhemmung erreichen zu können, besteht vorliegend die Möglichkeit, einen ausdrücklichen – aus Beweisgründen bevorzugt schriftlichen – Antrag auf Steuerfestsetzung i.S.d. § 171 Abs. 3 AO zu stellen. Ob bereits in der telefonischen Nachfrage über den Eingang der Erklärung ein Antrag zu sehen ist, ist fraglich. Zur Sicherheit sollte daher ein schriftlicher Antrag eingereicht werden.

Alternativ kommt die Einlegung eines Untätigkeitseinspruchs gem. § 347 Abs. 1 S. 2 AO in Betracht. Danach ist ein Einspruch statthaft, wenn das Finanzamt ohne Mitteilung eines zureichenden Grundes binnen angemessener Frist über einen gestellten Antrag in einer Abgabenangelegenheit nach § 347 Abs. 2 AO – hier ist auch die Einreichung einer Steuererklärung erfasst – sachlich nicht entschieden hat. Vorliegend hat S seine Steuererklärung bereits Ende 07 eingereicht. Da inzwischen mehr als 6 Monate vergangen sind, ist der Untätigkeitseinspruch statthaft. Dieser ist gem. § 357 Abs. 1 S. 1 AO schriftlich und bei dem Finanzamt einzulegen, bei dem der Erlass des Verwaltungsaktes, hier des Steuerbescheides beantragt worden ist, vgl. § 357 Abs. 2 S. 1 AO. Im Einspruchsschreiben sollte die Situation dargelegt und auf die nun ausgelöste Ablaufhemmung des § 171 Abs. 3a AO zur Klarstellung hingewiesen werden. Mit dem Einspruch kann dann die Festsetzungsfrist nicht mehr ablaufen, bis über den Einspruch unanfechtbar entschieden worden ist.

Veranlagungszeitraum 02

Um eine weitergehende Änderung des Einkommensteuerbescheides 02 zu erreichen, sind verfahrenstechnisch die Möglichkeit des Einspruchs und des Antrags auf Änderung des Bescheides zu unterscheiden. Welche dieser Varianten sinnvoller ist, ist u.a. auch abhängig davon, inwieweit für die einzelnen Einwände und Sachverhalte Korrekturvorschriften gegeben sind. Im Rahmen der Einspruchsprüfung ist zudem zu beachten, dass es sich um einen Einspruch gegen einen Änderungsbescheid handelt, der gem. § 351 Abs. 1 AO nur zulässig ist, soweit die Änderung reicht, es sei denn, dass weitere Korrekturvorschriften über den Rahmen der Änderung hinausgehen. Es sind daher zunächst die Korrekturvorschriften umfassend zu prüfen.

Die Änderung des Finanzamts in Bezug auf die Berücksichtigung der geänderten Gewinnfeststellung bei der A-KG gründet sich auf § 175 Abs. 1 Nr. 1 AO. Danach sind Steuerbescheide dann änderbar, wenn ein Grundlagenbescheid i.S.d. § 171 Abs. 10 AO, der Bindungswirkung für einen anderen Bescheid hat, erlassen, aufgehoben oder geändert wird. Hier ergeht ein geänderter Bescheid über eine gesonderte und einheitliche Feststellung gem. §§ 179 Abs. 2 S. 2, 180 Abs. 1 Nr. 2a AO, da an der A-KG mehrere Personen beteiligt sind, denen die Einkünfte zuzurechnen sind. In diesem Bescheid wird der Gewinn der KG und die Beteiligungseinkünfte auch des S gem. § 182 Abs. 1 AO bindend festgestellt. Der Bescheid müsste auch wirksam sein, d.h. er darf nicht nichtig sein und muss wirksam bekannt gegeben worden sein. S macht geltend, der Gewinn sei zu hoch festgestellt, außerdem habe er keinen Bescheid erhalten. Der Einwand, der Feststellungsbescheid sei inhaltlich falsch und enthalte einen zu hohen Gewinn, ist im Einspruchs- bzw. Festsetzungsverfahren in Bezug auf den Folgebescheid, also den Einkommensteuerbescheid des Beteiligten S, wegen § 351 Abs. 2 AO nicht möglich. Diese Vorschrift sieht vor, dass inhaltliche Einwände lediglich im Einspruchsverfahren gegen den Feststellungsbescheid selbst geltend gemacht werden können. S hätte also den geänderten Feststellungsbescheid mit einem Einspruch anfechten müssen. Auch hinsichtlich der Bekanntgabe des Feststellungsbescheides sind hier keine Fehler ersichtlich. Nach der Darstellung des S ist der Bescheid an den Komplementär U bekannt gegeben worden. Zu ermitteln ist hier, ob die KG einen Empfangsbevollmächtigten i.S. § 183 Abs. 1 S. 1 AO benannt hat. Dies hat S nicht erwähnt. Wenn man unterstellt, dass dies nicht geschehen ist, gilt ein zur Vertretung der Gesellschaft Berechtigter als Empfangsbevollmächtigter, vgl. § 183 Abs. 1 S. 2 AO. Der Komplementär U vertritt gem. § 161 Abs. 2 HGB i.V.m. §§ 125 Abs. 1, 170 HGB die KG nach außen, somit kann – wenn der Bescheid mit einem Hinweis nach § 183 Abs. 1 S. 5 AO versehen ist – die Bekanntgabe an U mit Wirkung für und gegen S erfolgen. Etwas anderes könnte nur gelten, wenn S in einem ernsthaften Streit mit U stehen würde und dies dem Finanzamt auch bekannt wäre, vgl. § 183 Abs. 2 S. 1 AO. In diesem Fall hätte er einen eigenen Bescheid bekommen müssen. Allerdings würde auch ein solcher Streit nichts an der Empfangsvollmacht des U ändern, wenn dieser von der KG als Empfangsbevollmächtigter benannt worden ist. In solchen Fällen wirkt die ausdrückliche Vollmacht nämlich bis zu ihrem Widerruf fort, § 183 Abs. 3 AO. Somit ist nach den vorliegenden Informationen der Feststellungsbescheid wirksam und folglich auch die Änderung des Einkommensteuerbescheides gem. § 175 Abs. 1 Nr. 1 AO rechtmäßig gewesen.

Änderungen nach § 164 Abs. 2 S. 1 AO kommen nicht in Betracht, da der Bescheid keinen Vorbehalt der Nachprüfung enthält.

Im Hinblick auf die Einnahmen und Ausgaben des S aus seiner Tätigkeit als Stuntman kommt eine Berücksichtigung nach § 173 Abs. 1 AO in Betracht. Danach können

Tatsachen, die nachträglich bekannt werden und zu einer höheren (Nr. 1) bzw. niedrigeren (Nr. 2) Steuer führen, eine Änderung eines Steuerbescheides ermöglichen. Da vorliegend die gesamten Einkünfte, also sowohl Einnahmen als auch Ausgaben nachträglich als neue Einkunftsquelle des S bekannt werden, kommt nur die Berücksichtigung des saldierten Betrages, hier also des Verlustes von 500 € in Betracht. Der Ansatz kann somit nur gem. § 173 Abs. 1 Nr. 2 AO erfolgen. Die negativen Einkünfte sind eine Tatsache i.S. der Vorschrift, da sie Merkmal eines steuergesetzlichen Tatbestandes sind. Sie würden durch ein Schreiben des S an das Finanzamt auch nachträglich, also nach abschließender Zeichnung des Erstbescheides bekannt werden. Da sie zu einer niedrigeren Steuer führen würde, dürfte den S kein grobes Verschulden am nachträglichen Bekanntwerden treffen. Grobes Verschulden liegt vor, wenn S vorsätzlich oder grob fahrlässig gehandelt hat. S hat nach eigenen Angaben die Einkünfte nicht erklärt, weil er davon ausgegangen war, dass es sich um ein nicht relevantes Hobby gehandelt habe. Da in den Steuererklärungsvordrucken eindeutige Angaben über die verschiedenen Einkünfte zu machen sind, hat S eine ausdrückliche Frage hier nicht korrekt beantwortet. Soweit er sich im Unklaren über die steuerliche Relevanz seiner Tätigkeit war, hätte er sich kundig machen müssen. Somit wird die nachträgliche Geltendmachung der Verluste wohl am groben Verschulden des S scheitern. Auch ein Zusammenhang zu Tatsachen nach Nr. 1 i.S.d. § 173 Abs.1 Nr. 2 S. 2 AO ist nicht ersichtlich, da hier nur der Saldo der Einnahmen und Ausgaben als eine Tatsache betrachtet wird. Ein Korrekturantrag zur Berücksichtigung der Verluste sollte aber gleichwohl versuchsweise gestellt und dahin gehend argumentiert werden, dass es sich um ein nicht als grobes Verschulden zu wertendes Versehen gehandelt habe. Zu prüfen sein wird hier schließlich auch noch die Berücksichtigung dieses Punktes im Rahmen des § 177 AO als materieller Fehler bzw. im Rahmen der Gesamtfallüberprüfung des Bescheides aufgrund eines Einspruchs.

Der Schreibfehler des bei den Werbungskosten aus nichtselbständiger Arbeit kann nach § 129 S. 1 AO berichtigt werden. S hat sich bei der Nennung der Kilometerzahl für die Entfernung zwischen Wohnung und Arbeitsstätte verschrieben. Es handelt sich um eine offenbare Unrichtigkeit, da auch einem unbeteiligten Dritten sofort die Ungereimtheit aus den Angaben des S auffällt. Der Fehler ist hier zunächst dem S unterlaufen. Da sich aber aus den von ihm eingereichten Unterlagen für das Finanzamt ohne Weiteres ergeben hat, dass die Zahlen falsch sein müssen, hat sich die Behörde den Fehler des S zu eigen gemacht und ihn als eigenen übernommen. Der Fehler kann daher nach § 129 AO berichtigt werden, auf Antrag des S ist er gem. § 129 S. 2 AO zu berichtigen.

Unter dem Strich liegen daher für den Veranlagungszeitraum 02 folgende Korrekturvorschriften vor:
- § 175 Abs. 1 Nr. 1 AO in Höhe von + 500 € Beteiligungseinkünften,
- § 129 S. 1 AO in Höhe von - 600 € bei den Einkünften aus nichtselbständiger Arbeit.

Weiterhin liegt ein materieller Fehler vor, soweit die Verluste aus der Tätigkeit als Stuntman in Höhe von 500 € nicht angesetzt sind.

Soweit S gegen den Änderungsbescheid Einspruch einlegt, greift die Beschränkung des § 351 Abs. 1 AO. Der Bescheid kann daher nur soweit angegriffen werden, wie die

Änderung reicht. Da für den Schreibfehler eine Korrekturvorschrift greift, kann die Steuer im Fall eines Einspruchs im Änderungsrahmen von - 600 € bis + 500 € festgesetzt werden. Laut BFH ist es insoweit zulässig, aus Vereinfachungsgründen nicht die steuerlichen Auswirkungen der Korrekturen sondern die Besteuerungsgrundlagen selbst miteinander zu verrechnen. Aufgrund des materiellen Fehlers wäre die Steuer richtigerweise auf – 600 € festzusetzen (– 600 + 500 – 500). Da dies im Änderungsrahmen liegt, wäre ein Einspruch in vollem Umfang diesbezüglich zulässig und begründet.

Wenn S lediglich einen Antrag auf eine nochmalige Änderung des Einkommensteuerbescheides stellt, ist fraglich, ob auch hier die negativen Einkünfte aus der Tätigkeit als Stuntman Berücksichtigung finden können. Ein Antrag auf schlichte Änderung gem. § 172 Abs. 1 Nr. 2a AO ist denkbar, wenn er – da S eine für ihn günstige Änderung begehrt – innerhalb der Einspruchsfrist gem. § 355 Abs. 1 S. 1 AO gestellt wird. Die Rechte des S werden allerdings demgegenüber im Einspruchsverfahren umfassender gewahrt, da der angefochtene Bescheid dann vollumfänglich (beschränkt auf den Änderungsrahmen) überprüft werden könnte. Anträge auf Änderungen bzw. Berichtigung kommen sonst nur in Bezug auf die offenbare Unrichtigkeit in Betracht, dann aber kann keine Kompensation der negativen Einkünfte als materieller Fehler mehr erfolgen. Um diesen Fehler mit korrigieren zu können, muss § 177 AO Anwendung finden. Dies ist nur dann möglich, wenn der Eintritt der Bestandskraft des Änderungsbescheides verhindert wird, da nur der für S ungünstigen Änderung gem. § 175 Abs. 1 Nr. 1 AO der materielle Fehler gem. § 177 Abs. 1 AO entgegen gehalten werden kann.

Wählt man für S wie empfohlen den Einspruch, ist darauf zu achten, dass die übrigen Zulässigkeitsvoraussetzungen eingehalten werden müssen. Gegen den Einkommensteuerbescheid als Verwaltungsakt gem. § 118 S. 1 AO in Abgabenangelegenheiten ist der Einspruch gem. §§ 347 Abs. 1 Nr. 1, Abs. 2 AO statthaft. Er ist gem. § 357 Abs. 1 S. 1 AO schriftlich und beim FA Landau einzulegen, das den Bescheid erlassen hat (§ 357 Abs. 2 S. 1 AO). Es ist weiterhin die Einspruchsfrist gem. § 355 Abs. 1 S. 1 AO von einem Monat ab Bekanntgabe des Bescheides einzuhalten. Hierfür ist genau zu ermitteln, wann die Bekanntgabe vorliegend stattgefunden hat. Er wurde S am 20.11.08 zugesandt. Maßgebliches Datum ist die Aufgabe zur Post, gem. § 122 Abs. 2 Nr. 1 AO gilt der Bescheid 3 Tage später als bekannt gegeben. Die Frist berechnet sich nach § 108 Abs. 1 i.V.m. § 187 Abs. 1 und § 188 Abs. 2 AO damit auf den Tag, der 1 Monat auf den Bekanntgabetag folgt. Ist dies ein Samstag, Sonntag oder Feiertag, verlängert sich die Frist gem. § 108 Abs. 3 AO auf den nächsten Werktag. Im Einspruchsschreiben sollten die wesentlichen Punkte, die S gegen den Bescheid einzuwenden hat, wie dargestellt erläutert werden.

Die Festsetzungsfrist (zu den Vorschriften siehe Ausführungen zu VZ 01) beginnt mit Ablauf des Jahres 04 und endet mit Ablauf 08. Wenn S daher Einspruch einlegt, greift wiederum die Ablaufhemmung des § 171 Abs. 3a AO und die Frist läuft bis zur abschließenden Entscheidung über diesen Rechtsbehelf nicht ab.

Veranlagungszeitraum 03
Für den Veranlagungszeitraum 03 stellen sich mehrere Fragen: Zum einen ist zu prüfen, ob der Einkommensteuerbescheid im Hinblick auf die nicht erklärten Einkünfte

aus der Tätigkeit des S als Coach noch geändert werden kann. Zum anderen sollte untersucht werden, ob S verpflichtet ist, seine eigene unrichtige Steuererklärung gegenüber dem Finanzamt zu berichtigen. Es kommt in Bezug auf die unvollständige Erklärung auch die Prüfung des Tatbestands der Steuerhinterziehung in Betracht. Da das Finanzamt im Rahmen der Betriebsprüfung bei dem Kunden des S bereits Kenntnis von Zahlungen an diesen hat, stellt sich anschließend ggf. auch die Frage, ob S eine Bestrafung dieser Tat noch durch eine Selbstanzeige vermeiden kann.

Die Festsetzungsfrist für die Steuer 03 ist Ende 08 noch nicht abgelaufen. S hat seine Steuererklärung in 05 abgegeben haben, somit läuft die Frist bis Ablauf des Jahres 09. Es kann daher nicht davon ausgegangen werden, dass das Finanzamt die Frist ohne eine Änderung verstreichen lässt, wenn es wie von S dargestellt Kenntnis von den bisher nicht erklärten Einkünften des S erlangt. Eine Korrektur des Steuerbescheides kommt nach § 173 Abs. 1 Nr. 1 AO in Betracht. Die Einkünfte stellen Tatsachen dar, die rechtserheblich sind und zu einer höheren Steuer führen. Diese werden in jedem Fall nachträglich, also nach abschließender Zeichnung des ersten Bescheides in 05 bekannt, entweder bereits durch die BP bei dem Kunden des S oder durch eine etwaige eigene Meldung des S. § 173 Abs. 2 AO steht einer Änderung des Bescheides nicht entgegen. Die gleiche Änderungsmöglichkeit ergibt sich für die Einkommensteuer 04.

Fraglich ist, ob S durch die Abgabe der unvollständigen Steuererklärung für 03 eine Steuerhinterziehung i.S. § 370 Abs. 1 Nr. 1 AO gem. § 15 EStG begangen hat. Durch die Nichterklärung der eindeutig steuerpflichtigen und damit gem. § 15 EStG steuerlich erheblichen Einkünfte, die S aus seiner Tätigkeit als Coach erzielt, hat S eine unvollständige Steuererklärung abgegeben, dies geschah auch gegenüber einer Finanzbehörde i.S.d. § 6 Abs. 2 Nr. 5 AO, hier dem FA Landau. Aufgrund der falschen Erklärung kam es zu einer zu niedrigen Steuerfestsetzung, also zu einer Steuerverkürzung i.S.d. § 370 Abs. 4 S. 1 AO. Die Erklärung war mithin kausal für diesen Taterfolg. Zweifel bestehen hier aber dahin gehend, ob S die Tat wie gem. § 369 Abs. 2 i.V.m. § 15 StGB erforderlich vorsätzlich begangen hat. Vorsatz umfasst das Wissen und Wollen der Verwirklichung des objektiven Tatbestands. S gibt an, er sei davon ausgegangen, seine Einkünfte seien nicht steuerpflichtig. Soweit man dem S diese Einlassung glaubt, liegt damit kein vorsätzliches Handeln vor, da S nicht wusste, dass er eine falsche und unvollständige Erklärung abgibt. Somit kommt aufgrund der falschen Erklärung für 03 allenfalls eine leichtfertige Steuerverkürzung gem. § 378 AO in Betracht, bei der S die Festsetzung einer Geldbuße gem. § 378 Abs. 3 AO durch eine rechtzeitige Berichtigung seiner Erklärung vermeiden kann (vgl. hierzu später).

Allerdings hatte S nach eigenen Angaben bereits im Oktober 05 Kenntnis von der Steuerpflicht erlangt. Soweit er gegenüber dem Finanzamt bei dieser Einlassung bleiben würde, läge für 04 in jedem Fall der Tatbestand der Steuerhinterziehung vor. Bei der Erstellung dieser Erklärung, die ebenfalls die Einkünfte aus der Tätigkeit als Coach nicht enthalten hat, wusste er somit von der Steuerpflicht und wollte diese auch vermeiden. Hintergrund war, die Entdeckung der Einkunftsquelle für das Jahr 03 zu vermeiden. Ein vorsätzliches Handeln ist daher für 03 zu bejahen. Da S auch keine Rechtfertigungs- oder Entschuldigungsgründe geltend machen kann, hat er sich durch die falsche Erklärung in 04 wegen Steuerhinterziehung strafbar gemacht.

Aufgrund der Erkenntnis, dass seine Erklärung 03 unabsichtlich unvollständig war, trifft den S in Bezug auf diese Steuererklärung zudem eine Berichtigungspflicht gem. § 153 Abs. 1 Nr. 1 AO. Er erkennt hier innerhalb der Festsetzungsfrist, dass seine Erklärung falsch war und zu einer Steuerverkürzung geführt hat. Wenn S dieser Pflicht nicht unverzüglich nachkommt, begeht er den Tatbestand der Steuerhinterziehung i.S.d. § 370 Abs. 1 Nr. 2 AO, da er die Finanzbehörden pflichtwidrig über steuerlich erhebliche Tatsachen, hier die Einkünfte, in Unkenntnis lässt. Da hier seit der Erkenntnis des S bereits 3 Jahre vergangen sind, kann von einer unverzüglichen Berichtigung nicht mehr ausgegangen werden. Somit hat S auch für das Jahr 03 eine Steuerhinterziehung begangen.

Für die Veranlagungszeiträume 03 und 04 ist daher zu untersuchen, ob eine Selbstanzeige des S i.S.d. § 371 AO sinnvoll und möglich ist. Eine wirksame Selbstanzeige stellt dabei einen persönlichen Strafaufhebungsgrund dar, d.h. S könnte dann nicht mehr wegen Steuerhinterziehung belangt werden. Um jedoch Straffreiheit zu erlangen, muss S die Voraussetzungen des § 371 AO erfüllen. Er muss gem. § 371 Abs. 1 AO zu allen unverjährten Steuerstraftaten einer Steuerart in vollem Umfang die unrichtigen Angaben berichtigen, d.h. für 03 und 04 um die Einkünfte aus Beratungstätigkeit ergänzte Steuererklärungen abgeben. Die Straffreiheit tritt gem. § 371 Abs. 2 nicht ein, wenn S inzwischen bereits eine Prüfungsanordnung bekommen hat, wenn ihm die Einleitung eines Strafverfahrens angedroht worden ist oder bereits ein Amtsträger bei ihm zur Prüfung des Sachverhalts erschienen ist. Ebenso schließt gem. § 371 Abs. 2 Nr. 2 AO die Entdeckung der Tat und die Kenntnis des S davon die wirksame Selbstanzeige aus. Der Sperrgrund des § 371 Abs. 2 Nr. 3 AO greift hier nicht, da die darin genannten Betragsgrenzen nicht überschritten sind. Eine begonnene oder angekündigte Prüfung des S ist hier noch nicht ersichtlich. Fraglich ist, ob die Tat bereits entdeckt ist. Nach Kenntnis des S hat ein Betriebsprüfer die Unterlagen eines Kunden gesichtet. Der weitere Fortgang des Verfahrens in derartigen Fällen besteht üblicherweise in einer Mitteilung des Prüfers an den für S zuständigen Veranlagungsbezirk mit der Bitte um Prüfung, ob die Einnahmen bei diesem steuerlich erfasst worden sind. Es sind daher bei der Finanzbehörde Verdachtsmomente gegeben. Ob diese bereits einer Entdeckung gleichstehen ist fraglich, da noch unklar ist, ob die Informationen die zuständige Stelle bereits erreicht haben und die Steuerverkürzung damit offenbar geworden ist. Dem S wird allerdings vonseiten des Finanzamts auch schwer nachzuweisen sein, dass er von der Prüfung bei seinem Kunden und der genauen Untersuchung der Betriebsausgaben bereits Kenntnis hatte. Nach alledem ist bei der Selbstanzeige durch S keine Zeit mehr zu verlieren, da das Finanzamt aller Voraussicht nach in nächster Zukunft ein Strafverfahren gegen S einleiten wird. S muss gem. § 371 Abs. 3 AO die hinterzogenen Steuern innerhalb der ihm bestimmten Frist entrichten, um Straffreiheit zu erlangen.

Veranlagungszeitraum 06

Säumniszuschläge als steuerliche Nebenleistung i.S.d. § 3 Abs. 4 AO entstehen gem. § 240 Abs. 1 S. 1 AO, wenn eine Steuer nicht bis zum Ablauf des Fälligkeitstages entrichtet wird. Die Einkommensteuer-Abschlusszahlung 06 des S, auf die vorliegend Säumniszuschläge erhoben worden sind, wurde gem. § 220 Abs. 1 AO i.V.m. § 36 Abs. 4 S. 1 EStG innerhalb eines Monats nach Bekanntgabe des Steuerbescheides fällig. Diese hatte am 20.06.08 stattgefunden, somit hätte S wie im Bescheid vermerkt die Steuer bis zum 20.07.08 begleichen müssen. Hier hat S allerdings durch Scheck gezahlt. Eine derartige Zahlung gilt aufgrund § 224 Abs. 2 Nr. 1 AO erst am dritten Tag nach dem Eingang des Schecks als entrichtet, hier also – da der Scheck am 19. Juli beim Finanzamt eingegangen war – erst am 22. Juli 08. Somit wurde die Zahlung 2 Tage zu spät bewirkt. Die Kulanzregelung des § 240 Abs. 3 AO, dass bei einer Säumnis von nicht mehr als 3 Tagen ein Säumniszuschlag nicht erhoben wird, gilt nicht bei Zahlungen mit Scheck. Somit sind tatsächlich Säumniszuschläge entstanden. Diese betragen für jeden angefangenen Monat, hier also einen, 1 % des abgerundeten rückständigen Steuerbetrages, hier also 1 % von 3.700 €, demnach 37 €. Die Säumniszuschläge sind daher hier korrekt berechnet und gefordert. Dem steht auch nicht entgegen, dass der tatsächliche Geldeingang bzw. die Gutschrift evtl. rechtzeitig erfolgte, da die AO mit den Normen der §§ 224, 240 Abs. 3 AO eindeutige Wertungen getroffen hat (vgl. auch BFH Urteil vom 28.08.2012, BStBl II 2013, 103).

Anzuraten ist der Versuch, einen Erlass dieses Betrages nach § 227 AO im Billigkeitsweg zu erreichen. Allerdings hat bereits das FG Niedersachsen (Urteil vom 04.07.2011, EFG 2012, 205 f.) entschieden, dass ein Erlass von Säumniszuschlägen in geringer Höhe oder wegen geringer Säumnis nicht in Betracht kommt, weil er den Wertungen des Gesetzgebers widerspricht. Gleichwohl kann ein Antrag auf Erlass versuchsweise gestellt werden, da hierdurch keine Kosten verursacht werden und es sich letztendlich um eine Ermessensentscheidung des Finanzamts handelt.

Pfändungs- und Einziehungsverfügung

In Bezug auf die Pfändungs- und Einziehungsverfügung ist zunächst zu sagen, dass das Finanzamt Trier als Vollstreckungsbehörde gem. § 249 Abs. 1 S. 3 AO Steueransprüche gegen den B aus Trier im Vollstreckungsweg beitreiben kann. Als Mittel steht dem Finanzamt die Pfändung von Forderungen des Vollstreckungsschuldners B zur Verfügung. Hierzu ist eine Pfändungsverfügung gem. § 309 Abs. 1 AO zu erlassen, die regelmäßig mit der Anordnung der Einziehung der Forderung gem. § 314 Abs. 1 AO verbunden wird. Die Pfändungsverfügung ist gem. § 309 Abs. 2 S. 1 AO förmlich zuzustellen, was vorliegend korrekt geschehen ist. Vom ordnungsgemäßen Inhalt der Pfändungsverfügung ist auszugehen, da die Finanzämter gemeinsame Vorlagen verwenden, deren Inhalte umfassend geprüft worden sind. Mit Zustellung der Pfändung am 01.04.08 an den S ist die Pfändung bewirkt. In diesem Moment erlangt das Finanzamt ein Pfändungspfandrecht an der Forderung und kann diese gegenüber S als Drittschuldner geltend machen. Aufgrund der Pfändungsverfügung und einer darin regelmäßig enthaltenen Aufforderung i.S.d. § 316 AO hat S eine Drittschuldnererklärung abzugeben. Diese Verpflichtung kann vom Finanzamt im Wege einer Zwangsgeldfestsetzung unter den Voraussetzungen der §§ 328 ff. AO erzwungen werden.

Zunächst ist zu prüfen, ob S verpflichtet ist, die offenen Beträge an das Finanzamt zu zahlen. Hinsichtlich des ersten Teilbetrags wendet S ein, er habe die Summe bereits an B ausgezahlt. Dies war dem S aufgrund der Pfändungsverfügung jedoch untersagt. In diesem Verwaltungsakt ist gem. § 309 Abs. 1 S. 1 AO dem S als Drittschuldner ausdrücklich verboten worden, an den Vollstreckungsschuldner zu zahlen. Tut er dies dennoch, wird er von seiner Schuld nicht frei. S muss demnach diese 5.000 € nochmals an das Finanzamt auszahlen. Soweit S für den zweiten Teilbetrag einwendet, die Arbeit des B habe Mängel aufgewiesen, ist festzuhalten, dass ihm nach dem Rechtsgedanken des § 404 BGB gegen das Finanzamt als neuem Inhaber der Forderung die gleichen Einwendungen zustehen wie gegen den alten Gläubiger, also gegen den B. Kann S also zu recht geltend machen, dass er aufgrund von Mängeln zivilrechtlich zur Zahlung nicht verpflichtet ist, hat er diese Einrede auch gegenüber dem Finanzamt. Sollte gleichwohl die Vollstreckungsstelle auf einer Zahlung des Betrages beharren, muss diese zur Erzwingung den Zivilrechtsweg beschreiten. Hier sollte geprüft werden, wie die Erfolgsaussichten eines solchen Prozesses für S aussehen hinsichtlich der Beweisbarkeit der Mängel usw.

Für den dritten Teilbetrag macht S eine aufrechenbare Gegenforderung gegen den B geltend. Grundsätzlich kann auch die Aufrechnung als mögliches Gegenrecht gegenüber dem Finanzamt geltend gemacht werden. Die Voraussetzungen richten sich grundsätzlich nach § 387 ff. BGB, d.h. es muss zum Zeitpunkt der Aufrechnungserklärung eine Aufrechnungslage gegeben sein. Hierfür müssen gleichartige, gegenseitige Forderungen bestehen, die Hauptforderung muss entstanden und die Gegenforderung fällig sein. Vorliegend erwirbt S seine Gegenforderung allerdings erst am 15.08.08, also tritt erst dann eine Aufrechnungslage ein. § 392, 1. Alt. BGB schließt für Fälle wie hier, in denen der Drittschuldner seine Forderung erst nach der Beschlagnahme, also nach der Pfändung erwirbt, die Aufrechnung aus. Folglich kann S nicht aufrechnen, er muss auch den dritten Teilbetrag an das Finanzamt auszahlen.

Im Hinblick auf die Androhung des Zwangsgeldes ist folgendes zu beachten: Wie bereits dargestellt kann die Verpflichtung zur Abgabe der Drittschuldnererklärung grundsätzlich mit einem Zwangsgeld herbeigeführt werden, § 316 Abs. 2 S. 3 AO. Die Aufforderung zur Abgabe war bereits in der Pfändungsverfügung enthalten, die Verpflichtung ergibt sich aus § 316 AO. Das Finanzamt hat daher im Juli aufgrund der Nichterfüllung der Pflicht durch S zurecht ein Zwangsgeld gem. § 332 Abs. 1 AO angedroht. Diese Androhung ist zwingende Voraussetzung für eine spätere Zwangsgeldfestsetzung. S hat die Verpflichtung auch innerhalb der ihm gesetzten weiteren Frist nicht erfüllt. Somit liegen grundsätzlich die gesetzlichen Voraussetzungen für eine Zwangsgeldfestsetzung nach § 333 AO vor. Allerdings ist in Rechtsprechung, Literatur und Verwaltung anerkannt, dass eine Festsetzung zeitnah zur Androhung und zum Ablauf der gesetzten Frist, mithin innerhalb von 6 Wochen erfolgen muss. Hier wurde bereits 3 Monate nach Ablauf der Frist nicht gehandelt. Somit fehlt es derzeit an den Voraussetzungen für eine rechtmäßige Festsetzung. Das Finanzamt müsste das Zwangsgeld zunächst nochmals androhen. S könnte daher noch weiter zuwarten und darauf hoffen, dass das Finanzamt die Rückstände anderweitig beitreibt und S als Drittschuldner „aus den Augen verliert". Allerdings besteht das Pfandrecht an der Forderung fort, es ist damit zu rechnen, dass eine Aufforderung zur Abgabe der Erklärung sowie eine Inanspruchnahme zur Zahlung zeitnah erfolgen werden. S sollte daher ggf. überlegen, von sich aus zu reagieren und sich an die Vollstreckungsstelle des Finanzamts wenden.

Risikoklasseneinteilung

Die Vergabe eines sogenannten Risikomerkers für den Steuerfall des S ist eine Auswirkung des Risikomanagements der Finanzverwaltung. Darunter versteht man die am steuerlichen Risiko des Einzelfalls orientierte Einordnung der Einzelfälle in ver-

schiedene Klassen mit der Folge, dass diese unterschiedlich intensiv geprüft und be-
arbeitet werden. Diese Methode soll der starken Arbeitsbelastung der Veranlagungs-
bezirke Rechnung tragen. Es wird in der Literatur z.T. kritisiert, dass diese Praxis den
Besteuerungsgrundsätzen, insb. der Gesetzmäßigkeit und der Gleichmäßigkeit der
Besteuerung aus § 85 AO widerspricht. Im Hinblick auf Wirtschaftlichkeitsgesichts-
punkte wird jedoch diese Praxis in Zukunft eher noch verstärkt Anwendung finden
und ist bisher noch keiner höchstrichterlichen Prüfung unterzogen worden.

S ist an einer Auskunft über seinen derzeitigen Risikomerker interessiert. Allerdings
handelt es sich hierbei lediglich um eine behördeninterne Maßnahme, die dem Steuerpflichtigen auch gar nicht bekannt gegeben wird, die er auch gar nicht erfahren
soll. Es ergibt sich auch weder aus dem Abgaben- noch dem allgemeinen Daten-
schutzrecht ein Anspruch auf Auskunft über den aktuellen Risikomerker.

S kann aus den gleichen Gründen auch nicht rechtlich gegen einen „schlechten"
Risikomerker vorgehen. Ein Einspruch i.S.d. § 347 Abs. 1 Nr. 1 AO wäre nur statthaft,
wenn es sich um einen Verwaltungsakt in Abgabenangelegenheiten handeln würde.
Hierfür müssten die Merkmale des § 118 S. 1 AO erfüllt sein. Allerdings liegt ledig-
lich eine rein behördeninterne Maßnahme vor, die keine Außenwirkung haben soll.
Weiterhin wird keine konkrete Regelung getroffen. Der Merker hat lediglich Auswir-
kungen auf die Prüfungsintensität im konkreten Fall. Der Steuerpflichtige hat keinen
Anspruch darauf, dass sein Steuerfall nicht oder nicht intensiv geprüft wird.

Dem S sind folglich im Bereich des Risikomanagements keinerlei rechtliche Einfluss-
nahmen möglich. Ihm sollte klargemacht werden, dass ihm durch die Einordnung in
eine hohe Risikoklasse keine Rechtsverletzung zugefügt wird.

Klausuren Abgabenordnung

Übungsklausur 2 zum Steuerlichen Verfahrensrecht
Bearbeitungszeit: 5 Stunden

Vorbemerkungen
Die geschilderten Sachverhalte sind unstreitig und allen Beteiligten bekannt.

Wenn nichts anderes angegeben, sind die erforderlichen Rechtsbehelfsbelehrungen erteilt.

Alle für die Berechnung von Fristen maßgeblichen Tage sind keine Tage im Sinne des § 108 Abs. 3 AO, wenn sich nicht aus der Aufgabe etwas anderes ergibt. Es handelt sich um fiktive Jahre.

Beantworten Sie die Fragen, die zu den jeweiligen Sachverhalten gestellt sind. Nennen Sie alle für Ihre Entscheidung maßgeblichen gesetzlichen und sonstigen Vorschriften. Begründen Sie Ihre Meinung.

Sachverhalt
Friedrich Müller (M) ist 40 Jahre alt, wohnt in Kiel (FA-Bezirk Kiel) und erzielt seit einigen Jahren gemeinsam mit seiner Schwester Einkünfte aus einem geerbten Mehrfamilienhaus in Rendsburg (FA-Bezirk Rendsburg). Er ist mit Angela Müller verheiratet und wird mit seiner Ehefrau zusammen veranlagt.

Neuvermietungen und Nebenkostenabrechnungen für das Mehrfamilienhaus erledigt seine Schwester in ihrer Wohnung in Kopenhagen. Außerdem arbeitet Friedrich Müller als Rechtsanwalt und ist seit 3 Jahren an der sehr erfolgreichen Pizza-Liefer OHG beteiligt. Diese OHG hatte seinerzeit sein Schulfreund Lutz Lader gegründet. Dieser ist auch laut Gesellschaftsvertrag alleiniger Geschäftsführer der OHG. Friedrich Müller war auf Bitten des Lutz Lader eingestiegen.

Die Einkommensteuererklärungen für die Jahre 01-04 haben M und seine Frau an folgenden Tagen abgegeben:

Jahr	01	02	03	04
Abgabe	17.04.05	30.05.03	25.05.04	27.03.05

Endgültige Steuerbescheide entsprechend den Erklärungen, alle mit zu leistenden Nachzahlungen, ergingen jeweils 2 Monate später.

Für die Einkünfte aus dem Mehrfamilienhaus in Rendsburg sind an folgenden Tagen gesonderte und einheitliche Feststellungen ergangen:

Jahr	01	02	03	04
Feststellung		30.05.03	38.07.04	25.05.05

Am 17.03.07 beginnt der Außenprüfer Bernd Fischer (F) in der Kanzlei des Friedrich Müller mit einer Außenprüfung für die Jahre 02-04. Bei erster Sichtung der Unterlagen des Müller stellt F fest, dass angesichts einer chaotischen Buchführung eine Prüfung nicht möglich ist. F fordert daraufhin den Müller auf, die Buchführung neu

erstellen zu lassen. Müller beauftragt einen Steuerberater mit der Ordnung der Unterlagen. Angesichts akuter Arbeitsüberlastung des Steuerberaters zieht sich dies hin, so dass F erst im Dezember 07 die Prüfung fortsetzen kann. Am 27.02.08 findet die Schlussbesprechung statt.

Vor der Schlussbesprechung sucht Angela Müller den Prüfer auf und fragte ihn, ob es aufgrund der Prüfung Nachforderungen geben würde. Ihr Mann habe ihr gesagt, dass er eventuelle Nachforderungen auf gar keinen Fall zahlen würde, sondern dass dafür sie zu zahlen habe, weil sie unlängst von ihren Eltern einen erheblichen Betrag geerbt habe und insofern „auch mal was zahlen könne". Angela Müller möchte auf gar keinen Fall zahlen.

Bei Auswertung seiner Prüfungsfeststellungen am 10.03.08 sieht F, dass die Mitteilung über die Einkünfte des Müller aus dem Mehrfamilienhaus in Rendsburg für 02 vom 03.06.03 noch in der Akte liegt und nicht ausgewertet worden ist.

Bei der Außenprüfung hatte der Prüfer F Hinweise dahingehend bemerkt, dass M im Kalenderjahr 01 Einkünfte aus einer Nebentätigkeit als selbständiger Dozent für Zivilrecht nicht erklärt hat. Er leitet den Fall an einen Kollegen aus der Steuerfahndung weiter, der im Mai 08 für das Jahr 01 ein Steuerstrafverfahren einleitet und mit einer Steuerfahndungsprüfung für die Einkommensteuer des Kalenderjahres 01 beginnt, die im Jahr 10 abgeschlossen wird. Der lange Prüfungszeitraum hat sich ergeben, weil der Steuerfahnder in der Zeit von Oktober 08-Oktober 09 einen anderen sehr großen Fahndungsfall zu prüfen hatte und neben diesem Fall keine weiteren Fälle bearbeiten konnte.

Zu Beginn der Steuerfahndungsprüfung im Mai 08 hatte der Steuerfahnder im Finanzamt, das für die gesonderte Feststellung der Einkünfte aus dem Mehrfamilienhaus zuständig ist, angerufen und gefragt, ob es im Jahr 01 noch keine entsprechenden Einkünfte gegeben habe. Der Sachbearbeiter hatte in die Akte geschaut und festgestellt, dass die Feststellungserklärung für das Jahr 01 vom 27.04.02 aus nicht mehr nachvollziehbarem Grund noch in der Feststellungsakte lag.

Der Steuerfahnder ermittelt, dass M die Einkünfte aus der Nebentätigkeit als Dozent in Höhe von 9.000 € nicht erklärt hat, weil er angesichts der vielen Mühe, die ihn diese Tätigkeit gekostet hatte, nicht einsah, auch noch einen Teil des geringen Verdienstes an das Finanzamt abzuführen. Gleichzeitig stellt der Steuerfahnder fest, dass M in 01 außerdem für seinen PKW einen zu hohen AfA-Betrag gebucht hat. M erläutert insofern, dass er davon ausgegangen sei, dass angesichts des Alters des PKW eine Nutzungsdauer von nur 2 Jahren zutreffend gewesen sei. Er hatte seinerzeit umfangreich zu der Frage recherchiert und mehrere Quellen in seiner Buchführung abgeheftet.

Der Steuerfahnder entdeckt während der Steuerfahndungsprüfung, dass M in einem Fall 500 € eines Mandanten veruntreut hat.

Der Fahnder hatte bei seiner Prüfung außerdem diverse Unterlagen des M gefunden, die die OHG betrafen und vermutete, dass zwischen den übrigen Einkünften des M und den Einkünften aus der OHG keine exakte Abgrenzung stattgefunden hat. Er regte deshalb an die OHG zu prüfen.

Für die OHG waren folgende endgültige Feststellungsbescheide zur Post gegangen:

Kalenderjahr	06	07	08
Bescheiddatum	17.06.07	18.05.08	27.05.09
Gewinn	30.300 €	36.000 €	39.000 €
Anteil Lutz Lader	10.100 €	12.000 €	13.000 €
Anteil Friedrich Müller	10.100 €	12.000 €	13.000 €
Anteil Annette Lader	10.100 €	12.000 €	13.000 €
Sonderbetriebseinnahmen Friedrich Müller			4.000 €

Gegen den Feststellungsbescheid 08 hatte Friedrich Müller am 31.05.09 per Telefax Einspruch eingelegt und Aussetzung der Vollziehung beantragt. Zur Begründung trägt er vor, dass

1. der Gewinn zu hoch sei, weil die AfA für den neuen Tresen anstelle der vom Finanzamt angesetzten 2.000 € tatsächlich 4.200 € betragen müsse,
2. der auf ihn entfallende Anteil mit 1/3 zu hoch angesetzt sei, tatsächlich entfielen auf ihn nur 28 % und
3. die Sonderbetriebseinnahmen zu hoch angesetzt seien. Diese betrügen tatsächlich nur 2.000 €. **Weitere Begründung folgt.**

Obwohl der zuständige Bearbeiter die Ausführungen zu den Sonderbetriebseinnahmen für glaubhaft hält und davon ausgeht, dass der Bescheid insofern geändert werden müsste, entschließt er sich, den Einspruch zunächst nicht zu bearbeiten, sondern auf die Ergebnisse der bevorstehenden Außenprüfung zu warten.

Am 20.06.09 wird Lutz Lader eine Prüfungsanordnung bekannt gegeben, in der eine Außenprüfung der OHG für die Jahre 06-08 ab 31.07.09 angekündigt wird. Lutz Lader wundert sich, dass diese Prüfungsanordnung die Unterschrift von Robert Rote trägt. Diesen hatte er als für die laufenden Feststellungsverfahren der OHG zuständigen Sachgebietsleiter kennengelernt. Tatsächlich ist Robert Rote der Sachgebietsleiter des Sachgebiets Personengesellschaften. Er hatte auf Bitte der Prüferin Kathrin Kähler die Prüfungsanordnung unterschrieben, weil ihr eigener Sachgebietsleiter krank war und sie sich mit seinem Vertreter zerstritten hatte.

Nach Abschluss der Außenprüfung ergeht nur für das Jahr 08 am 13.10.09 ein Änderungsbescheid. Für alle weiteren Jahre haben sich keine Änderungen ergeben. Der Gewinn 08 beträgt nunmehr 42.000 €. Die Verteilung erfolgt nun mit je 36 % für Annette und Lutz Lader und 28 % für Friedrich Müller. Die Sonderbetriebseinnahmen des Friedrich Müller betragen 2.000 €. Die Gewinnerhöhung resultiert daraus, dass der Prüfer eine erteilte Gutschrift eines Lieferanten in Höhe von 3.000 € hinzugerechnet hat, die laut Anschreiben zur Gutschrift „wegen Erreichens der vereinbarten Lieferungssumme gemäß Vereinbarung vom 25.04.05 gezahlt wurde".

Über die Gewinnerhöhung war bei der Schlussbesprechung keine Einigung zu erzielen und so geht am 29.11.09 per E-Mail folgender Einspruch des Lutz Lader beim Finanzamt ein:

Lutz Lader   28.11.09

Einspruch gegen den geänderten Feststellungsbescheid vom 13.10.09

Der Feststellungsbescheid hätte nicht ergehen dürfen, weil der Außenprüfung keine ordnungsgemäße Prüfungsanordnung zugrunde liegt. Wie kann es sein, dass der Sachgebietsleiter des Sachgebiets Personengesellschaften auch bestimmen darf, wann unsere OHG geprüft wird? So etwas muss doch wohl von einer anderen Person entschieden werden!

Wie schon zuvor mitgeteilt, ist der Gewinn nicht um 3.000 € zu erhöhen, weil die erteilte Gutschrift nicht der OHG gezahlt wurde, sondern uns Gesellschaftern persönlich, um die gute Zusammenarbeit zu fördern. So ein Vorgang ist nicht steuerpflichtig.

Der Gewinn beträgt übrigens 37.000 €, weil die AfA für eines unserer Lieferfahrzeuge in der Feststellungserklärung versehentlich um 2.000 € zu hoch angesetzt wurde. **Weitere Begründung folgt.**

Bitte entschuldigen Sie den verspäteten Zugang dieses Schreibens. Ich hatte gleich am 16.10.09 einen Einspruch gefertigt und diesen dem Pizza-Fahrer Rüdiger Meier zum Einwurf beim Finanzamt mitgegeben. Rüdiger Meier arbeitet schon seit 4 Jahren für uns und hat bisher noch nie einen Fehler gemacht.

Weil sich vor ihm ein Verkehrsunfall ereignet hat und offenbar bei seiner Vollbremsung der Brief für das Finanzamt zwischen die Sitze gerutscht ist, hat er den Einwurf vergessen. Erst gestern, als das Auto gereinigt wurde, ist der Brief wieder aufgetaucht.

Dem Schreiben liegt eine Bestätigung des Rüdiger Meier bei, in der er den Sachverhalt wiederholt.

Die Prüferin Kathrin Kähler, die den Einspruch zur Bearbeitung erhält, stellt fest, dass Lutz Lader mit den Ausführungen zur AfA des Lieferfahrzeugs Recht hat. Hinsichtlich der Gewinnerhöhung durch die Gutschrift hingegen ist sie nach wie vor der schon während der Schlussbesprechung vertretenen Auffassung.

Bitte nehmen Sie ausführlich zu folgenden Fragen Stellung:
1. Nach welcher Rechtsgrundlage sind die Feststellungen für die Einkünfte aus dem Mehrfamilienhaus ergangen? Welches Finanzamt ist für die Feststellung der Einkünfte aus dem Mehrfamilienhaus zuständig?
2. Durfte im Jahr 08 aufgrund der Prüfungsfeststellungen des F noch ein geänderter Einkommensteuerbescheid für das Jahr 02 ergehen? Darf die Feststellung 02 für die Einkünfte aus dem Mehrfamilienhaus im Rahmen der Änderungsbescheide wegen der Außenprüfung noch ausgewertet werden?
3. Muss Angela Müller die Einkommensteuer, die für die Einkünfte ihres Ehemannes anfällt, zahlen? Was wäre die Folge für Friedrich Müller, wenn Angela Müller die Steuer aus ihrem Erbe bezahlen würde?
4. Darf der Steuerfahnder den Steuerbescheid 01 im Jahr 10 im Hinblick auf seine Steuerfahndungsfeststellungen noch ändern?
5. Darf im Juni 08 noch eine Feststellung für die Einkünfte aus dem Mehrfamilienhaus für das Jahr 01 ergehen?

6. Darf der Steuerfahnder die Veruntreuung des M der Staatsanwaltschaft mitteilen?
7. Ist der Einspruch des Friedrich Müller gegen den Feststellungsbescheid vom 27.05.09 zulässig? Muss der Bearbeiter Aussetzung der Vollziehung gewähren?
8. Hat der Einspruch des Lutz Lader gegen den geänderten Feststellungsbescheid vom 13.10.09 Aussicht auf Erfolg?

Lösung der Übungsklausur 2

1. An den Einkünften aus Vermietung und Verpachtung sind mehrere Personen beteiligt, nämlich M und seine Schwester. Deshalb erfolgt eine einheitliche und gesonderte Feststellung nach §§ 179 Abs. 1, 180 Abs. 1 Nr. 2 a AO. Dass die Schwester im Ausland wohnt, ist unerheblich. Es liegt kein Fall des § 180 Abs. 3 Nr. 1 AO vor, weil die Schwester in Deutschland beschränkt einkommensteuerpflichtig ist. Zuständig für die Feststellung ist nach § 18 Abs. 1 Nr. 4 AO grundsätzlich das Finanzamt, in dessen Bezirk die Verwaltung der Einkünfte erfolgt. Da dies in Dänemark stattfindet, kann danach die Zuständigkeit nicht bestimmt werden. Es ist deshalb nach § 18 Abs. 1 Nr. 4 2. Alt. AO das Finanzamt zuständig, in dessen Bezirk sich das Vermögen befindet, aus dem die Einkünfte fließen. Dies ist das Finanzamt Rendsburg, da dort das Haus belegen ist.

2. Als Änderungsvorschrift nach der Außenprüfung dürfte § 173 Abs. 1 Nr. 1 und Nr. 2 AO anzuwenden sein. Eine Änderung nach § 164 Abs. 2 S. 1 AO scheidet dagegen aus, weil die Einkommensteuerbescheide nicht unter Vorbehalt der Nachprüfung standen.

   Zu prüfen ist, ob die Festsetzungsfrist abgelaufen ist. Grundsätzlich beginnt die Festsetzungsfrist nach § 170 Abs. 1 AO mit Ablauf des Jahres der Steuerentstehung, dies wäre mit Ablauf 02. Da M aber Rechtsanwalt ist, musste er nach § 25 Abs. 3 EStG eine Steuererklärung abgeben. Damit ist die Anlaufhemmung des § 170 Abs. 2 Nr. 1 AO anwendbar und die Festsetzungsfrist beginnt erst mit Ablauf des Jahres, in dem M seine Steuererklärung abgegeben hat, also mit Ablauf 03. Nach § 169 Abs. 2 Nr. 2 AO läuft die Festsetzungsfrist 4 Jahre, so dass sie grundsätzlich mit Ablauf 07 abgelaufen ist.

   Es könnte aber die Ablaufhemmung des § 171 Abs. 4 AO zur Anwendung kommen. Noch vor Ablauf der regulären Festsetzungsfrist, nämlich in 07, wurde eine Außenprüfung begonnen. Diese wurde zwar unmittelbar nach Beginn für 9 Monate, und damit für mehr als die schädlichen 6 Monate nach § 171 Abs. 4 S. 2 AO unterbrochen, diese Unterbrechung lag aber im Verantwortungsbereich des Steuerpflichtigen, da seine Buchführung nicht prüfbar war. Insofern ist die Ablaufhemmung des § 171 Abs. 4 AO anwendbar und eine Änderung ist in 08 noch möglich. § 171 Abs. 4 AO hemmt den Ablauf der Festsetzungsfrist bis zur Unanfechtbarkeit der aufgrund der Außenprüfung ergehenden Bescheide.

   Zu prüfen ist weiterhin, ob die Einkünfte aus dem Mehrfamilienhaus noch berücksichtigt werden dürfen. § 171 Abs. 4 AO ist insofern nicht anwendbar, weil diese Ablaufhemmung nur für die Steuern gilt, auf die sich die Außenprüfung erstreckt. Die Grundstücksgemeinschaft ist nicht geprüft worden. Grundsätzlich wäre deshalb Ende 07 Festsetzungsverjährung eingetreten.

   Die Ablaufhemmung des § 171 Abs. 10 S. 1 AO könnte anwendbar sein. Die Feststellung ist für die Einkommensteuerfestsetzung des M bindend, weil die Einkünfte nach § 21 EStG in die Besteuerung des M einfließen. Der Grundlagenbescheid wurde aber nach § 122 Abs. 2 Nr. 1 AO schon am 02.06.03 bekanntgegeben (entscheidend ist das Datum des Feststellungsbescheids, nicht der Mitteilung), die Ablaufhemmung des § 171 Abs. 10 S. 1 AO würde deshalb schon am 02.06.05 enden, also lange vor Ablauf der regulären Festsetzungsfrist.

Es ist aber § 171 Abs. 10 S. 2 AO zu prüfen. Für die anderen Einkünfte des M findet eine Außenprüfung statt, die zu einer Ablaufhemmung nach § 171 Abs. 4 AO führt, s.o. Für diesen Bereich ist die Feststellung der Einkünfte aus Vermietung nicht bindend. Insofern liegen die Voraussetzungen des § 171 Abs. 10 S. 2 AO vor und die Festsetzungsfrist ist auch für die Auswertung der Mitteilung solange gehemmt, wie die Ablaufhemmung nach § 171 Abs. 4 AO läuft. Eine Auswertung der Mitteilung ist damit im Zusammenhang mit der Erstellung der Änderungsbescheide noch möglich.

3. Das Ehepaar Müller wird zusammen veranlagt. Insofern sind sie nach § 44 Abs. 1 S. 1 AO Gesamtschuldner, beide schulden also die volle Steuer. Deshalb muss auch Angela Müller die Steuer zahlen. Zahlt sie, so gilt § 44 Abs. 2 S. 1 AO, Friedrich Müller würde durch ihre Zahlung von seiner Schuld befreit werden.

4. Auch dann müsste eine Änderungsvorschrift anwendbar sein und die Festsetzungsfrist dürfte nicht abgelaufen sein.

Die Tatsache, dass Nebeneinkünfte als Dozent geflossen sind, hat Prüfer F während der vorhergehenden Außenprüfung entdeckt. Insofern hat die Finanzbehörde nach der letzten Willensbildung im Rahmen der Veranlagung davon erfahren und es handelt sich um neue Tatsachen. Eine Änderung nach § 173 Abs. 1 Nr. 1 AO ist möglich.

Ob hingegen hinsichtlich der AfA für den PKW eine neue Tatsache vorliegt, ist zweifelhaft. Hätte den an das Finanzamt übermittelten Unterlagen eine AfA-Liste beigelegen, so wäre die AfA-Höhe bei der Veranlagung bekannt gewesen und damit keine neue Tatsache. Eine andere Änderungsvorschrift kommt nicht in Betracht.

Unabhängig davon bleibt zu prüfen, ob die Festsetzungsfrist abgelaufen ist. Begonnen hat diese nach § 170 Abs. 2 Nr. 1 AO wegen der späten Abgabe der Einkommensteuererklärung für das Jahr 01 mit Ablauf des dritten Jahres, das auf die Steuerentstehung folgt und damit mit Ablauf 04. Hätte M Steuern hinterzogen, würde die Festsetzungsfrist nach § 169 Abs. 2 S. 2 AO 10 Jahre betragen.

Eine Steuerhinterziehung kommt hinsichtlich der Einkünfte als Dozent in Betracht. Es könnte sich um eine Steuerhinterziehung nach § 370 Abs. 1 Nr. 1 AO gehandelt haben. Dann müsste M gegenüber einer Finanzbehörde über steuerlich erhebliche Tatsachen unrichtige oder unvollständige Angaben gemacht haben.

Das zuständige Finanzamt ist Finanzbehörde nach § 6 Abs. 2 Nr. 5 AO. Die Einkünfte als Dozent sind nach § 18 EStG einkommensteuerpflichtig und insofern steuerlich erheblich. Indem M die Einkünfte nicht erklärt hat, hat er in seiner Einkommensteuererklärung unvollständige Angaben gemacht.

M müsste Steuern verkürzt haben. Steuern sind nach § 370 Abs. 4 AO verkürzt, wenn sie nicht in voller Höhe festgesetzt werden. Gegen M waren Steuern festgesetzt worden. Da die Einkünfte 9.000 € betrugen, wäre die Steuerfestsetzung mit den Einkünften höher gewesen, die Einkommensteuer ist nicht in voller Höhe festgesetzt worden. M hat also Steuern verkürzt.

Es müsste Kausalität vorliegen, die Steuerverkürzung müsste also ursächlich durch die unvollständige Erklärung hervorgerufen worden sein. Hätte M die Einkünfte erklärt, so wäre auch entsprechend festgesetzt worden. Damit basiert die zu geringe Steuerfestsetzung auf der unvollständigen Erklärung, die damit kausal ist.

M müsste vorsätzlich gehandelt haben, also mit Wissen und Wollen, denn nach § 15 StGB ist nur vorsätzliches Handeln strafbar. Da M nicht einsah, auf die Einkünfte Steuern zu zahlen, ging es ihm bewusst darum, den Taterfolg herbeizuführen, er hatte damit dolus directus 1. Grades, handelte also vorsätzlich. Rechtfertigungs- und Schuldausschließungsgründe liegen nicht vor, so dass M sich einer Steuerhinterziehung nach § 370 Abs. 1 Nr. 1 AO strafbar gemacht hat.

Damit beträgt die Festsetzungsfrist für die Einkünfte als Dozent 10 Jahre, endet erst mit Ablauf des Jahres 14 und eine Änderung ist unproblematisch in 10 möglich.

Da die Verlängerung der Festsetzungsfrist auf 10 Jahre nur insoweit gilt, wie Steuerhinterziehung vorliegt, ist außerdem zu prüfen, wann die Festsetzungsfrist bezüglich der AfA endet. Hinsichtlich der AfA hat M sich nicht vorsätzlich verhalten. Er hatte sich informiert und ging davon aus, dass er den richtigen AfA-Betrag gebucht hat, hatte also kein für einen Vorsatz notwendiges Wissen hinsichtlich einer Steuerverkürzung. Damit beträgt die Festsetzungsfrist nach § 169 Abs. 2 Nr. 2 AO 4 Jahre, endet also mit Ablauf 08. Im Februar 09 wäre keine Änderung mehr möglich, wenn nicht eine Ablaufhemmung anwendbar wäre. Hier kommt § 171 Abs. 5 AO in Betracht. Die Steuerfahndungsdienststelle hat vor Ablauf der regulären Festsetzungsfrist, nämlich in 08, mit einer Steuerfahndungsprüfung für die Einkommensteuer des Jahres 01 begonnen. Damit unterlag auch die Frage der AfA der Prüfung.

Die Prüfung wurde aber um ein Jahr unterbrochen. Nach § 171 Abs. 5 S. 1 letzter Hs. AO ist § 171 Abs. 4 S. 2 AO sinngemäß anwendbar. Danach kann eine Unterbrechung von mehr als 6 Monaten schädlich für die Ablaufhemmung sein. Zwar liegt diese Unterbrechung im Verantwortungsbereich der Finanzbehörde, weil bei Arbeitsüberlastung eines Prüfers ein anderer bestellt werden müsste. Die Unterbrechung ist aber nur schädlich, wenn sie unmittelbar nach Beginn erfolgt. Hier hatte der Prüfer schon 4 Monate geprüft, als die Unterbrechung begann. Damit fand sie nicht unmittelbar nach Beginn statt und die Ablaufhemmung ist anwendbar. Die Festsetzungsfrist ist solange gehemmt, bis aufgrund der Steuerfahndungsprüfung geänderte Bescheide ergehen. Damit wäre die Änderung bei Vorliegen einer Änderungsvorschrift also möglich.

5. Eine gesonderte und einheitliche Feststellung dürfte noch ergehen, wenn die Feststellungsfrist nicht abgelaufen wäre.

Die Feststellungsfrist beginnt nach §§ 181 Abs. 1 S. 1, 2, 170 Abs. 2 Nr. 1 AO angesichts der nach § 181 Abs. 2 AO abzugebenden Feststellungserklärung mit Ablauf des Jahres, in dem die Erklärung eingeht, also hier mit Ablauf 02. Nach §§ 181 Abs. 1 S. 1, 169 Abs. 2 Nr. 2 AO endet die Frist grundsätzlich mit Ablauf 06 und wäre damit abgelaufen.

Es könnte aber die Ablaufhemmung des § 181 Abs. 5 AO anwendbar sein. Danach kann eine gesonderte Feststellung erfolgen, wenn sie für eine Steuerfestsetzung von Bedeutung ist, für die die Festsetzungsfrist noch nicht abgelaufen ist. Die Feststellungsbescheid ermittelten Einkünfte sind für M nach § 21 EStG einkommensteuerpflichtig und damit von Bedeutung. Die reguläre Festsetzungsfrist für die Einkommensteuerveranlagung des M endet wegen der späten Abgabe der Einkommensteuererklärung erst mit Ablauf 08. Insofern liegen die Voraussetzungen des § 181 Abs. 5 AO vor und die Feststellung darf noch durchgeführt werden. Nach

AEAO Nr. 1 zu § 181 ist ggf. auf die eingeschränkte Wirkung des Feststellungsbescheids hinzuweisen.

6. Der Steuerfahnder dürfte nur auf die Veruntreuung hinweisen, wenn er damit nicht gegen das Steuergeheimnis nach § 30 AO verstoßen würde.

   Dann müsste der Steuerfahnder nach § 30 Abs. 1 AO eine dem Steuergeheimnis verpflichtete Person sein. Aus dem Sachverhalt ist nicht ersichtlich, ob der Steuerfahnder Beamter ist. Wäre er dies, so wäre er nach § 7 Nr. 1 AO Amtsträger und damit nach § 30 Abs. 1 AO dem Steuergeheimnis verpflichtet. Wäre er kein Beamter, so würde er als Steuerfahnder aber auf jeden Fall ureigenste Aufgaben der Finanzbehörde wahrnehmen und wäre damit Amtsträger nach § 7 Nr. 3 AO und auch als solcher nach § 30 Abs. 1 AO verpflichtet.

   Es müsste sich bei der Veruntreuung um Verhältnisse eines anderen handeln. Verhältnisse sind alle Umstände, die eine Person von der Umwelt abheben. Dass er Gelder veruntreut hat, unterscheidet M von anderen, es sind damit seine Verhältnisse, und zwar persönliche und rechtliche. Da M aus Sicht der Staatsanwaltschaft, an die mitgeteilt würde, ein anderer ist, handelt es sich um Verhältnisse eines anderen. Aber auch aus Sicht des Opfers geht es um dessen Verhältnisse. Betrogen zu werden sind persönliche Verhältnisse.

   Dem Steuerfahnder müssten die Verhältnisse im Rahmen eines der Verfahren des § 30 Abs. 2 Nr. 1 AO bekannt geworden sein. Der Steuerfahnder ermittelte im Steuerstrafverfahren, dies ist ein Verfahren im Sinne von § 30 Abs. 2 Nr. 1 b AO.

   Außerdem müsste der Steuerfahnder offenbaren. Ein Offenbaren liegt vor, wenn jemand etwas erfährt, das er vorher nicht oder nicht genau wusste. Es ist davon auszugehen, dass die Staatsanwaltschaft nichts von der Veruntreuung wusste, denn sonst hätte sie etwas gegen M unternommen. Insofern würde der Steuerfahnder offenbaren.

   Die Offenbarung müsste unbefugt sein. Hier kommt als Zulässigkeitsgrund für die Offenbarung § 30 Abs. 4 Nr. 4 a AO in Betracht. Der Steuerfahnder hat seine Erkenntnisse aus einem Steuerstrafverfahren und er will sie weitergeben, damit gegen den M ein Verfahren wegen Unterschlagung, Betrug oder Untreue eingeleitet wird. Alle drei Straftaten sind keine Steuerstraftaten und insofern liegen die Voraussetzungen des § 30 Abs. 4 Nr. 4 a AO vor. Außerdem dient die Information über die Tat auch der Rückgewinnungshilfe zugunsten des Opfers nach § 73 Abs. 1 StGB. Auch dies ist Teil des Strafverfahrens.

   Auch wenn die Offenbarung zulässig ist, muss geprüft werden, ob sie ermessensgerecht im Sinne von § 5 AO ist (s. AEAO Nr. 3 zu § 30).

   Zweck der Mitteilung ist die Bestrafung des M und die Wiedergutmachung beim Opfer. Wird mitgeteilt, so wird dieser Zweck gefördert und damit ist die Mitteilung geeignet.

   Sie müsste auch erforderlich sein. Erforderlich ist eine Maßnahme, wenn es kein milderes Mittel gibt, mit dem der Zweck ebenso erreicht werden kann. Da Strafverfolgung allgemeiner Delikte allein Aufgabe der Staatsanwaltschaft ist, gibt es keine andere Möglichkeit als diese zu informieren. Damit ist die Offenbarung erforderlich. Sie müsste schließlich auch angemessen sein. Das Interesse an Geheimhaltung des M und das staatliche Interesse Informationen austauschen zu können, müssen abgewogen werden. Angesichts seines Vorverhaltens muss M es sich gefallen lassen, dass die Behörden sich gegenseitig informieren, wenn es darum geht, einen Sachverhalt strafrechtlich zu würdigen. Dies gilt umso mehr, als M Rechtsanwalt ist. Ein Rechtsanwalt ist ein Organ der Rechtspflege und hat sich deshalb zwingend an die Rechtsordnung zu halten. Unterlässt er dies, so ist das staatliche Interesse daran dies zu ahnden besonders groß und eine gegenseitige Information ist angemessen.

Damit würde der Steuerfahnder durch die Information das Steuergeheimnis nicht verletzen.

7. Der Einspruch wäre zulässig, wenn die Zulässigkeitsvoraussetzungen vorliegen würden. Als erstes müsste der Einspruch nach § 347 AO statthaft sein. Dann müsste der Feststellungsbescheid ein Verwaltungsakt sein. Nach § 118 AO liegt ein Verwaltungsakt vor, wenn eine Behörde zur Regelung eines Einzelfalls auf dem Gebiet des öffentlichen Rechts mit unmittelbarer Rechtswirkung nach außen eine hoheitliche Maßnahme trifft. Der Feststellungsbescheid erging durch das Finanzamt als Behörde im Sinne von § 6 Abs. 2 Nr. 5 AO, es ging um den Einzelfalls der Pizza-Liefer OHG, mit dem Feststellungsbescheid wurden die Besteuerungsgrundlagen für die OHG verbindlich fixiert und damit geregelt und die Maßnahme basiert auf den Vorschriften § 15 Abs. 1 Nr. 2 EStG und §§ 179 ff. AO, erging also auf dem Gebiet des öffentlichen Rechts. Da Rechtsträger außerhalb der Behörde betroffen sind, liegt auch eine unmittelbare Rechtswirkung nach außen vor. Eine Maßnahme ist immer dann gegeben, wenn ein Amtsträger willentlich tätig wird. Dies war hier gegeben. Der Feststellungsbescheid ist also ein Verwaltungsakt und der Einspruch ist statthaft.

Nach § 357 Abs. 1 AO müsste der Einspruch schriftlich eingereicht worden sein. Diese notwendige Schriftform ist bei einer Einspruchseinlegung per Telefax gewahrt (s. AEAO Nr. 1 zu § 357).

Die Einspruchsfrist des § 355 AO müsste eingehalten worden sein. Sie beträgt einen Monat und beginnt nach Bekanntgabe des Verwaltungsakts. Nach § 122 Abs. 2 Nr. 1 AO wurde der Verwaltungsakt am 3. Tag nach Aufgabe zur Post bekannt gegeben, also am 30.05.09. Die Einspruchsfrist begann mit Ablauf dieses Tages und endete nach § 108 Abs. 1 AO i.V.m. § 188 Abs. 2 BGB mit Ablauf des 30.06.09. Mit der Einlegung des Einspruchs am 31.05.09 hat M die Einspruchsfrist gewahrt.

M müsste nach § 359 AO beteiligtenfähig sein. Beteiligtenfähig ist, wer steuerrechtsfähig ist. M ist Träger von steuerlichen Pflichten und damit beteiligtenfähig. Außerdem müsste er einspruchsfähig sein. Einspruchsfähig ist nach §§ 365 Abs. 1, 79 AO wer fähig ist, Verfahrenshandlungen wirksam vorzunehmen. M ist 40 Jahre alt. Bei volljährigen Personen ist die Einspruchsfähigkeit gegeben. M ist deshalb einspruchsfähig.

Er müsste auch nach § 350 AO beschwert sein. Persönlich beschwert ist, wer selbst, gegenwärtig und unmittelbar von dem angefochtenen Verwaltungsakt betroffen ist. Da M einer der Inhaltsadressaten ist, sich also die Feststellung unter anderem auch gegen ihn richtet, ist dies grundsätzlich der Fall. § 352 AO schließt aber die Befugnis Einspruch einzulegen im Falle von einheitlichen Feststellungen für bestimmte Personen aus. Nach § 352 Abs. 1 Nr. 1 AO ist ein zur Vertretung berufener Geschäftsführer auch einspruchsbefugt. Laut Gesellschaftsvertrag ist Lutz Lader Geschäftsführer und hat insofern grundsätzlich die Einspruchsbefugnis. Auf der anderen Seite bedeutet dies, dass M grundsätzlich nicht einspruchsbefugt ist. Jeder Gesellschafter ist aber nach § 352 Abs. 1 Nr. 4 AO einspruchsbefugt, wenn es um die Beteiligung am festgestellten Betrag geht. Dies ist hier hinsichtlich der zweiten Frage der Fall. Außerdem ist auch ein Gesellschafter nach § 352 Abs. 1 Nr. 5 AO einspruchsbefugt, soweit es um Dinge geht, die ihn persönlich angehen. Dies ist hinsichtlich der Sonderbetriebseinnahmen der Fall, weil diese sich direkt auf M beziehen. M ist also einspruchsbefugt hinsichtlich der Frage der Verteilung und der Sonderbetriebseinnahmen. Die Frage der AfA hingegen betrifft allgemeine Angelegenheiten der OHG. Hier ist M nicht einspruchsbefugt.

Sachlich wäre M beschwert, wenn er geltend machen würde, in seinen Rechten verletzt zu sein. Durch die Feststellung von Einkünften könnte eine Rechtsverletzung vorliegen. Insofern ist M sachlich beschwert.

Da weder eine Rücknahme nach § 362 Abs. 1 AO noch ein Verzicht nach § 354 AO vorliegt und ein Rechtsschutzbedürfnis mangels einfacherer Möglichkeiten das Ziel zu erreichen vorliegt, ist der Einspruch insgesamt zulässig.

Der Bearbeiter müsste Aussetzung der Vollziehung gewähren, wenn die Voraussetzungen des § 361 Abs. 2 AO vorliegen würden. M müsste einen zulässigen Einspruch eingelegt haben. Insofern hätte Aussetzung der Vollziehung also nur gewährt werden müssen, soweit der Einspruch zulässig ist, also nicht hinsichtlich der AfA.

Grundsätzlich ist auch Aussetzung der Vollziehung eines Grundlagenbescheids möglich. Dies folgt im Umkehrschluss aus § 361 Abs. 3 S. 1 AO. Wird der Grundlagenbescheid ausgesetzt, so ist der Folgebescheid nach § 361 Abs. 3 S. 1 AO auszusetzen.

Aus dem Umkehrschluss § 361 Abs. 2 S. 2 AO und § 361 Abs. 2 S. 1 AO ergibt sich, dass ein Antrag auf Aussetzung der Vollziehung nicht zwingend erforderlich ist. Hier hat M aber einen solchen Antrag gestellt.

Letzte Voraussetzung ist das Vorliegen von ernstlichen Zweifeln an der Rechtmäßigkeit des angefochtenen Verwaltungsakts. Hinsichtlich der Sonderbetriebseinnahmen liegen ernstliche Zweifel vor, hier sind deshalb die Voraussetzungen für eine Aussetzung der Vollziehung erfüllt.

Zwar ist § 361 Abs. 2 AO eine Ermessensvorschrift, liegen aber wie hier nach § 361 Abs. 2 S. 2 AO ernstliche Zweifel an der Rechtmäßigkeit vor, so ist auszusetzen.

8. Der Einspruch hätte Aussicht auf Erfolg, wenn er zulässig und begründet wäre. Da der Feststellungsbescheid ein Verwaltungsakt ist (s.o.) ist der Einspruch nach § 347 AO statthaft. Die nach § 357 Abs. 1 S. 1 AO notwendige Schriftform wird auch durch eine E-Mail gewahrt (s. AEAO Nr. 1 zu § 357), denn es genügt nach § 357 Abs. 1 S. 2 AO, wenn aus dem Einspruch hervorgeht, wer ihn eingelegt hat. Eine Unterschrift ist nicht erforderlich.

Es ist zu prüfen, ob die Einspruchsfrist des § 355 AO gewahrt wurde. Der Änderungsbescheid ging am 13.10.09 zur Post und wurde damit nach § 122 Abs. 2 Nr. 1 AO am 16.10.09 bekannt gegeben. Mit Ablauf dieses Tages begann die Einspruchsfrist und endete nach § 108 Abs. 1 AO i.V.m. § 188 Abs. 2 BGB mit Ablauf des

16.11.09. Der Einspruch vom 29.11.09 wäre verspätet, wenn nicht nach § 110 AO Wiedereinsetzung in den vorigen Stand zu gewähren wäre.

Dazu müsste die Einspruchsfrist eine gesetzliche nicht verlängerbare Frist sein. Da sie sich aus § 355 AO ergibt, ist sie eine gesetzliche Frist. Mangels Erwähnung in § 109 AO ist die Frist nicht verlängerbar.

Die versäumte Handlung müsste nachgeholt worden sein. Mit der Einlegung des Einspruchs am 29.11.09 ist dies erfolgt. Nach § 110 Abs. 2 S. 4 AO bedarf es keines gesonderten Wiedereinsetzungsantrags.

Die Wiedereinsetzungsfrist nach § 110 Abs. 2 S. 1 AO müsste gewahrt worden sein. Diese Frist beginnt nach Wegfall des Hindernisses. Hindernis war, dass das ursprüngliche Einspruchsschreiben beim Verkehrsunfall zwischen die Sitze gerutscht ist. Dieses Hindernis ist weggefallen, als der Brief entdeckt wurde, am 27.11.09. Mit Ablauf dieses Tages begann die Wiedereinsetzungsfrist. Diese endet nach § 108 Abs. 1 AO i.V.m. § 188 Abs. 2 BGB mit Ablauf des 27.12.09. Mit Eingang des Schreibens am 29.11.09 wurde die Wiedereinsetzungsfrist gewahrt.

Nach § 110 Abs. 2 S. 2 AO müsste Lutz Lader die Tatsachen zur Begründung des Antrags glaubhaft machen. Dazu kann er sich nach § 294 ZPO aller Beweismittel bedienen, die auch zur Versicherung an Eides statt zugelassen sind. Mit der Bestätigung des Pizzafahrers Rüdiger Meier ist hinreichend glaubhaft gemacht.

Schließlich müsste die Einspruchsfrist ohne Verschulden versäumt worden sein. Verschulden liegt vor bei Vorsatz und Fahrlässigkeit. Vorsätzliches Verhalten ist gegeben, wenn es mit Wissen und Wollen erfolgt. Lutz Lader wollte die Einspruchsfrist nicht verpassen. Vorsätzliches Handeln kommt also nicht in Betracht. Fahrlässig ist ein Verhalten, wenn die gebotene Sorgfalt außer Acht gelassen wird. Lutz Lader hat sich bei der Überbringung des Briefes an das Finanzamt selbst auch nicht fahrlässig verhalten. Rüdiger Meier aber hätte den Brief nicht vergessen dürfen. Sein Verhalten war fahrlässig. Wäre Rüdiger Meier Vertreter des Lutz Lader, so wäre sein Verschulden nach § 110 Abs. 1 S. 2 AO Lutz Lader zuzurechnen.

Wäre Rüdiger Meier Vertreter gewesen, so müsste er eine eigene Willenserklärung abgegeben haben. Dies war nicht der Fall. Seine Aufgabe war lediglich die Willenserklärung des Lutz Lader zu überbringen. Er war also Bote. Das Verschulden eines Boten wird nicht zugerechnet. Es ist aber abschließend zu prüfen, ob Lutz Lader den richtigen Boten ausgesucht hat. Wäre der Bote zur Erfüllung der Botentätigkeit nicht geeignet gewesen, so würde Lutz Lader ein Fahrlässigkeitsvorwurf treffen. Rüdiger Meier ist schon seit 4 Jahren für den Pizza-Dienst tätig, Lutz Lader kennt ihn also und kann seine Fähigkeiten einschätzen. Da er in 4 Jahren, also über einen relativ langen Zeitraum, noch keinen Fehler gemacht hat, ist er für eine so einfache Aufgabe wie den Einwurf eines Briefes ein geeigneter Bote. Lutz Lader hat also auch bei der Auswahl des Boten keinen Fehler gemacht und es trifft ihn insgesamt kein Fahrlässigkeitsvorwurf. Damit liegen die Voraussetzungen für eine Wiedereinsetzung in den vorigen Stand vor und der Einspruch ist doch fristgemäß eingegangen.

Auch Lutz Lader müsste nach § 359 AO beteiligtenfähig sein. Als Träger von steuerlichen Rechten und Pflichten ist Lutz Lader steuerrechtsfähig und damit auch beteiligtenfähig.

Als Schulfreund des M ist Lutz Lader ebenfalls über 18 Jahre alt und damit auch einspruchsfähig nach §§ 365 Abs. 1, 79 AO.

Er müsste nach § 350 AO beschwert sein. Da auch Lutz Lader einer der Inhaltsadressaten des Feststellungsbescheids ist, ist er persönlich beschwert. Die Beschränkung der Einspruchsbefugnis nach § 352 AO spielt für Lutz Lader keine Rolle, denn als Geschäftsführer kann er nach § 352 Abs. 1 Nr. 1 AO vollumfänglich Einspruch einlegen.

Auch beim Einspruch des Lutz Lader liegt sachliche Beschwer durch die geänderte Festsetzung von Einkünften vor.

Da es sich um einen Einspruch gegen einen Änderungsbescheid handelt, ist § 351 AO zu prüfen. Eine Anfechtung ist bei Änderung eines bestandskräftigen Bescheids nur insoweit möglich, wie die Änderung reicht, es sei denn, es ist eine Änderungsvorschrift anwendbar. Fraglich ist, ob der geänderte Bescheid überhaupt bestandskräftig war. M hatte dagegen Einspruch eingelegt und über diesen Einspruch war noch nicht entschieden worden. Zwar war dieser Einspruch teilweise unzulässig und wäre auch unzulässig gewesen, wenn er gegen die AfA für den PKW eingelegt worden wäre, da M auch insoweit wegen § 352 Abs. 1 Nr. 1 AO nicht einspruchsbefugt gewesen wäre. Die teilweise Unzulässigkeit ändert aber nichts daran, dass durch die Einlegung des Einspruchs die Bestandskraft so lange gehemmt ist, bis eine Entscheidung, z.B. über die teilweise Unzulässigkeit, unanfechtbar geworden ist. Insofern liegen die Voraussetzungen des § 351 AO wegen noch nicht eingetretener Bestandskraft nicht vor und mit dem Einspruch des Lutz Lader ist eine volle Überprüfung des Verwaltungsakts möglich.

Da auch hier weder eine Rücknahme nach § 362 Abs. 1 AO noch ein Verzicht nach § 354 AO vorliegt und ein Rechtsschutzbedürfnis gegeben ist, ist der Einspruch insgesamt zulässig.

Weiterhin ist zu prüfen, ob der Einspruch begründet ist.

Zunächst ist zu prüfen, ob die Unterschrift des Sachgebietsleiters des Personengesellschafterbezirks unter die Prüfungsanordnung zur Rechtswidrigkeit des Änderungsbescheids führt. Dies wäre der Fall, wenn es sich um einen Fehler handeln würde, der zu einem Verwertungsverbot führen würde. Die Unterschrift eines nicht zuständigen Amtsträgers ist ein formeller Fehler. Organisatorische Angelegenheiten innerhalb der Behörde sind nicht beachtet worden. Dieser Fehler hat keinen weiteren Einfluss auf die Ermittlung der Ergebnisse und führt daher nicht zu einem Verwertungsverbot. Insofern kommt es auch nicht darauf an, dass Lutz Lader gegen die Prüfungsanordnung keinen Einspruch eingelegt hat und sein spätes Vorbringen im Einspruch gegen den Änderungsbescheid ohnehin unbeachtlich sein könnte.

Hinsichtlich der AfA ist der Einspruch begründet und deshalb entsprechend dem Vorbringen des Lutz Lader zu ändern.

Eine für erreichte Umsatzziele geleistete Gutschrift gehört in den betrieblichen Bereich. Insofern ist das Vorbringen des Lutz Lader zu dieser Frage nicht richtig und der Einspruch ist insofern unbegründet.

Der Einspruch hat also nur hinsichtlich der Frage der AfA Aussicht auf Erfolg.

Klausuren Abgabenordnung

Übungsklausur 3
Bearbeitungszeit: 5 Stunden

I.   Sachverhalte

Sachverhalt 1
Die Einkommensteuerveranlagung 10 der selbständigen Innenarchitektin Tatjana Schneider, die eine Einkommensteuer in Höhe von 30.000 € auswies, ist bestandskräftig. Bei einer Außenprüfung im Jahr 12 fallen folgende Sachverhalte auf:

Tatjana Schneider hatte ein im Ausland erzieltes Honorar in Höhe von 8.000 € nicht erklärt. Dies war versehentlich passiert. Auf Rückfrage des Prüfers erläuterte der zuständige Sachbearbeiter, er habe, als er die Veranlagung der Tatjana Schneider gerade abschließen wollte, im Posteingang Kontrollmaterial gefunden, aus dem sich ergab, dass Tatjana Schneider das fragliche Honorar erzielt hat. Er habe dieses Honorar für steuerfrei gehalten und habe es deshalb nicht berücksichtigt.

Im Jahr 10 hatte Tatjana Schneider sich einen neuen Pkw gekauft. Die Anschaffungskosten betrugen 31.000 €, Tatjana hatte dies als Anlagevermögen bilanziert. Die Nutzungsdauer des Pkw betrug 5 Jahre. Bei der Außenprüfung im Jahr 12 stellt sich heraus, dass Anschaffungsnebenkosten in Höhe von 3.000 € angefallen waren, die Tatjana als sofort abzugsfähige Betriebsausgaben unter sonstigem betrieblichem Aufwand gebucht hatte.

Tatjana hat von ihren Eltern ein Mehrfamilienhaus geschenkt bekommen. Sie hat im Kalenderjahr 10 Einnahmen in Höhe von 50.000 € und Ausgaben von 20.000 € erklärt. Der zuständige Bearbeiter hat Einnahmen und Ausgaben verwechselt und als Einkünfte ./. 30.000 € angesetzt.

Neben ihrer Tätigkeit als Innenarchitektin hat Tatjana als Ausgleich abends als angestellte Yogalehrerin gearbeitet. Die von ihr dazu angeschaffte Berufskleidung in Höhe von 150 € hat der zuständige Bearbeiter fälschlicherweise nicht als Werbungskosten anerkannt.

Im Sommer des Jahres 10 hat Tatjana außerdem Einkünfte im Sinne von § 3 Nr. 26 EStG erzielt. Den Freibetrag hat sie in ihrer Berechnung bereits abgezogen, es blieben 950 €. Dies hat der zuständige Bearbeiter übersehen, den Freibetrag noch einmal abgezogen und sodann keine Einkünfte angesetzt.

Tatjana ist seit drei Jahren an der D und O OHG beteiligt. Gemäß gesonderter und einheitlicher Feststellung vom 27.03.11 betrug der Anteil am Gewinn 15.000 €. Am 02.01.12 erging ein geänderter Feststellungsbescheid, der nunmehr zugunsten der Tatjana einen Gewinnanteil in Höhe von 13.000 € ausweist.

In 11 hat Tatjana Sonderausgaben, die sie in 10 gezahlt hatte, erstattet bekommen. Eine Verrechnung mit den Sonderausgaben 11 war nicht möglich. Insgesamt betrugen die abzugsfähigen Sonderausgaben 10 4.000 €. Die in 11 gezahlte Erstattung betrug 300 €.

Sachverhalt 2
Luisa Friedrich, wohnhaft in Neumünster, betreibt in der Fußgängerzone in Neumünster (FA-Bezirk Neumünster) einen Blumenladen. Die Einkommensteuer für das

Kalenderjahr 00 wird vom zuständigen Finanzamt am 25.06.01 festgesetzt. Luisa Friedrich hatte ihrer am 17.03.01 beim Finanzamt eingehenden Einkommensteuererklärung eine von ihr manuell erstellte Einnahme-Überschuss-Rechnung beigefügt. Daraus ergaben sich Einnahmen in Höhe von 235.700 € und Ausgaben in Höhe von 117.345 €. Daraus hatte Luisa 113.855 € Überschuss errechnet. Der zuständige Bearbeiter hatte die errechnete Zahl übernommen, nach Abzug der Vorauszahlungen ergab sich eine Nachzahlung in Höhe von 5.300 €, die Luisa sofort zahlte.

Als sich ein Jahr später die herausragende Finanzanwärterin T mit der Akte beschäftigte, fiel ihr auf, dass die Veranlagung des Vorjahres einen Fehler enthielt. Sie gab die richtigen Werte ein und erzählte dem zuständigen Bearbeiter Steuerinspektor I von ihrer Entdeckung. Dieser gab den Fall ohne Prüfung frei, weil er der T zu Recht vollständig vertraute. Am 27.06.02 ging ein neuer Bescheid zur Post, der eine zusätzliche Nachzahlung in Höhe von 1.800 € auswies. Diese Nachzahlung war noch offen, als Luisa die Umsatzsteuer-Voranmeldung für August 02 mit einer Vergütungssumme in Höhe von 1.900 € beim Finanzamt abgab. Mit Schreiben vom 15.09.02 informierte das Finanzamt Luisa, dass 100 € überwiesen worden seien und ansonsten mit der fälligen Einkommensteuer 00 aufgerechnet würde.

2 Tage später, am 17.09.02, ging beim zuständigen Finanzamt eine E-Mail folgenden Inhalts ein:

> Luisa Friedrich
> Adresse
>
> An das Finanzamt
>
> Aufrechnung
>
> Gegen die Aufrechnung lege ich Einspruch ein. Bitte zahlen Sie mir auch die restlichen 1.800 € aus, ich benötige das Geld dringend zur Zahlung des fälligen Beitrags bei der Berufsgenossenschaft.
>
> Mit freundlichen Grüßen
>
> Luisa Friedrich

Sachverhalt 3

Franz Müller betreibt seit Anfang 00 in Köln einen Internet-Handel, in dem er Outdoor-Zubehör verkauft. Die Geschäfte laufen sofort hervorragend. Bereits in 00 erzielte er steuerpflichtige Nettoumsätze in Höhe von 120.000 €. Dem standen Vorsteuerbeträge in Höhe von 10.000 € gegenüber. Der Gewinn in 00 betrug 45.000 €. Er hätte Einkommensteuer in Höhe von 12.000 € zahlen müssen.

Als er auch in 01 einen Gewinn in Höhe von 52.000 € erreicht und die Nettoumsätze sich bei Vorsteuerbeträgen von nur 9.500 € auf 130.000 € erhöhen, wird er unruhig und beschließt sein Geschäft beim Finanzamt anzumelden. Er errechnet die zu zahlenden Steuern und ist insbesondere angesichts einer zu zahlenden Einkommensteuer für 01 in Höhe von 24.000 € erschüttert. Sodann beschließt er nur einen so großen Teil seiner Umsätze/Gewinne beim Finanzamt anzugeben, dass dieses nicht misstrauisch wird, falls sein Handel dort bekannt werden sollte. So erklärt er für 01 mit beim Finanzamt am 25.05.02 eingehenden Erklärungen einen Gewinn in Höhe von 38.000 €, aus dem sich eine Einkommensteuer in Höhe von 13.000 € ergibt, einen Umsatz in Höhe von 80.000 € und Vorsteuerbeträge in Höhe von 7.500 €. Den Beginn seines Internet-Handels gibt Franz Müller mit dem 02.01.01 an. Die entsprechenden Bescheide entsprechend seinen Erklärungen für 01 ergingen am 28.07.02.

Im Dezember 03 erfährt Franz Müller durch einen Freund, dass das Finanzamt Verkäufe durch das Internet intensiv überprüft. Er überschlägt seine hervorragenden Bewertungen und stellt fest, dass das Finanzamt aufgrund der Vielzahl der Bewertungen zu dem Ergebnis kommen muss, dass seine Zahlen zu niedrig sind. So entschließt er sich schweren Herzens, die richtigen Zahlen nachzuerklären. Ein entsprechendes Schreiben, aus dem sich nunmehr die richtigen Zahlen für 01 ergeben, geht am 22.12.03 beim Finanzamt Köln-Mitte ein. Am 17.12.03 war dem Steuerfahnder S, einem begeisterten Outdoor-Fan, der Internet-Handel des Franz Müller empfohlen worden. Er hatte sich daraufhin das Sortiment und die Bewertungen im Internet angeschaut, diese mit der Steuerakte abgeglichen und festgestellt, dass die erklärten Gewinne/Umsätze dem gegenüber sehr niedrig erschienen und außerdem der Handel schon vor 01 geführt worden sein musste. Gleich nach den Weihnachtsferien wollte er mit steuerstrafrechtlichen Ermittlungen beginnen. Tatsächlich erfolgen die Ermittlungen von Januar 04-März 04. Sie ergeben neben der Bestätigung der nacherklärten Zahlen für 01 auch die von Franz Müller nicht erklärten Zahlen für 00. Entsprechende Steuerbescheide gingen am 03.04.04 zur Post. Franz Müller leistete alle Nachzahlungen am 30.05.04.

Sachverhalt 4

Jessica Schröder ist 27 Jahre alt und arbeitet sehr erfolgreich als Logopädin. Sie wohnt in Düsseldorf.

Im April 09 lernt sie den Masseur Markus Müller kennen, verliebt sich in ihn und zieht im August 09 in seine Wohnung in Köln. Ihre Wohnung in Düsseldorf übernimmt ihre beste Freundin Josefine Taler. Wegen des Umzugs kommt Jessica erst am 04. Oktober 09 dazu, ihre Einkommensteuererklärung 08 fertig zustellen. Da sie das ganze Jahr 08 im Zuständigkeitsbereich des Finanzamtes Düsseldorf-Süd gewohnt hat, schickt sie ihre Erklärung wie immer dort hin, gibt aber auf dem Mantelbogen die neue Adresse in Köln an.

Am 13.01.10 sendet das Finanzamt Düsseldorf-Süd den Einkommensteuerbescheid 08 an die Adresse der Jessica Schröder in Düsseldorf ohne vorher in irgendeiner Weise mit ihr Kontakt aufgenommen zu haben. Erst als Jessica drei Wochen später, am 06.02.10 Josefine Taler besucht, übergibt diese ihr den Bescheid.

Als Jessica den Bescheid überprüft, stellt sie zu ihrem Ärger fest, dass entgegen den Vorjahren, wo sie bei gleich gelagertem Sachverhalt bei einer Einkommensteuerfestsetzung in Höhe von rund 10.000 € nach Abzug der Lohnsteuer stets eine Erstattung in Höhe von ca. 2.000 € erhalten hat, nunmehr nur eine Erstattung in Höhe von 200 € errechnet wurde. Warum dies so ist, ist aus dem Bescheid nicht erkennbar, er enthält keine Erläuterungen. Sie vereinbart daraufhin für den 10.03.10 einen Termin bei Steuerberater Stefan Steuermann, um mit ihm über den Steuerbescheid 08 und auch über die anzufertigende Steuererklärung 09 zu sprechen. Als die Steuerfachangestellte Renate Listig bei der Terminvereinbarung erfährt, dass es sich bei dem Einspruch um einen Steuerbescheid vom 13.01.10 handelt, rät sie der Jessica, vorsorglich sofort gegen den Bescheid schriftlich Einspruch einzulegen. Jessica schickt deshalb am 17.02.10 eine E-Mail folgenden Inhalts an das Finanzamt Düsseldorf-Süd:

Jessica Schröder
Prinzstraße 7
50000 Köln 17.02.10

An das Finanzamt Düsseldorf-Süd

Bescheid vom 13.01.10, Einkommensteuer 08

Sehr geehrte Damen und Herren,

gegen den oben genannten Einkommensteuerbescheid erhebe ich hiermit ausdrücklich Widerspruch. Genaueres wird Ihnen mein Steuerberater Stefan Steuermann mitteilen, mit dem ich erst für den 10.03.10 einen Besprechungstermin vereinbaren konnte.

Mit freundlichen Grüßen

Jessica Schröder

Als der zuständige Bearbeiter die E-Mail an seinem Arbeitsplatz erhält, ruft er noch am 17.02.10 bei Jessica Schröder an und erklärt ihr sehr ausführlich, warum er im angefochtenen Bescheid keine Fehler erkennen könne und rät den Einspruch zurückzunehmen. Bei dem Telefonat erfährt Jessica erstmalig, warum und in welcher Höhe der Bearbeiter die Werbungskosten gekürzt hat. Mit einer Rücknahme des Einspruchs erklärt Jessica sich nach langem Zögern schließlich einverstanden, der Bearbeiter fertigt einen entsprechenden Aktenvermerk.

Als Jessica schließlich am 10.03.10 zur Besprechung mit Stefan Steuer erscheint, erklärt sie ihm, der Einspruch für 08 sei erledigt, es gehe jetzt nur noch um die Einkommensteuererklärung 09. Bei der anschließenden Besprechung merkt Jessica, dass die Kürzung der Werbungskosten für 08 teilweise zu Unrecht erfolgt ist, und spricht dann doch mit Stefan Steuermann über die Einkommensteuer 08. Stefan Steuermann faxt schließlich noch am 10.03.10 wie folgt an das Finanzamt:

Stefan Steuermann
Grenzstraße 9 10.03.10
50000 Köln

An das Finanzamt Düsseldorf-Süd

Einkommensteuerveranlagung 08 der Jessica Schröder, StNr. XXXXX

Sehr geehrte Damen und Herren,

namens und im Auftrag meiner Mandanten ergänze ich das Schreiben vom 17.02.10 wie folgt:
Es folgen Ausführungen zu den gekürzten Werbungskosten
Außerdem ist der Bescheid schon deshalb aufzuheben, weil das Finanzamt Düsseldorf-Süd ihn nicht hätte erlassen dürfen.

Mit freundlichen Grüßen

Stefan Steuermann

II.   Aufgaben

Aufgaben zu Sachverhalt 1

1. Bitte erläutern Sie, ob eine Korrektur der Steuerfestsetzung 10 in Betracht kommt. Auf die Festsetzungsfrist ist dabei nicht einzugehen. Wie hoch wird nunmehr die Steuer 10 sein? Gehen Sie dabei fiktiv von einem linearen Steuersatz von 30 % aus!

2. Ist hinsichtlich des Pkw-Ankaufs eine Änderung des Folgejahres 11 möglich?

Aufgaben zu Sachverhalt 2

1. Angenommen Luisa würde nicht in Neumünster sondern in Rendsburg (Finanzamt-Bezirk Rendsburg) wohnen, lediglich der Laden befände sich in Neumünster. Welches Finanzamt wäre für die Einkommensteuer zuständig. Wäre bei dieser Konstellation durch die beteiligten Finanzämter etwas zu veranlassen?

2. Sind die Neueingaben durch Finanzanwärterin T und der daraufhin ergehende Bescheid vom 27.06.02 zu Recht erfolgt?

3. Ist der Bescheid vom 27.06.02 wirksam geworden?

4. Wann war die Einkommensteuer-Nachzahlung in Höhe von 1.800 € fällig?

5. Ist der Einspruch vom 17.09.02 zulässig?

Aufgaben zu Sachverhalt 3

1. Hat Franz Müller Steuerstraftaten begangen (auf die Gewerbesteuer ist nicht einzugehen)? Bitte prüfen Sie für 01 alle in Betracht kommenden Strafausschließungsgründe.

2. Bitte berechnen Sie für die Einkommensteuer 01 alle in Betracht kommenden Zinsen sowie eine eventuelle Anrechnung.

Aufgaben zu Sachverhalt 4

1. Der zuständige Bearbeiter stellt sich am 15.03.10 die Frage, ob der Einspruch zulässig ist.

2. Sachverhaltsalternative: Angenommen Jessica Schröder hätte am 17.02.10 ein Schreiben an das Finanzamt geschickt, in dem sie die Rücknahme ihres Einspruchs schriftlich erklärt hätte. Wie wäre dann zur Frage der Zulässigkeit des Einspruchs zu entscheiden? Bitte prüfen Sie alle Voraussetzungen!

3. Angenommen der Einspruch ist/wäre zulässig. Ist der Bescheid aufzuheben, weil das Finanzamt Düsseldorf-Süd ihn erlassen hat?

Lösung der Übungsklausur 3

Sachverhalt 1

1. Aufgabe 1

Ausländisches Honorar

Als Korrekturvorschrift könnte § 173 Abs. 1 Nr. 1 AO in Betracht kommen. Dann müsste es sich um eine neue Tatsache handeln. Maßgeblicher Zeitpunkt für die Prüfung der Frage, ob eine Tatsache „neu" ist, ist der Zeitpunkt der letzten Willensbildung aufseiten der Behörde. Diese fand statt, als die Veranlagung abgeschlossen wurde. Zu diesem Zeitpunkt war die Tatsache schon bekannt, sodass die Voraussetzungen des § 173 Abs. 1 Nr. 1 AO nicht vorliegen. Es handelt sich um einen **materiellen Fehler** in Höhe von + 8.000 € mit einer steuerlichen Auswirkung von + **2.400 €**, der ggf. über § 177 AO zu berücksichtigen ist.

Anschaffung des Pkw

Auch bezüglich der Kosten für den Pkw könnte § 173 Abs. 1 Nr. 1 AO als Korrekturvorschrift in Betracht kommen. Dass Anschaffungsnebenkosten angefallen sind, war zum Zeitpunkt der letzten Willensbildung aufseiten der Behörde nicht erkennbar, weil Tatjana den Vorgang unter sonstigem betrieblichem Aufwand gebucht hat. Insofern liegen die Voraussetzungen des § 173 Abs. 1 Nr. 1 AO grundsätzlich vor. Der zugrunde liegende Lebenssachverhalt ist insgesamt zu würdigen. Nach § 255 Abs. 1 S. 2 HGB war es nicht zulässig, dass die Anschaffungsnebenkosten den Gewinn minderten. Sie waren vielmehr den Anschaffungskosten hinzuzurechnen. Damit erhöht sich der Gewinn zunächst um 3.000 €. Gegenzurechnen ist die sich auf diese erhöhten Anschaffungskosten ergebende AfA, 600 €. Da es sich um eine Tatsache mit zweifacher Auswirkung handelt, ist zwingend zu saldieren. Es ist deshalb nach **§ 173 Abs. 1 Nr. 1 AO** zulasten der Tatjana um 2.400 € zu erhöhen. Die steuerliche Auswirkung beträgt + **720 €**.

Einkünfte aus Vermietung und Verpachtung

Hier könnte eine Berichtigung nach § 129 AO in Betracht kommen. Da die beiden angenommenen Zahlen richtig voneinander abgezogen wurden, liegt kein Rechenfehler vor. Es wurden aber zwei Zahlen vertauscht. Dies stellt einen einem Rechenfehler ähnlichen Fehler dar. Dieser ergibt sich ohne großes Nachforschen aus der Akte und ist damit „offenbar". Der Fehler ist dem zuständigen Bearbeiter beim Erlass des Steuerbescheids unterlaufen und ist damit über **§ 129 AO** in Höhe von + 60.000 €, steuerliche Auswirkung + **18.000 €** zu berichtigen.

Einkünfte als Yogalehrerin

Es liegt ein Fehler in der rechtlichen Würdigung vor. Korrekturvorschriften sind nicht anwendbar. Es handelt sich um einen materiellen Fehler im Sinne von **§ 177 AO** in Höhe von 150 € und damit mit einer steuerlichen Auswirkung in Höhe von ./. **45 €**.

Einkünfte im Sinne von § 3 Nr. 26 EStG

Ein Freibetrag wurde doppelt berücksichtigt. Dies stellt nach Rechtsprechung des BFH eine offenbare Unrichtigkeit im Sinne von **§ 129 AO** dar. Das Berichtigungsvolumen beträgt + 950 €, die steuerliche Auswirkung + **285 €**.

Einkünfte aus der D und O OHG

Die maßgebliche Korrekturvorschrift ist **§ 175 Abs. 1 Nr. 1 AO**. Der Feststellungsbescheid hat nach § 171 Abs. 10 AO Bindungswirkung für die Einkommensbesteuerung der Tatjana, da die erzielten Einkünfte nach § 15 Abs. 1 Nr. 2 EStG einkommensteuerpflichtig sind. Das Korrekturvolumen beträgt ./. 2.000 €, die steuerliche Auswirkung ./. **600 €**.

Erstattung von Sonderausgaben

Es könnte eine Korrektur nach **§ 175 Abs. 1 Nr. 2 AO** in Betracht kommen. Die Erstattung der Sonderausgaben stellt laut BFH in einem Fall wie diesem ein rückwirkendes Ereignis dar (s. Nr. 2.4 AEAO zu § 175). Die Minderung der abzugsfähigen Sonderausgaben beträgt 300 €, die steuerliche Auswirkung damit + **90 €**.

Es ist nunmehr zu prüfen, ob die materiellen Fehler über § 177 AO Berücksichtigung finden können. Es liegen materielle Fehler in Höhe von 8.000 € ./. 150 € mit einer steuerlichen Auswirkung von + **2.355 €** vor.

Die gemäß Korrektur- und Berichtigungsnormen steuererhöhenden Tatbestände betragen 2.400 € + 60.000 € + 950 € + 300 €, die steuerliche Auswirkung beläuft sich insgesamt auf + **19.095 €**. Steuermindernd sind 2.000 € mit einer steuerlichen Auswirkung von ./. **600 €** zu berücksichtigen.

Der Änderungsrahmen reicht damit von 49.095 € (Obergrenze) bis 29.400 € (Untergrenze). Die materiellen Fehler werden nach § 177 Abs. 2 AO gegen die steuermindernden Änderungen gegengerechnet. Damit bleiben materielle Fehler mit einer Auswirkung in Höhe von 1.755 €, die nicht berücksichtigt werden können. Die richtige Steuer beträgt 30.000 € + 19.095 € = 49.095 €.

2. Aufgabe 2

Würde Tatjana Schneider bilanzieren, wäre eine Änderung nach § 175 Abs. 1 Nr. 2 AO möglich (s. AEAO Nr. 2.4 zu § 175). Ferner ist zu prüfen, ob eine Änderung auch nach § 173 Abs. 1 Nr. 2 AO vorzunehmen wäre. Dass nunmehr in 11 erhöhte AfA-Beträge anzusetzen sind, ist erst nach Abschluss der Veranlagung bekannt geworden. Wegen der falschen Verbuchung der Anschaffungsnebenkosten trifft Tatjana Schneider daran ein Verschulden. Dies ist aber nach § 173 Abs. 1 Nr. 2 S. 2 AO unbeachtlich, weil die steuermindernde Tatsache aus der steuererhöhenden Tatsache der Minderung des sonstigen betrieblichen Aufwands des Vorjahres resultiert, es ist also ein unmittelbarer Zusammenhang gegeben. Die Änderung könnte nach § 173 Abs. 1 Nr. 2 S. 2 AO vorgenommen werden.

Sachverhalt 2

1. Nach § 19 Abs. 1 S. 1 AO wäre das Wohnsitzfinanzamt Rendsburg für die Einkommensteuer zuständig. Da das Wohnsitzfinanzamt und das Finanzamt, in dessen Bezirk das Unternehmen betrieben wird, auseinanderfallen, wäre nach § 180 Abs. 1 Nr. 2 b AO eine gesonderte Feststellung durchzuführen. Nach § 18 Abs. 1 Nr. 2 AO wäre dafür das Finanzamt Neumünster als Betriebsfinanzamt zuständig.
2. Der neue Bescheid hätte ergehen dürfen, wenn die Festsetzungsfrist nicht abgelaufen gewesen wäre und eine Berichtigungsvorschrift einschlägig wäre.
   Luisa Friedrich ist Gewerbetreibende und muss deshalb nach § 25 Abs. 3 EStG eine Einkommensteuererklärung abgeben. Damit ist die Anlaufhemmung des § 170

Abs. 2 Nr. 1 AO anwendbar und die Festsetzungsfrist begann im Jahr der Abgabe der Erklärung, also mit Ablauf 01. Die Frist dauert nach § 169 Abs. 2 Nr. 2 AO 4 Jahre und endet damit mit Ablauf 05. In 02 war die Frist also noch nicht abgelaufen. Als Berichtigungsvorschrift kommt § 129 AO in Betracht. Es müsste eine offenbare Unrichtigkeit vorgelegen haben. Hier wurden die Zahlen 8 und 3 vertauscht. So ein Zahlendreher stellt eine ähnliche offenbare Unrichtigkeit dar. Dieser ist zwar nicht dem Bearbeiter beim Erlass des Steuerbescheids unterlaufen, sondern der Steuerpflichtigen bei der Erstellung der Steuererklärung. Der Bearbeiter hat diesen Fehler aber bei der Bearbeitung unbewusst übernommen und ihn dadurch zu einem Fehler bei der Erstellung der Steuererklärung gemacht. Dieser Fehler ist offenbar, weil er ohne großes Nachforschen erkennbar ist. Entgegen dem Wortlaut des § 129 AO bestand für die Berichtigung kein Ermessen, weil die Gleichmäßigkeit der Besteuerung nach § 85 S. 1 AO eine Berichtigung gebietet. Der neue Bescheid musste also ergehen.

3. Der Bescheid wäre nach § 124 Abs. 1 AO wirksam, wenn er intern entstanden, ordnungsgemäß bekannt gegeben und nicht nichtig wäre.

   Zum internen Entstehen bedarf es zunächst einer Willensbildung und einer Willensäußerung. Hier hat sich in erster Linie Finanzanwärterin T einen Willen gebildet, indem sie sich mit der Akte beschäftigt und die Werte abgeglichen hat. Ihren Willen geäußert hat sie durch die Eingabe. T ist aber als Finanzanwärterin noch nicht für die Behörde handlungsbefugt nach § 79 Abs. 1 Nr. 4 AO. Insofern kann es auf ihre Willensbildung nicht ankommen. Steuerinspektor I hingegen hat offenbar das Zeichnungsrecht und ist damit handlungsbefugt. Er hat sich zumindest den Willen gebildet, die Eingaben zu übernehmen. Dies ist ausreichend. Mit der Freigabe hat I den Willen geäußert und in der Freigabe liegt auch gleichzeitig die für das interne Entstehen notwendige abschließende Billigung durch einen handlungsbefugten Amtsträger.

   Für die Bekanntgabe müsste ein Bekanntgabewille vorhanden gewesen sein und Zugang bei der richtigen Adressatin erfolgt sein. Mit der Freigabe hat I auch seinen Willen geäußert, dass dieser Bescheid bekannt gegeben werden soll.

   Als Inhaltsadressatin ist Luisa Friedrich die richtige Adressatin. Offenbar ist der Bescheid in ihren Briefkasten geworfen worden, insofern liegt Zugang in den sachlichen Machtbereich vor.

   Da keine Nichtigkeitsgründe nach § 125 AO ersichtlich sind, ist der Bescheid nach § 124 AO wirksam geworden.

4. Der Bescheid datiert vom 27.06.02 und gilt damit nach § 122 Abs. 2 Nr. 1 AO als am 30.06.02 zugegangen. Damit war die Nachzahlung nach § 36 Abs. 4 S. 1 EStG am 30.07.02 fällig.

5. Dann müsste der Einspruch zunächst statthaft im Sinne von § 347 AO sein. Einsprüche sind nur statthaft, wenn sie sich gegen Verwaltungsakte richten. Fraglich ist, ob das Schreiben vom 15.09.02 einen Verwaltungsakt darstellt. Das Finanzamt rechnet aufgrund § 226 Abs. 1 AO i.V.m. §§ 387 ff. BGB auf. Insofern ist Grundlage für das streitige Schreiben das Zivilrecht und nicht das öffentliche Recht. Die Behörde hat also mit dem Schreiben vom 15.09.02 nicht hoheitlich gehandelt und deshalb keinen Verwaltungsakt erlassen. Damit ist der Einspruch nach § 347 AO nicht statthaft und damit unzulässig.

Sachverhalt 3

1. Franz Müller könnte für das Kalenderjahr 00 eine Hinterziehung von Einkommensteuer und Umsatzsteuer nach § 370 Abs. 1 Nr. 2 AO begangen haben. Dann müsste er eine Finanzbehörde pflichtwidrig über steuerlich erhebliche Tatsachen in Unkenntnis gelassen haben. Das Finanzamt Köln-Mitte, das für die Besteuerung des Franz zuständig ist, ist Finanzbehörde im Sinne von § 6 Abs. 2 Nr. 5 AO. Gegenüber diesem Finanzamt hat Franz sich für das Kalenderjahr 00 steuerlich überhaupt nicht erklärt, er hat das Finanzamt damit in Unkenntnis gelassen. Die erzielten Einkünfte und Umsätze waren nach § 15 Abs. 1 Nr. 1 EStG und nach § 1 Abs. 1 Nr. 1 UStG steuerlich erheblich, weil die Einkünfte der Einkommensteuer und die Umsätze der Umsatzsteuer unterliegen.

Nach § 25 Abs. 3 EStG und § 18 Abs. 3 UStG hätte Franz diese Einkünfte/Umsätze erklären müssen. Die Nichterklärung war also pflichtwidrig.

Durch das in Unkenntnis Lassen der Finanzbehörde müsste ein Taterfolg im Sinne von § 370 Abs. 4 AO eingetreten sein. Danach sind Steuern unter anderem verkürzt, wenn sie nicht rechtzeitig festgesetzt werden. Die Veranlagungen für das Kalenderjahr 00 waren in 02 zu 95 % erfolgt. Da die Festsetzung für Franz Müller erst am 03.04.04 erfolgt, war sie nicht rechtzeitig. Es sind 12.000 € Einkommensteuer und 22.800 € Umsatzsteuer verkürzt worden. Bei der Umsatzsteuer werden nach § 370 Abs. 4 S. 3 AO, dem steuerstrafrechtlichen Kompensationsverbot, die Vorsteuerbeträge nicht abgezogen.

Die nicht rechtzeitige Festsetzung müsste kausal auf der Nichterklärung durch Franz Müller beruhen. Hätte Franz Müller rechtzeitig erklärt, so wären mit Sicherheit auch die entsprechenden Festsetzungen erfolgt. Die Nichterklärung war also kausal.

Nach § 15 StGB hätte Franz Müller vorsätzlich handeln müssen. Aus dem Umstand, dass Franz Müller sich ab 01 steuerlich erklärte, wird deutlich, dass er um seine steuerlichen Pflichten wusste, also wissentlich in 00 nicht erklärte. Ob es ihm auf die Tatbestandsverwirklichung ankam, geht aus dem Sachverhalt nicht hervor. Mindestens unterließ er die Abgabe von Steuererklärungen aber mit sichererem Wissen und damit mit dolus directus 2. Grades, also vorsätzlich.

Rechtfertigungs- oder Schuldausschließungsgründe sind nicht ersichtlich. Franz Müller hat sich damit zweier Steuerhinterziehungen durch Unterlassen nach § 370 Abs. 1 Nr. 2 AO schuldig gemacht. Hinsichtlich der Hinterziehung der Einkommensteuer und Umsatzsteuer liegt Tatmehrheit nach § 53 StGB vor.

Für das Jahr 01 ist zu prüfen, ob Franz Müller Steuerhinterziehungen nach § 370 Abs. 1 Nr. 1 AO begangen hat. Dann müsste er gegenüber einer Finanzbehörde über steuerlich erhebliche Tatsachen unvollständige Angaben gemacht haben. Finanzbehörde ist auch hier das Finanzamt Köln-Mitte. Sowohl in den Einkommensteuererklärungen als auch in den Umsatzsteuererklärungen fehlten Beträge, insofern waren diese unvollständig. Die steuerliche Erheblichkeit ergibt sich wiederum aus § 15 Abs. 1 Nr. 1 EStG und § 1 Abs. 1 Nr. 1 UStG.

Es müsste zu einer Steuerverkürzung nach § 370 Abs. 4 AO gekommen sein. Die Steuern sind nicht in voller Höhe festgesetzt worden. Insofern sind sie verkürzt worden und zwar in folgender Höhe: ESt 01 11.000 € und USt 01 9.500 €.

Hinsichtlich der Umsatzsteuer gilt wiederum das Kompensationsverbot.

Hätte Franz Müller vollständig erklärt, wäre auch in voller Höhe festgesetzt worden. Kausalität liegt also vor.

In 01 hat Franz Müller nach Berechnung der zu zahlenden Steuern bewusst weniger erklärt. Es kam ihm auf die weniger zu zahlenden Steuern an. Er hatte also dolus directus 1. Grades, handelte also auch hinsichtlich 01 vorsätzlich.

Da Rechtswidrigkeit und Schuld auch in 01 gegeben waren, hat Franz Müller sich zweier Steuerhinterziehungen strafbar gemacht. Sollte er seine Einkommensteuer- und Umsatzsteuererklärungen an einem Tag in einem Umschlag abgegeben haben und hätte diesen eine einheitliche Einnahme-Überschussrechnung zugrunde gelegen, läge bezüglich der beiden Steuererklärungen Tateinheit nach § 52 Abs. 1 AO vor.

Weil Franz Müller für das Jahr 01 am 22.12.03 richtige Zahlen an das Finanzamt übermittelt, stellt sich die Frage, ob er wirksame Selbstanzeigen nach § 371 AO erstattet hat.

Die erste Voraussetzung für eine wirksame Selbstanzeige, eine vollendete Steuerhinterziehung, liegt vor. Mit dem Schreiben vom 22.12.03 war sofort ohne weitere Ermittlungen eine neue Festsetzung möglich. Insofern genügt das Schreiben den Anforderungen an eine ordnungsgemäße Selbstanzeige.

Weitere Voraussetzung ist aber, dass die Selbstanzeigeerklärung Angaben zu allen unverjährten Steuerstraftaten enthält. Da hier die Angaben zu 00 fehlen, die Steuerstraftat 00 aber im Zeitpunkt der Erklärung bereits vollendet war, fehlt es an dieser Voraussetzung und die Selbstanzeige kann nicht wirksam werden.

Weiter ist zu prüfen, ob bereits strafrechtliche Verjährung nach §§ 78a, 78 Abs. 3 StGB eingetreten war. Weil Steuerhinterziehung nach § 370 Abs. 1 AO mit einem Strafmaß von bis zu 5 Jahren bedroht ist, verjährt die Tat nach § 78 Abs. 3 Nr. 4 StGB 5 Jahre nach Beendigung der Tat (§ 78a StGB). Beendet ist eine Tat nach § 370 Abs. 1 Nr. 1 AO mit der tatsächlichen Entgegennahme der zu niedrigen Steuerbescheide, also am 29.07.02. Die Fiktion des § 122 Abs. 2 Nr. 1 AO gilt hier nicht, weil sie zuungunsten des Steuerpflichtigen die Verjährungsfrist nach hinten verlagern würde. Die 5jährige strafrechtliche Verjährungsfrist wird erst am 28.07.07 enden und ist damit noch nicht abgelaufen.

2. Für die Zinsen nach § 233a AO ist zunächst zu ermitteln, wann der Zinslauf begonnen hat. Nach § 233a Abs. 2 S. 1 AO begann für 01 der Zinslauf am 01.04.03. Die Steuerfestsetzung wird nach §§ 124 Abs. 1, 122 Abs. 2 Nr. 1 AO am 06.04.04 wirksam, dies ist der Tag, an dem nach § 233a Abs. 2 S. 3 AO der Zinslauf endet. Es fallen Zinsen für 12 Monate auf 11.000 € an, also 660 €.

Da Steuern hinterzogen wurden, sind auch Hinterziehungszinsen nach § 235 AO zu zahlen. Der Zinslauf nach § 235 AO beginnt nach Abs. 1 S. 1 mit Zugang des unvollständigen Bescheids zuzüglich bei Nachzahlungsfällen der Zahlungsfrist, hier also am 30.08.02, da der Bescheid vom 28.07.02 datierte, also nach § 122 Abs. 2 Nr. 1 AO am 31.07.02 zuging und damit nach § 36 Abs. 4 S. 1 EStG (§ 188 Abs. 3 BGB) am 30.08.02 fällig war. Der Zinslauf endet zwar nach § 235 Abs. 3 S. 1 AO grundsätzlich mit Zahlung, nach § 240 Abs. 1 AO fallen aber für den am 06.05.04 fälligen Nachzahlungsbetrag seit dem 07.05.04 Säumniszuschläge an, sodass der Hinterziehungszinszeitraum am 06.05.04 endet. Damit sind Hinterziehungszinsen für 20 Monate in Höhe von 1.100 € zu zahlen.

Der Zeitraum, für den Zinsen nach § 233a AO zu zahlen sind, fällt komplett in den Zeitraum der Zinsen nach § 235 AO, sodass nach § 235 Abs. 4 AO vollständig anzurechnen ist.

Sachverhalt 4

1. Der Einspruch wäre zulässig, wenn die Zulässigkeitsvoraussetzungen vorliegen würden.

Der Einspruch müsste zunächst nach § 347 AO statthaft sein. Einsprüche sind danach gegen Verwaltungsakte statthaft. Der Steuerbescheid ist das Ergebnis eines willentlichen Verhaltens des zuständigen Sachbearbeiters und damit eine Maßnahme. Da Grundlage für den Bescheid die Vorschriften des EStG und der AO sind, fand diese Maßnahme auch auf dem Gebiet des öffentlichen Rechts statt. Diese Maßnahme stellte eine Regelung dar, weil der Einkommensteuerfall der Jessica damit verbindlich fixiert wurde. Es geht um den Einzelfall der Jessica. Da diese eine Rechtsträgerin außerhalb der Verwaltung ist, liegt auch die für einen Verwaltungsakt notwendige Außenwirkung vor, sodass es sich insgesamt um einen Verwaltungsakt handelt und der Einspruch damit also statthaft ist.

§ 357 Abs. 1 S. 1 AO schreibt für die Zulässigkeit eines Einspruchs die Schriftform vor. Da eine qualifizierte elektronische Signatur nicht erforderlich ist, ist nach AEAO Nr. 1 zu § 357 die Schriftform auch gewahrt, wenn der Einspruch wie hier per E-Mail eingelegt wird.

Die Bezeichnung als Widerspruch schadet nach § 357 Abs. 1 S. 4 AO nicht.

Die einmonatige Einspruchsfrist des § 355 AO müsste gewahrt sein. Die Frist beginnt nach Bekanntgabe des Verwaltungsaktes. Dieser ging am 13.01.10 zur Post und wäre damit nach § 122 Abs. 2 Nr. 1 AO am 16.01.10 bekannt gegeben. Dazu müsste er in den Machtbereich der Jessica gelangt sein, denn nur dann wäre tatsächlich die Bekanntgabe erfolgt. Am 16.01.10 wohnt Jessica nicht mehr in Düsseldorf und der dortige Briefkasten gehört deshalb nicht mehr zu ihrem sachlichen Machtbereich. Insofern konnte ihr der Bescheid an diesem Tag nicht bekannt gegeben werden. Erst am 06.02.10 gelangt der Bescheid durch die Übergabe bei Josefine in Jessicas persönlichen Machtbereich. Der Bekanntgabemangel der Übersendung an die falsche Adresse ist an diesem Tag geheilt worden (s. AEAO Nr. 4.4.4 zu § 122). Insofern begann die Einspruchsfrist mit Ablauf des 06.02.10 zu laufen und endet damit mit Ablauf des 06.03.10. Der Einspruch vom 17.02.10 war fristgemäß.

Jessica Schröder müsste beteiligtenfähig gewesen sein. Als Einspruchsführerin und Inhaltsadressatin des Steuerbescheids ist Jessica Schröder beteiligtenfähig. Sie ist auch handlungsfähig nach §§ 359 Abs. 1, 79 AO und ist damit einspruchsfähig.

Jessica Schröder müsste beschwert sein. Als Inhaltsadressatin des Bescheids ist der Bescheid an sie gerichtet und sie ist damit selbst, gegenwärtig und unmittelbar betroffen und damit persönlich beschwert. Ihre sachliche Beschwer ergibt sich daraus, dass gegen sie ein Steuerbetrag festgesetzt wurde. Dass es letztlich aufgrund der Anrechnung von Steuerabzugsbeträgen nicht zu einer Nachzahlung kommt, spielt dabei keine Rolle, denn entscheidend ist nur die Festsetzung nicht die Anrechnung.

Jessica Schröder hätte den Einspruch nicht nach § 362 AO zurückgenommen haben dürfen. Ob ihre Rücknahme vom 17.02.10 wirksam ist, könnte von Bedeutung sein, weil die erneute schriftliche Kontaktaufnahme durch Steuerberater Steuer erst am 10.03.10 erfolgt und damit 4 Tage nach Ablauf der Einspruchsfrist. Nach §§ 362 Abs. 1 S. 2, 357 Abs. 1 S. 1 AO bedarf es zur Rücknahme eines Einspruchs der Schriftform. Eine mündliche Rücknahme entfaltet damit keine Wirksamkeit. Auch die Telefonnotiz des Bearbeiters entspricht nicht etwa dem Schriftformerfordernis. Eine Notiz eines Bearbeiters genügt nur dann der Schriftform, wenn er damit zur Niederschrift dokumentiert, was der Steuerpflichtige ihm aufgibt. Dazu ist aber die persönliche Anwesenheit des Steuerpflichtigen (und die Unterschrift, s. § 291 Abs. 2 Nr. 4 AO) notwendig, diese ist bei einem Telefonat nicht gegeben. Eine wirksame Rücknahme liegt also nicht vor. Da Jessica Schröder auch nicht vorher auf den Einspruch verzichtet hat und es keinen anderen Weg gibt, ihr Ziel zu erreichen, es also nicht am Rechtsschutzbedürfnis fehlt, ist der Einspruch insgesamt zulässig.

2. Hätte Jessica Schröder den Einspruch schriftlich zurückgenommen, dann wären die Voraussetzungen des § 362 Abs. 1 AO erfüllt und der Einspruch wäre grundsätzlich unzulässig. Fraglich ist, ob Steuerberater Steuermann mit seinem Schreiben vom 10.03.10 erneut zulässig Einspruch eingelegt hätte. Mit diesem Schreiben bringt er eindeutig zum Ausdruck, dass er eine Überprüfung des Steuerbescheids begehrt. Zwar bezeichnet Stefan Steuermann sein Schreiben nicht ausdrücklich als eigenen Einspruch, sondern er bezieht sich vielmehr auf das vorige Schreiben der Jessica. Aber auch hier ist die Bezeichnung unerheblich. Entscheidend ist, dass Stefan Steuermann zum Ausdruck bringt, dass er eine Überprüfung des Verwaltungsakts begehrt.

Die Voraussetzungen Statthaftigkeit, Beteiligtenfähigkeit, Einspruchsfähigkeit, Beschwer und Rechtsschutzbedürfnis sind ebenso wie bei Frage 1 gegeben. Ein Telefax wahrt die nach § 357 Abs. 1 S. 1 AO notwendige Schriftform (s. AEAO Nr. 1 zu § 357). Die vorherige Rücknahme ist grundsätzlich unschädlich, weil sie nur die Rücknahme des eingelegten Einspruchs zur Folge hat, nicht aber den Verlust des Einspruchs insgesamt (s. AEAO Nr. 1 zu § 362). Der neue Einspruch müsste aber innerhalb der Einspruchsfrist eingelegt worden sein. Diese lief grundsätzlich m.A. des 06.03.10 ab. Es stellt sich aber die Frage, ob eine Wiedereinsetzung in den vorigen Stand nach § 110 AO in Betracht kommt, weil Jessica Schröder erst am 17.02.10 erfährt, warum in ihrem Steuerbescheid die Werbungskosten gekürzt wurden. Nach § 121 AO war der Steuerbescheid zu begründen. Fehlt die Begründung und ist deshalb die rechtzeitige Einlegung des Einspruchs versäumt worden, so ist nach § 126 Abs. 3 AO Wiedereinsetzung in den vorigen Stand zu gewähren. Die Einspruchsfrist ist eine gesetzliche Frist nach § 355 AO und ist mangels Erwähnung in § 109 AO nicht verlängerbar, kommt also für eine Wiedereinsetzung in Betracht. Die fehlende Handlung, die Einlegung des Einspruchs, hat Stefan Steuermann mit dem Schreiben vom 10.03.10 nachgeholt, eines Antrags bedarf es nach § 110 Abs. 2 S. 4 AO nicht.

Die Wiedereinsetzungsfrist würde nach § 126 Abs. 3 S. 2 AO nach der Nachholung der Handlung laufen, würde also erst am 17.03.10 enden, sodass das Vorbringen des Stefan Steuermann fristgemäß wäre. Eine Glaubhaftmachung ist bei fehlender Begründung nicht notwendig.

Nach § 126 Abs. 3 S. 1 AO gilt die Versäumung der Einspruchsfrist als nicht verschuldet, wenn wegen der fehlenden Begründung die Einspruchsfrist versäumt wurde. Jessica hatte bereits zuvor einen fristgemäßen Einspruch eingelegt. Ihre Rücknahme erfolgte, als sie die Erklärung erhalten hatte. Insofern resultiert die verspätete erneute Einlegung gerade nicht auf der fehlenden Begründung. Damit ist § 126 Abs. 3 AO nicht anwendbar und es ist keine Wiedereinsetzung vorzunehmen. Der Einspruch bleibt unzulässig.

3. Nach § 19 Abs. 1 S. 1 AO war das Wohnsitzfinanzamt Köln für die Einkommensbesteuerung zuständig. Dass das Finanzamt Düsseldorf den Bescheid erlassen hat, macht ihn nach § 125 Abs. 3 Nr. 1 AO nicht nichtig. Nach § 127 AO kann auch nicht die Aufhebung allein mit der Begründung der örtlichen Unzuständigkeit begehrt werden, weil der Steuerbescheid ein gebundener Verwaltungsakt ist und deshalb keine andere Entscheidung in der Sache hätte getroffen werden können.

Klausuren Abgabenordnung

Übungsklausur 4
Bearbeitungszeit: 5 Stunden

I. Sachverhalte

Sachverhalt 1

Arnie Mateur (A) und Friederike von Friedensdorf (F) sind gleichberechtigte Geschäftsführer der Mateur Spielwaren GmbH mit Sitz in Neustadt an der Weinstraße. Diese befindet sich seit Beginn des Jahres 03 in finanziellen Schwierigkeiten.

In 04 wurde die GmbH schließlich von den Gesellschaftern liquidiert, ohne dass noch wesentliche Vermögenswerte vorhanden waren.

Aus dem Jahr 03 sind Umsatzsteuerforderungen in Höhe von 66.840 € von der GmbH nicht beglichen worden. Der Betrag ergab sich aus der von der GmbH in 04 eingereichten Jahreserklärung. Säumniszuschläge sind in Höhe von 2.437 € angefallen.

Weitere Steuerfestsetzungen zur Umsatzsteuer 03 ergingen nicht.

Es wurden keinerlei Teilzahlungen an das Finanzamt abgeführt. Nach diversem Schriftverkehr erging am 12.12.09 ein Haftungsbescheid folgenden Inhalts an den A:

An Herrn Arnie Mateur Hinterstraße 7 67433 Neustadt	Finanzamt Neustadt Konrad-Adenauer-Str. 67433 Neustadt Bearbeiter: Herr Honig Tel.: 06321-930-28023 Aktenzeichen 31/143212 Datum: 12.12.09

Haftung für Steuerschulden der Mateur Spielwaren GmbH, StNr 31/655/1234/5

HAFTUNGSBESCHEID

Sie haften für die nachfolgend aufgeführten Ansprüche aus dem Steuerschuldverhältnis der Firma Mateur Spielwaren GmbH, Kohlplatz 17, 67433 Neustadt, in Höhe von 69.277 € persönlich und unbeschränkt.

Ich nehme Sie hiermit gemäß § 219 AO für die vorgenannten Haftungsbeträge auf Zahlung in Anspruch und bitte Sie, die Haftungssumme bis zum 15.01.10 auf eines der u.a. Konten der Finanzkasse zu entrichten.

Begründung:

Die Mateur GmbH schuldet dem Finanzamt die nachfolgend aufgeführten Steuern und steuerlichen Nebenleistungen:

(Es folgt eine inhaltlich korrekte Aufstellung der einzelnen Beträge mit Fälligkeiten.)

Die rückständigen Ansprüche haben ihre Grundlage in der von der Steuerschuldnerin eingereichten Umsatzsteuer-Voranmeldung.

Ihre Inanspruchnahme im Wege der Haftung erfolgt auf der Grundlage des § 191 i.V.m. §§ 34, 69 AO.

Gem. § 69 AO haften die in den §§ 34 und 35 bezeichneten Personen, soweit Ansprüche aus dem Steuerschuldverhältnis infolge vorsätzlicher oder grob fahrlässiger Verletzung der ihnen auferlegten Pflichten nicht oder nicht rechtzeitig festgesetzt oder erfüllt werden.
Als Geschäftsführer der Mateur GmbH waren Sie für die Steuerzahlungen verantwortlich.

Mit Schreiben vom 03.02.09 hatte ich Ihnen bereits mitgeteilt, dass Sie für den Fall, dass die verfügbaren Mittel nicht zur Tilgung der Ansprüche sämtlicher Gläubiger ausreichten, verpflichtet waren, die rückständigen Ansprüche des Finanzamts in etwa dem gleichen Verhältnis zu tilgen wie die Verbindlichkeiten der privaten Gläubiger. Ich hatte Sie daher um Einreichung entsprechender Unterlagen gebeten. Dieser Aufforderung sind Sie nicht nachgekommen. Unter diesen Umständen muss ich davon ausgehen, dass der Steuerschuldnerin im Haftungszeitraum ausreichende finanzielle Mittel zur Tilgung der Umsatzsteuerschulden und der Säumniszuschläge zur Verfügung standen.
Es folgt eine ordnungsgemäße Rechtsbehelfsbelehrung.

In Vertretung
Walter Flemming (SGL)

Gegen den Haftungsbescheid legte A am 04.01.10 Einspruch ein. In seinem Einspruch bringt er vor, dass auch die zweite Geschäftsführerin F für den Zahlungsverkehr zuständig gewesen sei, man habe sich bei der Erledigung dieser Aufgaben gegenseitig ergänzt und unterstützt. Das Finanzamt solle daher unbedingt auch die F in Anspruch nehmen, zumal er selbst bereits die Malerarbeiten in den ehemaligen gemieteten Räumlichkeiten der GmbH habe bezahlen müssen. Ihm sei schleierhaft, welche Gründe zu seiner alleinigen Haftung geführt haben sollen, erläutert worden sei diese Entscheidung im Bescheid auch überhaupt nicht.

Weiterhin ist A mit der Höhe der Umsatzsteuerforderungen nicht einverstanden. Er sei sich sicher, dass für 03 ein geringerer Umsatzsteuerbetrag festzusetzen sei, da in diesem Jahr die Vorsteuerbeträge aus dem Ankauf von 250 Baby-Born-Puppen versehentlich nicht in der Voranmeldung einberechnet worden seien. Es müsse eine Herabsetzung der Umsatzsteuer für das Jahr 03 um 4.107 € erfolgen.

Schließlich sei er sich auch ohnehin nicht sicher, ob der Betrag überhaupt noch gefordert werden könne. Inzwischen müsse der Zahlungsanspruch doch verjährt sein.

Tatsächlich waren gegenüber der GmbH ab Juni 04 zu keiner Zeit mehr Vollstreckungsmaßnahmen o.ä. vorgenommen worden.

Sachverhalt 1a
Im April 10 erreicht den zuständigen Bearbeiter im Finanzamt eine Kontrollmitteilung. Danach hatte die Mateur-GmbH in 03 weitere bisher nicht erklärte Umsätze getätigt, die zu einer Erhöhung der Zahllast um 25.000 € führen würden. A wusste von diesen Umsätzen und hatte sie absichtlich verschwiegen.

Sachverhalt 2
Die Away GmbH & Co. KG (A-KG) mit Sitz in Deidesheim/Pfalz ist alleinige Gesellschafterin der Besenreiser GmbH (B-GmbH) mit Sitz in Pirmasens. Mit dieser hatte

sie einen Beherrschungs- und Gewinnabführungsvertrag abgeschlossen. Die A-KG sollte hiernach Organträger, die B-GmbH Organgesellschaft sein. Geschäftsgegenstand beider Firmen ist die Müllverwertung und Recycling.

Das für die A-KG zuständige Finanzamt Neustadt veranlagte diese für das Jahr 01 und erfasste im Feststellungsbescheid vom 28.08.02 entsprechend dem o.g. Gewinnabführungsvertrag, der dem Finanzamt vorlag, das Einkommen der B-GmbH in Höhe von 350.743 €, wie von der A-KG auch so erklärt. Der Bescheid erging unter dem Vorbehalt der Nachprüfung. Im Juli 06 wurde bei der A-KG mit einer Betriebsprüfung für das Jahr 01 begonnen. Diese führte zum Erlass eines geänderten Feststellungsbescheides für 01 mit Datum vom 22.02.07. In diesem wurde der Vorbehalt der Nachprüfung aufgehoben. Außerdem wurde – was bereits im Zusammenhang mit der Betriebsprüfung mehrfach zwischen Finanzamt und KG inhaltlich kontrovers diskutiert worden war – das Einkommen der B-GmbH in diesem Änderungsbescheid nicht mehr erfasst.

Die A-KG legte vertreten durch ihren Steuerberater am 01.03.07 gegen den geänderten Feststellungsbescheid 01 in zulässiger Weise Einspruch ein. Sie wendet sich inhaltlich gegen die Streichung des GmbH-Einkommens nach der Betriebsprüfung. Sie bat im Einspruchsschreiben darum, das Verfahren zunächst ruhen zu lassen, da bei der B-GmbH bereits ein Einspruchsverfahren beim Finanzamt Pirmasens-Zweibrücken anhängig sei, in dem über die Anerkennung des Gewinnabführungsvertrages gestritten würde. Das Finanzamt Neustadt kam der Bitte nach und ließ das Einspruchsverfahren bei der A-KG zunächst ruhen.

Tatsächlich war auch im körperschaftsteuerlichen Veranlagungsverfahren für die B-GmbH beim Finanzamt Pirmasens-Zweibrücken die Anerkennung des Gewinnabführungsvertrages streitig. Im Ursprungsbescheid 01 vom März 03 (Abgabe der Körperschaftsteuererklärung in 03) wurde entsprechend dem Vertrag der GmbH-Gewinn nicht erfasst. Nachdem im geänderten Körperschaftsteuerbescheid für 01 vom 30.11.06 das Einkommen der B-GmbH bei dieser erfasst und besteuert wurde, kam es aufgrund eines Einspruchsverfahrens und weiterer Schriftverkehrs, an dem die A-KG nicht beteiligt war, letztendlich mit Bescheid vom 05.07.08 (Aufgabe zur Post) zu einer weiteren Änderung. Nunmehr wurde das Einkommen bei der B-GmbH nicht mehr besteuert, da das Finanzamt Pirmasens-Zweibrücken jetzt der Auffassung war, dass der Gewinnabführungsvertrag anzuerkennen und das Einkommen bei der A-KG zu erfassen sei. Dies teilte das Finanzamt dem Finanzamt Neustadt mit Schreiben vom 10.07.08 mit. Das Finanzamt Neustadt unternahm zunächst nichts.

Mit Schreiben vom 08.08.08 nahm die A-KG ihren Einspruch gegen den geänderten Feststellungsbescheid vom 22.02.07 formgerecht zurück.

Im Oktober 08 nimmt sich der für die A-KG beim Finanzamt Neustadt zuständige Sachbearbeiter W den Fall wieder zur Hand und will nun den Feststellungsbescheid 01 für die A-KG nochmals ändern und den Gewinn der GmbH wieder erfassen.

Sachverhalt 3

Dem Francois Fasan (F) wird im September 02 ein Einkommensteuerbescheid für 01 bekannt gegeben. Gegen den Bescheid, der mit verschiedenen Vorläufigkeitsvermerken versehen ist, legt F Einspruch ein. Er wendet sich gegen die Nichtanerkennung bestimmter Werbungskosten bei seinen Einkünften aus nichtselbständiger Arbeit. In seinem Einspruchsschreiben weist er das Finanzamt wahrheitsgemäß darauf hin, dass vor dem BFH seit August 02 ein Revisionsverfahren über die Absetzbarkeit derartiger Ausgaben anhängig ist. Das Verfahren war zur Zeit der Bekanntgabe des Bescheides noch nicht in den Vorläufigkeitskatalog des Bundesministeriums für Finanzen aufgenommen worden. Weitere Einwände gegen den Bescheid macht F nicht geltend, materielle oder formelle Fehler sind im Bescheid im Übrigen nicht ersichtlich.

Sachverhalt 4

Bluna (B), wohnhaft in Oggersheim, ist angestellte Lehrerin, außerdem ist sie an einer KG beteiligt. Ihre Steuererklärung 01 hatte sie bis zum 01.10.03 noch nicht abgegeben, obwohl sie vom Finanzamt mit Schreiben vom 08.03.03 ausdrücklich dazu aufgefordert worden war. Mit Schreiben vom 02.10.03 wurde sie vom zuständigen Sachbearbeiter Fanta (F) ihres Wohnsitzfinanzamtes Ludwigshafen zum zweiten Mal an die Abgabe erinnert und zur Abgabe bis Ende Oktober aufgefordert. F hat sich vorgenommen, bei der Veranlagung der B in Zukunft gut aufzupassen, da diese ihm noch aus seiner Zeit in der Vollstreckungsstelle bekannt war und sie laut aktueller Abfrage wieder einmal 4-stellige Rückstände aus mehreren nicht gezahlten Einkommensteuervorauszahlungen hat. Als sie am 10.11.03 immer noch nicht reagiert hatte, drohte F mit Schreiben vom 15.11.03 ein Zwangsgeld in Höhe von 300 € an, falls die Erklärung bis 15.12.03 immer noch nicht eingegangen sein sollte. Da hierauf immer noch keine Reaktion erfolgte, setzte F mit Datum von 05.01.04 – der Weihnachtsfrieden und sein Skiurlaub hatte den Erlass verzögert – ein Zwangsgeld gegen B von 300 € fest.

B gab schließlich am 16.01.04 die Einkommensteuererklärung 01 ab und zahlte eine Woche später das Zwangsgeld.

Sachverhalt 4a

Die drei Schwestern Aperola (A), Bluna (B, aus Sachverhalt 4) und Cola (C) sind zu gleichen Teilen an der X-Cut-KG (X-KG) mit Sitz in Ludwigshafen beteiligt. A ist Komplementärin, B und C Kommanditistinnen. Eine Empfangsbevollmächtigte wurde gegenüber dem Finanzamt nicht benannt. Gegenstand der KG ist der Vertrieb esoterischer Mixgetränke.

Die Schwestern A und B werden vom Finanzamt Ludwigshafen zur Einkommensteuer veranlagt, für C ist das Finanzamt Frankenthal zuständig.

A und C hatten ihre Einkommensteuererklärung für 01 in 02, B nach Zwangsgeldverfahren in 04 abgegeben.

Der Feststellungsbescheid vom 12.08.03 für den Veranlagungszeitraum 01 erging ohne Vorbehalt der Nachprüfung mit dem in der Erklärung vom Oktober 02 angegebenen Gewinn und wurde gemäß der langjährigen Praxis an die A mit dem Vermerk bekannt gegeben, dass die Bekanntgabe für und gegen alle Feststellungsbeteiligten wirke. Es wurden entsprechende Mitteilungen an die Veranlagungsfinanzämter der Gesellschafterinnen geschickt, die inhaltlich korrekt ausgewertet worden sind.

Am 24.03.05 erging bezüglich der KG ein Änderungsbescheid (Aufgabe zur Post). Darin wurde der Gewinn der KG um 30.000 € erhöht. Die Änderung beseitigte einen Rechtsanwendungsfehler des Sachbearbeiters im Ursprungsbescheid. Dieser Bescheid ist nicht angefochten worden. Am 15.04.05 verließen die Mitteilungen über die Beteiligungseinkünfte das Finanzamt Ludwigshafen. Aufgrund großer Arbeitsüberlastung im Veranlagungsbezirk wurde der Einkommensteuerbescheid der C erst am 26.03.07 (Tag der Bekanntgabe) durch ihr Wohnsitzfinanzamt Frankenthal geändert.

C wendet sich mit ihrem Einspruch vom 02.04.07 gegen diesen Bescheid. Sie ist empört darüber, dass nach so langer Zeit noch eine Änderung erfolgen könne. Außerdem sei es eben Pech des Finanzamtes in Ludwigshafen, wenn man dort die Steuergesetze nicht gleich richtig anwenden könne. Schließlich müsse sie auch noch anmerken, dass sie den angeblich geänderten Feststellungsbescheid nie erhalten habe und die Änderung schon daher und auch wegen des schweren rechtlichen Fehlverhaltens des Amtes „null und nichtig sei".

Im Januar 08 entdeckt ein Betriebsprüfer des Finanzamts Ludwigshafen bei der Prüfung der Veranlagungszeiträume 04-06 der KG eine bisher nicht berücksichtigte Betriebseinnahme sowie Sonderbetriebseinnahmen der B von 5.000 € für das Jahr 01. Die Tatbestände der Steuerhinterziehung oder -verkürzung lagen nicht vor.

Das Finanzamt ändert den Bescheid 01 der KG entsprechend und erhöht den Gewinn der KG um weitere 15.000 € und berücksichtigt die Sonderbetriebseinnahmen der B. Der Änderungsbescheid erging am 24.02.08 an die inzwischen offiziell als Empfangsbevollmächtigte benannte A. B erfährt von ihrer Schwester C von der Änderung und legt am 01.03.08 Einspruch ein. Sie bringt vor, der Bescheid sei „unzulässig", außerdem sei es überhaupt nur dem Zufall zu verdanken, dass sie von dem Bescheid Kenntnis habe. Mit ihrer Schwester A pflege sie seit Mitte 07 keinen Kontakt mehr. Dies müsse dem Finanzamt auch bekannt sein, immerhin hätten damals mehrere Ausgaben der Lokalzeitung unter der Überschrift „ZICKENKRIEG bei der X-Cut-KG!" über die aktuellen Differenzen innerhalb der Unternehmerfamilie berichtet. Von der Berichterstattung hatte der im Finanzamt zuständige Sachbearbeiter nichts mitbekommen.

Sachverhalt 4b
In den folgenden Jahren geht es mit den Geschäftszahlen der KG stark bergab. Im Jahr 10 treten erstmals auch Schwierigkeiten mit den Zahlungen an das Finanzamt auf. Die Umsatzsteuer-Vorauszahlungen entsprechend den Voranmeldungen Januar bis März kann die KG nicht fristgerecht aufbringen. A sucht daher den zuständigen Sachbearbeiter im Finanzamt Ludwigshafen auf und bittet um eine Stundung. Da A glaubhaft machen kann, dass zur Jahresmitte ein größerer Auftrag sicher bevorsteht, ist der Sachbearbeiter bereit, die Stundung mit einer Ratenzahlung in 4 Raten zu gewähren. Allerdings besteht er auf einer Absicherung der Maßnahme dergestalt, dass im Falle der Nichtzahlung der Raten oder der in den folgenden Monaten weiter auflaufenden neuen Umsatzsteuervorauszahlungen der Aufschub wieder aus der Welt geschaffen werden kann.

II. Aufgaben

Aufgabe des Sachverhalts 1
Prüfen Sie die **Begründetheit** des Einspruchs des A.
Setzen Sie sich hierbei mit allen Einwendungen des A auseinander.

Aufgabe des Sachverhalts 1a
Prüfen Sie, ob der **Haftungsbescheid** gegen den A aufgrund der neuen Erkenntnisse geändert werden kann.

Lassen Sie hierbei eine etwaige Änderung der Zahllast aufgrund der im Einspruch des A in Sachverhalt 1 genannten Vorkommnisse außer Betracht.
Die Verjährung des Haftungsanspruchs ist nicht zu prüfen!

> ☞ **Hinweise!**
> **Auf § 64 GmbHG ist nicht einzugehen.**
> **§ 71 AO ist nicht zu prüfen.**

Aufgabe des Sachverhalts 2
Prüfen Sie umfassend, ob die vorgesehene Änderung des Feststellungsbescheides möglich ist.

Aufgabe des Sachverhalts 3

> ☞ **Hinweis!**
> Auf Erfordernisse im Hinblick auf intern zu setzende Vermerke oder Listenführung im Finanzamt ist **nicht** einzugehen.

1. Welche verfahrensrechtlichen Konsequenzen sind nun denkbar? Welche Entscheidungen sind möglich bzw. sachdienlich, wenn eine Aufnahme der Rechtsfrage in den Vorläufigkeitskatalog in der nächsten Zeit nicht zu erwarten ist?
2. Angenommen, im Oktober 02 wird die hier im Streit stehende Rechtsfrage in den Vorläufigkeitskatalog des BMF für neu zu erlassende Bescheide aufgenommen, noch bevor im vorliegenden Einspruchsverfahren eine Entscheidung getroffen worden ist. Was kann der zuständige Sachbearbeiter zur Beschleunigung des Verfahrens tun?
3. Wie ist jeweils (je nach Konsequenz aus Frage 1 bzw. 2) die weitere Verfahrensweise, wenn das o.g. Verfahren vor dem BFH einen für F ungünstigen Ausgang nimmt?
4. Welche Rechtsmittel hat F gegen die in den Fragen 1-3 jeweils gemeinten Entscheidungen? Erläutern Sie **kurz** die jeweils möglichen Rechtsbehelfe mit den entsprechenden gesetzlichen Grundlagen.

Aufgabe des Sachverhalts 4
1. Prüfen Sie die Rechtmäßigkeit der Zwangsgeldfestsetzung.
2. Kann B das gezahlte Zwangsgeld erstattet bekommen?

Aufgabe des Sachverhalts 4a
Prüfen Sie die Begründetheit der Einsprüche von C und B.
Auf die **Zulässigkeit** der Einsprüche ist **nicht** einzugehen.

Aufgabe des Sachverhalts 4b
Stellen Sie dar, mittels welcher Maßnahmen die Stundung für das Finanzamt abgesichert werden kann. Führen Sie dabei auch kurz die jeweiligen Vor- und Nachteile aus und nehmen Sie Stellung zu den Folgen im Fall der Nichtzahlung.

Lösung der Übungsklausur 4

Sachverhalt 1

Der Einspruch des A ist begründet, wenn der Haftungsbescheid rechtswidrig ist.

Der Haftungsbescheid ist rechtswidrig, wenn die Voraussetzungen für eine Inanspruchnahme des A im Wege der Haftung gem. § 191 i.V.m. §§ 69, 34 AO nicht vorgelegen haben.

Die Steuerschuldnerin M schuldet dem Staat rückständige Umsatzsteuer aus dem Jahr 03.

A gehört als ehemaliger Geschäftsführer der Steuerschuldnerin zum haftenden Personenkreis gem. § 34 AO. Gem. § 35 Abs. 1 GmbHG vertrat er die GmbH nach außen. Daher hat er gem. § 34 Abs. 1 AO deren steuerliche Pflichten zu erfüllen, insbesondere dafür zu sorgen, dass die Steuern gezahlt werden. Aus § 220 Abs. 1 AO i.V.m. § 18 Abs. 3 und 4 UStG ergibt sich, dass die angemeldeten Umsatzsteuerbeträge bis 1 Monat nach Abgabe der Jahreserklärung zu zahlen sind. Dieser Verpflichtung ist A nicht nachgekommen.

Durch die Nichtzahlung entstand ein entsprechender Haftungsschaden.

Es ist weiterhin die Kausalität der Pflichtverletzung für diesen Schaden zu prüfen. Voraussetzung ist dabei, dass ohne die Pflichtverletzung der Schaden nicht entstanden wäre. Dies ist hier der Fall, da im Falle der Zahlung der Steuer keine Rückstände verblieben wären.

Allerdings ist dieser Kausalzusammenhang immer dann problematisch, wenn der Steuerschuldnerin gar keine oder nicht genügend Mittel zur Begleichung aller Schulden zur Verfügung gestanden hatten. In diesem Fall muss zumindest gewährleistet sein, dass das Finanzamt in gleichem Maße befriedigt wird wie andere Gläubiger (Grundsatz der anteiligen Tilgung).

Vorliegend gibt es keine Anhaltspunkte für eine grundsätzlich fehlende Liquidität der M-GmbH. Auch auf Nachfrage hat diese nicht vorgetragen, dass sie auch die Forderungen anderer Gläubiger nicht pünktlich oder gar nicht befriedigt hatte. Daher durfte das Finanzamt zu Recht davon ausgehen, dass alle anderen Verbindlichkeiten in voller Höhe getilgt worden sind. Somit hätten auch die Forderungen des Finanzamts in voller Höhe bedient werden müssen.

Die Pflichtverletzung des A war also in vollem Umfang kausal für den Haftungsschaden.

A müsste weiterhin schuldhaft, d.h. mindestens grob fahrlässig gehandelt haben. Dem A als Geschäftsführer hätte sich hier aufdrängen müssen, dass die angemeldeten Umsatzsteuern auch zu entrichten sind. Er handelte daher zumindest grob fahrlässig.

A haftet folglich gem. § 69 S. 1 AO persönlich und unbeschränkt, d.h. mit seinem gesamten Vermögen für die Umsatzsteuer und die Säumniszuschläge in Höhe von insgesamt 69.277 €.

Der A trägt weiter vor, das Finanzamt hätte bei seiner Entscheidung berücksichtigen müssen, dass mit der F eine zweite Geschäftsführerin vorhanden gewesen sei.

Fraglich ist hier, ob die Behörde das ihr zur Verfügung stehende Ermessen korrekt ausgeübt hat. Da die Inanspruchnahme aus einem Haftungtatbestand stets eine Ermessensentscheidung darstellt, ist das Finanzamt hierbei verpflichtet, Ausführungen über das ausgeübte Ermessen in den Bescheid zu setzen. Dies wurde hier unterlassen, es wurde lediglich auf die Funktion des A als Geschäftsführer hingewiesen. Soweit jedoch mehrere Personen als potentielle Haftungsschuldner in Betracht kommen, muss auch das sogenannte Auswahlermessen begründet werden. Dies ist hier nicht erfolgt.

Allerdings ist es gem. § 126 Abs. 1 Nr. 2 i.V.m. Abs. 2 AO zulässig, Ermessenserwägungen als Begründung des VA bis zum Abschluss der Tatsacheninstanz des finanzgerichtlichen Verfahrens nachzuholen. Das Finanzamt könnte daher diesen Fehler im Einspruchsverfahren heilen, indem es nachträglich seine Ermessensentscheidung umfassend dem A erläutert. Hier ist auch auf dessen Argument einzugehen, er habe bereits Renovierungskosten tragen müssen. Die Finanzbehörde ist nicht verpflichtet, die Last anderer Kosten auf einen der potentiellen Haftungsschuldner in ihrer Entscheidung zu berücksichtigen. Da dem Sachverhalt keine besonderen Aufgabenverteilungen der beiden Geschäftsführer zu entnehmen sind, ist eine alleinige Haftungsinanspruchnahme des A wohl nur mit guter Begründung zu vertreten. Es sollte daher in Erwägung gezogen werden, auch die F noch in Haftung zu nehmen.

Weiterhin macht A geltend, die Umsatzsteuer sei zu hoch festgesetzt. Dieser Einwand könnte im Hinblick auf den Rechtsgedanken des § 166 AO problematisch sein. Danach muss derjenige eine unanfechtbare Steuerfestsetzung gegen sich gelten lassen, der in der Lage gewesen wäre, diese anzufechten. Es ist fraglich, ob A in der Lage war, den Bescheid anzufechten. Als Geschäftsführer der M-GmbH hätte er für eine Änderung der nunmehr bestandskräftigen Umsatzsteuerfestsetzung sorgen können. Da jedoch die USt-Erklärung gem. § 168 S. 1 AO zunächst unter dem Vorbehalt der Nachprüfung stand, hätte sie, solange dieser Vorbehalt wirksam war, jederzeit auch auf Antrag des A geändert werden können. Somit lag bis zum Ablauf der Festsetzungsverjährung auch keine wie in § 166 AO geforderte „unanfechtbare" Festsetzung vor. Die Festsetzungsfrist ist hier allerdings nunmehr mit Ende 08 abgelaufen (Beginn mit Abgabe in 04, 4 Jahre Dauer, §§ 170 Abs. 2 Nr. 1, 169 Abs. 2 Nr. 2 AO). Soweit A demnach die Höhe der Steuerfestsetzung rügt, kann er damit gem. § 166 AO jetzt nicht mehr gehört werden. Insofern bleibt es aufgrund der Akzessorietät der Haftung zur Steuerfestsetzung bei dem geltend gemachten Betrag.

Alternativgedanke: Wegen der Liquidation der GmbH ist auch die Ansicht vertretbar, dass A schon vor Ablauf der Festsetzungsfrist nicht mehr berechtigt bzw. vertretungsmäßig in der Lage war, gegen die Steuerfestsetzung vorzugehen. Mit dieser Argumentation könnte man A wohl das Argument des § 166 AO nicht mehr vorhalten.

Schließlich ist noch eine etwaige Zahlungsverjährung des Umsatzsteueranspruchs gem. §§ 228 ff. AO zu prüfen. Gem. § 191 Abs. 5 S. 1 Nr. 2 AO kann kein Haftungsbescheid mehr ergehen, soweit die gegen den Steuerschuldner festgesetzte Steuer verjährt ist.

Die Frist beginnt gem. § 229 Abs. 1 S. 2 AO mit Ablauf des Jahres, in dem die Festsetzung wirksam geworden ist, die Steueranmeldung steht hier einer Festsetzung gleich. Die Umsatzsteuer-Jahreserklärung wurde hier in 04 eingereicht, folglich beginnt die Verjährungsfrist mit Ablauf 04. Sie dauert gem. § 228 AO 5 Jahre und endet mit Ablauf 09. Somit war zum Zeitpunkt der Inanspruchnahme im Dezember 09 aus der Haftung noch keine Zahlungsverjährung eingetreten, der Anspruch bestand noch.

Unschädlich ist der Eintritt der Zahlungsverjährung nach der Inanspruchnahme. Diese hat aufgrund § 44 Abs. 2 S. 3 AO keine Auswirkungen auf die Haftung, da es sich um eine Tatsache handelt, die nur für und gegen den davon betroffenen Gesamtschuldner, hier die GmbH als Steuerschuldnerin wirkt. A als Haftungsschuldner kann diese nicht geltend machen.

Der Haftungsbescheid ist somit aufgrund der fehlenden Ermessenserwägungen zwar rechtswidrig, aber heilbar, indem diese im Einspruchsverfahren nachgeholt werden.

Sachverhalt 1a

Der Haftungsbescheid könnte geändert werden, wenn die Voraussetzungen einer Korrekturvorschrift gegeben sind.

Es handelt sich um einen sonstigen Verwaltungsakt, daher sind die §§ 130, 131 AO einschlägig. Der ursprüngliche Haftungsbescheid war rechtswidrig, da bei der Ermittlung der Haftungssumme von einer zu niedrigen rückständigen Umsatzsteuer ausgegangen war. Hierbei kommt es nicht darauf an, welche Erkenntnisse dem zuständigen Sachbearbeiter vorgelegen haben, entscheidend ist allein die objektive Rechtslage. Es ist daher § 130 AO anzuwenden.

Bei dem ursprünglichen Haftungsbescheid handelt es sich im Verhältnis zu der beabsichtigten Änderung um einen begünstigenden Verwaltungsakt, da nun eine höhere Summe festgesetzt werden soll. Folglich sind die Anwendungsfälle des § 130 Abs. 2 AO zu prüfen.

Fraglich ist, ob der rechtswidrige Haftungsbescheid gem. § 130 Abs. 2 Nr. 2 AO mit unlauteren Mitteln erwirkt worden ist. A hat hier eine Steuerhinterziehung begangen, um die Steuerlast zu mindern. Zwar hat er noch nicht mit dem direkten Vorsatz gehandelt, durch die Falschangaben auch die Höhe der später von ihm geforderten Haftungssumme zu mindern. Allerdings bedingt die Höhe der Steuerforderung die Haftungssumme unmittelbar (a.A. vertretbar, der Punkt soll von den Kandidaten diskutiert werden). Somit besteht hier ein Kausalzusammenhang zwischen arglistiger Täuschung und zu niedriger Haftungssumme, § 130 Abs. 2 Nr. 2 AO ist folglich als Korrekturvorschrift gegeben.

Soweit man den Kausalzusammenhang zwischen der Steuerhinterziehung und der zu niedrigen Haftungssumme bejaht, ist auch § 130 Abs. 2 Nr. 3 AO als gegeben anzusehen. Infolge der unrichtigen Steueranmeldung wurde eine zu niedrige Haftungssumme festgesetzt.

Die Jahresfrist gem. § 130 Abs. 3 AO ist, soweit sie hier zu beachten ist, eingehalten.

Der Haftungsbescheid gegen A kann somit aufgrund der neu bekannt gewordenen Umsätze der GmbH gem. § 130 Abs. 2 Nr. 2 und Nr. 3 AO geändert werden.

Alternativ ist auch der Erlass eines ergänzenden Haftungsbescheides möglich. Dies wird nicht dadurch verhindert, dass bereits ein bestandskräftiger Haftungsbescheid für die USt 03 besteht. Dieser entfaltet keine Sperrwirkung (vgl. AEAO zu § 191, Nr. 5.2.), da die Erhöhung der Steuerschuld hier auf neuen Tatsachen beruht, die das Finanzamt mangels Kenntnis im ersten Haftungsbescheid nicht berücksichtigen konnte (vgl. hierzu BFH-Urteil vom 15.02.2011, BStBl II 2011, 534).

Sachverhalt 2

Der Feststellungsbescheid 01 der KG kann nochmals geändert und das Einkommen der GmbH dort erfasst werden, wenn hierfür eine Korrekturvorschrift gegeben ist und die Feststellungsverjährung nicht abgelaufen ist.

Für Feststellungsbescheide gelten gem. § 181 Abs. 1 S. 1 AO die Vorschriften über die Steuerfestsetzung sinngemäß.

Eine Korrektur gem. § 164 Abs. 2 S. 1 AO kommt nicht in Betracht. Zwar war der Feststellungsbescheid ursprünglich gem. § 164 Abs. 1 S. 1 AO unter dem Vorbehalt der Nachprüfung ergangen, aber der Vorbehalt wurde im Änderungsbescheid vom 22.02.07 gem. § 164 Abs. 3 AO aufgehoben.

Weiter ist eine Korrektur gem. § 174 Abs. 4 i.V.m. Abs. 5 AO zu prüfen. Danach müsste aufgrund irriger Annahme eines bestimmten Sachverhalts durch das Finanzamt ein Steuerbescheid ergangen sein, der aufgrund eines Rechtsbehelfs aufgehoben oder geändert wird. Vorliegend ist für die GmbH zunächst ein inhaltlich falscher Körperschaftsteuerbescheid 01 ergangen, in dem das Einkommen der GmbH aufgrund der Nichtanerkennung des Gewinnabführungsvertrags in vollem Umfang bei der GmbH selbst angesetzt worden ist. Dieser Körperschaftsteuerbescheid vom 30.11.06 wurde aufgrund des Einspruchs der GmbH letztlich durch das Finanzamt wieder zu ihren Gunsten geändert. Somit liegen zunächst die tatbestandlichen Voraussetzungen des § 174 Abs. 4 S. 1 AO vor mit der Folge, dass nun aus dem Sachverhalt nachträglich die richtigen steuerlichen Folgerungen gezogen werden können.

Die richtige steuerliche Folgerung wäre in diesem Fall, das Einkommen aufgrund des anzuerkennenden Organschaftsverhältnisses beim Organträger, also bei der KG, zu erfassen. Folglich würde § 174 Abs. 4 AO die Korrektur des Feststellungsbescheides der KG ermöglichen.

Hier ist noch die zeitliche Grenze der Korrektur, also zunächst die Feststellungsfrist zu prüfen.

Die Feststellungsfrist für die Feststellung 01 beginnt gem. § 170 Abs. 2 Nr. 1 i.V.m. §§ 181 Abs. 1 S. 2, 181 Abs. 2 AO wegen der Pflicht zur Abgabe der Feststellungserklärung mit Ablauf des Jahres, in dem diese abgegeben worden ist, hier also mit Ablauf des Jahres 02. Sie dauert gem. § 169 Abs. 2 Nr. 2 AO 4 Jahre und endet somit mit Ablauf des Jahres 06. Sie wäre folglich regulär im Oktober 08 schon abgelaufen. Auch die Ablaufhemmung gem. § 171 Abs. 3a AO hilft hier nicht weiter. Zwar hat die KG durch ihren Steuerberater am 01.03.07 Einspruch gegen den Feststellungsbescheid eingelegt, weshalb die Verjährung gehemmt war. Durch die Rücknahme des Einspruchs am 08.08.08 ist der Grund für diese Ablaufhemmung jedoch entfallen. Auch § 171 Abs. 4 AO aufgrund einer Betriebsprüfung gewährt keine über dieses Datum hinausgehende Ablaufhemmung, da die Regelung ebenfalls auf die Unanfechtbarkeit des nach der Prüfung geänderten Bescheides abstellt. Die Feststellungsverjährung ist somit eingetreten.

Gleichwohl ist gem. S. 3 doch noch eine Korrektur nach § 174 Abs. 4 AO möglich, und zwar innerhalb eines Jahres nach Änderung des fehlerhaften Bescheids, hier also nach Änderung des Körperschaftsteuerbescheides 01 am 05.07.08. Folglich käme eine Korrektur im Oktober 08 rechtzeitig. S. 4 steht nicht entgegen, da am 30.11.06 bei Erlass des Körperschaftsteuerbescheides 01, der den Fehler enthalten hat, die Feststellungfrist 01 für die KG noch nicht abgelaufen war. Zeitlich gesehen wäre daher die Korrektur unproblematisch.

Da hier jedoch der Bescheid eines Dritten korrigiert werden soll, ist zusätzlich § 174 Abs. 5 AO zu beachten. Danach hätte die KG, damit eine Korrektur des an sie gerichteten Bescheides möglich sein kann, zum Einspruchsverfahren der GmbH hinzugezogen werden müssen. Dies war laut Sachverhalt nicht der Fall.

Konsequenz dieser unterlassenen Hinzuziehung ist es, dass eine Korrektur nach § 174 Abs. 4 AO nicht erfolgen kann. Auch aus dem Grundsatz von Treu und Glauben lässt sich hier keine andere Sichtweise ableiten (vgl. BFH, BStBl II 2010, 720; FG Köln EFG 2007, 1919).

Weiterhin könnte § 174 Abs. 3 AO greifen. Diese Vorschrift ermöglicht die Beseitigung eines negativen Widerstreits dergestalt, dass ein bestimmter Sachverhalt, der erkennbar in einem Steuerbescheid in der Annahme nicht berücksichtigt wurde, er sei in einem anderen Steuerbescheid zu berücksichtigen, nach Erkenntnis dieses Fehlers im passenden Bescheid nachträglich angesetzt werden kann.

Das Finanzamt hat hier das GmbH-Einkommen im geänderten Feststellungsbescheid der KG vom 22.02.07 nicht mehr erfasst, da es der Annahme war, dass aufgrund der Nichtanerkennung des Organschaftsverhältnisses das Einkommen bei der GmbH selbst zu erfassen war. Diese irrige Annahme war für die KG auch erkennbar. Zwar ist hier nicht eindeutig von Erläuterungen im Feststellungsbescheid die Rede, aber zumindest aufgrund des Schriftverkehrs ergab sich dies für die KG eindeutig.

Die Annahme des Finanzamts stellt sich später im Einspruchsverfahren bei der GmbH als unrichtig heraus. Gem. § 174 Abs. 3 AO wäre nun die nachträgliche Berücksichtigung des Sachverhalts im bisher falschen Bescheid möglich, eine Erfassung des GmbH-Einkommens bei der KG im Wege einer erneuten Änderung könnte also grundsätzlich erfolgen. Hier sind jedoch zeitliche Grenzen zu beachten. Nach S. 2 der Vorschrift ist die Änderung nur möglich bis zum Ablauf der für die andere Steuerfestsetzung, hier also für die Körperschaftsteuer 01 der GmbH geltenden Festsetzungsfrist.

Die Festsetzungsfrist für die GmbH beginnt wegen der Verpflichtung zur Abgabe der Körperschaftsteuererklärung gem. § 31 KStG mit Ablauf des Abgabejahres, hier 03, dauert ebenfalls 4 Jahre und endet somit mit Ablauf des Jahres 07. Als Ablaufhemmung kommt § 171 Abs. 3a AO in Betracht, da die GmbH Einspruch gegen den Körperschaftsteuerbescheid vom 30.11.06 eingelegt hatte. Daher endet die Festsetzungsfrist nicht, bevor über den Rechtsbehelf unanfechtbar entschieden ist. Aufgrund des Einspruchs erließ das Finanzamt am 05.07.08 einen geänderten Körperschaftsteuerbescheid 01. Bekanntgabetag dieses Bescheides ist gem. § 122 Abs. 2 Nr. 1 AO der 08.07.08. Die Rechtsbehelfsfrist gegen diesen Bescheid beträgt gem. § 355 Abs. 1 S. 1 AO einen Monat und läuft somit mit Ablauf des 08.08.08 ab, § 108 Abs. 1 AO, §§ 187 Abs. 1, 188 Abs. 2 BGB.

Auf die Feststellungsfrist des hier zu ändernden Feststellungsbescheides der KG kommt es vorliegend nicht an.

Eine Korrektur gem. § 174 Abs. 3 AO kommt daher im Oktober 08 ebenfalls nicht in Betracht.

Eine Berichtigung gem. § 129 AO ist nicht möglich. Die fälschliche Nichtberücksichtigung des GmbH-Einkommens resultierte aus einer rechtlichen Überlegung des Finanzamts und stellte kein mechanisches Versehen dar.

Die Voraussetzungen des § 175 Abs. 1 Nr. 1 AO sind ebenfalls nicht erfüllt. Nach dem materiellen Steuerrecht ist der Körperschaftsteuerbescheid für die Organgesellschaft bei einer Organschaft nicht bindend im Sinne von § 182 Abs. 1 AO für die Steuerfestsetzung bzw. -feststellung beim Organträger. Der Körperschaftssteuerbescheid ist folglich kein Grundlagenbescheid für den Feststellungsbescheid der KG.

§ 175 Abs. 1 Nr. 2 AO ist hier ebenfalls nicht einschlägig. Die Nichterfassung des Einkommens bei der GmbH stellt kein Ereignis mit steuerlicher Rückwirkung dar, es handelt sich nicht um einen rechtlich bedeutsamen Vorgang, der in einer Weise Rückwirkung entfaltet, dass nunmehr ein neuer Sachverhalt der Besteuerung zugrunde zu legen ist. Hier hat lediglich das die GmbH veranlagende Finanzamt seine Auffassung zur Anerkennung des Gewinnabführungsvertrages geändert.

Es liegt auch keine neue Tatsache im Sinne des § 173 Abs. 1 Nr. 1 AO vor. Tatsache i.S. dieser Vorschrift ist alles, was Merkmal oder Teilstück eines steuergesetzlichen Tatbestandes sein kann. Vorliegend ändert sich wie schon erläutert lediglich die rechtliche Beurteilung des zwischen KG und GmbH geschlossenen Vertrages. Steuerrechtliche Bewertungen sind keine von dieser Vorschrift erfassten Tatsachen.

Zu prüfen ist schließlich § 172 Abs. 1 Nr. 2a AO. Dazu müsste die KG einer Änderung zugestimmt oder diese beantragt haben. Die KG hatte zunächst gegen den Feststellungsbescheid vom 22.02.07, in dem erstmals der GmbH-Gewinn nicht mehr bei der KG erfasst worden war, Einspruch eingelegt und begehrte darin genau die Änderung, die das Finanzamt jetzt durchführen will. Diesen Einspruch hat die KG jedoch mit Schreiben vom 08.08.08 zurückgenommen. Hierzu ist sie gem. § 362 Abs. 1 AO jederzeit bis zur Bekanntgabe der Einspruchsentscheidung berechtigt. An der Rücknahme des Einspruchs ist die KG auch nicht nach dem Grundsatz von Treu und Glauben gehindert. Zwar darf sich ein Verfahrensbeteiligter grundsätzlich nicht mit seinem früheren Verhalten in Widerspruch setzen. Aber das Finanzamt Pirmasens-Zweibrücken hätte die Möglichkeit gehabt, diese Situation zu vermeiden, indem es die KG zum Einspruchsverfahren der GmbH gem. § 174 Abs. 5 AO hinzugezogen hätte. Dies nicht zu tun, stellte einen Verfahrensfehler des Finanzamts dar. Das Institut von Treu und Glauben hat nicht die Funktion, derartige Fehler des Finanzamts aufzufangen (vgl. BFH a.a.O.). Die KG durfte folglich ihren Einspruch zurücknehmen und ist auch nicht verpflichtet, der Änderung doch zuzustimmen.

Eine Korrektur nach § 172 Abs. 1 Nr. 2a AO kommt folglich ebenfalls nicht infrage. Die erneute Änderung des Feststellungsbescheids 01 ist daher nicht möglich.

Sachverhalt 3

Da der Einspruch des F gem. § 367 Abs. 2 S. 1 AO zu einer Vollüberprüfung des angefochtenen Verwaltungsakts führt, ist es zunächst nicht möglich, die Bearbeitung des Einspruchs auf die im anhängigen Verfahren zu klärende Frage zu beschränken, der Bescheid erwächst vielmehr insgesamt zunächst nicht in Bestandskraft.

1. Aufgrund des anhängigen BFH-Verfahrens ruht das Einspruchsverfahren gem. § 363 Abs. 2 S. 2 AO insoweit automatisch, da hier auch in der angegriffenen Frage kein Vorläufigkeitsvermerk gem. § 165 Abs. 1 S. 2 Nr. 3 oder Nr. 4 AO im Bescheid enthalten ist.

   Im Hinblick auf den übrigen Teil des Einspruchs hat F keine inhaltlichen Einwendungen geltend gemacht. Fehler des Bescheides sind nicht ersichtlich. Folglich ist der Einspruch insoweit entscheidungsreif, es kommt der Erlass einer Teil-Einspruchsentscheidung gem. § 367 Abs. 2a AO in Betracht. Diese ist sachdienlich, da der Steuerpflichtige schnell zu einer gerichtsfähigen Entscheidung kommt und die Verwaltung das Einspruchsverfahren schneller abwickeln kann (vgl. hierzu auch BFH vom 30.09.2010, III R 39/08). In der Entscheidung ist zu bestimmen, dass hinsichtlich des anhängigen Verfahrens keine Bestandskraft eintreten soll, § 367 Abs. 2a S. 2 AO.

2. Wenn nach Eingang des Einspruchs gegen den Einkommensteuerbescheid, der noch keinen die in Streit stehende Frage betreffenden Vorläufigkeitsvermerk enthalten hat, die Frage nun doch in den Vorläufigkeitskatalog aufgenommen wird, kommt der Erlass eines Abhilfebescheides in Betracht. Dieser Bescheid enthält im Hinblick auf die Streitfrage nun erstmals einen Vorläufigkeitsvermerk nach § 165 Abs. 1 S. 2 Nr. 3 bzw. Nr. 4 AO. Dadurch ist dem Interesse des F Genüge getan, da er nach seinem eigenen Vorbringen im Einspruchsschreiben lediglich in diesem Punkt Interesse daran hat, seinen Bescheid offen zu halten. Die Zustimmung des Einspruchsführers zu diesem Vollabhilfebescheid gem. § 172 Abs. 1 Nr. 2a AO, mit dem sich der Einspruch insgesamt erledigt, kann unterstellt werden, da es das erkennbare ausschließliche Ziel des F war, seinen Steuerfall hinsichtlich der vom nachträglichen Vorläufigkeitsvermerk erfassten Rechtsfrage „offen" zu halten. Da ein Einspruch auslegungsfähig ist, bedarf es nicht zwingend einer ausdrücklichen Äußerung des F.

3. Soweit der Einspruch ruht und ihm noch nicht, wie unter 2. erläutert abgeholfen worden ist, ist wie folgt vorzugehen:
Wenn der BFH das anhängige Verfahren derart entscheidet, dass dem Einspruch des F nunmehr nicht abgeholfen werden kann, dann kann das Verfahren wieder aufgenommen und eine (End-)Einspruchsentscheidung erlassen werden, mit der der Einspruch nunmehr endgültig zurückgewiesen wird. Dies kann zusätzlich zu einer etwaigen bereits erlassenen Teileinspruchsentscheidung geschehen.
Alternativ hierzu ist es möglich, diesbezüglich anhängige Einsprüche wie den des F durch eine Allgemeinverfügung i.S.d. § 367 Abs. 2b AO zurückzuweisen. Zuständig hierfür ist gem. S. 2 die oberste Finanzbehörde. Die Allgemeinverfügung schließt, da sie nur die im anhängigen BFH-Verfahren entschiedene Frage betrifft, das Einspruchsverfahren nur dann endgültig ab, wenn zuvor bereits eine Teileinspruchsentscheidung ergangen ist.
Soweit der Bescheid wie unter 2. erläutert einen Vorläufigkeitsvermerk in Bezug auf die nun entschiedene Frage enthält, gilt Folgendes:
Die Ungewissheit i.S.d. § 165 Abs. 1 AO ist nun beseitigt. Nunmehr wäre nach § 165 Abs. 2 S. 2 AO der Steuerbescheid des F insoweit für endgültig zu erklären. Nach S. 4 muss dies jedoch nur dann geschehen, wenn der Steuerpflichtige es beantragt.

4. Im Fall des Ruhens des Verfahrens, das wie oben erläutert automatisch eintritt und nicht auf Anordnung der Finanzbehörde geschieht, kann der Einspruchsführer gem. § 363 Abs. 2 S. 4 AO die Fortsetzung des Verfahrens beantragen.
Gegen eine vom Finanzamt wie unter 1 erläutert erlassene Teileinspruchsentscheidung ist die Anfechtungsklage gem. § 40 Abs. 1 FGO möglich. F kann hier sowohl geltend machen, der Steuerbescheid enthalte noch weitergehende Fehler, als auch einwenden, eine Teileinspruchsentscheidung habe nicht ergehen dürfen.
Gegen einen Vollabhilfebescheid wie unter 2 erläutert kann der Steuerpflichtige Einspruch gem. § 347 Abs. 1 Nr. 1 AO einlegen (vgl. BFH vom 18.04.2007, BStBl II 2007, 736).

Eine Allgemeinverfügung könnte F im Wege der Klage vor dem Finanzgericht angreifen. Die Frist hierfür beträgt gem. § 367 Abs. 2b S. 5 AO ein Jahr.

Sachverhalt 4

1. Die Zwangsgeldfestsetzung ist rechtmäßig, wenn die Voraussetzungen der §§ 328 ff. AO eingehalten worden sind.

   Mit der Aufforderung zur Abgabe der Steuererklärung vom 08.03.03 liegt ein wirksamer zu vollstreckender Verwaltungsakt vor, der B zur Vornahme einer Handlung verpflichtet, § 328 Abs. 1 S. 1 AO. Dieser Verwaltungsakt ist auch erzwingbar und vollstreckbar gem. § 251 AO, Aussetzung der Vollziehung wurde nicht gewährt. Es liegt auch eine wirksame schriftliche Androhung des Zwangsgeldes gem. § 332 AO vor, die sich auf eine konkrete Verpflichtung bezieht und das Zwangsgeld in der konkret bestimmten Höhe von hier 300 € androht. Die gesetzte Frist von einem Monat ist wie in § 332 Abs. 1 S. 1 AO angemessen und wurde von B nicht eingehalten. Die Festsetzung erfolgte anschließend zeitnah zum Fristablauf, der Abstand von ca. 3 Wochen wie im vorliegenden Fall ist nicht zu beanstanden.

2. Ein etwaiger Erstattungsanspruch der B könnte sich aus § 37 Abs. 2 AO ergeben. Danach ist eine steuerliche Nebenleistung, wie hier das Zwangsgeld (§ 3 Abs. 4 AO), die ohne rechtlichen Grund gezahlt worden ist oder bei der der rechtliche Grund später weggefallen ist, vom Empfänger zu erstatten. Der Vollzug des Zwangsgeldes ist gem. § 335 AO einzustellen, wenn die Verpflichtung erfüllt ist. Durch die Erklärungsabgabe am 16.01.04 besteht keine Veranlassung mehr, das Zwangsgeld durchzusetzen. Folglich hat B grundsätzlich einen Erstattungsanspruch gegenüber dem Finanzamt. Allerdings hat das Finanzamt mit den offenen Einkommensteuervorauszahlungen Gegenansprüche gegen B. Voraussetzungen für eine Aufrechnung gem. § 226 AO i.V.m. §§ 387 ff. BGB ist eine Aufrechnungserklärung durch das Finanzamt im Zeitpunkt des Bestehens einer Aufrechnungslage. Hierfür müssten vor allem gleichartige gegenseitige Ansprüche gegeben sein, was hier zwischen B und dem Finanzamt (als verwaltende Behörde) gegeben ist. Außerdem müsste die Gegenforderung, mit der aufgerechnet wird, hier also die des Finanzamtes fällig und die Hauptforderung der B erfüllbar sein. Die Einkommensteuervorauszahlungen, die B zu zahlen hat, sind laut Sachverhalt fällig, der Erstattungsanspruch der B durch den Wegfall der Verpflichtung aufgrund der Erklärungsabgabe entstanden und somit erfüllbar. Es kann hier also die Aufrechnung durch das Finanzamt gegenüber B erklärt werden.

   B kann folglich keine Erstattung des Zwangsgelds verlangen.

Sachverhalt 4a

Die Einsprüche von C und B sind begründet, wenn der jeweils angefochtene Bescheid rechtswidrig ist.

Einspruch der C

C wendet sich gegen den geänderten Einkommensteuerbescheid 01 vom 26.03.07. Dieser Bescheid ist rechtswidrig, wenn entweder keine Korrekturvorschrift vorgelegen hat oder die Festsetzungsverjährung schon eingetreten war.

Als Korrekturvorschrift ist § 175 Abs. 1 Nr. 1 AO zu prüfen. Danach ist ein Steuerbescheid zu ändern, soweit ein Grundlagenbescheid, dem Bindungswirkung zukommt, geändert wird. Bei dem gem. §§ 180 Abs. 1 Nr. 2a, 179 Abs. 2 S. 2 AO ergangenen Feststellungsbescheid vom 24.03.05 handelt es sich um einen solchen ändernden Grundlagenbescheid gem. § 171 Abs. 10 AO. Ihm kommt gem. § 182 Abs. 1 AO Bindungswirkung für die Einkommensteuer der C zu, da die Höhe ihrer Beteiligungseinkünfte hier verbindlich festgestellt wird. Die Voraussetzungen des § 175 Abs. 1 Nr. 1 AO liegen also vor.

Die von C geltend gemachten Einwendungen greifen nicht. Sie wendet sich inhaltlich gegen die Änderung des Feststellungsbescheides. Dies ist jedoch gem. § 351 Abs. 2 AO nicht zulässig, da sie insoweit gegen diesen Bescheid selbst hätte vorgehen müssen. Einzig mögliche Einwendungen sind insoweit die Geltendmachung der Nichtigkeit des F-Bescheides oder seiner unzureichenden Bekanntgabe.

Eine Nichtigkeit ist nicht zu erkennen. Zwar lag hinsichtlich der Änderung keine Korrekturvorschrift vor, es wurde lediglich ein Rechtsanwendungsfehler beseitigt. Dies ist jedoch kein schwerer und offenkundiger Fehler gem. § 125 Abs. 1 AO, der zur Nichtigkeit des Bescheides führt. Auch die Bekanntgabe war nicht zu beanstanden. Da die KG keine Empfangsbevollmächtigte ernannt hatte, durfte das Finanzamt gem. § 183 Abs. 1 S. 2 AO die Komplementärin A als gem. § 161 Abs. 2 HGB i.V.m. §§ 125 Abs. 1, 170 HGB zur Vertretung der Gesellschaft Berechtigte anschreiben und ihr gegenüber mit Wirkung für und gegen alle Beteiligte bekannt geben.

Die Festsetzungsfrist richtet sich nach den §§ 169 ff. AO. Sie beginnt aufgrund der sich aus § 149 Abs. 1 S. 1 AO i.V.m. §§ 25 Abs. 3 EStG, 56 EStDV ergebenden Pflicht der C zur Abgabe der Steuererklärung gem. § 170 Abs. 2 Nr. 1 AO mit Ablauf des Jahres, in dem die Erklärung abgegeben wurde, hier also mit Ablauf 02. Die Frist dauert gem. § 169 Abs. 2 Nr. 2 AO 4 Jahre und endet mit Ablauf 06. Die Änderung erfolgte jedoch erst am 26.03.07. Hier greift allerdings die Ablaufhemmung des § 171 Abs. 10 AO. Die Frist endet folglich nicht vor Ablauf von 2 Jahren nach Bekanntgabe des Grundlagenbescheides. Die Bekanntgabe erfolgte hier gem. § 122 Abs. 2 Nr. 1 AO 3 Tage nach Aufgabe zur Post, hier also am 27.03.05. Sie endet daher am 27.03.07, also geschah die Änderung am 26.03.07 rechtzeitig.

Der geänderte Einkommensteuerbescheid 01 der C vom 26.03.07 ist somit rechtmäßig, der Einspruch ist unbegründet.

Einspruch der B

Der Einspruch der B gegen den geänderten Feststellungsbescheid 01 vom 24.02.08 ist begründet, wenn dieser Bescheid rechtswidrig ist. Es sind Korrekturvorschrift und Feststellungsverjährung zu prüfen. Es gelten gem. § 181 Abs. 1 S. 1 AO die Vorschriften über Steuerfestsetzungen entsprechend.

Vorab ist zu prüfen, ob die Bekanntgabe des Feststellungsbescheides ordnungsgemäß war, da der Bescheid anderenfalls keine Wirkung entfalten kann, § 124 Abs. 1 S. 1 AO im Umkehrschluss. Bescheide sind gem. § 122 Abs. 1 S. 1 AO demjenigen bekannt zu geben, der davon betroffen ist, bei einer KG also grundsätzlich allen Beteiligten. Gem. § 183 Abs. 1 S. 1 AO kann stattdessen die Bekanntgabe an einen von der Gesellschaft benannten Empfangsbevollmächtigten erfolgen. Hier war A benannt worden, folglich konnte die Bekanntgabe grundsätzlich an sie mit Wirkung für und gegen alle Beteiligten erfolgen. Daran ändert auch der Streit zwischen der Gesellschafterin B und der Empfangsbevollmächtigten A nichts. § 183 Abs. 2 AO, wonach bei dem Finanzamt bekannten Meinungsverschiedenheiten eine Einzelbekanntgabe erforderlich ist, greift hier nicht. Gem. § 183 Abs. 3 S. 1 AO ist bei von der Gesellschaft benannten Empfangsbevollmächtigten ein ausdrücklicher Widerruf der Vollmacht erforderlich. Ein solcher ist dem Finanzamt bezüglich der B nicht zugegangen, somit kann auch dahingestellt bleiben, ob die Meinungsverschiedenheiten im Amt bekannt waren. Die Bekanntgabe war folglich ordnungsgemäß.

Als Korrekturvorschrift kommt § 173 Abs. 1 Nr. 1 AO in Betracht. Es sind mit den Betriebs- und Sonderbetriebseinnahmen neue Tatsachen bekannt geworden. Tatsache ist alles, was Merkmal eines steuergesetzlichen Tatbestandes sein kann, also auch Betriebseinnahmen. Diese werden dem Finanzamt nach abschließender Zeichnung des Ursprungsbescheides bekannt, nämlich durch die Betriebsprüfung in 08. Sie führen zu einer höheren Steuer. Da auch die Änderungssperre nach § 173 Abs. 2 AO nicht greift, sind die Voraussetzungen des § 173 Abs. 1 Nr. 1 AO gegeben.

Die Feststellungsfrist beginnt mit Ablauf des Abgabejahrs, also mit Ablauf des Jahres 02, dauert bis Ablauf 06 und ist somit bei Bekanntgabe des Änderungsbescheides in 08 eigentlich abgelaufen. Hier greift jedoch § 181 Abs. 5 AO. Danach kann eine gesonderte Feststellung auch nach Ablauf der Feststellungsfrist noch erfolgen, soweit sie für eine Steuerfestsetzung von Bedeutung ist, bei der die Festsetzungsfrist noch läuft. Hinsichtlich der Einkommensteuer der B, die als Folgeveranlagung von diesem F-Bescheid betroffen ist, läuft die Festsetzungsfrist noch. Da B ihre Erklärung erst in 04 abgegeben hat, endet ihre Frist mit Ablauf 08. Es durfte also eine Feststellung erfolgen, allerdings nur mit Wirkung für und gegen B. Hierauf muss im Bescheid gem. § 181 Abs. 5 S. 2 AO hingewiesen werden.

Der Einspruch der B ist folglich ebenfalls unbegründet.

Sachverhalt 4b

Die Stundung als sonstiger und Ermessensverwaltungsakt könnte mit einer Nebenbestimmung gem. § 120 Abs. 2 AO verbunden werden. In Betracht kommen zur Absicherung der Stundung die Aufnahme einer auflösenden Bedingung gem. § 120 Abs. 2 Nr. 2 AO oder eines Widerrufsvorbehalts gem. § 120 Abs. 2 Nr. 3 AO.

Bei ersterer Variante müsste die Stundung so formuliert werden, dass sie nur unter der Bedingung wirksam ist, dass die KG die ausstehende Umsatzsteuer in genau zu bestimmenden Raten zahlt. Bei Nichtzahlung verliert die Stundung dann ohne weiteres Zutun des Finanzamts sofort ihre Wirkung, sie erledigt sich gem. § 124 Abs. 2 a.E. AO auf andere Weise.

Ein Widerrufsvorbehalt wäre ähnlich zu formulieren, nämlich dergestalt, dass die Stundung unter dem Vorbehalt des jederzeitigen Widerrufs steht. Dies ermöglicht keine willkürliche Aufhebung der Stundung, sondern hält gerade für den Fall der Nichtzahlung die Möglichkeit einer gezielten Aufhebung der Stundungsverfügung offen. Die Korrektur würde dann nach § 131 Abs. 2 Nr. 1 AO erfolgen und stünde im Ermessen des Finanzamtes. Vorteil dieser Variante gegenüber der Bedingung ist, dass vor dem Wegfall der Stundung zunächst noch eine individuelle Entscheidung des Finanzamts erfolgt und in besonderen Fällen auch bei Nichtzahlung auf einen Widerruf verzichtet werden kann.

Klausuren Bilanzsteuerrecht

Übungsklausur 1
Bearbeitungszeit: 4 Stunden

I.   Sachverhalt
Willi Dangel (= D.) betreibt seit 10 Jahren in Stuttgart ein Baugeschäft. Das Wirtschaftsjahr entspricht dem Kalenderjahr. Die Umsätze unterliegen dem Regelsteuersatz von 19 % und werden nach vereinbarten Entgelten versteuert. D. ist zum Vorsteuerabzug berechtigt.

Zum Ende eines Geschäftsjahres wird jeweils eine Handelsbilanz aufgestellt. Soweit der Steuerbilanzansatz vom Handelsbilanzansatz abweicht, wird dies außerhalb der Handelsbilanz durch Hinzurechnungen bzw. Kürzungen im Sinne des § 60 Abs. 2 EStDV dargestellt.

Der Buchhalter der Einzelfirma hat bereits zum 31.12.2012 eine vorläufige Handelsbilanz aufgestellt.

II.   Aufgabe
D. beauftragt Steuerberater Gscheidle heute mit der endgültigen Erstellung der Handelsbilanz 31.12.2012. Abweichende steuerliche Ansätze sind außerhalb der Bilanz entsprechend § 60 Abs. 2 S. 1 EStDV dazustellen. Sie sind als freier Mitarbeiter im Beratungsbüro Gscheidle beschäftigt und sollen zu den nachfolgend dargestellten Einzelsachverhalten gutachterlich Stellung nehmen. Beachten Sie dabei folgende Vorgaben:
1. Beurteilen sie die einzelnen Sachverhalte unter Hinweis auf die einschlägigen Rechtsgrundlagen. Soweit Berechnungen und Kontenentwicklungen erforderlich sind, müssen diese nachvollziehbar dargestellt werden. D. wünscht sowohl handels- als auch steuerrechtlich einen möglichst geringen Gewinn. Das steuerliche Eigenkapital zum 31.12.2011 beträgt 180.000 €. Gehen Sie davon aus, dass es zum 31.12.2012 nicht mehr als 200.000 € betragen wird. Die Vorschrift des § 6 Abs. 2a EStG möchte D. ausdrücklich nicht in Anspruch nehmen.
2. Erforderliche Korrekturen sind für jede Textziffer – getrennt nach Bilanzposten und GuV-Posten – unter Angabe der entsprechenden Gewinnauswirkungen nach folgendem Muster zusammenzustellen!

		31.12.2012	
Bilanzposten (Handelsbilanz)	Änderung	Gewinnänderung

		2012	
G + V-Posten	Änderung	Gewinnänderung

3. Sollten unterschiedliche Rechtsauffassungen bestehen, ist der Verwaltungsauffassung zu folgen.

Cent-Beträge sind auf volle Euro auf- (ab 50 Cent) bzw. abzurunden (bis 49 Cent):

1. Planungsbüro

a) Auflösung Mietverhältnis

In 2012 hat D. ein Planungsbüro eingerichtet. Die neue aus fünf Arbeitnehmern bestehende Abteilung beschäftigt sich mit Marketing, Controlling und der Einleitung und Überwachung von Optimierungsmaßnahmen. Das Büro wurde im 2. OG des zu 100 % bilanzierten Betriebsgebäudes eingerichtet, nachdem sich der bisherige Mieter im Januar 2012 bereit erklärt hat, gegen eine Abstandszahlung i.H.v. 12.000 € vorzeitig zum 28.2.2012 den bis 28.2.2014 befristeten Mietvertrag aufzulösen.

Buchung bisher: Sonstige betriebliche Aufwendungen an Bank 12.000

b) Umbauarbeiten

Nachdem der Mieter am 28.2.2012 ausgezogen war, begannen im März Umbauarbeiten. Das bisher vorhandene Großraumbüro wurde in fünf Einzelbüros umgebaut. Die neue Raumaufteilung eignet sich nach Ansicht von D. besser um die gesetzten Ziele zu erreichen. Hierfür erhielt er von der ausführenden Firma eine ordnungsgemäße Rechnung aus der sich u.a. Folgendes ergibt:

....	
Einbau von Rigips-Ständerwänden	8.000 €
Erneuerung der Elektroinstallation	2.000 €
	10.000 €
19 % Umsatzsteuer	1.900 €
Zu zahlender Gesamtbetrag	11.900 €

Die Umbauarbeiten waren 30.5.2012 beendet.

Buchung bisher: Gebäude 8.000 + Reparaturaufwendungen 2.000 + VSt 1.900 an Bank 11.900

c) Büroausstattung

Am 31. Mai wurde die neue Büroausstattung angeliefert. Hinsichtlich der Möbel ist von einer 10-jährigen und hinsichtlich der technischen Geräte von einer 3-jährigen Nutzungsdauer auszugehen. D. erhielt folgende Rechnung:

....	
5 Stühle zu je 180 €	900 €
5 Schreibtische zu je 420 €	2.100 €
3 Büroschränke zu je 1.100 €	3.300 €
5 PC's zu je 900 €	4.500 €
5 PC-Monitore zu je 200 €	1.000 €
1 PC-Drucker	200 €
	12.000 €
+ 19 % Umsatzsteuer	2.280 €
Gesamtpreis	14.280 €

Im Kaufpreis der PCs enthalten (ohne gesonderte Berechnung) war die so genannte Systemsoftware (Windows 8).

D. überwies den Kaufpreis abzüglich 5% Skonto vom betrieblichen Bankkonto (Überweisungsbetrag = 13.566 €).

Buchung bisher: Betriebs- und Geschäftsausstattung 11.400 + VSt 2.166 an Bank 13.566

Im Rahmen der Einkommensteuer-Veranlagung für 2011 hat D. i.Z.m. dem geplanten Erwerb der drei Büroschränke einen Investitionsabzugsbetrag i.H.v. 1.200 € zum Abzug gebracht.

I.Z.m. den 5 gekauften PCs unterschrieb D. eine Vereinbarung über eine „PC-Versicherung" für den Zeitraum 1.6.2012-31.5.2015. Für jeweils 12 Monaten muss D. 1.000 € bezahlen. Die Pauschale ermäßigt sich auf 900 € pro Jahr, sofern D. die Pauschale für den gesamten Vertragszeitraum im Voraus bezahlt. Dieses Angebot wurde von D. wahrgenommen.

Die Versicherung leistet für sämtliche in dieser Zeit anfallenden Reparaturaufwendungen vollen Kostenersatz.

Buchung bisher: Betriebs- und Geschäftsausstattung 2.700 an Bank 2.700

2. Investitionszulage

Für ein 2011 angeschafftes Bohrsystem erhielt D., nachdem er im Januar 2012 einen entsprechenden Antrag gestellt hat, im Mai 2012 eine Investitionszulage i.H.v. 10.000 €. Für die im Januar 2011 erfolgte Erstellung des Antrags auf Gewährung einer Investitionszulage wurde vom früheren Steuerberater 500 € (netto) in Rechnung gestellt.

Buchung bisher: Bank 10.000 an Maschinelle Anlagen 10.000
Rechts-/Beratungskosten 500 + VSt 95 an Bank 595
AfA 20.000 an Maschinelle Anlagen 20.000

Buchwertentwicklung „Bohrsystem" (Nutzungsdauer 10 Jahre, lineare Abschreibung 10 %):

Anschaffungskosten	200.000
AfA 2011	– 20.000
31.12.2011	180.000 (zutreffend!)
Investitionszulage	– 10.000
AfA 2012	– 20.000
31.12.2012	150.000

3. Vorräte

D. kaufte am November 2012 einen größeren Posten hochwertiger Natursteine. Es handelt sich dabei um 10 Tonnen „Travertin" zum Preis von 10.000 € und 20 Tonnen „Granit" zum Preis von 40.000 €. Für den Transport mussten pro Tonne 500 € aufgewendet werden.

Auf Grund massiver Preissenkungen wurde am Bilanzstichtag Travertin für 800 €/t und Granit für 1.500 €/t (jeweils ohne Bezugskosten) angeboten. Als im März 13 nochmals eine Preissenkung für Granit erfolgte (1.200 €/t), verkaufte D. im gleichen Monat die gesamte Menge für 24.000 € (20 t x 1.200) zuzüglich 500 € Transportkosten je Tonne.

Der Preis für Travertin-Steine hatte sich im März 13 bereits wieder auf das alte Preisniveau eingependelt.

Buchung bisher: Wareneinkauf   50.000 + VSt 9.500 an Bank 59.500
  Sonst. betriebl. Aufwendungen 15.000 + VSt 2.850 an Bank 17.850

Am Bilanzstichtag waren die Steine noch vollzählig vorhanden und wurden mit 50.000 € in die vorläufige Bilanz aufgenommen.

4. Bebautes Grundstück „Stuttgarter Straße 101"

D. hat 08 (= 2008) ein zum Betriebsvermögen gehörendes bebautes Grundstück veräußert und dabei eine Veräußerungsgewinn i.H.v. 250.000 € erzielt, der je zur Hälfte auf den Grund u. Boden und das Gebäude entfiel. In Höhe des Veräußerungsgewinns wurde in die zum 31.12.08 aufzustellende Handels-/Steuerbilanz eine nicht zu beanstandende 6b-Rücklage eingestellt.

Mit Kaufvertrag vom 4.10.2012 erwarb D. das bebaute Grundstück „Stuttgarter Straße 101" zur Nutzung als Lagergebäude. Als Zeitpunkt des Übergangs von Besitz, Nutzen und Lasten wurde der 30.11.2012 vereinbart. Die Anschaffungskosten für den Grund u. Boden i.H.v. 100.000 € und Gebäude i.H.v. 300.000 € wurden korrekt auf den jeweiligen Konten erfasst.

Das Gebäude (Baujahr 1996) befindet sich in einem guten Zustand. Es ist von einer (Rest-)Nutzungsdauer von rund 100 Jahren auszugehen.

Der Kaufpreis wurde durch die Aufnahme eines Darlehens über 410.000 € finanziert. Bei der Auszahlung am 1.12.2012 wurde vereinbarungsgemäß ein Disagio i.H.v. 10.000 € einbehalten. Das Darlehen ist in 10 gleichen Jahresraten beginnend am 1.12.2013 zu tilgen. Die Zinszahlung (vereinbarter Zinssatz = 5 %) hat vierteljährlich, erstmals am 1.3.13 zu erfolgen.

Buchung bisher: Grund u. Boden 100.000 + Gebäude 300.000 an Bank 400.000
  Bank 400.000 + Sonst. betriebl. Aufwendungen 10.000 an Darlehensverbindlichkeiten 410.000

Weitere Buchungen erfolgten in diesem Zusammenhang nicht.

☞ **Hinweis!**
Die zum 31.12.2008 gebildete 6b-Rücklage wurde handelsrechtlich im Rahmen der Anwendung der im Zuge des BilMoG geänderten HGB-Vorschriften handelsrechtlich in 2010 zutreffend aufgelöst und ist demnach im Wirtschaftsjahr 2012 nur noch in der Steuerbilanz vorhanden.

Lösung der Übungsklausur 1

1. Planungsbüro

a) Auflösung Mietverhältnis

Die Abstandszahlung für die vorzeitige Räumung stellen Anschaffungskosten (§ 255 Abs. 1 HGB) für ein immaterielles Wirtschaftsgut des Anlagevermögens dar. Der durch eine solche Abstandszahlung erlangte Vorteil ist nach der BFH-Rechtsprechung (Beschluss vom 2.3.1970, GrS 1/69, BStBl II 1970, 382) als selbständig bewertbares Wirtschaftsgut zu aktivieren und während des Zeitraums 1.3.2012-28.2.2014 (= vereinbarter Räumungstermin – ursprünglichen vereinbarten Ablauf des Mietverhältnisses) in gleichmäßigen Beträgen abzuschreiben.

Die Abschreibung beträgt in 12 insgesamt 10/12 des Jahresabschreibungsbetrags. Die Anwendung der so genannten „Halbjahresregelung" kommt handelsrechtlich nicht in Betracht, da kein bewegliches Wirtschaftsgut vorliegt. Steuerrechtlich scheidet sie im Hinblick auf § 7 Abs. 1 S. 4 EStG aus.

Buchwertentwicklung „Nutzungsrecht"

	bisher	richtig	Bemerkungen
Anschaffungskosten	0	12.000	
– lineare AfA (10/12 von 50 % von 12.000)	0	5.000	
31.12.2012	0	7.000	

Zusammenfassung der erforderlichen Korrekturen:

Bilanzposten (Handelsbilanz)	31.12.2012	
	Änderung	Gewinnänderung
Nutzungsrecht	+ 7.000	+ 7.000

G + V-Posten	2012	
	Änderung	Gewinnänderung
AfA	+ 5.000	– 5.000
Sonstige betriebliche Aufwendungen	– 12.000	+ 12.000
		+ 7.000

b) Umbauarbeiten

Bei den Umbauarbeiten handelt es sich nach der BFH-Rechtsprechung (BFH, Urteil vom 16.1.2007, IX R 39/05, BStBl II 2007, 922) um Erhaltungsaufwendungen.

Zusammenfassung der erforderlichen Korrekturen:

Bilanzposten (Handelsbilanz)	31.12.2012	
	Änderung	Gewinnänderung
Gebäude	– 8.000	– 8.000

G + V-Posten	2012	
	Änderung	Gewinnänderung
Reparaturaufwendungen	+ 8.000	– 8.000

c) Büroausstattung

Bei der „**Büroausstattung**" handelt es sich um abnutzbare bewegliche Wirtschaftsgüter des Anlagevermögens. Deren Anschaffungskosten (§ 255 Abs. 1 HGB) sind planmäßig auf die voraussichtliche Nutzungsdauer der Wirtschaftsgüter abzuschreiben (§ 253 Abs. 3 HGB). Der in Anspruch genommene Skontoabzug mindert die Anschaffungskosten.

Die für den PC erforderlichen Programme stellen eigenständige Wirtschaftsgüter dar. Die System-Software (hier Windows 8) stellt jedoch mit der Hardware dann ein einheitliches (bewegliches) Wirtschaftsgut dar, wenn sie im Rahmen des so genannten Bundling geliefert wird (z.B. OFD Magdeburg, Vfg. vom 16.4.2002, S 2354 – 5 – St 222). Dies liegt vor, wenn die Software zusammen mit der Hardware ohne gesonderte Berechnung und ohne Aufteilbarkeit des Entgelts geliefert wird. Die PC-Monitore und der PC-Drucker stellen als sogenannte Peripheriegeräte eigenständige Wirtschaftsgüter dar. Diese sind jedoch nicht selbständig nutzbar (H 6.13 „ABC der nicht selbständig nutzungsfähigen Wirtschaftsgüter" EStH).

Handelsrechtliche Behandlung

Die jeweiligen Anschaffungskosten sind planmäßig auf die voraussichtliche Nutzungsdauer verteilt abzuschreiben. Denkbar ist eine lineare, aber auch eine degressive Abschreibung. In der Regel ist die degressive Abschreibung wie folgt zu berechnen:

2,5 x linearer Abschreibungssatz, höchstens aber 25 %.

Da die Anschaffung in der ersten Hälfte des Geschäftsjahres erfolgte, ist handelsrechtlich eine volle Jahresabschreibung vorzunehmen (Beck Bil.-Komm. § 253 Rz. 276).

Es entspricht den Grundsätzen ordnungsgemäßer Buchführung aus Vereinfachungsgründen geringwertige Vermögensgegenstände (unabhängig davon ob diese selbständig nutzungsfähig sind oder nicht) im Zugangsjahr in voller Höhe abzuschreiben. Anders als im Steuerrecht ist eine allgemeine Obergrenze an Ak/Hk nicht festgelegt. Ak/Hk bis 1.000 € werden jedoch noch als voll absetzbar anerkannt (Beck Bil.-Komm. § 253 Rz. 275). In der Praxis orientieren sich die meisten Unternehmen handelsrechtlich an der steuerlichen 410 €-Grenze. Aus diesem Grund wird in der folgenden Lösung ein Sofortabzug bei Ak/Hk bis 410 € in Anspruch genommen.

Eine steuerrechtlich ggf. mögliche Vorwegabschreibung i.S.d. § 7g Abs. 2 S. 2 EStG oder eine 7g-Sonderabschreibung nach § 7g Abs. 5-6 EStG ist handelsrechtlich nicht zulässig.

Steuerrechtliche Behandlung

Steuerrechtlich kommt im Hinblick auf den Anschaffungszeitpunkt vom Grundsatz her nur eine laufzeitabhängige zeitanteilige (§ 7 Abs. 1 S. 4 EStG) lineare (§ 7 Abs. 1 EStG) Abschreibung in Betracht (§ 7 Abs. 2 S. 1 EStG). Darüber hinaus kann eine Sonderabschreibung nach § 7g Abs. 5-6 EStG i.H.v. 20 % in Anspruch genommen werden.

I.Z.m. dem Erwerb der Büroschränke wurde im Rahmen der steuerlichen Gewinner-mittlung für 11 ein Investitionsabzugsbetrag in Anspruch benommen. Im Wirtschafts-jahr der Anschaffung kommt es im Rahmen der steuerlichen Gewinnermittlung zu einer außerbilanziellen Hinzurechnung nach § 7g Abs. 2 S. 1 EStG i.H.v. 40 % der Anschaffungskosten (40 % von [95 % von 3.300 €] = 1.254 €) höchstens aber dem in Anspruch genommenen Investitionsabzugsbetrag i.H.v. 1.200 €. Im Hinblick auf die Aufgabenstellung ist steuerrechtlich eine Vorwegabschreibung nach § 7g Abs. 2 S. 2 EStG in Anspruch zu nehmen (40 % von [95 % von 3.300 €] = 1.254 €, höch-stens aber dem Hinzurechnungsbetrag nach S. 1 = 1.200 €). Die Inanspruchnahme der Vorwegabschreibung führt zu einer Kürzung der steuerlichen Bemessungsgrund-lage für die normale Abschreibung.

Soweit die Anschaffungskosten eines selbständig nutzungsfähigen Wirtschaftsguts (ohne Umsatzsteuer) höchstens 410 € betragen, kann (nach der Aufgabenstellung „muss") eine Sofortabschreibung als Geringwertiges Wirtschaftsgut (§ 6 Abs. 2 EStG) erfolgen. Die zu einer Computeranlage gehörenden Peripheriegeräte sind zwar selb-ständig bewertungsfähig, nicht aber selbständig nutzungsfähig und deshalb keine GWGs (BFH, Urteil vom 19.2.2004, VI R 135/01, BStBl II 2004, 958). Etwas anderes gilt für Kombinationsgeräte, die nicht nur als Drucker, sondern auch unabhängig vom PC als Fax oder Kopierer genutzt werden können, sowie für externe Datenspeicher.

Anschaffungskosten und Behandlung der einzelnen Wirtschaftsgüter				
Bezeichnung	Kaufpreis netto je	Anschaffungs-kosten je	Behandlung	
			Handelsbilanz	Steuerbilanz
5 Stühle	180	171	Sofortabschreibung	
5 Schreibtische	420	399	Sofortabschreibung	
3 Büroschrän-ke	1.100	1.045	Degressive AfA	Vorwegabschreibung Lineare AfA + 7g-Abschr.
5 PCs	900	855	Lineare Abschreibung auf 3 Jahre	
			+ 7g-Abschreibung	
5 Monitore	200	190	Sofortabschreibung	Lineare AfA + 7g-Abschr.
1 Drucker	200	190	Sofortabschreibung	Lineare AfA + 7g-Abschr.

Buchwertentwicklung der einzelnen Wirtschaftsgüter										
	Stühle	Schreibtische	Büroschränke		PCs		Monitore		Drucker	
	HB/StB	HB/StB	HB	StB	HB	StB	HB	StB	HB	StB
Anschaffungskosten	855	1.995	3.135	3.135	4.275	4.275	950	950	190	190
Vorwegabschreibung	–	–	–	1.200[1]	–	–			–	–
Sofortabschreibung	855	1.995	–	–			950	–	190	–
Lineare AfA			–	129[2]	1.425	950[4]	–	211[6]	–	43[8]
Degressive AfA 25 %			784		–	–	–		–	–
7g-AfA			–	387[3]	–	855[5]		190[7]		38[9]
31.12.2012	0	0	2.351	1.419	2.850	2.470	0	549	0	109
Abweichung zur HB				– 932		– 380		– 84		+ 109

Handelsbilanzansatz Betriebs-/GA insgesamt

> 5.201 €

Steuerbilanzansatz Betriebs-/GA insgesamt

> 4.547 €

[1] 40 % von 3.135 = 1.254 €, höchstens aber Hinzurechnungsbetrag 1.200 €

[2] 8/12 von 10 % von (3.135 – 1.200)

[3] 20 % von (3.135 – 1.200)

[4] 8/12 von (33 1/3 % von 4.275)

[5] 20 % von (33 1/3 % von 4.275)

[6] 8/12 von (33 1/3 % von 950)

[7] 20 % von 950

[8] 8/12 von (33 1/3 % von 190)

[9] 20 % von 190

Die Aufwendungen für die **PC-Versicherung** rechnen nicht zu den Anschaffungskosten der PCs. Vielmehr handelt es betriebliche Versicherungsbeiträge, die im jeweiligen Wirtschaftsjahr zu den sofort abzugsfähigen Betriebsausgaben rechnen. Soweit die Zahlung Zeiträume nach Ablauf des Wirtschaftsjahres betrifft muss ein Aktiver Rechnungsabgrenzungsposten in die Bilanz eingestellt werden (§ 250 Abs. 1 S. 1 HGB, § 5 Abs. 5 S. 1 Nr. 1 EStG).

Gesamtzahlung	2.700 €	(Zeitraum 1.6.12-31.5.15)
Betriebsausgaben 2012	./. 525 €	(7/36)
A.RAP 31.12.2012	2.175 €	(29/36/Zeitraum 1.1.13-31.5.15)

Zusammenfassung der erforderlichen Korrekturen:

Bilanzposten (Handelsbilanz)	31.12.2012	
	Änderung	Gewinnänderung
Betriebs-/GA (5.834 – 11.400 – 2.700)	– 8.899	– 8.899
ARAP	+ 2.175	+ 2.175
		– 6.724

G+V-Posten	2012	
	Änderung	Gewinnänderung
Sofortabschreibung GWG	+ 3.990	– 3.990
Abschreibungen	+ 2.209	– 2.209
Betriebliche Versicherungen	+ 525	– 525
		– 6.724

Korrekturen im Rahmen der steuerlichen Gewinnermittlung	Änderung	Gewinn
Vorwegabschreibung nach § 7g Abs. 2 S. 2 EStG	+ 1.200	– 1.200
7g-Abschreibung	+ 1.470	– 1.470
Abschreibung	– 876	+ 876
Sofortabschreibung	– 190	+ 190
Hinzurechnung nach § 7g Abs. 1 S. 1 EStG	+ 1.200	+ 1.200
Betriebs-/GA	– 1.287	–
		– 404

2. Investitionszulage

Das Bohrsystem rechnet zum abnutzbaren beweglichen Anlagevermögen. Es ist mit den Anschaffungskosten vermindert um die Abschreibungen zu aktivieren.

Die in 11 gewählte lineare Abschreibungsart muss beibehalten werden. Ein Wechsel zur degressiven Abschreibung ist nicht zulässig (§ 7 Abs. 3 EStG).

Die Investitionszulage führt zu keiner Minderung der Anschaffungskosten. Sie stellt einen betrieblichen Ertrag dar.

> ☞ **Hinweis!**
> Handelsrechtlich wäre es auch möglich, den Ertrag auf die Nutzungsdauer des Wirtschaftsguts zu verteilen – diese Lösungsvariante wird hier allerdings nicht gefordert, ist aber natürlich auch als zutreffend zu behandeln.

Die Investitionszulage rechnet nicht zu den Einkünften im Sinne des EStG. Aus diesem Grunde muss im Rahmen der steuerlichen Gewinnermittlung außerhalb der Bilanz eine entsprechende Kürzung erfolgen (H 6.5 Investitionszulagen sind keine Zuschüsse EStH, § 12 Investitionszulagengesetz 2007). Die Aufwendungen für die Stellung des Antrags rechnen zu den Betriebsausgaben und fallen nicht unter das steuerliche Abzugsverbot des § 3c Abs. 1 EStG, da die Investitionszulage nicht unter die Steuerbefreiungsvorschrift des § 3 EStG fällt.

Buchwertentwicklung

Maschinelle Anlagen	bisher	zutreffend	
1.1.11	180.000	180.000	
Investitionszulage	– 10.000	–	
AfA	– 20.000	– 20.000	
31.12.2012	150.000	160.000	+ 10.000

Zusammenfassung der erforderlichen Korrekturen:

Bilanzposten (Handelsbilanz)	31.12.2012	
	Änderung	Gewinnänderung
Maschinelle Anlagen	+ 10.000	+ 10.000

G + V-Posten	2012	
	Änderung	Gewinnänderung
Sonstige betriebliche Erlöse (Investitionszulage)	+ 10.000	+ 10.000

Korrekturen im Rahmen der steuerlichen Gewinnermittlung	Änderung	Gewinn
Sonstige betriebliche Erträge (Investitionszulage)	− 10.000	− 10.000

3. Vorräte

Die am Bilanzstichtag vorrätigen Natursteine sind als Vermögensgegenstände des Umlaufvermögens in der Handelsbilanz mit ihren Anschaffungskosten anzusetzen. Die Transportkosten rechnen zu den Anschaffungskosten (§ 255 Abs. 1 HGB).

	Travertin (10 Tonnen)	Granit (20 Tonnen)
Kaufpreis Transportkosten	10.000 € (10 x 1.000 €) 5.000 € (10 x 500 €)	40.000 € (20 x 2.000 €) 10.000 € (20 x 500 €)
Anschaffungskosten	15.000 € (10 x 1.500 €)	50.000 € (20 x 2.500 €)

Ist der Börsen-/Marktpreis am Bilanzstichtag niedriger muss (strenges Niederstwertprinzip, § 253 Abs. 4 HGB) in der **Handelsbilanz** der niedrigere Wert angesetzt werden. Bei der entsprechenden Wertermittlung muss berücksichtigt werden, dass wiederum Transportkosten anfallen würden.

	Travertin (10 Tonnen)	Granit (20 Tonnen)
Kaufpreis am 31.12.2012 Transportkosten	8.000 € (10 x 800 €) 5.000 € (10 x 500 €)	30.000 € (20 x 1.500 €) 10.000 € (20 x 500 €)
Börsen-/Marktpreis 31.12.2012 (= Teilwert 31.12.2012)	13.000 € (10 x 1.300 €)	40.000 € (20 x 2.000 €)

Der Handelsbilanzansatz muss somit mit 53.000 € (13.000 € + 40.000 €) erfolgen.

In der **Steuerbilanz** sind Wirtschaftsgüter des Umlaufsvermögens mit den Anschaffungskosten zu bewerten. Soweit am Bilanzstichtag ein dauerhaft niedrigerer Teilwert vorliegt, kann dieser (nach der Aufgabenstellung muss) angesetzt werden (= autonomes steuerliches Wahlrecht vgl. hierzu § 6 Abs. 1 Nr. 2 S. 3 EStG, § 5 Abs. 1 S. 1 HS. 2 EStG). Hinsichtlich der Granit-Steine liegt eine dauerhafte Wertminderung vor (vgl. hierzu BMF-Schreiben vom 25.2.2000, BStBl I 2000, 372, Beck'sche Steuererlasse 1 § 6/12), sodass diese mit 40.000 € in der Steuerbilanz auszuweisen sind. Bezüglich der anderen Steine liegt kein dauerhaft niedrigerer Teilwert vor, so dass zwingend die Anschaffungskosten (15.000 €) auszuweisen sind.

Steuerbilanzansatz somit = 55.000 € (15.000 € + 40.000 €).

Zusammenfassung der erforderlichen Korrekturen:

	31.12.2012	
Bilanzposten (Handelsbilanz)	Änderung	Gewinnänderung
Warenbestand (Natursteine)	+ 3.000	+ 3.000

	2012	
G + V-Posten	Änderung	Gewinnänderung
Wareneinsatz	+ 12.000	– 12.000
Sonstige betriebliche Aufwendungen	– 15.000	+ 15.000
		+ 3.000

Korrekturen im Rahmen der steuerlichen Gewinnermittlung	Änderung	Gewinn
Warenbestand (Natursteine)	+ 2.000	
Wareneinsatz	– 2.000	+ 2.000

4. Bebautes Grundstück „Stuttgarter Straße 101"

Das **wirtschaftliche Eigentum** am bebauten Grundstück geht am 30.11.2012 auf D. über. Ab diesem Zeitpunkt ist der Grund und Boden und das Gebäude D. (handels- und steuerrechtlich) zuzurechnen (§ 246 Abs. 1 HGB, § 39 Abs. 2 AO).

Das Grundstück rechnet zum notwendigen Betriebsvermögen. Der Grund und Boden ist als Vermögensgegenstand des nicht abnutzbaren Anlagevermögens mit seinen Anschaffungskosten (= 100.000 €) zu aktivieren (§§ 246 Abs. 1, 247 Abs. 2, 253 Abs. 1 HGB, § 5 Abs. 1 S. 1 EStG, § 6 Abs. 1 Nr. 2 EStG).

Das Gebäude rechnet zum abnutzbaren Anlagevermögen und ist mit den Anschaffungskosten (= 300.000 €) vermindert um die planmäßige Abschreibung zu aktivieren (§ 246 Abs. 1 HGB, § 247 Abs. 2 HGB, § 253 Abs. 1 u. 3 HGB, § 5 Abs. 1 S. 1 EStG, § 6 Abs. 1 Nr. 1 EStG).

Handelsrechtlich ist das Gebäude auf die voraussichtliche tatsächliche Nutzungsdauer (= 100 Jahre) verteilt planmäßig abzuschreiben (§ 253 Abs. 3 HGB). Die Abschreibung ist in 2012 lediglich zeitanteilig (2/12) zu berücksichtigen, wobei es handelsrechtlich den Grundsätzen ordnungsgemäßer Buchführung entspricht den Monat November „voll" zu berücksichtigen.

Gebäude (Handelsbilanz)	bisher	richtig	Änderung
Anschaffungskosten Abschreibungen 2/12 von (1 % von 300.000)	300.000 –	300.000 500	 + 500
31.12.2012	300.000	299.500	– 500

Bei der steuerrechtlichen Gewinnermittlung ist zu beachten, dass die in 2008 gebildeten **6b-Rücklagen** in 2012 gewinnerhöhend aufgelöst werden müssen (§ 6b Abs. 3 EStG). Da ein möglichst geringer Gewinnausweis gewünscht ist, muss soweit dies möglich ist in 2012 eine Übertragung auf die „Reinvestitionsgüter" vorgenommen werden. Dabei ist zu beachten, dass die aus der Veräußerung des Grund u. Bodens stammende 6b-Rücklage (= 125.000 €) nur i.H.v. 100.000 € auf die Anschaffungskosten des Grund u. Bodens übertragen werden kann (§ 6b Abs. 1 S. 2 Nr. 1 EStG). Der Restbetrag 25.000 € kann auf die Ak des Gebäudes übertragen werden.

Die i.Z.m. der Veräußerung des Gebäudes gebildete 6b-Rücklage (125.000 €) kann in vollem Umfang auf die Anschaffungskosten Gebäudes übertragen werden (§ 6b Abs. 1 S. 2 Nr. 3 EStG).

Die **Übertragung der 6b-Rücklagen** stellt eine nur steuerlich zulässige außerplanmäßige Abschreibung dar. Handelsrechtlich ist eine derartige Abschreibung nicht zulässig.

Der nach der Übertragung der Rücklagen verbleibende Betrag tritt an die Stelle der Anschaffungskosten und bildet beim Gebäude die Bemessungsgrundlage für die planmäßigen Abschreibungen (§ 6b Abs. 6 EStG). Steuerrechtlich ist nach § 7 Abs. 4 S. 1 Nr. 1 EStG mit 3 % auf eine fiktive Nutzungsdauer von 33 1/3 Jahren abzuschreiben. Die Abschreibung ist in 2012 lediglich zeitanteilig (2/12) zu berücksichtigen (§ 7 Abs. 4 S. 1 i.V.m. Abs. 1 S. 4 EStG).

Grund und Boden (Steuerbilanz)	bisher	richtig	Änderung
Anschaffungskosten Außerplanmäßige Abschreibung	100.000 –	100.000 100.000	 + 100.000
31.12.2012	100.000	0	– 100.000

Gebäude (Steuerbilanz)	bisher	richtig	Änderung
Anschaffungskosten Außerplanmäßige Abschreibung AfA 2/12 von (3 % von [300T – 150T])	300.000 – 	300.000 150.000 750	 + 150.000 + 750
31.12.2012	300.000	149.250	– 150.750

Das bei der Auszahlung des Finanzierungskredits einbehaltene **Disagio** kann handelsrechtlich sofort als Betriebsausgaben abgesetzt werden (§ 250 Abs. 3 HGB). Da ein möglichst geringer Gewinn ausgewiesen werden soll ist das Wahlrecht in dieser Weise auszuüben.

Steuerrechtlich muss i.H.v. 10.000 € ein Aktiver Rechnungsabgrenzungsposten (§ 5 Abs. 5 EStG) gebildet werden. Da ein Tilgungsdarlehen vorliegt, muss dieser digital nach der Zinsstaffelmethode aufgelöst werden (H 5.6 „Auflösung von Rechnungsabgrenzungsposten im Zusammenhang mit Zinsaufwand" EStH).

Berechnung des Auflösungsbetrags:

$$\frac{10.000 \times 10}{55^*} = 1.818\ €$$

$$^* \frac{10 \times 11}{2}$$

Der errechnete Betrag (1.818 €) entspricht den Zinsen für den Zeitraum 1.12.2012-30.11.2013. Der im Wirtschaftsjahr 2012 zu berücksichtigende Anteil beträgt 152 € (1/12 von 1.818 €), sodass sich zum 31.12.2012 ein Steuerbilanzwert i.H.v. 9.848 € (10.000 ./. 152) ergibt.

Der auf das Wirtschaftsjahr 2012 entfallende Teil der Zinsaufwendungen muss handels- und steuerrechtlich als Verbindlichkeit ausgewiesen werden (1/12 von 5 % von 410.000 = 1.708 €).

Zusammenfassung der erforderlichen Korrekturen

	31.12.2012	
Bilanzposten (Handelsbilanz)	Änderung	Gewinnänderung
Gebäude	– 500	– 500
Sonstige Verbindlichkeiten	+ 1.708	– 1.708
		– 2.208

	2012	
G+V-Posten	Änderung	Gewinnänderung
Abschreibungen	+ 500	– 500
Zinsaufwendungen	+ 1.708	– 1.708
		– 2.208

Korrekturen im Rahmen der steuerlichen Gewinnermittlung	Änderung	Gewinn
6b-Rücklage	– 250.000	
Sonstige betriebliche Erträge (Auflösung 6b-Rücklage)	+ 250.000	+ 250.000
Außerplanmäßige Abschreibung	+ 250.000	– 250.000
Abschreibungen	+ 250	– 250
A RAP	+ 9.848	
Zinsaufwand	– 9.848	+ 9.848
Grund und Boden	– 100.000	
Gebäude	– 150.250	
		+ 9.598

Bewertungsbogen Übungsklausur 1

Tz. 1 Planungsbüro

a) Auflösung Mietverhältnis		
Abstandszahlung stellt Ak für ein immaterielles WG dar	1	(1)
Lineare Abschreibung auf den Zeitraum 1.3.12-28.2.14	1	(2)
Lineare Abschreibung 12 mit 10/12 des Jahresbetrags	1	(3)
Zutreffende Korrekturen in der HB und G + V	1	(4)
b) Umbauarbeiten		
Umbauarbeiten stellen Erhaltungsaufwendungen dar	1	(5)
Zutreffende Korrekturen in der HB und G + V	1	(6)
c) Büroausstattung		
Skontoabzug mindert die Anschaffungskosten	1	(7)
Systemsoftware im Falle des Bundling kein gesondertes Wirtschaftsgut	1	(8)
Peripheriegeräte (Drucker, Monitore) sind selbständige WG	1	(9)
Handelsbilanz – Sofortabschreibung Stühle und Schreibtische – Sofortabschreibung Ak Peripheriegeräte Monitore und Drucker – Büroschränke degressiv abgeschrieben (25 %) – PC linear abgeschrieben (33 1/3 %) – Berücksichtigung des vollen Jahresabschreibungsbetrags	1 1 1 1 1	(10) (11) (12) (13) (14)
Steuerbilanz – Sofortabschreibung Stühle und Schreibtische – Peripheriegeräte Monitore und Drucker kein GWG (nicht selbst. nutzungsf.) – Vorwegabschreibung Büroschränke zutreffend – Kürzung AfA-Bemessungsgrundlage Büroschränke um Vorwegabschreibung – Büroschränke linear (10 %) abgeschrieben, PC + Peripheriegeräte (33 1/3 %) – zeitanteilige Abschreibung 8/12 (§ 7 Abs. 1 S. 4 EStG) – 7g-Sonderabschreibung	1 1 1 1 1 1 1	(15) (16) (17) (18) (19) (20) (21)
Außerbilanzielle Hinzurechnung nach § 7g Abs. 2 S. 1 EStG	1	(22)
Versicherungsbeiträge = sofort abzugsfähige Betriebsausgaben (keine Anschaffungskosten)	1	(23)
Vorauszahlung erfordert ARAP, zutreffende Auflösung für 12 (7/36)	1	(24)

Zutreffende Korrekturen der HB und G + V	3	(25) (26) (27)
Zutreffende Korrekturen im Rahmen der steuerlichen Gewinnermittlung	2	(28) (29)
2. Investitionszulage		
Wechsel zur degressiven AfA in 12 ist nicht möglich (§ 7 Abs. 3 EStG)	1	(30)
Investitionszulage führt zu keiner Minderung der Anschaffungskosten	1	(31)
Zulage rechnet nicht zu den Einkünften i.S.d. EStG	1	(32)
Zulage handelsrechtlich als Erlöse behandelt	1	(33)
Kosten für Steuerberater fallen nicht unter § 3c EStG	1	(34)
Zutreffende Korrekturen der HB und G + V	1	(35)
Zutreffende Korrekturen im Rahmen der Gewinnermittlung	1	(36)
3. Vorräte		
Zutreffende Ermittlung der Anschaffungskosten	1	(37)
Zutreffende Ermittlung des Marktpreises und Teilwerts 31.12.12	1	(38)
Handelsrechtlich § 253 Abs. 4 HGB erkannt und angewandt	1	(39)
StB: Hinsichtlich des Granits liegt ein dauerhaft niedriger Teilwert vor	1	(40)
StB: Hinsichtlich des Travertins liegt kein dauerhaft niedriger Teilwert vor	1	(41)
Zutreffende Korrekturen der HB und G + V	1	(42)
Zutreffende Korrekturen im Rahmen der steuerlichen Gewinnermittlung	1	(43)
4. Bebautes Grundstück „Stuttgarter Straße 101"		
Zurechnung ab 30.11.12 (Übergang wirtschaftliches Eigentum)	1	(44)
HB: Gebäudeabschreibung auf 100 Jahre (§ 253 Abs. 3 HGB) Zeitanteilige Abschreibung 2/12	1 1	(48) (49)

6b-Rücklage		
6b-Rücklagen muss „steuerrechtlich" gewinnerhöhend aufgelöst werden	1	(50)
Nach der Aufgabenstellung ist eine Übertragung der Rücklagen vorzunehmen	1	(51)
Übertragung auf Grund und Boden ist auf 100.000 € begrenzt	1	(52)
Restliche Rücklage G + B (25.000 + 125.000) auf Gebäude übertragbar	1	(53)
Übertragung der Rücklage = außerplanmäßige Abschreibung	1	(54)
AfA-Bemessungsgrundlage zutreffend gekürzt	1	(55)
6b Folgerungen betreffen nur die Steuerbilanz (handelsrechtlich unbeachtlich)	1	(56)
StB: Gebäudeabschreibung mit 3 % (§ 7 Abs. 4 S. 1 Nr. 1 EStG)	1	(57)
Disagio		
HB: Disagio sofort absetzbar (§ 250 Abs. 3 HGB)	1	(58)
StB: Bildung A.RAP (§ 5 Abs. 5 EStG, Sonderregelung)	1	(59)
StB: Auflösung nach der Zinsstaffelmethode	1	(60)
StB: Zutreffende Auflösung des RAP	1	(61)
Zinsverbindlichkeit passiviert	1	(62)
Zutreffende Korrekturen der HB und G + V	2	(63) (64)
Zutreffende Korrekturen im Rahmen der steuerlichen Gewinnermittlung	2	(65) (66)

Gesamtpunktzahl: **(66)**

Note: ....

Unterschrift: ....

Notenschlüssel:

ab (95 %)	63 Punkte	1,0
ab (88 %)	59 Punkte	1,5
ab (81 %)	54 Punkte	2,0
ab (74 %)	49 Punkte	2,5
ab (67 %)	45 Punkte	3,0
ab (59 %)	39 Punkte	3,5
ab (50 %)	33 Punkte	4,0
ab (40 %)	27 Punkte	4,5
ab (30 %)	20 Punkte	5,0
ab (20 %)	13 Punkte	5,5
weniger als (20 %)	13 Punkte	6,0

Klausuren Bilanzsteuerrecht

Übungsklausur 2
Bearbeitungszeit 6 Stunden

Teil I: Schnell GmbH

Die Schnell GmbH hat von einem Lieferanten (= Einzelunternehmer A), am 1.5.2012 ein unverzinsliches Darlehen i.H.v. 10.000 € erhalten. Das Darlehen ist am 31.12.2014 zur Rückzahlung fällig. Mit der unentgeltlichen Darlehensgewährung möchte der Lieferant die Schnell GmbH an sein Unternehmen binden.

Buchung in 2012 (Schnell GmbH):
1.5.   Bank an Darlehensverbindlichkeiten 10.000 €

Aufgabe:
1. Wie ist die Darlehensverbindlichkeit bei der Schnell GmbH zum 31.12.2012 in der Handels- und Steuerbilanz zu behandeln und welche Folgerungen sind in diesem Zusammenhang zu ziehen?
2. Das Einzelunternehmen A gehört ebenfalls zu den Mandanten des Steuerberaters. Dort wurde entsprechend gebucht (Darlehensforderungen an Bank 10.000 €).
   Wie ist die Darlehensforderung beim Einzelunternehmen A zum 31.12.2012 bilanziell zu behandeln, wenn diese
   a) zum Anlagevermögen
   b) zum Umlaufvermögen
   rechnet?
Die Darlehensforderung bzw. -verbindlichkeit wurde bislang mit 10.000 € ausgewiesen.

Hinweise für beide Aufgabenstellungen:
Nehmen Sie zu dem Sachverhalt für das Jahr 2012 unter Angabe von Rechts- und Verwaltungsvorschriften kurz aber erschöpfend Stellung.

Erforderliche Berechnungen und Entwicklungen von Bilanz- bzw. GuV-Positionen sind nachvollziehbar darzustellen. Gehen Sie davon aus, dass die Bilanzerstellung zum 31.8.2013 erfolgt.

Cent-Beträge sind ab 50 Cent auf volle Euro-Beträge aufzurunden bzw. bis 49 Cent auf volle Euro-Beträge abzurunden.

Am Schluss sind die Auswirkungen auf die Bilanzposten der **Steuer**bilanz (einschließlich der Entnahmen und Einlagen) und auf die GuV-Posten und zudem die Gewinnauswirkungen (GA) im Rahmen der Bilanz-Methode und der GuV-Methode nach folgendem Schema darzustellen:

Bilanzposten (Steuerbilanz)	31.12.2012	
	Änderung	Gewinnänderung

G + V-Posten	2012	
	Änderung	Gewinnänderung

Teil II: Einzelunternehmen Klein

Einzelunternehmer Klein nimmt am 1.1.2012 ein Darlehen i.H.v. 120.000 € zur Finanzierung eines betrieblichen Anlagenerwerbs auf. Bei der am gleichen Tag erfolgten Auszahlung wird ein Damnum i.H.v. 3.000 € einbehalten.

1. Fälligkeitsdarlehen

Nach den Bestimmungen des Darlehensvertrags ist das Darlehen am 31.12.2014 zur Rückzahlung fällig. A leistet am 1.7.2013 eine nicht vorgesehene Sondertilgung i.H.v. 60.000 €. Die restliche Tilgungsleistung erfolgt am 31.12.2014.

2. Tilgungsdarlehen

Nach den Bestimmungen des Darlehensvertrags ist jeweils am 31.12. eine Tilgung i.H.v. 40.000 € fällig. Diese wird am 31.12.2012 auch geleistet. Am 1.7.2013 erfolgt eine nicht vorgesehene Sondertilgung i.H.v. 40.000 €. Am 31.12.2013 und 31.12.2014 werden daraufhin nur noch jeweils 20.000 € getilgt.

Aufgabe:

a) Welche Folgerungen ergeben sich in den beiden Fällen in den Jahren 2012-2014 in der Handels- und Steuerbilanz, wenn keine Sondertilgung erfolgt wäre. Gehen Sie davon aus, dass A eine Einheitsbilanz erstellen möchte.

b) Führt die Leistung der Sondertilgung zu einem anderen Ergebnis? Falls ja, stellen Sie dieses dar.

> ☞ **Hinweise für beide Aufgabenstellungen!**
> Nehmen Sie zu den Einzelsachverhalten unter Berücksichtigung der für 2012 maßgeblichen Rechts- und Verwaltungsvorschriften kurz aber erschöpfend Stellung.
>   Erforderliche Berechnungen und Entwicklungen von Bilanz- bzw. GuV-Positionen sind nachvollziehbar darzustellen.
>   Cent-Beträge sind ab 50 Cent auf volle Euro-Beträge aufzurunden bzw. bis 49 Cent auf volle Euro-Beträge abzurunden.

Teil III: Einzelunternehmen Bertram (= B)

1. Leasingvertrag

B eröffnete im Januar 2012 ein Einzelunternehmen. Er schloss am 1.10.2012 mit der X-GmbH einen Leasingvertrag für die Zeit vom 1.11.2012-31.10.2014 über eine Maschine (betriebsgewöhnliche Nutzungsdauer nach der amtlichen AfA-Tabelle 5 Jahre) ab. Nach den Vertragsbestimmungen muss B am 1.10.2012 eine einmalige Sonderzahlung i.H.v. netto 10.000 € und in der Zeit vom 1.11.2012-31.10.2014 jeweils monatlich netto 3.400 € bezahlen. Die Umsatzsteuerbeträge werden an den einzelnen Zahlungsterminen jeweils in Rechnung gestellt. Nach Vertragsablauf muss die Maschine zurückgegeben werden. Alternativ kann B eine Kaufoption geltend machen und die Maschine für netto 10.000 € erwerben.

Die Maschine selbst wurde am 1.11.2012 ausgeliefert.

I.Z.m. der Auslieferung wurde B eine Speditionsrechnung über 500 € zuzüglich Umsatzsteuer in Rechnung gestellt. Darüber hinaus musste B ein Betonfundament für die Maschine erstellen lassen. Die Arbeiten hierzu fanden in der letzten Septemberwoche 2012 statt. Die Kosten hierfür betrugen 2.000 € zuzüglich 19 % Umsatzsteuer.

> ☞ **Hinweis!**
> Die Leasinggesellschaft hat die direkt vom Hersteller an B ausgelieferte Maschine für 120.000 € angeboten bekommen. In Erwartung weiterer Bestellungen hat der Hersteller hierauf einen 20 %igen Rabatt gewährt. Die Leasingraten wurden auf der Basis des Nettolistenpreises (120.000 €) kalkuliert und berechnet. Der Leasinggesellschaft entstehen während der Grundmietzeit i.Z.m. dem Leasingverhältnis Kosten (insbesondere Finanzierungskosten) in Höhe von 20.000 €.

Buchungen im Betrieb des B in 2012:
1.10.: Leasingaufwand 10.000 + Vorsteuer 1.900 an Bank 11.900
1.11. und 1.12. jeweils: Leasingaufwand 3.400 + Vorsteuer 646 an Bank 4.046
1.11.: Sonstige betriebliche Aufwendungen 500 + Vorsteuer 95 an Bank 595
15.11.: Sonstige betriebliche Aufwendungen 2.000 + Vorsteuer 380 an Bank 2.380

Weitere Buchungen sind nicht erfolgt.

2. Fremdwährungskonto

Im Oktober 2012 versuchte B seine Geschäfte auf die USA auszuweiten. Zur leichteren Abwicklung des Zahlungsverkehrs eröffnete er am 1.11.2012 ein Girokonto bei einer US-Bank. Er leistete diesbezüglich eine Bareinzahlung i.H.v. 5.000 €. Hierfür erhielt er eine Gutschrift i.H.v. 5.000 $ (Wechselkurs 1.11. 1 € = 1 $).

Buchung 1.11.2012:
Bank (USA) 5.000 € an Kasse 5.000 €

Am **5.11.2012** (= Liefertag) bezahlte B von diesem Konto eine Lieferantenrechnung i.H.v. 300 $ (umgerechnet mit dem Wechselkurs 5.11. = 290 €). Die eingekauften Waren sind am Bilanzstichtag nicht mehr vorhanden.

Buchung 5.11.2012:
Wareneinkauf 300 € an Bank (USA) 300 €
Am **1.12.2012** wurde B von einem amerikanischen Unternehmen Waren für 4.000 $ geliefert (= lt. Wechselkurs 1.12. 4.080 €). Die Bezahlung erfolgte am 5.12.2012 ebenfalls über das USA-Bankkonto. Der Wechselkurs betrug zum Zahlungszeitpunkt 4.000 $ = 4.100 €. Am Bilanzstichtag war die Hälfte der Waren noch vorrätig. Bislang wurde sie nicht im Warenbestand erfasst.

Buchung 5.12.2012:
Wareneinkauf 4.000 € an Bank (USA) 4.000 €

Am **15.12.2012** erhielt B von einem US-Kunden i.Z.m. einem am gleichen Tag erfolgten Warenverkauf auf diesem Konto 1.000 $ (umgerechnet mit dem Wechselkurs 15.12. = 900 €) gutgeschrieben.

Buchung 15.12.2012:
Bank (USA) 1.000 € an Erlöse 1.000 €

Das Konto weist zum 31.12.2012 ein Guthaben i.H.v. 1.700 $ aus. Umgerechnet zum Kassamittelkurs ergibt dies einen Betrag i.H.v. 1.650 €. Das Bankkonto (USA) ist bislang mit seinem Buchbestand (1.700 €) bilanziert.

Aufgabe:

Wie sind die beiden Sachverhalte im Wirtschaftsjahr 2012 (1.1.-31.12.2012) handels- und steuerrechtlich zu behandeln? Gewünscht ist ein möglichst geringer Gewinn.

Nehmen Sie zu den Einzelsachverhalten unter Angabe von Rechts- und Verwaltungsvorschriften kurz aber erschöpfend Stellung.

Erforderliche Berechnungen und Entwicklungen von Bilanz- bzw. GuV-Positionen sind nachvollziehbar darzustellen. Gehen Sie davon aus, dass die Bilanzerstellung zum 31.8.2013 erfolgt.

Cent-Beträge sind ab 50 Cent auf volle Euro-Beträge aufzurunden bzw. bis 49 Cent auf volle Euro-Beträge abzurunden.

Am Schluss sind die Auswirkungen auf die Bilanzposten der Steuerbilanz (einschließlich der Entnahmen und Einlagen) und auf die GuV-Posten und zudem die Gewinnauswirkungen (GA) im Rahmen der Bilanz-Methode und der GuV-Methode nach folgendem Schema darzustellen:

Bilanzposten (Steuerbilanz)	31.12.2012	
	Änderung	Gewinnänderung

G + V-Posten	2012	
	Änderung	Gewinnänderung

Teil IV: Einzelunternehmen Clemens (= C)

Im Januar 2013 wurde im Einzelunternehmen des C eine Außenprüfung für die Jahre 2009-2011 durchgeführt. Hierbei wurde festgestellt, dass in 2009 eine Lieferung versehentlich nicht der Umsatzbesteuerung unterworfen wurde. Diese Feststellung führte zu einer Umsatzsteuernachforderung i.H.v. 2.000 €. Des Weiteren wurden diverse Entnahmen in 2009 und 2010 nicht der Umsatzsteuer unterworfen. Diese Prüfungsfeststellung führte zu einer Umsatzsteuernachforderung für 2009 i.H.v. 300 € und 2010 i.H.v. 500 €. In der zum 31.12.2011 aufgestellten Prüferbilanz hat der Prüfer die Umsatzsteuerverbindlichkeiten um insgesamt 2.800 € erhöht. Daneben hat er in der Prüferbilanz i.Z.m. der daraus resultierenden Steuernachforderung eine Zinsrückstellung i.H.v. 104 € ausgewiesen. Der bisherige Stand des Eigenkapitalkontos zum 31.12.2011 wurde in der Prüferbilanz um 2.904 € gemindert. Weitere Änderungen wurden zutreffend nicht vorgenommen.

C hat in der Buchführung 2012 bislang keine Folgerungen i.Z.m. den Prüfungsfeststellungen gezogen. Die Änderungsbescheide gingen P. im März 2013 zu. Sämtliche Bescheide bis einschließlich 2011 sind zwischenzeitlich AO-rechtlich nicht mehr änderbar.

Aufgabe:

Für C wird ausschließlich eine Steuerbilanz erstellt. Welche Auswirkungen ergeben sich im Wirtschaftsjahr 2012? Nehmen Sie hierzu im Hinblick auf die maßgeblichen Rechts- und Verwaltungsvorschriften kurz aber erschöpfend Stellung.

Erforderliche Berechnungen und Entwicklungen von Bilanz- bzw. GuV-Positionen sind nachvollziehbar darzustellen.

Cent-Beträge sind ab 50 Cent auf volle Euro-Beträge aufzurunden bzw. bis 49 Cent auf volle Euro-Beträge abzurunden.

Am Schluss sind die Auswirkungen auf die Bilanzposten der Steuerbilanz (einschließlich der Entnahmen und Einlagen) und auf die GuV-Posten und zudem die Gewinnauswirkungen (GA) im Rahmen der Bilanz-Methode und der GuV-Methode nach folgendem Schema darzustellen:

Bilanzposten (Steuerbilanz)	31.12.2012	
	Änderung	Gewinnänderung

G + V-Posten	2012	
	Änderung	Gewinnänderung

Teil V: Maier KG

Die KG hat in 2012 eine Produktionsmaschine erworben, die der Hersteller X speziell für sie hergestellt hat. Im Januar 2012 lieferte der Hersteller die Einzelteile der Maschine.

Im Februar wurde die Maschine von X im Betrieb der KG zusammengebaut.

Im März erstellte X in der Lagerhalle der KG ein Fundament für die Maschine.

Im April wurde die Maschine auf das Fundament montiert.

Im Mai fanden Probeläufe statt.

Die bei den Probeläufen aufgetretenen Mängel wurden von X im Juni beseitigt.

Im Juli war die Maschine endgültig betriebsbereit.

Am 2.8.2012 wurde die Maschine von der KG abgenommen.

Ab welchem Zeitpunkt kann die KG planmäßige Abschreibungen für die Maschine in Anspruch nehmen?

Teil VI: Einzelunternehmen Panter (= P)

1. Grundstück „Bebelstraße 22

P. kaufte mit notariellem Vertrag vom 2.3.2012 für 300.000 € das bebaute Grundstück „Bebelstraße 22" mit einem kleinen aufstehenden Gebäude (Baujahr 1930, tatsächliche Nutzungsdauer 50 Jahre) zur Nutzung für Ausstellungszwecke. Besitz, Nutzen und Lasten gingen vereinbarungsgemäß zum 1.7.2012 auf ihn über. Der auf das Gebäude anfallende Kaufpreisanteil beträgt 100.000 €. Auf den Grund und Bodens entfallen 200.000 €.

Anfang Juli ließ P. für 20.000 € (netto) die alten Fenster ersetzen. Im November zeigte sich, dass das Dach undicht war. P. beauftragte daraufhin einen Fachbetrieb mit der Neueindeckung. Am Bilanzstichtag ging P. von einem Kostenaufwand i.H.v. 25.000 € aus. Die Arbeiten wurden im Februar 2013 durchgeführt. Aus der am 21.2.2013 P. zugesandten Rechnung ergibt sich ein Kostenaufwand i.H.v. 30.000 € zuzüglich Umsatzsteuer.

P. geht davon aus, dass ihm der Verkäufer den „Dachschaden" arglistig verschwiegen hat. Aus seiner Sicht handelt es sich um einen versteckten Mangel.

P. hat daraufhin einen Rechtsanwalt eingeschaltet und den Verkäufer aufgefordert bis zum 15.12.2012 die voraussichtlich anfallenden Kosten für die Neueindeckung i.H.v. 25.000 € an ihn zu bezahlen. Nachdem die Zahlung unterblieben ist, hat sich P. nochmals mit seinem Rechtsanwalt beraten und kam zum Ergebnis, dass er wegen des Kostenrisikos auf die gerichtliche Geltendmachung der Ansprüche verzichten wird.

Buchungen bisher:

2.3.2012	Grund und Boden 200.000 + Gebäude 100.000 an Sonst. Verbindlichkeiten 300.000
Juli 2012 – Bezahlung Kaufpreis – Notarkosten, Grunder – werbsteuer* – Fenster	Sonst. Verbindlichkeiten 300.000 an Bank 300.000 Grund und Boden 10.000 + Gebäude 5.000 an Bank 15.000 Reparaturkosten 20.000 + VSt 3.800 an Bank 23.800
31.12.2012 – Rechnung Rechtsanwalt – AfA	Rechtsanwaltskosten 1.500 + VSt 240 an Sonst. Verbindlichkeiten 1.740 AfA 3.300 an Gebäude 3.300 (3 % von 110.000)

* gehen Sie davon aus, dass die Buchung dieser Anschaffungsnebenkosten zutreffend ist

2.   Grundstückserwerb „Böblinger Straße 102"

Nachdem sich die Gelegenheit zum Kauf eines direkt am Betriebsgelände angrenzenden unbebauten Grundstücks bot, setzte sich P. mit dem Eigentümer in Verbindung. P. wollte auf dem Grundstück zunächst ein Wohnhaus erstellen, das als Familienwohnsitz dienen sollte. Der Veräußerer ließ sich im Zeitpunkt der Anschaffung (Januar 2012) von P. eine Rentenzusage (lebenslängliche monatliche Rentenzahlung i.H.v. 4.000 €) geben. Der Barwert der Rente lag im Zeitpunkt der Anschaffung bei 400.000 €.

Nachdem die Umsätze stark angestiegen sind, gab P. die ursprüngliche Bebauungsabsicht auf. Er plant stattdessen auf diesem Grundstück ein Produktionsgebäude zu errichten. Am 1.10.2012 beauftragte P. deshalb einen Architekten mit der Erstellung eines Bauplanes. Zu diesem Zeitpunkt legte P. das Grundstück mit den für den Oktober 2012 zutreffenden Wiederbeschaffungskosten (= Teilwert) i.H.v. 470.000 € in das Betriebsvermögen ein. Der Barwert der Rentenzusage beträgt am 1.10.2012 380.000 €.

Der Rentenberechtigte verstarb am 30.12.2012 völlig überraschend.

Der Antrag auf Baugenehmigung wurde im Januar 2013 gestellt. Baubeginn war Ende März 2013.

Buchungen bisher:

Grunderwerbsteuer	Entnahmen 14.000 an Bank 14.000
Notarkosten*	Entnahmen 23.800 an Bank 23.800
Rentenzahlungen	Entnahmen 48.000 an Bank 48.000 (monatlich je 4.000 €)
Einlage Grundstück	Grund und Boden 470.000 an Einlagen 470.000
Bauplan	Sonstige betriebliche Aufwendungen 4.000 + VSt 760 an Bank 4.760

* Kosten für die Beurkundung des Kaufvertrags und die Auflassung (Rechnung mit Umsatzsteuerausweis i.H.v. 3.800 €)

3. Forderungen

Am 31.12.2012 bestanden Kundenforderungen i.H.v. 119.000 € (inklusive 19 % Umsatzsteuer). P. hat eine 3 %ige pauschale Wertberichtigung gebildet und in der vorläufigen Handelsbilanz ein Delkredere in Höhe von 3.570 € (Vorjahresbestand 2.000 €) passiviert.

In den Forderungen ist eine Forderung über 11.900 € an den Kunden D. enthalten. Da D. i.Z.m. der „verunglückten Lieferung" im Dezember berechtigt einen 20 %igen Preisnachlass geltend gemacht hat, muss am Bilanzstichtag damit gerechnet werden, dass die Forderung voraussichtlich nur zu 80 % eingehen wird.

Ebenfalls im Forderungsbestand ist eine Forderung gegenüber E. i.H.v. 5.950 € enthalten. P. hat im März 2013 erfahren, dass E. im Dezember 2012 einen Offenbarungseid geleistet hat.

Buchungen (ohne Einbuchung der Forderungen) bisher:

Delkederebestand	Abschreibungen auf Forderungen 1.570 an Delkredere 1.570

4. Bagger

Im Dezember 2012 erhielt P. einen Großauftrag. Um die für den Februar 2013 geplante Ausführung termingerecht beginnen zu können benötigt er einen weiteren Bagger. Ein Händler hat ihm im Dezember einen gebrauchten Bagger (Typ X 311, Baujahr 2006, 9.000 Betriebsstunden) für netto 40.000 € angeboten. P. hat das Angebot angenommen. Die Auslieferung und Bezahlung erfolgte im Februar 2013.

Unmittelbar nach der Vertragsunterzeichnung musste P. feststellen, dass er hereingelegt worden ist. Derartige Bagger haben lediglich einen Marktwert von 30.000 € (netto).

Buchung bisher: –

Aufgabe:

Welche Auswirkungen ergeben sich für die 4 Sachverhalte handels- und steuerrechtlich im Wirtschaftsjahr 2012? Nehmen Sie hierzu im Hinblick auf die maßgeblichen Rechts- und Verwaltungsvorschriften kurz aber erschöpfend Stellung. Der Betrieb möchte einen möglichst geringen Gewinn ausweisen.

Gehen Sie davon aus, dass das Betriebsvermögen stets weniger als 200.000 € beträgt.

Erforderliche Berechnungen und Entwicklungen von Bilanz- bzw. GuV-Positionen sind nachvollziehbar darzustellen.

Cent-Beträge sind ab 50 Cent auf volle Euro-Beträge aufzurunden bzw. bis 49 Cent auf volle Euro-Beträge abzurunden.

Am Schluss sind die Auswirkungen auf die Bilanzposten der **Handels**bilanz und auf die GuV-Posten und zudem die Gewinnauswirkungen (GA) nach der GuV-Methode darzustellen. Soweit der steuerrechtliche vom handelsrechtlichen Ansatz abweicht, ist dies durch eine außerbilanzielle Zu- und Abrechnung darzustellen.

Lösung der Übungsklausur 2

Teil I: Schnell GmbH

1. Behandlung bei der Schnell GmbH

Behandlung in der Handelsbilanz

Betriebliche Verbindlichkeiten sind in der Handels- und Steuerbilanz auszuweisen (§ 247 Abs. 1 HGB, § 6 Abs. 1 Nr. 3 EStG). Der Ausweis muss im Hinblick auf § 253 Abs. 1 HGB und § 252 Abs. 1 Nr. 4 HGB mit dem Erfüllungsbetrag (= 10.000 €) erfolgen. Ob die Verbindlichkeit verzinslich oder unverzinslich ist, ist handelsrechtlich unbeachtlich.

In der Steuerbilanz muss eine Abzinsung der Darlehensverbindlichkeit erfolgen.

Dies führt dazu, dass der steuerliche Gewinn 2012 höher als der handelsrechtliche Gewinn ausfällt. Dieses Ergebnis kehrt sich in den folgenden zwei Geschäftsjahren wieder um. Durch die Erhöhung des Bilanzansatzes der Darlehensverbindlichkeit in der Steuerbilanz 31.12.2013 und der Rückzahlung in 2014 fällt der Steuerbilanzgewinn 2013 und 2014 geringer aus als der Handelsbilanzgewinn. Die GmbH kann in ihrer Handelsbilanz nach § 274 Abs. 1 HGB in Höhe der sich daraus insgesamt ergebenden Steuerentlastung eine aktive latente Steuerabgrenzung vornehmen.

Behandlung in der Steuerbilanz

Die Einbuchung der unverzinslichen Darlehensverbindlichkeit mit 10.000 € ist zutreffend. Nach § 6 Abs. 1 Nr. 3 EStG sind unverzinsliche Verbindlichkeiten deren Laufzeit am Bilanzstichtag mindestens 12 Monate beträgt mit 5,5 % abzuzinsen. Aus Vereinfachungsgründen kann der Abzinsungsbetrag auch nach §§ 12 bis 14 BewG ermittelt werden (Rz. 2 des BMF-Schreibens vom 26.5.2005, Beck'sche Steuererlasse 1 § 6/19). Zum 31.12.2012 ergibt sich folgender Wert:

10.000 € x Vervielfältiger 2 Jahre (0,898)* = 8.980 €

* vgl. Tabelle 2 des BMF-Schreibens vom 26.5.2005, Beck'sche Steuererlasse 1 § 6/19

Bilanzposten (Steuerbilanz)	31.12.2012	
	Änderung	Gewinnänderung
Darlehensverbindlichkeiten	– 1.020	+ 1.020

G + V-Posten	2012	
	Änderung	Gewinnänderung
AO Erträge	+ 1.020	+ 1.020

2. Behandlung beim Einzelunternehmen A

Die Einbuchung der Darlehensforderung mit 10.000 € ist zutreffend. Der Nennbetrag entspricht den Anschaffungskosten (§ 255 Abs. 1 HGB) der Forderung. Es wäre unzutreffend bei der Auszahlung einen abgezinsten Barwert einzubuchen und so einen Verlust auszuweisen (Beck'scher Bilanzkommentar Rz. 257 zu § 255).

Behandlung in der Handelsbilanz

Die Darlehensforderung ist in der Handelsbilanz auszuweisen. Soweit diese zum Anlagevermögen rechnet ergibt sich dies aus § 247 Abs. 2 HGB und soweit diese Umlaufvermögen darstellt aus § 247 Abs. 1 HGB.

a) Die Darlehensforderung rechnet zum Anlagevermögen

Nicht abnutzbares Anlagevermögen ist grundsätzlich mit den Anschaffungskosten (= 10.000 €) in der Bilanz auszuweisen (§ 253 Abs. 1 HGB). Soweit ein voraussichtlich dauerhaft niedrigerer beizulegender Wert vorliegt, muss dieser angesetzt werden (§ 253 Abs. 3 S. 3 HGB). Liegt lediglich eine vorübergehende Wertminderung vor, besteht bei Finanzanlagen ein Wahlrecht bezüglich des Ansatzes des niedrigeren Werts (§ 253 Abs. 3 S. 4 HGB).

Die Unverzinslichkeit führt zu einer Wertminderung. Es fehlt im vorliegenden Fall an einer konkreten Gegenleistung des Darlehensnehmers. Die mit der unverzinslichen Darlehensgewährung verbundenen Erwartungen können nicht so angesehen werden, als ob wirtschaftlich eine verdeckte Verzinsung vorliegen würde.

Der beizulegende Wert am 31.12.2012 entspricht dem zu diesem Stichtag abgezinsten Barwert. Handelsrechtlich ist eine Abzinsung mit dem für die Restlaufzeit maßgeblichen Marktzinssatz für festverzinsliche Wertpapiere vorzunehmen (Beck'scher Bilanzkommentar Rz. 592 zu § 253). Denkbar ist vereinfachend auch eine Abzinsung mit 5,5 % (z.B. BFH, Urteil vom 21.10.1980, VIII R 190/78, BStBl II 1981, 160), wobei hier auf die Abzinsungstabellen zu §§ 12-14 BewG zurückgegriffen werden kann.

Barwert 31.12.2012:   10.000 € x Vervielfältiger 2 Jahre (0,898)* = 8.980 €

* vgl. Tabelle 2 des BMF-Schreibens vom 26.5.2005, Beck'sche Steuererlasse 1 § 6/19

Im konkreten Fall liegt allerdings nur eine vorübergehende Wertminderung vor, weil davon auszugehen ist, dass der Darlehensbetrag im Zeitpunkt der Fälligkeit in voller Höhe eingeht (vgl. Rz. 16-17 des BMF-Schreibens vom 25.2.2000, Beck'sche Steuererlasse 1 § 6/12). Bei Finanzanlagen kann bei einer vorübergehenden Wertminderung (Wahlrecht) nach § 253 Abs. 3 S. 4 HGB der niedrigere Wert angesetzt werden. Entsprechend der Aufgabenstellung erfolgt ein Ansatz mit 8.980 €.

b) Die Darlehensforderung rechnet zum Umlaufvermögen

Umlaufvermögen ist in der Handelsbilanz grundsätzlich mit den Anschaffungskosten auszuweisen (§ 253 Abs. 1 HGB). Ist der beizulegende Wert am Bilanzstichtag niedrigerer muss dieser angesetzt werden (§ 253 Abs. 4 HGB). Der Ansatz muss somit mit 8.980 € erfolgen.

Behandlung in der Steuerbilanz

Wirtschaftsgüter des nicht abnutzbaren Anlagevermögens und des Umlaufvermögens sind in der Steuerbilanz mit den Anschaffungskosten auszuweisen (§ 6 Abs. 1 Nr. 2 S. 1 EStG). Ist der Teilwert aufgrund einer voraussichtlichen dauernden Wertminderung niedriger, kann dieser angesetzt werden (§ 6 Abs. 1 Nr. 2 S. 2 EStG).

Der Teilwert entspricht zum 31.12.2012 dem abgezinsten Barwert (8.980 €).

a) Soweit die Darlehensforderung zum abnutzbaren Anlagevermögen rechnet, liegt nur eine vorübergehende Wertminderung vor (vgl. Rz. 16-17 des BMF-Schreibens vom 25.2.2000, Beck'sche Steuererlasse 1 § 6/12), sodass ein Ansatz mit den Anschaffungskosten 10.000 € erfolgen muss. Im vorliegenden Fall erübrigt sich mangels einer Änderung die Darstellung der Steuerbilanz. Die Darlehensforderung ist mit dem am 1.5. eingebuchten Betrag zu aktivieren.

b) Soweit die Darlehensforderung zum Umlaufvermögen rechnet, ist die Wertentwicklung bis zum Zeitpunkt der Bilanzerstellung (lt. Aufgabenstellung 31.8.2013) bei der Fragestellung ob eine voraussichtlich dauernde Wertminderung vorliegt, mit einzubeziehen (vgl. Rz. 23 des BMF-Schreibens vom 25.2.2000, Beck'sche Steuererlasse 1 § 6/12). Je kürzer die Restlaufzeit der unverzinslichen Forderung ist, desto höher ist der Teilwert. Zum 31.8.2013 ergibt sich ein Teilwert i.H.v. 9.310 €.

Berechnung des Teilwerts zum 31.8.2013 (Restlaufzeit 1 Jahr und 4 Monate)	
– Vervielfältiger* bei einer Restlaufzeit von 1 Jahr =	0,948
– Vervielfältiger* bei einer Restlaufzeit von 2 Jahren =	0,898
Differenz	0,05
Davon 4/12 =	0,017
Maßgebender Vervielfältiger 1 Jahr 4 Monate (0,948 ./. 0,017)	0,931
Teilwert 31.8.2013 (10.000 € x 0,931)	**9.310 €**

Eine voraussichtlich dauerhafte Wertminderung liegt nur i.H.v. 690 € (10.000 ./. 9.310) vor. In dieser Höhe kann (nach der Aufgabenstellung muss) eine Teilwertabschreibung vorgenommen werden (§ 5 Abs. 1 S. 1 Hs. 2 EStG).

	31.12.2012	
Bilanzposten (Steuerbilanz)	Änderung	Gewinnänderung
Darlehensforderungen	– 690	– 690

	2012	
G + V-Posten	Änderung	Gewinnänderung
Teilwertabschreibung	+ 690	– 690

Teil II: Einzelunternehmen Klein

Die Darlehensverbindlichkeit stellt eine betriebliche Verbindlichkeit dar. Sie muss in der Handels- und Steuerbilanz ausgewiesen werden (§ 247 Abs. 1 HGB, § 6 Abs. 1 Nr. 3 EStG). Der Ausweis muss mit dem am Bilanzstichtag offenen (Erfüllungs-)Betrag erfolgen (§ 253 Abs. 1 S. 2 HGB).

Hinsichtlich des Damnums besteht handelsrechtlich ein Wahlrecht (§ 250 Abs. 3 HGB). Der bei der Auszahlung einbehaltene Unterschiedsbetrag kann sofort als Betriebsausgaben abgezogen werden. Möglich ist aber auch eine Bilanzierung als ARAP verbunden mit einer planmäßigen Auflösung. Im Hinblick auf die Aufgabenstellung ist von dieser Möglichkeit Gebrauch zu machen.

In der Steuerbilanz muss angesichts der Sonderregelung des § 5 Abs. 5 S. 1 Nr. 1 EStG ein ARAP gebildet werden. Im Hinblick auf die Aufgabenstellung (es soll eine Einheitsbilanz erstellt werden) ist in der Handelsbilanz ebenfalls ein ARAP zu bilden.

Lösung 1 (Fälligkeitsdarlehen):

Ausweis der Darlehensverbindlichkeit	31.12.2012	31.12.2013	31.12.2014
a) Bilanzausweis ohne Sondertilgung	120.000 €	120.000 €	0 €
b) Bilanzausweis mit Sondertilgung	120.000 €	60.000 €	0 €

Die Auflösung des RAP erfolgt bei einem Fälligkeitsdarlehen linear. Soweit es zu einer Sondertilgung kommt ist der RAP im Verhältnis der Sondertilgung zu dem Gesamtdarlehensbetrag aufzulösen (H 5.6 „Auslösung von RAP i.Z.m. Zinsaufwand" EStH).

Entwicklung des RAP	31.12.2012	31.12.2013	31.12.2014
Lösung a) ohne Sondertilgung			
ARAP 1.1.	3.000 €	2.000 €	1.000 €
planmäßige Auflösung	1.000 €	1.000 €	1.000 €
außerpl. Auflösung	–	–	
ARAP 31.12.	2.000 €	1.000 €	0 €
Lösung b) mit Sondertilgung			
ARAP 1.1.	3.000 €	2.000 €	500 €
planmäßige Auflösung	1.000 €	500 € (Jan.-Juni)	500 €
außerpl. Auflösung	-	750 (50 % von 1.500)	
planmäßige Auflösung		250* (Juli-Dezember)	
ARAP 31.12.	2.000 €	500 €	0 €

* Am 1.7. besteht nach der außerplanmäßigen Auflösung noch ein „Rest-RAP" i.H.v. 750 €. Dieser betrifft einen Zeitraum von 18. Monaten. Auf das Jahr 2013 entfallen 6/18 (– 250 €) und auf das Jahr 2014 12/18 (– 500 €).

Lösung 2 (Tilgungsdarlehen):

Ausweis der Darlehensverbindlichkeit	31.12.2012	31.12.2013	31.12.2014
a) Bilanzausweis ohne Sondertilgung	80.000 €	40.000 €	0 €
b) Bilanzausweis mit Sondertilgung	80.000 €	20.000 €	0 €

Die Auflösung des RAP erfolgt bei einem Tilgungsdarlehen degressiv nach der Zinsstaffelmethode. Soweit es zu einer Sondertilgung kommt, ist der RAP im Verhältnis der Sondertilgung zum Gesamtdarlehensbetrag aufzulösen (H 5.6 „Auflösung von RAP i.Z.m. Zinsaufwand" EStH).

Entwicklung des RAP	31.12.2012	31.12.2013	31.12.2014
Lösung a) ohne Sondertilg. ARAP 1.1. planmäßige Auflösung außerpl. Auflösung ARAP 31.12.	3.000 € 1.500 € (3/6 v. 3T) – 1.500 €	1.500 € 1.000 € (2/6 v. 3T) – 500 €	500 € 500 € (1/6 v. 3T) 0 €
Lösung b) mit Sondertilg. ARAP 1.1. planmäßige Auflösung außerpl. Auflösung planmäßige Auflösung ARAP 31.12.	3.000 € 1.500 € (3/6 v. 3T) – 1.500 €	1.500 € 500 € (Jan.-Juni)[1] 334 (40/120 v. 1.000)[2] 333 €[3] (Juli-Dezember) 500 €	333 € 333 €[4] 0 €

[1] 6/12 des „normalen Auflösebetrages" des Jahres 2013 (1.000 €)

[2] Der am 30.6.2013 vorhandene RAP (= 1.000 €) ist im Verhältnis der Sondertilgung zum Darlehensbetrag außerplanmäßig aufzulösen

[3] Normalerweise würde die Auflösung für das 2. Halbjahr 500 € (1/2 von 1.000 €) betragen. Da 40/120 des Darlehens außerplanmäßig zurückgezahlt wurden, beträgt der Auflösebetrag 80/120 von 500 €

[4] = 80/120 des normalen Auflösebetrags 500 €

Teil III: Einzelunternehmen Bertram

1. Leasingvertrag

Ein Leasingvertrag kann wirtschaftlich als Mietvertrag oder Kaufvertrag zu behandeln sein. Maßgeblich hierfür ist, wer als wirtschaftlicher Eigentümer des Leasingguts anzusehen ist. Soweit sich herausstellt, dass nicht der Leasinggeber (= zivilrechtlicher Eigentümer), sondern der Leasingnehmer B wirtschaftlicher Eigentümer ist, muss diesem die Maschine zugerechnet werden (§ 246 Abs. 1 HGB, § 39 Abs. 2 AO).

Im vorliegenden Fall liegt eine Vollamortisation vor. Die während der Grundmietzeit vom Leasingnehmer aufgewendeten Beträge (Sonderzahlung 10.000 € + Summe der Leasingraten 36 x 3.400 € = insgesamt 132.400 €) übersteigen die Aufwendungen des Leasinggebers (80 % von 120.000 € = 96.000 € + 20.000 € = 116.000 €).

Für die Bestimmung des wirtschaftliche Eigentums ist auf den Vollamortisations-Erlass für bewegliche Wirtschaftsgüter zurück zugreifen (Beck'sche Steuererlasse 1 § 6/1). Da die Grundmietzeit mindestens 40 % und höchstens 90 % der betriebsgewöhnlichen Nutzungsdauer des Leasingguts beträgt und der Kaufoptionspreis (10.000 €) geringer ist, als der fiktive lineare Buchwert des Leasingguts zum Ende der Grundmietzeit (40 % von 96.000 € = 38.400 €) ist B als wirtschaftlicher Eigentümer anzusehen (vgl. III Tz. 2b des Leasingerlasses).

Der Leasingnehmer hat das Leasinggut mit seinen Anschaffungskosten zu aktivieren. Dabei handelt es sich nach V Tz. 1 des Leasingerlasses um die Anschaffungskosten des Leasinggebers, die dieser bei der Berechnung der Leasingraten zugrunde gelegt hat (= 120.000 €).

Die Leasinggesellschaft erbringt im November 2012 eine Lieferung. Die Umsatzsteuer entsteht mit Ablauf des Novembers 2012 (§ 13 Abs. 1 Nr. 1 UStG). Die Finanzierungsleistung stellt eine unselbständige Nebenleistung dar (Tz. 3.11 Abs. 2 UStAE), sodass i.Z.m. der im November 2012 stattgefundenen Lieferung beim Leasinggeber eine Umsatzsteuerschuld i.H.v. 27.056 € (19 % von [10.000 € Sonderzahlung + (36 x 3.400 €) Leasingraten + 10.000 € Kaufoptions-preis]) entsteht. Der Leasingnehmer hat aber immer nur in Höhe der ihm jeweils gesondert in Rechnung gestellten Umsatzsteuerbeträge einen Vorsteuerabzug.

Zahlungen des B während der Grundmietzeit	132.400 €
davon Anschaffungskosten des Leasingguts	– 120.000 €
Finanzierungskosten während der Grundmietzeit	**12.400 €**

Nach V Tz. 1 des Vollamortisationserlasses für Mobilien (Beck'sche Steuererlasse 1 § 6/1) hat der Leasingnehmer in Höhe der aktivierten Anschaffungskosten eine Verbindlichkeit gegenüber dem Leasinggeber zu passivieren. Die Sonderzahlung ist im vorliegenden Fall in voller Höhe als Zinszahlung anzusehen und in einen Aktiven RAP einzustellen. Dieser muss während der Grundmietzeit mit Hilfe der Zinsstaffelmethode aufgelöst werden. Die restlichen Zinsen (2.400 €) sind in den monatlichen Leasingraten enthalten. Der auf das jeweilige Wirtschaftsjahr entfallende Anteil muss ebenfalls mit Hilfe der Zinsstaffelmethode berechnet werden.

Die Speditionskosten und die Aufwendungen für die Erstellung des Fundaments stellen Anschaffungsnebenkosten der Maschine dar (§ 255 Abs. 1 HGB).

Zutreffende Buchungen:
1.10.: A RAP 10.000 + Vorsteuer 1.900 an Bank 11.900
1.11.: Maschinen 120.000 + noch nicht verrechenbare VSt 25.156 an S. Verb. 145.156
1.11.: S. Verb. 4.046 + VSt 646 an Bank 4.046 + noch nicht verrechenbare VSt 646
1.11.: Maschinen 500 + Vorsteuer 95 an Bank 595
15.11.: Maschinen 2.000 + Vorsteuer 380 an Bank 2.380
1.12.: S. Verb. 4.046 + VSt 646 an Bank 4.046 + noch nicht verrechenbare VSt 646
31.12.: Zinsaufwand an A. RAP 1.066 [1]
31.12.: Zinsaufwand an Sonst. Verbindlichkeiten 256 [2]

[1] $\frac{(36 + 35)}{666}$ x 10.000 = 1.066 €

[2] $\frac{(36 + 35)}{666}$ x 2.400 = 256 €

Die Maschine rechnet zum abnutzbaren Anlagevermögen (§ 247 Abs. 2 HGB, R 6.1 EStR, R 7.1 EStR) und muss mit ihren Anschaffungskosten abzüglich der planmäßigen Abschreibung in der Bilanz ausgewiesen werden (§ 253 Abs. 3 HGB, § 6 Abs. 1 Nr. 1 EStG). Die Anschaffungskosten betragen 122.500 € (120.000 € + Speditionsrechnung 500 € + Fundament 2.000 €). Das Fundament stellt kein selbständiges Wirtschaftsgut dar. Die Abschreibung beginnt im Zeitpunkt der Lieferung (R 7.4 Abs. 1 EStR). In der Steuerbilanz ist lediglich eine lineare Abschreibung nach § 7 Abs. 1 EStG mit 20 % möglich (§7 Abs. 2 S. 1 EStG). Handelsrechtlich hingegen ist auch eine degressive Abschreibung (mit 25 %) möglich. In der Steuerbilanz ist eine zeitanteilige Abschreibung mit 2/12 des Jahresabschreibungsbetrags (§ 7 Abs. 1 S. 4 EStG) in Anspruch zu nehmen. Handelsrechtlich entspricht es den Grundsätzen ordnungsgemäßer Buchführung zur Vereinfachung bei Zugängen im 1. Halbjahr die volle Jahresabschreibung und bei Zugängen im 2. Halbjahr eine halbe Jahresabschreibung in Anspruch zu nehmen (Rz. 276 zu § 253, Beck Bil.-Komm.). Im Hinblick auf die Aufgabenstellung ist dieses Bewertungswahlrecht auszuüben.
   Darüber hinaus muss im Hinblick auf die Aufgabenstellung in der Steuerbilanz eine 7g-Sonderabschreibung (§ 7g Abs. 5 EStG i.V.m. § 5 Abs. 1 S. 1 Hs. 2 EStG) in Anspruch genommen werden. Diese beträgt 20 % der Bemessungsgrundlage für die planmäßige Abschreibung. Im Hinblick auf die Aufgabenstellung ist die Sonderabschreibung in 2012 in voller Höhe in Anspruch zu nehmen. Die Sonderabschreibung kann handelsrechtlich nicht beansprucht werden.

Berechnung der planmäßigen Abschreibung:
Steuerbilanz: 20 % von 122.500 € = 24.500 €
davon 2/12 = 4.083 €
Handelsbilanz: 25 % von 122.500 € = 30.625 €
davon 6/12 = 15.313 €

Berechnung der 7g-Sonderabschreibung:
20 % von 122.500 € = 24.500 €

Zutreffende Buchungen für die Steuerbilanz:
Abschreibungen an Maschinen 4.083
Außerplanmäßige Abschreibungen an Maschinen 24.500

Bilanzposten (Steuerbilanz)	31.12.2012	
	Änderung	Gewinnänderung
Maschinen	+ 93.917	+ 93.917
noch nicht verrechenbare Vorsteuer	+ 23.864	+ 23.864
A RAP	+ 8.934	+ 8.934
S. Verbindlichkeiten	+ 137.320	− 137.320
		− 10.605

G + V-Posten	2012	
	Änderung	Gewinnänderung
Abschreibungen	+ 4.083	− 4.083
Außerplanmäßige Abschreibungen	+ 24.500	− 24.500
Leasingaufwand	− 16.800	+ 16.800
Sonst. betriebl. Aufwendungen	− 2.500	+ 2.500
Zinsaufwand	+ 1.322	− 1.322
		− 10.605

2.   Fremdwährungskonto

Der Jahresabschluss ist in Euro aufzustellen (§ 244 HGB), sodass die Buchungen jeweils in Eurobeträgen vorzunehmen sind.

Das in ausländischer Währung geführte Bankkonto rechnet zum Umlaufvermögen. Soweit ein Guthaben vorhanden ist, handelt es sich um eine Devisenforderung.

Einzahlung Bankkonto 1.11.

Der Devisenforderung über 5.000 $ stehen Anschaffungskosten i.H.v. 5.000 € gegenüber. Die bisherige Buchung ist zutreffend.

Wareneinkauf 5.11.

Der Wareneinkauf ist mit seinen Anschaffungskosten (§ 255 Abs. 1 HGB = 290 €) zu verbuchen. Durch diesen Geschäftsvorfall reduziert sich die Devisenforderung um 300 $. Der Abgang auf dem Bankkonto ist mit seinen Anschaffungskosten (Ak 300 $ = 300 €) zu verbuchen, sodass sich ein Kursverlust ergibt.

Buchung 5.11.2011:
Wareneinkauf 290 € + Kursverluste 10 € an Bank (USA) 300 €

Wareneinkauf 1.12.

Die am 1.12. bezogene Ware ist mit ihren Anschaffungskosten (= Kurs 1.12.) einzubuchen. Bis zum Zahlungszeitpunkt eingetretene Wechselkursänderungen sind erfolgswirksam zu verbuchen, sodass im vorliegenden Fall ein Kursverlust i.H.v. 20 € eintritt. Im Zeitpunkt der Bezahlung sind die 4.000 $ mit ihren Anschaffungskosten (= 4.000 €) als Abgang auf dem Bankkonto zu verbuchen. Soweit sich Differenzbeträge ergeben sind diese erfolgswirksam zu behandeln. Im vorliegenden Fall liegt ein Kursgewinn i.H.v. 100 € vor. Saldiert ergibt sich ein Kursgewinn i.H.v. 80 €.

Die am Bilanzstichtag noch vorhandene Ware rechnet zum Umlaufvermögen (§ 247 Abs. 1 HGB, R 6.1 EStR). Sie sind mit den Anschaffungskosten (50 % von 4.080 € = 2.040 €) zu bilanzieren (§ 253 Abs. 4 HGB, § 6 Abs. 1 Nr. 3 EStG).

Buchung 1.12.2012:
Wareneinkauf an Sonstige Verbindlichkeiten 4.080

Buchung 5.12.2012:
Sonst. Verbindlichkeiten 4.080 an Bank (USA) 4.000 + Kursgewinne 80

Warenverkauf 15.12.
Die Warenverkaufserlöse entsprechen dem am Verkaufstag vereinnahmten Betrag.

Buchung 15.12.2012:
Bank (USA) an Erlöse 900

Am Bilanzstichtag beträgt das Guthaben 1.700 $. Die Anschaffungskosten hierfür belaufen sich auf 1.600 €. Zur Ermittlung der Anschaffungskosten je Dollar ist die Durchschnittsbewertung (§ 240 Abs. 4 HGB) anzuwenden, sodass sich Anschaffungskosten von 0,941 € je Dollar ergeben (700 € + 900 € = 1.600 € : 1.700 $). Möglich ist alternativ auch die Unterstellung einer Verbrauchsreihenfolge (Handelsbilanz Lifo oder Fifo, Steuerbilanz Lifo). Vgl. hierzu Rz. 152 zu § 256a HGB des Beck'schen Bilanzkommentars. Devisenbestände sind grundsätzlich wie kurzfristige Währungsforderungen zu behandeln, ohne das handelsrechtlich das Anschaffungskosten- und Realisationsprinzip zu beachten ist (Rz. 155 zu § 256a HGB, Beck Bil-Komm.). In der Handelsbilanz erfolgt ein Ansatz mit dem Devisenkassamittelkurs (§ 256a S. 1 und 2 HGB) = 1.650 €, sodass sich ein Kursgewinn von 50 € ergibt. In der Steuerbilanz hingegen erfolgt ein Ansatz mit den Anschaffungskosten i.H.v. 1.600 € (§ 6 Abs. 1 Nr. 3 EStG).

	bisherige Buchungen	zutreffende Buchungen	Devisenbestand
1.11.	Bank (USA) 5.000 € an Kasse 5.000 €	Bank (USA) 5.000 € an Kasse 5.000 €	5.000 $ (Ak 5.000 €)
5.11.	Wareneinkauf 300 € an Bank (USA) 300 €	Wareneinkauf 290 € + Kursverluste 10 € an Bank (USA) 300 €	– 300 $ (Ak 300 €) = 4.700 $ (Ak 4.700 €)
1.12.	–	1.12. Wareneinkauf an S. Verb. 4.080 €	
5.12.	Wareneinkauf 4.000 € an Bank (USA) 4.000 €	5.12. S. Verb. 4.080 € an Bank (USA) 4.000 € + Kursgewinne 80 €	– 4.000 $ (Ak 4.000 €) = 700 $ (Ak 700 €)
15.12.	Bank (USA) 1.000 € an Erlöse 1.000 €	Bank (USA) an Erlöse 900	+ 1.000 $ (Ak 900 €) = 1.700 $ (Ak insgesamt 1.600 €)

Bilanzposten (Steuerbilanz)	31.12.2012	
	Änderung	Gewinnänderung
Bank (USA)	– 100	– 100
Waren	+ 2.040	+ 2.040
		+ 1.940

G + V-Posten	2012	
	Änderung	Gewinnänderung
Kursverluste	+ 10	– 10
Kursgewinne	+ 80	+ 80
Wareneinsatz	– 1.970	+ 1.970
Erlöse	– 100	– 100
		+ 1.940

> ☞ **Hinweis!**
> An sich darf bei der Ermittlung des Teilwerts am Bilanzstichtag nicht auf den handelsrechtlich relevanten Devisenkassamittelkurs zurückgegriffen werden. Maßgeblich für Bewertung von Devisenguthaben in der Steuerbilanz ist grundsätzlich der Geldkurs (= Devisenankaufskurs der Bank/was würde der Unternehmer in € erhalten, wenn er seine Devisen verkaufen würde?). Andererseits müsste bei Devisenverbindlichkeiten auf den Briefkurs (= Devisenverkaufskurs der Bank) zurückgegriffen werden. Es ist jedoch davon auszugehen, dass in den Steuerberaterklausuren nur der Kassamittelkurs des Bilanzstichtags genannt wird. In diesem Fall ist bei der Teilwertermittlung vereinfachend auf diesen Kurs abzustellen.

Wird während des Wirtschaftsjahres auf die Verbuchung von Kursgewinnen und Kursverlusten des Währungskontos verzichtet (= Zu- und Abgänge auf dem Bankkonto werden jeweils mit dem, dem Wechselkurs des jeweiligen Tages entsprechenden Betrag verbucht) und wird als Ausgleich der Stichtagsbestand mit dem Stichtagswert bewertet, führt dies zwar handelsrechtlich, nicht aber steuerrechtlich zu einem zutreffenden Ergebnis.

Handelsrechtliche Buchungen bei dieser Variante:
1.11.: Bank 5.000 an Kasse 5.000
5.11.   WEK 290 an Bank 290
5.12.   S. Verb. 4.080 + Kursverluste 20 (i.Z.m. der S. Verb.) an Bank 4.100
1.12.   Bank 900 an Erlöse 900
31.12. Bestand Bank = 1.510 €/Ansatz mit Kassamittelkurs 1.650 €
        Differenzbetrag = Kursgewinn (Bank an Kursgewinne **140 €**)

Nach dem in der Lösung vertretenen zutreffenden Lösungsweg ergibt sich handelsrechtlich ein Verlust in gleicher Höhe

5.11. Kursverlust	– 10
5.12. Kursgewinn	+ 100
31.12. Kursgewinn (Ansatz mit 1.650 €)	+ 50
Saldierte Gewinnauswirkung	**+ 140**

Zutreffend ist die erste Lösungsvariante. Bei der zweiten Lösungsvariante entsteht steuerrechtlich ein Problem. Richtig wäre am 31.12. von Anschaffungskosten 1.600 € und einem Teilwert i.H.v. 1.650 € (ggf. Ankaufskurs der Bank und nicht Kassamittelkurs) auszugehen. Steuerrechtlich ist ein Ansatz über den Anschaffungskosten aber nicht möglich. Würde sich zum Bilanzstichtag ein niedrigerer Stichtagswert ergeben, darf dieser in der Steuerbilanz nur angesetzt werden, wenn eine voraussichtlich dauerhafte Wertminderung vorliegt. Dies kann nicht unterstellt werden.

Teil IV: Einzelunternehmen Clemens (= C)

Zur Herstellung des Bilanzenzusammenhangs (§ 252 Abs. 1 Nr. 1 HGB) 31.12.2011 und 1.1.2012 ist folgende Anpassungsbuchung erforderlich:

Eigenkapital 2.904 an Umsatzsteuer 2.800 + Zinsrückstellung 104

Die vom Prüfer vorgenommene Rückstellung basiert auf der Vorschrift des § 233a AO. Die Nachforderung von Umsatzsteuer ist für jeden Monat mit 0,5 % zu verzinsen (§ 238 Abs. 1 AO). Der Zinslauf beginnt nach § 233a Abs. 2 AO 15 Monate nach Ablauf des Kalenderjahres in dem die Steuer entstanden (vgl. hierzu § 13 Abs. 1 UStG) ist, sodass es für die Nachforderung 2009 ab dem 1.4.2011 und für die Umsatzsteuernachforderung 2010 ab dem 1.4.2012 zu einer Verzinsung kommt.

Berechnung des Prüfers zum 31.12.2011:
Nachforderung USt 2009 = 2.300 € x 0,5 % x 9 Monate = 103,50 € (aufgerundet 104 €)

Es ist jedoch zu beachten, dass nach § 12 Nr. 3 EStG Nebenleistungen für die Umsatzsteuer i.Z.m. Entnahmen den Gewinn nicht mindern dürfen. Eine Zinsrückstellung und ein Abzug als Betriebsausgabe i.Z.m. den durch Privatentnahmen verursachten Umsatzsteuernachforderungen ist nicht möglich. Im Ergebnis bedeutet dies, dass die Zinsrückstellung des Prüfers zu hoch ist. Zutreffend wäre ein Betrag von 90 € (2.000 € x 0,5 % x 9 Monate). Da nach der Aufgabenstellung die Bescheide der Vorjahre nicht mehr änderbar sind, ist der Fehler in der ersten änderbaren Bilanz erfolgswirksam richtig zu stellen (R 4.4 Abs. 1 S. 9 EStR). Dies geschieht dadurch, dass zum 31.12.2012 eine Neuberechnung des Rückstellungsbetrags erfolgt und dieser in der Bilanz ausgewiesen wird.

Berechnung der Zinsrückstellung zum 31.12.2012:
Nachforderung USt 2009 = **2.000 €** x 0,5 % x (9 + 12 Monate) = 210 €

Bilanzposten (Steuerbilanz)	31.12.2011 (1.1.2012)		31.12.2012	
			Änderung	Gewinnänderung
Umsatzsteuer Zinsrückstellung	+ 2.800 + 104	– 2.800 – 104 – 2.904	+ 2.800 + 210 Reflexwirkung	– 2.800 – 210 + 2.904 – 106

G + V-Posten	2012	
	Änderung	Gewinnänderung
S.b.Erträge (Auflösung privater Anteil Zins-rückstellung)	+ 14 + 120	+ 14 – 120
Zinsaufwendungen		– 106

Teil V: Maier KG

Die planmäßige Abschreibung beginnt grundsätzlich im Monat der Anschaffung bzw. in Herstellungsfällen im Monat der Herstellung (§ 7 Abs. 1 S. 4 EStG, R 7.4 Abs. 1 EStR). Der Zeitpunkt der Anschaffung ist der Zeitpunkt der Lieferung, der Zeitpunkt der Herstellung ist der Zeitpunkt der Fertigstellung (§ 9a EStDV).

Eine Anschaffung liegt insbesondere vor, wenn ein bereits bestehendes Wirtschafts-gut erworben wird. Unter Herstellung versteht man das Erschaffen eines noch nicht existierenden Wirtschaftsguts. Notwendige Montagearbeiten führen nicht automa-tisch zur Annahme eines Herstellungsprozesses.

Bilanzsteuerlich liegt immer dann eine Herstellung vor, wenn der Betriebsinhaber das Wirtschaftsgut auf eigene Rechnung und Gefahr herstellt oder herstellen lässt und den Herstellungsvorgang beherrscht (BFH, Urteil vom 25.6.1976, III R 167/73, BStBl II 1976, 728).

Bezogen auf den Beispielsfall ist von einer Anschaffung auf der Basis eines Werk-lieferungsvertrags auszugehen. Das Herstellungsrisiko liegt bei X. Die AfA beginnt somit im Monat der Anschaffung (= Monat der Lieferung). Sobald Besitz, Nutzen, Lasten und die Gefahr des zufälligen Untergangs auf die KG übergehen, liegt eine Lieferung vor. Mit der Abnahme der Maschine am 2.8.2012 geht die Gefahr des zu-fälligen Untergangs des Werks vom Hersteller auf den Besteller über (§§ 644, 646 BGB). Zu diesem Zeitpunkt ist eine Lieferung anzunehmen, sodass ab August eine planmäßige Abschreibung in Anspruch zu nehmen ist.

Die in R 7.4 Abs. 1 S. 3 EStR von der Verwaltung vertretene Auffassung, dass bei vertraglich vereinbarter Montage durch den Verkäufer erst mit Beendigung der Mon-tage geliefert wurde entspricht der vorgetragenen Auffassung. Erfolgt demgegenüber die Montag durch den Betrieb selbst oder in dessen Auftrag durch einen Dritten, ist die Lieferung bereits mit Übergang der wirtschaftlichen Verfügungsmacht erfolgt (R 7.4. Abs. 1 S. 4 EStR). Anders als im Investitionszulagenrecht kommt es bei An-schaffungsfällen für den Beginn der planmäßigen Abschreibung nicht auf den Zeit-punkt der Betriebsbereitschaft an.

Steuerrechtlich beginnt die Abschreibung im August 2012, sodass im Hinblick auf § 7 Abs. 1 S. 4 EStG 5/12 des Jahresabschreibungsbetrags als planmäßige Abschrei-bung in Anspruch zu nehmen ist.

Handelsrechtlich gilt grundsätzlich das Gleiche. Darüber hinaus entspricht es han-delsrechtlich den Grundsätzen ordnungsgemäßer Buchführung zur Vereinfachung bei Zugängen im 1. Halbjahr die volle Jahresabschreibung und bei Zugängen im 2. Halbjahr eine halbe Jahresabschreibung in Anspruch zu nehmen (Rz. 276 zu § 253, Beck Bil.-Komm.).

Teil VI: Einzelunternehmen Panter

1.   Grundstück „Bebelstraße 22

P. erwirbt zum 1.7.2012 das wirtschaftliche Eigentum an dem bebauten Grundstück. Zu diesem Zeitpunkt ist ihm das Grundstück zuzurechnen (§ 246 Abs. 1 S. 2 HGB, § 39 Abs. 2 AO).

- Grund und Boden

Der Grund und Boden rechnet zum nicht abnutzbaren Anlagevermögen und ist grundsätzlich mit den Anschaffungskosten zu bewerten (§§ 246 Abs. 1, 247 Abs. 2, 253 Abs. 1 HGB, § 5 Abs. 1 S. 1 EStG, § 6 Abs. 1 Nr. 2 EStG, R 6.1 EStR). Im vorliegenden Fall ist dies ein Betrag i.H.v. 211.0000 € (vgl. nachfolgende Zusammenstellung).

- Gebäude

Das Gebäude rechnet zum abnutzbaren Anlagevermögen (§ 247 Abs. 2 HGB, R 6.1 EStR, R 7.1 EStR) und ist mit den Anschaffungskosten, vermindert um die planmäßige Abschreibung zu aktivieren (§ 253 Abs. 1 und 3 HGB, § 5 Abs. 1 S. 1 EStG, § 6 Abs. 1 Nr. 1 EStG). Die handels- und steuerrechtlichen Anschaffungskosten i.S.v. § 255 Abs. 1 HGB betragen 105.500 € (vgl. nachfolgende Zusammenstellung).

Die Aufwendungen für den **Austausch der Fenster** stellen Erhaltungsaufwendungen und damit sofort abzugsfähige Betriebsausgaben dar. Hinsichtlich der Steuerbilanz liegen allerdings anschaffungsnahe Herstellungsaufwendungen vor (§ 6 Abs. 1 Nr. 1a EStG), sodass die „steuerlichen Anschaffungskosten" 125.500 € betragen (vgl. nachfolgende Zusammenstellung). Die „15 %-Grenze" ist überschritten, soweit Aufwendungen i.H.v. mehr als 15.825 € (15 % von **105.500**) anfallen.

Bei der **gegenüber dem Verkäufer geltend gemachten Forderung** handelt es sich um einen Versuch den Kaufpreis nachträglich zu vermindern. Entstehen in diesem Zusammenhang Aufwendungen rechnen diese zu den Anschaffungskosten (H 6.4 Prozesskosten EStH) und sind im 2 : 1 auf die Wirtschaftsgüter zu verteilen. Denkbar ist auch eine Zuordnung nur auf das Gebäude, soweit davon ausgegangen wird, dass für den Fall des „Wissens um den Schaden" lediglich das Gebäude reduziert in den Gesamtkaufpreis eingegangen wäre (eine derartige Lösung erfordert aber eine entsprechende sinngemäße Begründung).

Für die am Bilanzstichtag unterlassene, aber in den ersten 3 Monaten des folgenden Geschäftsjahres durchgeführte **Neueindeckung des Daches** ist in der Handelsbilanz eine Rückstellung für unterlassene Instandhaltung zu bilden (§ 249 Abs. 1 HGB). Hinsichtlich der Höhe sind die im Zeitpunkt der Bilanzerstellung bekannten tatsächlichen Kosten zu berücksichtigen (Wertaufhellung). Eine Abzinsung nach § 253 Abs. 2 HGB findet nicht statt, weil die Restlaufzeit am Bilanzstichtag nicht mehr als ein Jahr beträgt.

Im Hinblick auf den Maßgeblichkeitsgrundsatz wäre an sich auch in der Steuerbilanz eine Rückstellung auszuweisen. Andererseits rechnen diese Kosten steuerrechtlich in 2013 ebenfalls zu den anschaffungsnahen Herstellungsaufwendungen i.S.d. § 6 Abs. 1 Nr. 1a EStG, sodass nach § 5 Abs. 4b EStG ein Rückstellungsausweis ausscheidet. Zu den Instandsetzung- und Modernisierungsmaßnahmen i.S.d. § 6 Abs. 1 Nr. 1a EStG gehören auch Aufwendungen zur Beseitigung versteckter Mängel (R 6.4 Abs. 1 EStR).

Das Gebäude ist handels- (§ 253 Abs. 3 HGB) und steuerrechtlich mit 2 % (§ 7 Abs. 4 S. 1 Nr. 2a EStG) linear abzuschreiben. In 2012 ist lediglich eine zeitanteilige Abschreibung i.H.v. 6/12 des Jahresabschreibungsbetrags zu berücksichtigen. Hinsichtlich der Steuerbilanz ergibt sich dies aus § 7 Abs. 4 i.V.m. § 7 Abs. 1 S. 4 EStG.

- Zusammensetzung der Anschaffungskosten/Abschreibung

	Grund und Boden		Gebäude		
	bisheriger Ansatz	Zutreff. Ansatz HB/StB	bisheriger Ansatz	Zutreffender Ansatz	
				Handelsbilanz	Steuerbilanz
Kaufpreis	200.000	200.000	100.000	100.000	100.000
Notarkosten etc.	10.000	10.000	5.000	5.000	5.000
Rechtskosten		1.000		500	500
Fenster					20.000
Anschaffungs-kosten	210.000	211.000	105.000	105.500	125.500
– AfA			– 3.300	– 1.055	– 1.255
31.12.2012	**210.000**	**211.000**	**101.700**	**104.445**	**124.245**

Zusammenfassung der erforderlichen Korrekturen:

Änderung Handelsbilanz 31.12.2012:

Grund und Boden	+ 1.000
Gebäude	+ 2.745
Rückstellungen für unterlassene Instandh.	+ 30.000

Änderung GuV-Posten:

Abschreibungen	– 2.245	(GA + 2.245)
Reparaturkosten	+ 30.000	(GA – 30.000)
Rechtsanwaltskosten	– 1.500	(GA + 1.500)
	– 26.255	

Korrekturen im Rahmen der steuerlichen Gewinnermittlung:

Gebäude	+ 19.800	
AfA	+ 200	(GA – 200)
Rückstellungen für unterlassene Instandhaltung	– 30.000	
Reparaturkosten	– 50.000	(GA + 50.000)
	+ 49.800	

2.   Grundstückserwerb „Böblinger Straße 102"

Das Grundstück und die daraus resultierende Rentenverbindlichkeit rechnen im Zeitpunkt des Erwerbs zum Privatvermögen. Insoweit ist es zutreffend, wenn P. die monatlichen Rentenzahlungen, Notarkosten und die Grunderwerbsteuer ebenfalls als privaten Vorgang behandelt.

Am 1.10.2012 legt P. das Grundstück in das Betriebsvermögen ein. Dort rechnet es zum nicht abnutzbaren Anlagevermögen (§ 247 Abs. 2 HGB, R 6.1 EStR). Die Einlage ist zulässig, weil er auf dem Grundstück ein betrieblich genutztes Gebäude errichten möchte. Handelsrechtlich kann die Einlage mit dem tatsächlichen Wert (Zeitwert) des Grundstücks im Zeitpunkt der Einlage erfolgen (= Wiederbeschaffungskosten Oktober 2012 = 470.000 €). Mit diesem Wert wurde die Einlage auch verbucht. Steuerrechtlich ist zwar grundsätzlich auch der Teilwert im Zeitpunkt der Einlage (= 470.000 €) maßgebend, jedoch ist im konkreten Fall der Einlagewert auf die Anschaffungskosten des Grundstücks beschränkt (§ 6 Abs. 1 Nr. 5 S. 1 a EStG).

Ermittlung der Anschaffungskosten

Barwert im Zeitpunkt des Erwerbs	400.000 €
Grunderwerbsteuer	14.000 €
Notarkosten	23.800 €
=	**437.800 €**

Mit der Einlage des Grundstücks wird die zu diesem Zeitpunkt vorhandene Rentenverbindlichkeit (= 380.000 €) zur betrieblichen Verbindlichkeit (R 4.2 Abs. 15 S. 2 EStR).

Handelsrechtlich wäre somit i.Z.m. der Einlage folgende Buchung zutreffend:

Grund und Boden 470.000 an Rentenverbindlichkeiten 380.000 + Einlagen 90.000

Die Rentenzahlungen ab Oktober sind als betriebliche Zahlungsvorgänge zu behandeln. Mit dem Tod des Rentenberechtigten erlischt die Rentenverbindlichkeit. Die im Zeitpunkt des Wegfalls vorhandene Rentenverpflichtung ist erfolgswirksam auszubuchen.

Da der Rentenbarwert zum 30.12.2012 in der Aufgabe nicht genannt ist, werden die betrieblichen Rentenzahlungen (3 x 4.000) in voller Höhe als Betriebsausgaben und die in der Buchführung im Oktober einzubuchende Rentenverbindlichkeit in voller Höhe als Ertrag behandelt. Saldiert ergibt sich eine zutreffende Gewinnauswirkung. Alternativ möglich ist auch eine Rentenbarwertberechnung mit Hilfe der amtlichen Tabellen.

Der Vorgang hat keine Auswirkung auf die Anschaffungskosten und den Bilanzansatz des Grund und Bodens.

Die Kosten des Bauplans sind als Herstellungskosten (§ 255 Abs. 2 HGB) des Produktionsgebäudes zu behandeln. Am Bilanzstichtag erfolgt ein Ausweis als „Anlagen im Bau".

Zusammenfassung der erforderlichen Korrekturen:

Änderung Handelsbilanz 31.12.2012:

Anlagen im Bau	+ 4.000
Einlagen	− 380.000
Entnahmen (3 x 4.000)	− 12.000

Änderung GuV-Posten:

Sonst. betriebl. Erträge	+ 380.000	(GA + 380.000)
Rentenaufwendungen	+ 12.000	(GA − 12.000)
Sonst. betriebliche Aufwendungen	− 4.000	(GA + 4.000)
	+ 372.000	

Korrekturen im Rahmen der steuerlichen Gewinnermittlung:

Grund und Boden (470.000 ./. 437.800)   – 32.200
Einlagen   – 32.200

3. Forderungen

Die betrieblichen Forderungen rechnen zum Umlaufvermögen (§ 247 Abs. 1 HGB, R 6.1 EStR) und sind normalerweise in der Handels- und Steuerbilanz mit den Anschaffungskosten (= 119.000 €) zu bewerten (§ 253 Abs. 1 HGB, § 5 Abs. 1 S. 1 und § 6 Abs. 1 Nr. 3 i.V.m. Nr. 2 EStG).

Liegt der tatsächliche Wert der Forderungen unter diesem Wert, muss dieser in der Handelsbilanz (strenges Niederstwertprinzip, § 253 Abs. 4 HGB) ausgewiesen werden. In der Steuerbilanz kann ein dauerhaft niedrigerer Teilwert angesetzt werden, falls am Bilanzstichtag ein solcher vorhanden ist (§ 5 Abs. 1 S. 1 HS 2 und § 6 Abs. 1 Nr. 3 i.V.m. Nr. 2 EStG).

Im vorliegenden Fall handelt es sich gegenüber E um eine uneinbringliche Forderung. Die Uneinbringlichkeit lag am 31.12.2012 bereits vor. Die Umsatzsteuer ist zu berichtigen (§ 17 Abs. 2 Nr. 1 UStG). Hinsichtlich der Forderung gegenüber D (= zweifelhafte Forderung) ist in der Handelsbilanz eine Wertberichtigung i.H.v. 20 % des Nettobetrags der Forderung vorzunehmen, da aus der Sicht des Bilanzstichtages mit einem entsprechendem Forderungsausfall zu rechnen ist. Eine Korrektur der Umsatzsteuer ist erst bei einem endgültigen Ausfall zulässig.

Für den Restbestand an Forderungen (= „normale Forderungen") ist eine pauschale Wertberichtigung i.H.v. 1 % des Nettobetrags vorzunehmen (Nichtbeanstandungsgrenze der Finanzverwaltung/ Grundlage: Rationalisierungserlass zur BP). Eine Korrektur der Umsatzsteuer scheidet diesbezüglich aus.

	Betrag	HB/StB Delkredere 31.12.2012
Uneinbringliche Forderungen (Ford. E)	5.950 € (netto 5.000)	Bilanzansatz mit 0 €/USt-Berichtigung
Zweifelhafte Forderungen (Ford. D)	11.900 € (netto 10.000)	Wertberichtigung 20 % von 10.000 = 2.000 €
Normale Forderungen	101.150 € (netto 85.000)	Wertberichtigung 1 % von 85.000 = 850 €
	119.000 € (netto 100.000)	**2.850 €**

Zusammenfassung der erforderlichen Korrekturen:

Änderung Handelsbilanz 31.12.2012:

Kundenforderungen   – 5.950
Delkredere (3.570 ./. 2.850)   –   720
Umsatzsteuerverbindlichkeiten   –   950

Änderung GuV-Posten:

Abschreibungen auf Forderungen (– 720 + 5.000)   + 4.280   (GA – 4.280)

4.   Bagger

Hinsichtlich der Bestellung des Baggers liegt am Bilanzstichtag ein schwebendes Geschäft vor. In Höhe des überhöhten Kaufpreises (40.000 - 30.000 = 10.000) ist in der Handelsbilanz eine Rückstellung für drohende Verluste i.Z.m. schwebenden Geschäften zu bilden (§ 249 Abs. 1 S. 1 HGB). In der Steuerbilanz darf diese Rückstellung nicht ausgewiesen werden (§ 5 Abs. 4a EStG).

P. kann (laut Aufgabenstellung muss) i.Z.m. der bestellten (gebrauchten) Maschine einen Investitionsabzugsbetrag (§ 7g Abs. 1 EStG) i.H.v. 40 % von 40.000 € = 16.000 € beanspruchen. Der Abzugsbetrag ist außerhalb der Bilanz im Rahmen der steuerlichen Gewinnermittlung abzuziehen.

Zusammenfassung der erforderlichen Korrekturen:

Änderung Handelsbilanz 31.12.2012:

Drohverlustrückstellung   + 10.000

Änderung GuV-Posten:

Sonst. betriebl. Aufwendungen   + 10.000   (GA – 10.000)

Korrekturen im Rahmen der steuerlichen Gewinnermittlung:

Drohverlustrückstellung	– 10.000	
Sonst. betriebl. Aufwendungen	– 10.000	(GA + 10.000)
Investitionsabzugsbetrag	+ 16.000	(GA – 16.000)
	– 6.000	

Bewertungsbogen Übungsklausur 2

Vorbemerkung:
Ein Folgefehler liegt insoweit nur vor, wenn sich der Fehler durch Versagung eines Punktes für die rechtliche Würdigung bereits ausgewirkt hat. Unterbleibt eine Berichtigung, da die rechtliche Würdigung fehlerhaft ist, liegt kein Folgefehler vor.

Korrekturpunkte

Teil I: Schnell GmbH **1. Behandlung bei der Schnell GmbH**		
Handelsbilanz – Unverzinslichkeit der Verbindlichkeit ist handelsrechtlich unbeachtlich	1	(1)
– Wahlrecht einer aktiven latenten Steuerabgrenzung (§ 274 HGB) erkannt	1	(2)
Steuerbilanz – Darlehenseinbuchung mit 10.000 € ist zutreffend	1	(3)
– Abzinsung nach § 6 Abs. 1 Nr. 3 EStG erkannt	1	(4)
– Abzinsung zutreffend (10.000 x 0,898 = 8.980 €)	1	(5)
– Zutreffende Darstellung der Änderungen in der StB und G + V	1	(6)
2. Behandlung beim Einzelunternehmen A Einbuchung mit 10.000 € ist zutreffend	1	(7)
Handelsbilanz – Unverzinslichkeit führt zu einer Minderung des beizulegenden Werts. Abzinsung mit Marktzinssatz bzw. vereinfachend mit 5,5 %	1	(8)
a) Darlehen rechnet zum Anlagevermögen – Es liegt nur eine vorübergehende Wertminderung vor	1	(9)
– Bewertungswahlrecht für Finanzanlagen erkannt und zutreffend ausgeübt	1	(10)
b) Darlehen rechnet zum Umlaufvermögen Strenges Niederswertprinzip (§ 253 Abs. 4 HGB). Ansatz mit Barwert.	1	(11)
Steuerbilanz – Der Teilwert entspricht dem abgezinsten Wert 8.980 €	1	(12)
a) Darlehen rechnet zum Anlagevermögen Es liegt nur eine vorübergehende Wertminderung vor. Ansatz mit Anschaffungskosten	1	(13)
b) Darlehen rechnet zum Umlaufvermögen – Wertentwicklung bis zur Bilanzerstellung in die Untersuchung ob die Wertminderung voraussichtlich dauerhaft ist einbezogen	1	(14)
– zutreffende Berechnung zum 31.8.2013 (10.000 x 0,931 = 9.310 €)	1	(15)
– Teilwertabschreibung 690 € berücksichtigt	1	(16)
– zutreffende Darstellung der Bilanzposten und G + V	1	(12)

Teil II: Einzelunternehmen Klein		
StB: Damnum muss in RAP eingestellt werden (§ 5 Abs. 5 S. 1 Nr. 1 EStG)	1	(17)
HB: Wahlrecht § 250 Abs. 3 HGB erkannt/RAP-Bildung im Hinblick auf die Aufgabenstellung	1	(18)
1. a) Zutreffende planmäßige lineare Auflösung des RAP	1	(19)
1. b) Zutreffende außerplanmäßige Auflösung des RAP i.Z.m. der Sondertilgung	1	(20)
2. a) Zutreffende planmäßige digitale Auflösung	1	(21)
2. b) Zutreffende planmäßige digitale Auflösung vor der Sondertilgung	1	(22)
2. b) Zutreffende außerplanmäßige Auflösung i.Z.m. der Sondertilgung	1	(23)
2. b) Zutreffende planmäßige digitale Auflösung nach der Sondertilgung	1	(24)

Tz. III: Einzelunternehmen Bertram 1. Leasingvertrag		
Bilanzierung des Leasingguts muss beim wirtschaftlichen Eigentümer erfolgen (§ 246 Abs. 1 HGB/§ 39 Abs. 2 AO)	1	(25)
Es liegt eine Vollamortisation vor/Anwendung des Beck'schen Steuererlasses 1 § 6/1	1	(26)
Der Leasingnehmer ist als wirtschaftlicher Eigentümer anzusehen	1	(27)
Anschaffungskosten i.Z.m. Leasingvertrag = 120.000 €	1	(28)
Finanzierungsleistung als unselbständige Nebenleistung erkannt	1	(29)
zutreffende Berechnung der Umsatzsteuer i.Z.m. der Lieferung (27.056 €)	1	(30)
Vorsteuerabzug aber immer nur in Höhe der jeweils ausgewiesenen Beträge	1	(31)
restliche Vorsteuer als „noch nicht verrechenbare Vorsteuer" behandelt	1	(32)
Sonderzahlung (10.000 €) in einen A RAP eingestellt	1	(33)
Zutreffende Auflösung des A RAP nach der Zinsstaffelmethode (2011 = 1.066 €)	1	(34)
Zutreffende Behandlung des restlichen Zinsaufwands (2.400 €)	1	(35)

Speditionskosten, Kosten Fundament = Anschaffungsnebenkosten (2.500 €)	1	(36)
StB: – Abschreibung linear mit 20% – zeitanteilige Abschreibung nach § 7 Abs. 1 Nr. 4 EStG (3/12) – Berücksichtigung einer 7g-Sonderabschreibung (§ 7g Abs. 5 EStG)	1	(37)
Zutreffende Darstellung der Bilanzposten und G + V	2	(38) (39)
HB: – Abschreibung degressiv mit 25 %/Halbjahresabschreibung	1	(40)
2. Fremdwährungskonto 5.11. Anschaffungskosten Waren = 290 €	1	(41)
5.11. Kursverluste i.Z.m. dem Bankkonto 10 €	1	(42)
1.12. Zutreffende Verbuchung des Einkaufs (WEK an S. Verb. 4.080)	1	(43)
5.12. Kursverlust (20 €) i.Z.m. der Bezahlung der S.Verbindl. erkannt	1	(44)
5.12. Kursgewinn i.Z.m. der Bezahlung vom Bankkonto erkannt (100 €)	1	(45)
Am Bilanzstichtag vorrätige Ware mit Anschaffungskosten 2.040 € aktiviert	1	(46)
15.12. Zutreffende Behandlung des Warenverkaufs (Erlöse 900 €)	1	(47)
31.12. Stichtagswert § 256a S. 1 HGB = Devisenkassamittelkurs 1.650 € Wert entspricht dem steuerlichen Teilwert	1	(48)
31.12. HB: Ansatz Bankbestand nach § 256a S. 2 HGB mit 1.650 €	1	(49)
31.12. StB: Ansatz Bankbestand mit den Anschaffungskosten 1.600 €	1	(50)
Zutreffende Änderung der Bilanz und G + V	2	(51) (52)

Teil IV: Einzelunternehmen Clemens Anpassungsbuchung zutreffend	1	(53)
Vorschrift des § 12 Nr. 3 EStG erkannt	1	(54)
Zinsrückstellung des Vorprüfers ist unzutreffend	1	(55)
Fehlerberichtigung im Rahmen der Bilanzerstellung zum 31.12.2012	1	(56)
Zutreffende Berechnung der Zinsrückstellung 31.12.2012	1	(57)
Zutreffende Änderung der Bilanz und G + V	1	(58)

Teil V: Maier KG Abschreibungsbeginn im Monat der Anschaffung bzw. Fertigstellung (R 7.4 Abs. 1 EStR)	1	(59)
Es liegt ein Anschaffungsgeschäft vor	1	(60)
StB: Abschreibungsbeginn nach § 7 Abs. 1 S. 4 EStG August 2012	1	(61)
HB: Abschreibungsbeginn August 2012 bzw. wahlweise ab Juli 2012 (Halbjahresregelung)	1	(62)

Teil VI: **1. Grundstück Bebelstraße 22**		
Austausch der Fenster = Erhaltungsaufwendungen	1	(63)
StB: Es liegen anschaffungsnahe Herstellungsaufwendungen vor	1	(64)
StB: 15%-Grenze zutreffend ermittelt (15 % von 105.500 €)	1	(65)
Rechtsanwaltskosten zutreffend als Anschaffungskosten behandelt	1	(66)
HB: zutreffende Rückstellung für unterlassene Instandhaltung gebildet	1	(67)
StB: Rückstellung begründet nicht zulässig	1	(68)
Gebäude: Abschreibung mit 2 %	1	(69)
Gebäude: zeitanteilige Abschreibung 6/12	1	(70)
Zutreffende Korrekturen der HB und G + V	1 1	(71) (72)
Zutreffende Korrekturen im Rahmen der steuerlichen Gewinnermittlung	1 1	(73) (74)

2. Grundstückserwerb „Böblinger Straße 102" Monatliche Rentenzahlungen (bis 9), Notarkosten, Grunderwerbst. = privat	1	(75)
Handelsrechtlicher Einlagewert 470.000 €	1	(76)
Steuerrechtlicher Einlagewert maximal Anschaffungskosten (§ 6 Abs. 1 Nr. 5 EStG)	1	(77)
Zutreffende Ermittlung der Anschaffungskosten	1	(78)
Rentenzahlungen ab Oktober sind betriebliche Zahlungsvorgänge	1	(79)
Wegfall Rentenverpflichtung = betrieblicher Ertrag (keine Änderung der Anschaffungskosten)	1	(80)
Kosten Bauplan = Herstellungskosten des Produktionsgebäudes	1	(81)

Zutreffende Korrekturen der HB und G + V	1	(82)
	1	(83)
Zutreffende Korrekturen im Rahmen der steuerlichen Gewinnermittlung	1	(84)

3. Forderungen		
Forderung gegenüber E: am 31.12.2012 = uneinbringlich	1	(85)
Forderung gegenüber E: USt ist zu berichtigen	1	(86)
Forderung gegenüber D: HB 20 % Pauschalberichtigung vom Nettobetrag	1	(87)
Forderung gegenüber D: USt-Berichtigung nicht möglich	1	(88)
Restliche Forderungen: 1 %-Pauschalberichtigung vom Nettobetrag	1	(89)
StB: Uneinbringliche Forderung = dauerhafte Wertminderung	1	(90)
StB: Problematik der d. Wertmindung i.H.m. Pauschaldelkredere erkannt	1	(91)
Zutreffende Korrekturen der HB und G + V	1	(92)
	1	(93)

4. Bagger		
Rückstellung für drohende Verluste in der HB (10.000 €)	1	(94)
In der StB sind derartige Rückstellungen nicht möglich (§ 5 Abs. 4a EStG)	1	(95)
Investitionsabzugsbetrag 16.000 € zutreffend	1	(96)
Zutreffende Korrekturen der HB und G + V	1	(97)
Zutreffende Korrekturen im Rahmen der steuerlichen Gewinnermittlung	1	(98)

Vorläufige Summe Korrekturpunkte	...	
Zusatzpunkte für besonders gute Begründung und Darstellung	2	(99-100)
Punktabzug für besonders nachlässige Darstellung und Begründung	1	(100)
Gesamtpunkte:		
Notenpunkte:		

Note: ....

Unterschrift: ....

Klausuren Bilanzsteuerrecht

Übungsklausur 3
Bearbeitungszeit: 6 Stunden

I. Sachverhalt
Peter Pepper (= P) betreibt seit 10 Jahren in Stuttgart ein gewerbliches Einzelunternehmen. Die Umsätze unterliegen dem Regelsteuersatz von 19 % und werden nach vereinbarten Entgelten versteuert. P. ist zum Vorsteuerabzug berechtigt. Das Wirtschaftsjahr entspricht dem Kalenderjahr.

Der Buchhalter der Einzelfirma hat am 20.5.2013 eine Einheitsbilanz 31.12.2012 aufgestellt, da er davon ausgegangen ist, dass sämtliche Geschäftsvorfälle handels- und steuerrechtlich in gleicher Weise zu behandeln sind.

II. Aufgabe
P ist sich bezüglich der zutreffenden Behandlung einzelner Sachverhalte nicht ganz sicher. Er beauftragt Sie deshalb heute als Sachverständigen ihm gutachterlich zur Behandlung der folgenden Sachverhalte Auskunft zu geben. Gefragt ist nach der handels- und steuerrechtlichen Auswirkung im Jahr 2012.

Beachten Sie dabei folgende Vorgaben:
1. Beurteilen sie die einzelnen Sachverhalte unter Hinweis auf die einschlägigen Rechtsgrundlagen. Soweit Berechnungen und Kontenentwicklungen erforderlich sind, müssen diese nachvollziehbar dargestellt werden. P. wünscht sowohl handels- als auch steuerrechtlich einen möglichst geringen Gewinn. Das steuerliche Eigenkapital zum 31.12.2011 beträgt 180.000 €. Gehen Sie davon aus, dass es zum 31.12.2012 nicht mehr als 200.000 € betragen wird.
2. Erforderliche Korrekturen sind für jeden Sachverhalt getrennt nach „Änderung Steuerbilanz" und „Änderung G + V-Posten" zusammenzustellen. Soweit sich Gewinnänderungen ergeben, sind diese für jeden Sachverhalt nachvollziehbar darzustellen.
3. Am Schluss jeder Textziffer sind die Auswirkungen auf die Bilanzposten der **Steu**erbilanz (einschließlich der Entnahmen und Einlagen) und auf die GuV-Posten und zudem die Gewinnauswirkungen (GA) im Rahmen der Bilanz-Methode und der GuV-Methode nach folgendem Schema darzustellen:

	31.12.12	
Bilanzposten (Steuerbilanz)	Änderung	Gewinnänderung

	12	
G + V-Posten	Änderung	Gewinnänderung

4. Darüber hinaus erläutern Sie bitte, wie die Sachverhalte handelsrechtlich zu behandeln sind.

5. Sollten unterschiedliche Rechtsauffassungen bestehen ist der Verwaltungsauffassung zu folgen.

6. Auf die gewerbesteuerlichen Folgen der Feststellungen ist nicht einzugehen. P hat in den vergangenen Jahren die Vorschrift des § 7g Abs. 1 EStG nicht in Anspruch genommen.

7. Cent-Beträge sind auf volle Euro auf- (ab 50 Cent) bzw. abzurunden (bis 49 Cent)

1.   VW-Transporter

P hat seinen betrieblichen VW-Transporter am 22.12.2012 zur Inspektion gebracht. Die damit zusammenhängende Rechnung wurde ordnungsgemäß verbucht.

Er wurde bei der Abholung darauf hingewiesen, dass das Getriebe schadhaft ist und zur Vermeidung weiterer Schäden ausgetauscht werden muss. Angesichts der hohen Kosten (diese wurden von der Werkstatt auf brutto 2.975 € geschätzt) hat sich P entschlossen, das Getriebe erst im Zusammenhang mit dem im Februar 2013 anstehenden TÜV-Termin austauschen zu lassen. Der letzte TÜV-Termin für den Transporter war im Februar 2011.

Das Getriebe wurde im Februar 2013 ausgetauscht. Die Kosten beliefen sich letztendlich auf brutto 3.570 €. Die TÜV-Gebühren beliefen sich auf 100 € und wurden in 2012 als Betriebsausgabe verbucht.

In diesem Zusammenhang erfolgten in 2012 keine weiteren Buchungen.

2.   Mietvertrag

P hat seit vielen Jahren ein Lagergebäude für monatlich 1.000 € zuzüglich 190 € Umsatzsteuer angemietet. Nachdem sich abzeichnete, dass er das Gebäude nicht mehr für den Betrieb benötigt, hat er im Januar 2012 den Mietvertrag auf den 31.12.2013 gekündigt. Eine Kündigung auf einen früheren Zeitpunkt war nicht möglich. Nachdem das Gebäude ab dem 28.2.2012 zunächst leer stand, konnte er es ab dem 1.5.2012 für die Zeit bis zum 31.12.2013 für monatlich 800 € zuzüglich Umsatzsteuer untervermieten. Die am 31.12.2012 fällige Dezembermiete wurde vom Untermieter erst am 11.1.2013 überwiesen.

> Gebucht wurde 2012 bisher (zusammengefasst):
>
> Mietaufwand 12.000 + Vorsteuer 2.280 an Bank 14.280 (12 Monatemieten)
> Bank 6.664 an Mieterträge 5.600 + Umsatzsteuer 1.064 (7 Monatsmieten)

3.   Weihnachtspräsente

Erstmalig hat P in der Zeit vor Weihnachten langjährigen Kunden Präsente überreicht. Er hofft dadurch diese dauerhaft an sein Unternehmen zu binden. Insgesamt hat er 90 Kunden je ein Buchexemplar übergeben. 50 erhielten das Buch „Deutschlandreise" und 40 Kunden das Buch „Europa intensiv". Zwei andere für P besonders wichtige Kunden erhielten jeweils zwei Flaschen edlen Wein.

Während des Wirtschaftsjahres gab es keine weiteren Präsente.

> Gebucht wurde in 2012 bisher:
>
> Einkauf Bücher „Deutschlandreise" (50 Bücher)
> Geschenke 1.500 + Vorsteuer 105 an Bank 1.605
>
> Einkauf Bücher „Europa intensiv" (50 Bücher)
> Sonstiger betrieblicher Aufwand 1.000 + Vorsteuer 70 an Bank 1.070
>
> Einkauf der zwei Weinflaschen (1. Einkauf)
> Geschenke 100 + Vorsteuer 19 an Kasse 119
>
> Einkauf weiterer zwei Weinflaschen (2. Einkauf)
> Sonstiger betrieblicher Aufwand 100 + Vorsteuer 19 an Kasse 119

Zwei Bücher (Europa intensiv) hat er seinen beiden Arbeitnehmern zu Weihnachten geschenkt. Die acht noch vorrätigen Bücher möchte P den Gewinnern eines für das kommende Jahr geplanten Preisausschreibens übergeben.

P hat Aufzeichnungen darüber gefertigt, wer Empfänger der jeweiligen Präsente ist.

4.   Bewirtungskosten

In 2012 hat P diverse Kunden zu Geschäftsessen eingeladen. Die Bewirtungen fanden in Restaurants statt und hatten einen ausschließlich betrieblichen Charakter. Die Kosten wurden auf dem amtlich vorgeschriebenen Formular in zutreffender Weise dokumentiert.

> Gebucht wurde in 2012 bisher (zusammengefasst):
>
> Bewirtungskosten 1.000 + Vorsteuer 190 an Kasse 1.190

In dieser Buchung ist ein Beleg über eine Bewirtung in einem Sternelokal enthalten, deren Kosten sich auf 500 € zuzüglich 95 € Umsatzsteuer belaufen. Gehen Sie davon aus, dass diese Aufwendungen lediglich i.H.v. 200 € (netto) angemessen sind. An dieser Bewirtung nahmen neben P der Kunde X und ein Arbeitnehmer des P teil.

Ein in der obigen Buchung nicht enthaltener weiterer Bewirtungsbeleg mit angemessenen Bewirtungskosten wurde auf dem Konto „Sonstige betriebliche Aufwendungen" verbucht (Sonstige betriebliche Aufwendungen 100 + Vorsteuer 19 an Kasse 119).

Hinweis zu den nachfolgenden Textziffern:

Abweichend von der bisherigen Aufgabenstellung ist hinsichtlich der folgenden Textziffern darzustellen, welche Änderungen sich in der **Handelsbilanz** und der dazugehörigen GuV ergeben.

	31.12.12	
Bilanzposten (Handelsbilanz)	Änderung	Gewinnänderung

	12	
G + V-Posten	Änderung	Gewinnänderung

Die steuerlichen Abweichungen sind durch Zu- und Abrechnungen außerhalb der Bilanz darzustellen (vgl. § 60 EStDV).

5.   Wertpapiere

P hat 1999 zur langfristigen Kapitalanlage 400 Aktien der X-AG für insgesamt 10.500 € (Kurs 25, Nebenkosten 500 DM) erworben und in dieser Höhe aktiviert.

Am 30.11.2012 beschloss die X-AG eine Dividende i.H.v. 5 € pro Aktie. Die Ausschüttung erfolgte am 10.1.2013, wobei P's Bankkonto 1.472 € (2.000 € abzüglich 528 € Kapitalertragsteuer und Soli) gutgeschrieben wurden.

Am 1.12.2012 wurde von der AG eine Kapitalerhöhung aus Gesellschaftsmitteln durchgeführt. P erhielt 100 Berichtigungsaktien (Gratisaktien). Am 15.12.2012 veräußerte er sämtliche 500 Aktien (ohne die Gewinnanteilscheine für die im November beschlossene Dividende) für insgesamt 13.500 € und erhielt von seiner Bank folgende Gutschrift:

500 Aktien x Kurs 27	13.500 €
./. 7. Spesen	./. 340 €
Gutschrift	**13.160 €**

> Gebucht wurde in 2012 bisher:
>
> Bank 13.160 an Wertpapiere 10.500 + sonstige betriebliche Erträge 2.660

6.   Büroausstattung

P hat im Januar 2011 vom örtlichen Künstler Daniel Pinsel ein großformatiges Bild für 15.000 € erworben. Das Bild ist im Besprechungsraum der Firma aufgehängt. Ein fachkundiger seriöser Kunstkenner hat P anlässlich einer im Oktober 2011 stattgefundenen Besprechung darüber informiert, dass „Pinsel" in der Kunstwelt „keinen Namen" hätte und er da wohl hereingelegt worden wäre. P nahm daraufhin eine nicht zu beanstandende außerplanmäßige Abschreibung (Teilwertabschreibung) auf 500 € vor.

Im Januar 2012 wurde Pinsel anlässlich einer Ausstellung „entdeckt" und ist seither ein international gefragter Künstler. Seine Bilder erzielen nunmehr Spitzenpreise. P müsste für sein Bild heute mindestens 100.000 € (= zugleich auch Wert im Januar 2012) bezahlen.

In 2012 wurde diesbezüglich lediglich eine planmäßige Abschreibung i.H.v. 500 € gebucht.

Buchwertentwicklung „Büroausstattung":

Anschaffungskosten 2011	15.000	
./. AfA (1/15 von 15.000)	./. 1.000	(zutreffend!)
./. außerplanmäßige AfA (Tw.-AfA)	./. 13.500	
31.12.2011	500	
./. AfA	500	
31.12.2012	**0**	

7.   Leasingvertrag

P unterschrieb am 15.11.2012 einen Leasingvertrag. Darin verpflichtete sich die Deutsche Leasing-GmbH dem Einzelunternehmer P ab dem 1.12.2012 für 36 Monate eine Fräsmaschine (betriebsgewöhnliche Nutzungsdauer = 5 Jahre) zu überlassen. Im

Gegenzug muss P bei der Übergabe des Leasingguts eine einmalige Sonderzahlung i.H.v. 19.980 € (zuzüglich Umsatzsteuer) und monatliche Leasingraten i.H.v. jeweils 3.000 € (zuzüglich Umsatzsteuer) leisten.

Die GmbH hat die Fräsmaschine für 140.000 € (netto) erworben. Nach den vertraglichen Abmachungen soll die Maschine nach Ablauf der Vertragszeit verkauft werden. Soweit der Veräußerungserlös niedriger ist als die Differenz zwischen den Gesamtkosten der GmbH und den von P während der Vertragsdauer geleisteten Zahlungen, muss dieser in Höhe des Differenzbetrages eine Abschlusszahlung leisten. Lässt sich ein höherer Veräußerungserlös erzielen, erhält P 50 % des die Restamortisation übersteigenden Teils des Veräußerungserlöses.

Der Transport der Maschine erfolgte durch eine Spedition. Vereinbarungsgemäß wurden die Kosten P belastet. Für ein notwendiges Fundament fielen weitere Kosten an.

P beabsichtigt, der GmbH nach Ablauf der 36 Monate selbst ein Kaufangebot vorzulegen. Er geht davon aus, dass er die Maschine für 40.000 € zuzüglich Umsatzsteuer kaufen kann.

Buchungen in 2012 bisher:

Sonderzahlung 1.12.	Mietaufwand 19.980 + Vorsteuer 3.796,20 an Bank 23.776,20
Speditionsrechnung 1.12.	Sonstige betriebliche Aufwendungen 2.000 + Vorsteuer 380 an Bank 2.380
Fundament 1.12.	Sonstige betriebliche Aufwendungen 4.500 + Vorsteuer 855 an Bank 5.355

8. Lager

P ist seit Januar 2006 Eigentümer eines Mietwohngrundstücks (Baujahr 1990). Die Anschaffungskosten des Grund und Bodens haben damals 80.000 €, die Anschaffungskosten des Gebäudes 100.000 € betragen.

Seit Anfang Januar 2012 nutzt er einen Raum im Erdgeschoß (20 qm) als betriebliches Lager. Die Gebäudenutzfläche beträgt 200 qm. Die Mieteinkünfte hat er in der Vergangenheit stets als „Einkünfte aus Vermietung und Verpachtung" erklärt. Dort machte er zutreffend Abschreibungsbeträge i.H.v. jährlich 2.000 € (2 % von 100.000 €) geltend. Im Hinblick auf die betriebliche Mitbenutzung überweist P pro Monat 200 € auf sein privates Bankkonto.

Die für das Grundstück in 2012 angefallenen Aufwendungen hat P vom privaten Girokonto beglichen. Im Einzelnen handelt es sich um folgende Kosten:

- Grundsteuer 2012 i.H.v. 200 € (Bezahlung am 20.2.2012),
- Gebäudebrandversicherung für das Jahr 2012 i.H.v. 100 € (Bezahlung im Februar 2012),
- Neueindeckung des Daches 25.000 € (Reparaturausführung und Bezahlung im Mai 2012),
- Austausch der Fenster in der Wohnung im 1. OG 10.000 € (Mai 2012).

Buchungen in 2012 bisher (weitere Buchungen diesbezüglich sind nicht erfolgt):

monatlich	Mietaufwand 200 an Bank 200

Die Immobilie hat seit dem Erwerb bis Mitte 2012 keine Wertsteigerung erfahren. Der Wert lag unverändert bei 180.000 €. Als Anfang Juli 2012 bekannt wurde, dass in der Nähe eine S-Bahn-Haltestelle errichtet werden soll, stiegen die Immobilienpreise sofort um 30 %.

9.   Computerprogramm

P benötigte zur Abwicklung betriebsinterner Abläufe in auf seinen Betrieb abgestelltes Computerprogramm. Er beauftragte deshalb im Januar 2012 im Rahmen eines Dienstvertrages die Firma Software-Building mit der Programmierung. Pro Programmierstunde wurde ein Honorar i.H.v. 100 € vereinbart. Das Programm wurde am 4.6.2012 übergeben. Die Kosten hierfür beliefen sich auf 12.000 €.

Da das Programm von Anfang an nicht funktionierte, hat P seinen Buchhalter beauftragt, die Kosten als „vergebliche Aufwendungen" zu behandeln.

> Gebucht wurde in 2012 bisher:
>
> Sonstige betriebliche Aufwendungen 12.000 (120 Stunden a 100 €) + Vorsteuer 2.280 an Bank 14.280

Ein als Arbeitnehmer bei P beschäftigter „Computerspezialist" versuchte die Fehler zu beseitigen. Nach rund 1,5 Monaten gelang ihm das, sodass das Programm seit Ende Juli verwendet werden kann. P geht zutreffend davon aus, dass ihn das weitere 3.000 € (= Arbeitslohn) gekostet hat. Der Lohnaufwand wurde im Rahmen der Gehaltsbuchungen auf das Konto „Löhne und Gehälter" gebucht.

Es ist davon auszugehen, dass das Programm eine Nutzungsdauer von 36 Monaten hat.

Lösung der Übungsklausur 3

1. VW-Transporter

Am Bilanzstichtag war das Getriebe des VW-Transporters defekt. Da P die Reparatur innerhalb von drei Monaten nach Ablauf des Wirtschaftsjahres durchgeführt hat, muss in der Handels- (§ 249 Abs. 1 S. 2 Nr. 1 HGB) und Steuerbilanz (§ 5 Abs. 1 S. 1 Halbsatz 1 EStG) eine Rückstellung für unterlassene Instandhaltung in Höhe des nach vernünftiger kaufmännischer Beurteilung notwendigen Erfüllungsbetrags (§ 251 Abs. 1 S. 2 HGB) ausgewiesen werden. Besteht eine Vorsteuerabzugsberechtigung, ist der Nettobetrag maßgebend. Im vorliegenden Fall ist zu beachten, dass P im Zeitpunkt der Bilanzerstellung die Höhe der Aufwendungen bekannt sind (Wertaufhellung), sodass die tatsächlichen Aufwendungen i.H.v. 3.000 € als Rückstellung auszuweisen sind. Eine Abzinsung findet im Hinblick auf die Laufzeit weder in der Steuer- noch in der Handelsbilanz statt.

Zutreffende Buchung:	Kfz-Kosten	3.000	an	Rückstellungen	3.000

Am Bilanzstichtag 31.12.2012 liegt keine öffentlich rechtliche Verpflichtung zur Durchführung einer Hauptuntersuchung vor. Die TÜV-Untersuchung ist auch nicht durch das Wirtschaftsjahr 2012 verursacht. Die Verpflichtung zur Durchführung entsteht erst in 2013 und betrifft nachfolgende Zeiträume, sodass keine Rückstellung passiviert werden darf (BFH-Urteil vom 19.5.1987, VIII R 327/83, BStBl II 1987, 848). Eine erfolgreiche TÜV-Untersuchung berechtigt das Fahrzeug in Zukunft nutzen zu können, es handelt sich um zukunfts- und nicht um vergangenheitsbezogene Kosten.

	31.12.12	
Bilanzposten (Steuerbilanz)	Änderung	Gewinnänderung
Rückstellungen	+ 3.000	./. 3.000

	12	
G + V-Posten	Änderung	Gewinnänderung
Kfz-Kosten	+ 3.000	./. 3.000

2. Mietvertrag

Für die ausstehende Dezembermiete ist eine „Sonstige Forderung" einzubuchen.

Zutreffende Buchung:	Sonst. Forderungen	952	an	Mieterträge	800
				Umsatzsteuer	152

Im Zusammenhang mit dem angemieteten Gebäude entsteht bis zum 31.12.2013 ein monatlicher Verlust i.H.v. 200 €. In diesem Zusammenhang ist in der Handelsbilanz eine Rückstellung für drohende Verluste aus schwebenden Geschäften i.H.v. 2.400 € (= drohender Verlust im Zeitraum 1.1.-31.12.2013) zu bilden. Drohverlustrückstellungen unterliegen ebenfalls dem Abzinsungsgebot des § 253 Abs. 2 HGB (Beck Bilanz-Kommentar Rz. 175 zu § 253 HGB). Im vorliegenden Fall unterbleibt jedoch eine Abzinsung, da die Restlaufzeit nicht mehr als ein Jahr beträgt.

In der Steuerbilanz ist eine derartige Rückstellung nach § 5 Abs. 4a EStG nicht zulässig.

| | 31.12.12 | |
Bilanzposten (Steuerbilanz)	Änderung	Gewinnänderung
Sonstige Forderungen	+ 952	+ 952
Umsatzsteuer	+ 152	./. 152
		+ 800

| | 12 | |
G + V-Posten	Änderung	Gewinnänderung
Mieterträge	+ 800	+ 800

3.   Weihnachtspräsente

Die Aufwendungen für die in 2012 getätigten Geschenke sind betrieblich veranlasst und sind folglich als Betriebsausgaben zu behandeln. Im Rahmen der steuerlichen Gewinnermittlung ist zu überprüfen, ob das Abzugsverbot des § 4 Abs. 5 S. 1 Nr. 1 oder Abs. 7 EStG greift. Hinsichtlich der Vorschrift des § 4 Abs. 5 S. 1 Nr. 1 EStG kommt es darauf an, ob die Anschaffungs-/Herstellungskosten der dem Empfänger im Wirtschaftsjahr zugewendeten Gegenstände insgesamt 35 € überschreiten.

	Verwen-dung	Ertragsteuerliche und umsatzsteuerliche Behandlung
50 Bücher „Deutschland-reise"	Geschenk an Kunden	Ertragsteuerliche Behandlung: Die Anschaffungskosten übersteigen die 35 €-Grenze nicht, sodass das Abzugsverbot des § 4 Abs. 5 S. 1 Nr. 1 EStG nicht greift. Da auch eine gesonderte Verbuchung vorgenommen wurde, steht die Vorschrift des § 4 Abs. 7 EStG einem Betriebsausgabenabzug nicht im Wege. **Umsatzsteuerliche Behandlung:** Die Vorschrift des § 15 Abs. 1a UStG greift nicht, sodass ein Vorsteuerabzug zu gewähren ist. Es liegt auch kein Fall des § 3 Abs. 1b Nr. 3 UStG (unentgeltliche Wertabgabe) vor, da es sich um Geschenke von geringem Wert handelt (A 3.3 Abs. 11 UStAE). **Ergebnis:** Die bisherige Buchung ist korrekt.

50 Bücher „Europa intensiv"	Geschenke an Kunden = 40	**Ertragsteuerliche Behandlung:** Die Anschaffungskosten übersteigen die 35 €-Grenze nicht, sodass die Vorschrift des § 4 Abs. 5 S. 1 Nr. 1 EStG nicht greift. Ein steuerlicher Betriebsausgabenabzug scheitert allerdings im Hinblick auf § 4 Abs. 7 EStG, weil es an einer getrennten Verbuchung von den sonstigen Betriebsausgaben mangelt. **Umsatzsteuerliche Behandlung:** Die Vorschrift des § 15 Abs. 1a UStG greift nicht, soweit ein Abzugsverbot nach § 4 Abs. 7 EStG vorliegt, sodass ein Vorsteuerabzug zu gewähren ist. **Ergebnis:** Im Rahmen der steuerlichen Gewinnermittlung ist eine außerbilanzielle Hinzurechnung nach § 4 Abs. 7 EStG i.H.v. 800 € vorzunehmen.
	Geschenke an Arbeitnehmer = 2	**Ertragsteuerliche Behandlung:** Geschenke an Arbeitnehmer sind von der Vorschrift des § 4 Abs. 5 Nr. 1 EStG nicht betroffen. Im Hinblick auf die betriebliche Veranlassung handelt es sich um abzugsfähige Betriebsausgaben. **Umsatzsteuerliche Behandlung:** Da die allgemeinen Vorschriften für einen Vorsteuerabzug liegen vor, sodass ein solcher zu gewähren ist. Es liegt auch kein Fall des § 3 Abs. 1b Nr. 3 UStG (unentgeltliche Wertabgabe) vor, da es sich um Geschenke von geringem Wert handelt (A 3.3 Abs. 11 UStAE). **Ergebnis:** Die Behandlung ist zutreffend, wobei zweckmäßigerweise ein gesondertes Aufwandskonto (z.B. sonstige Lohnaufwendungen) verwendet werden sollte.
	Bestand = 8	Die am Bilanzstichtag noch vorhandenen Bücher sind mit ihren Anschaffungskosten bei den Vorräten zu aktivieren (§ 253 Abs. 1 HGB, § 6 Abs. 1 Nr. 2 S. 1 EStG).

Weinpräsente	Geschenke an zwei Kunden	**Ertragsteuerliche Behandlung:** Die Anschaffungskosten übersteigen die 35 €-Grenze, sodass die Aufwendungen nach § 4 Abs. 5 S. 1 Nr. 1 EStG nicht abzugsfähig sind. Die Verbuchung über „Sonstige betriebliche Aufwendungen" führt nicht dazu, dass ein Abzug nach § 4 Abs. 7 EStG nicht möglich ist, da vorrangig das Abzugsverbot des § 4 Abs. 5 EStG zu prüfen ist. **Umsatzsteuerliche Behandlung:** Die Vorschrift des § 15 Abs. 1a S. 1 UStG greift, sodass ein Vorsteuerabzugsverbot besteht. Die nicht abzugsfähigen Vorsteuerbeträge sind nach § 12 Nr. 3 EStG außerbilanziell hinzuzurechnen (R 9b Abs. 3 EStR, § 12 Nr. 3 EStG). Prinzipiell könnte ein Fall des § 3 Abs. 1b Nr. 2 UStG (unentgeltliche Zuwendung an das Personal für dessen privaten Bedarf) vorliegen. Im vorliegenden Fall handelt es sich jedoch lediglich um Aufmerksamkeiten (= Sachzuwendungen bis zu einem Wert von 40 € (A 1.8 Abs. 3 UStAE), sodass es zu keiner Besteuerung kommt. **Ergebnis:** Im Rahmen der steuerlichen Gewinnermittlung sind außerbilanzielle Hinzurechnungen vorzunehmen • nach § 4 Abs. 5 S. 1 Nr. 1 EStG i.H.v. 200 € • nach § 12 Nr. 3 EStG i.H.v. 38 €

		31.12.12	
Bilanzposten (Steuerbilanz)		Änderung	Gewinnänderung
Vorräte		+ 160	+ 160
Umsatzsteuer		+ 38	./. 38
			+ 122

		12	
G + V-Posten		Änderung	Gewinnänderung
Sonstige Lohnaufwendungen		+ 40	./. 40
Geschenke (800 + 100)		+ 900	./. 900
Steueraufwand (nicht abzugsfähige Vorsteuer)		+ 38	./. 38
Sonstiger betrieblicher Aufwand (./. 1.000 ./. 100)		./. 1.100	+ 1.100
			+ 122

Außerbilanzielle Korrekturen	
• nach § 4 Abs. 5 S. 1 Nr. 1 EStG	+ 200 (GA + 200)
• nach § 4 Abs. 7 EStG	+ 800 (GA + 800)
• nach § 12 Nr. 3 EStG	+ 38 (GA + 38)

4.　Bewirtungskosten

Die aus betrieblichen Anlässen stattgefundenen Bewirtungen stellen Betriebsausgaben dar. Handelsrechtlich ist die Abzugsbeschränkung des § 4 Abs. 5 S. 1 Nr. 2 und Abs. 7 EStG nicht zu beachten.

Bezüglich der steuerrechtlichen Behandlung ist wie folgt vorzugehen:

- **auf dem Konto „Bewirtungskosten" verbuchte Aufwendungen (1.000 €)**

  Von den angemessenen Bewirtungskosten (700 €) sind nach § 4 Abs. 5 S. 1 Nr. 2 S. 1 EStG insgesamt 30 % (= 210 €) als nicht abzugsfähige Betriebsausgaben zu behandeln. Der unangemessene Teil der Bewirtungsaufwendungen (300 €) rechnet in voller Höhe zu den nicht abzugsfähigen Betriebsausgaben.

  Für die angemessenen Bewirtungskosten ist ein Vorsteuerabzug möglich (§ 15 Abs. 1a S. 2 UStG). Für die unangemessenen Bewirtungskosten hingegen scheidet ein Vorsteuerabzug aus (§ 15 Abs. 1a S. 1 UStG). Diesbezüglich ist R 9b Abs. 3 EStR und § 12 Nr. 3 EStG zu beachten.

- **auf dem Konto „Sonstige betriebliche Aufwendungen" verbuchte Aufwendungen (100 €)**

  Die Aufwendungen sind zu 30 % (= 30 €) nach § 4 Abs. 5 S. 1 Nr. 2 EStG nicht abzugsfähig. Der übersteigende Teil der Aufwendungen (70 €) ist nach § 4 Abs. 7 EStG nicht abzugsfähig, weil es an einer von den sonstigen Betriebsausgaben getrennten Aufzeichnung fehlt. Ein Vorsteuerabzug ist in voller Höhe möglich, da kein Fall des § 15 Abs. 1a S. 1 UStG (diese Vorschrift schließt lediglich einen Vorsteuerabzug für nicht angemessenen Bewirtungskosten aus) vorliegt.

	31.12.12	
Bilanzposten (Steuerbilanz)	Änderung	Gewinnänderung
Umsatzsteuer	+ 57	./. 57

	12	
G + V-Posten	Änderung	Gewinnänderung
Geschenke	+ 100	./. 100
Sonstiger betrieblicher Aufwand	./. 100	+ 100
Steueraufwand (nicht abzugsfähige Vorsteuer)	+ 57	./. 57
=		./. 57

Außerbilanzielle Korrekturen	
• nach § 4 Abs. 5 S. 1 Nr. 2 EStG (210 + 300 + 30)	+ 540 (GA + 200)
• nach § 4 Abs. 7 EStG	+ 70 (GA + 70)
• nach § 12 Nr. 3 EStG	+ 57 (GA + 57)

5.   Wertpapiere

Die Aktien rechnen im Hinblick auf die langfristige Nutzung für den Betrieb zum nicht abnutzbaren Anlagevermögen (gewillkürtes Betriebsvermögen) der Einzelfirma (§ 247 Abs. 2 HGB, R 6.1 EStR).

Am 30.11.2012 entsteht mit dem **Ausschüttungsbeschluss** eine betriebliche „Dividendenforderung" in Höhe des späteren Gutschriftbetrags. In Höhe der einbehaltenen Steuern entsteht in 2012 eine private Forderung, die buchungstechnisch als Privatentnahme zu behandeln ist.

Zutreffende Buchung:	Sonst. Forderungen 1.472
	Entnahmen 528 an Dividendenerträge 2.000

Die in diesem Zusammenhang auszuweisenden Dividendenerträge unterliegen im Rahmen der steuerlichen Gewinnermittlung dem Teileinkünfteverfahren (§ 3 Nr. 40 EStG). Die Steuerfreistellung geschieht im Rahmen der steuerlichen Gewinnermittlung durch eine Kürzung außerhalb der Bilanz.

Im Zusammenhang mit der **Kapitalerhöhung aus Gesellschaftsmitteln** erhält P. 100 Berichtigungsaktien. Eine Buchung ist nicht erforderlich. Die Anschaffungskosten der 400 Aktien (10.500 €) stellen aber nunmehr die Anschaffungskosten der insgesamt 500 Aktien dar, sodass sich anteilige Anschaffungskosten i.H.v. 21 € je Aktie ergeben.

Die **Veräußerung der Aktien** wurde zutreffend als betrieblicher Ertrag verbucht.

Bei der steuerlichen Gewinnermittlung ist zu beachten, dass der Veräußerungsgewinn dem Teileinkünfteverfahren (§ 3 Nr. 40 EStG) unterliegt. Da ein möglichst geringer Gewinn ausgewiesen werden soll, ist eine Rücklage nach § 6b Abs. 10 EStG zu bilden. Die Rücklage umfasst auch den steuerbefreiten Teil des Veräußerungsgewinns (§ 6b Abs. 10 S. 5 EStG).

Die 6-Jahresfrist ist auch hinsichtlich der Berichtigungsaktien erfüllt (R 6b.3 Abs. 6 S. 1 EStR).

In der Handelsbilanz kommt ein Rücklagenausweis nicht in Betracht.

Zusammenfassung der erforderlichen Korrekturen:

	31.12.12	
Bilanzposten (Handelsbilanz)	Änderung	Gewinnänderung
Sonstige Forderungen	+ 1.472	+ 1.472
Entnahmen	+ 528	+ 528
=		+ 2.000

	12	
G + V-Posten	Änderung	Gewinnänderung
Dividendenerträge	+ 2.000	+ 2.000

Korrekturen im Rahmen der steuerlichen Gewinnermittlung:		
Dividendenerträge	./. 800	(GA ./. 800)
6b-Rücklage	+ 2.660	
Sonstige betriebliche Aufwendungen	+ 2.660	(GA ./. 2.660)
=		./. 3.460

6.   Büroausstattung

Das Bild wurde 2011 zutreffend dem abnutzbaren Anlagevermögen (§ 247 Abs. 2 HGB, R 6.1 EStR, R 7.1 EStR) zugerechnet und gemäß § 253 Abs. 3 HGB bzw. § 6 Abs. 1 Nr. 1 EStG planmäßig auf dessen voraussichtliche Nutzungsdauer abgeschrieben. Nach der AfA-Tabelle für allgemein verwendbare Anlagegüter sind Kunstwerke nicht anerkannter Künstler auf 15 Jahre verteilt abzuschreiben (vgl. Rz. 6.19.5 des BMF-Schreibens vom 6.12.2001, BStBl I 2001, 860).

Mit der „Entdeckung" des Malers ist dieser zum „anerkannten Künstler" geworden. Dies führt im Januar 2012 dazu, dass das Bild zum nicht abnutzbaren Anlagevermögen (§ 247 Abs. 2 HGB, R 6.1 EStR) gehört, sodass eine planmäßige Abschreibung nicht mehr vorgenommen werden darf.

Die „Entdeckung" führt zum Wegfall der Wertminderung. Handelsrechtlich muss im Hinblick auf § 253 Abs. 5 HGB, steuerrechtlich im Hinblick auf (§ 6 Abs. 1 Nr. 2 S. 3 EStG am 31.12.2012 eine Wertaufholung vorgenommen werden. Die vorzunehmende Wertaufholung ist auf den Buchwert begrenzt, den das Wirtschaftsgut im Zeitpunkt der „Umwidmung" (= Januar 2012) zum nicht abnutzbaren Anlagevermögen gehabt hätte, wenn keine außerplanmäßige Abschreibung vorgenommen worden wäre (= 14.000 €).

Buchwertentwicklung „Büroausstattung":

	bisher	Handelsbilanz	Steuerbilanz
Anschaffungskosten	15.000		
./. AfA (1/15 von 15.000)	1.000		
./. außerplanmäßige AfA (Tw.-AfA)	13.500		
31.12.2011	500	500	500
./. AfA	500	0	0
Wertaufholung		13.500	13.500
31.12.2012	**0**	**14.000**	**14.000**

Alternativ:

Denkbar ist für den Monat Januar noch eine zeitanteilige AfA zu berücksichtigen, sodass sich ein Wert nach Wertaufholung i.H.v. 13.916 € (14.000 ./. 1/12 von 1.000) ergibt.

Zusammenfassung der erforderlichen Korrekturen:

	31.12.12	
Bilanzposten (Handelsbilanz)	Änderung	Gewinnänderung
Büroausstattung	+ 14.000	+ 14.000

	12	
G + V-Posten	Änderung	Gewinnänderung
AfA	./. 500	+ 500
Sonstige betriebliche Erträge	+ 13.500	+ 13.500
=		+ 14.000

7. Leasingvertrag

Das vorliegende Leasingverhältnis muss dahin gehend untersucht werden, wer als wirtschaftlicher Eigentümer des Leasinggegenstandes anzusehen ist. Da die Aufwendungen des Leasinggebers (Anschaffungskosten des Leasinggegenstandes 140.000 € zuzüglich der in der Aufgabe nicht genannten Nebenkosten während der Grundmietzeit) höher sind als die vom Leasingnehmer während der Grundmietzeit geleisteten Zahlungen (19.980 € + [36 x 3.000] = 137.980 €) handelt es sich um einen Teilamortisationsvertrag. Da die Grundmietzeit (36 Monate) mehr als 40 % jedoch nicht mehr als 90 % der betriebsgewöhnlichen Nutzungsdauer (= 60 Monate) beträgt, richtet sich die Zurechnung des Wirtschaftsguts nach dem Teilamortisationserlass für bewegliche Wirtschaftsgüter (= Steuererlasse 1 § 6/3).

Nach dem dort unter Tz. 2b) genannten Vertragsmodell mit Aufteilung des Mehrerlöses ist die Fräsmaschine dem Leasinggeber zuzurechnen.

Der Leasingvertrag stellt somit einen Mietvertrag dar. Die Sonderzahlung ist eine zusätzliche Mietzahlung für die gesamten 36-Monate und muss mithilfe eines linear aufzulösenden Rechnungsabgrenzungspostens über die Grundmietzeit abgegrenzt werden. Der Auflösungsbetrag für 2012 beträgt 1/36 von 19.980 € = 555 €.

Die Mietzahlungsverpflichtung für Dezember 2012 betrifft das Wirtschaftsjahr 2012 und ist noch einzubuchen. Die Abzugsfähigkeit der Vorsteuer hängt davon ab, ob bereits in 2012 eine ordnungsgemäße Rechnung vorliegt. Diese Lösung unterstellt, dass dies der Fall ist.

Die Transportkosten sind sofort abzugsfähige Mietnebenkosten und wurden zutreffend behandelt. Anders sieht es jedoch mit den Kosten für die Erstellung des Fundaments aus. Das Fundament stellt ein selbständig bewertbares materielles Wirtschaftsgut dar und verkörpert auch in Zukunft einen wirtschaftlichen Vorteil. Es handelt sich um ein dem abnutzbaren Anlagevermögen zuzurechnendes Wirtschaftsgut, dessen Anschaffungskosten (4.500 €) verteilt auf die Grundmietzeit linear mit 33 1/3 % abzuschreiben sind. Handelsrechtlich ist im Hinblick auf die Aufgabenstellung eine Halbjahresabschreibung, steuerrechtlich im Hinblick auf § 7 Abs. 1 S. 4 EStG lediglich 1/12 des Jahresabschreibungsbetrags zu berücksichtigen. Bei dem Fundament handelt es sich um eine Betriebsvorrichtung und somit um ein bewegliches Wirtschaftsgut. Zusätzlich zur planmäßigen Abschreibung kann (nach der Aufgabenstellung muss) P eine 7g-Sonderabschreibung (§ 7g Abs. 5-6 EStG) i.H.v. 20 % der Anschaffungskosten geltend machen. Handelsrechtlich ist eine derartige Abschreibung nicht zulässig.

Buchwertentwicklung „Fundament":

	bisher	HB	StB
Anschaffungskosten	0	4.500	4.500
./. AfA (33 1/3 %)	0	750 (6/12)	./. 125 (1/12)
./. 7g-Sonderabschreibung (20 % von 4.500)	0	0	./. 900
31.12.2012	**0**	**3.750**	**3.475**

Von einer außerplanmäßigen Abschreibung im Zusammenhang mit dem 6b-begünstigten Betrag (vgl. Tz. 5) ist im Hinblick auf die Aufgabenstellung abzusehen, da dies zu einer Reduzierung der Abschreibungsbeträge führen würde.

Die Beteiligung am Veräußerungserlös darf 2012 nicht ausgewiesen werden. Es handelt sich um einen nicht realisierten Gewinn (§ 252 Abs. 1 Nr. 4 HGB).

Da P beabsichtigt nach Ablauf der Grundmietzeit die gebrauchte Fräsmaschine für 40.000 € zu erwerben, kann (nach der Aufgabenstellung muss) er einen Investitionsabzugsbetrag i.H.v. 40 % von 40.000 € = 16.000 € in Anspruch nehmen. Der Abzug erfolgt außerhalb der Buchführung im Rahmen der steuerlichen Gewinnermittlung.

Zusammenfassung der erforderlichen Korrekturen:

Bilanzposten (Handelsbilanz)	31.12.12	
	Änderung	Gewinnänderung
Fundament	+ 3.750	+ 3.750
ARAP	+ 19.425	+ 19.425
Umsatzsteuer	./. 570	+ 570
Sonstige Verbindlichkeiten	+ 3.570	./. 3.570
=		+ 20.175

G + V-Posten	12	
	Änderung	Gewinnänderung
AfA	+ 750	./. 750
Sonstige betriebliche Aufwendungen	./. 4.500	+ 4.500
Mietaufwand (./. 19.425 + 3.000)	./. 16.425	+ 16.425
=		+ 20.175

Korrekturen im Rahmen der steuerlichen Gewinnermittlung:

Fundament	./. 275
AfA	./. 625 (GA + 625)
7g-Sonderabschreibung	+ 900 (GA ./. 900)
Investitionsabzugsbetrag	+ 16.000 (GA ./. 16.000)

8.   Lager

Das Gebäude wird teilweise betrieblich genutzt. Es handelt sich hierbei um ein eigenständiges Wirtschaftsgut (R 4.2 Abs. 4 EStR/„Nutzung zu eigenen betriebliches Zwekken"). Im Januar 2012 liegen die Voraussetzungen des § 8 EStDV vor (betriebliche Nutzung = 10 %, gemeiner Wert = 10 % von 180.000 € = 18.000 €). Hinsichtlich des anteiligen gemeinen Werts ist der Wert des Grund und Bodens mit einzubeziehen (R 4.2 Abs. 8 S. 2 EStR). P hat somit ein Wahlrecht und kann den „Grundstücksteil von untergeordneter Bedeutung" als Betriebs- oder Privatvermögen behandeln.

Mangels einer entsprechenden Einlagebuchung ist im Hinblick auf das nach § 8 EStDV bestehende Wahlrecht der Grundstücksanteil dem Privatvermögen zuzurechnen. Die Aufwendungen für diesen Grundstücksanteil sind (einschließlich der Abschreibungsbeträge) Betriebsausgaben (R 4.2 Abs. 8 S. 8 EStR i.V.m. R 4.7 Abs. 2 S. 4 EStR). Der Betriebsausgabenabzug erfolgt mithilfe einer Einlagebuchung. Solange das Grundstück dem Privatvermögen zuzurechnen ist, darf lediglich eine 2 %-AfA berücksichtigt werden (§ 7 Abs. 4 S. 1 Nr. 2a EStG).

Die „Mietzahlung" stellt handels- und steuerrechtlich eine Entnahme dar.

Die Anfang Juli eingetretene Wertsteigerung hat Einfluss auf den gemeinen Wert des betrieblich genutzten Grundstücksanteils. Da dieser nunmehr mehr als 20.500 € beträgt (10 % von [130 % von 180.000 €] = 23.400 €) muss eine Bilanzierung als notwendiges Betriebsvermögen erfolgen. Der entsprechende Wertanteil ist mit dem Teilwert einzubuchen (§ 6 Abs. 1 Nr. 5 EStG).

Einlagewert Grund und Boden	10 % von (130 % von 80.000) =	10.400 €
Einlagewert Gebäude	10 % von (130 % von 100.000) =	13.000 €

> ☞ **Hinweis!**
> Steigt der Wert allmählich an, muss eine Bilanzierung erfolgen, sobald die Wertgrenze (20.500 €) überschritten ist, also z.B. mit 20.501 €.

Das Gebäude stellt nach der Einlage ein Wirtschaftsgebäude dar und ist in der Steuerbilanz nach § 7 Abs. 4 S. 1 Nr. 1 EStG mit 3 % abzuschreiben. Die Abschreibung ist in 2012 zeitanteilig zu berücksichtigen (§ 7 Abs. 1 S. 4 EStG). Steuerrechtlich ist darüber hinaus zu beachten, dass die Vorschrift des § 7 Abs. 1 S. 5 EStR zu einer Beschränkung der AfA-Bemessungsgrundlage führt.

Die Bemessungsgrundlage entspricht dem Einlagewert abzüglich der im „Überschussbereich" abgesetzten Abschreibungsbeträge.

Einlagewert	13.000 €
AfA im Überschussbereich [10 % von (6 Jahre x 2 % AfA von 100.000 €)]	./. 1.200 €
= AfA-Bemessungsgrundlage für die Steuerbilanz (§ 7 Abs. 1 S. 5 EStG)	11.800 €

Die AfA 1.1.2012 bis zur Einlage stellt Betriebsausgabe dar und mindert nicht die Bemessungsgrundlage.

Handelsrechtlich hat die Abschreibung auf die voraussichtliche tatsächliche Nutzungsdauer zu erfolgen (§ 253 Abs. 3 HGB). Diese wird jedoch in der Aufgabe nicht angegeben. Soweit kein offensichtliches Missverhältnis vorliegt, ist es handelsrechtlich i.d.R. nicht zu beanstanden, wenn auf die fiktive steuerrechtliche Nutzungsdauer abgeschrieben wird.

	Handelsbilanz	Steuerbilanz
Einlagewert Gebäude ./. AfA	13.000 € ./. 195 € (6/12 von 3 % von 13.000)	13.000 € ./. 177 € (6/12 von 3 % von 10.800)
31.12.2012	12.805 €	12.823 €

Berechnung des Betriebsausgabenabzugs (Einlage):

	Betrag	Betrieblicher Kostenanteil	
Grundsteuer	200 €	20 €	(10 %)
Gebäudebrandversicherung	200 €	20 €	(10 %)
Neueindeckung des Daches	25.000 €	2.500 €	(10 %/Kosten betreffen Gesamtgebäude)
Austausch der Fenster	10.000 €	0	(direkte Zuordnung vorrangig)
AfA (Januar–Juni)		100 €	(10 % von 6/12 von 2 % von 100.000)
		2.640 €	

Zusammenfassung der erforderlichen Korrekturen:

	31.12.12	
Bilanzposten (Handelsbilanz)	Änderung	Gewinnänderung
Grund u. Boden	+ 10.400	+ 10.400
Gebäude	+ 12.805	+ 12.805
Einlagen (2.640 + 10.400 + 13.000)	+ 26.040	./. 26.040
Entnahmen	+ 2.400	+ 2.400
=		./. 435

	12	
G + V-Posten	Änderung	Gewinnänderung
AfA	+ 195	./. 195
Grundstücksaufwendungen	+ 2.640	./. 2.640
Mietaufwand	./. 2.400	+ 2.400
=		./. 435

Korrekturen im Rahmen der steuerlichen Gewinnermittlung:
Gebäude	+ 18
AfA	./. 18 (GA + 18)

9. Computerprogramm

Das Computerprogramm stellt ein abnutzbares immaterielles Wirtschaftsgut des Anlagevermögens dar. Die Aufwendungen hierfür (12.000 € + 3.000 €) müssen bilanziert werden, wenn ein entgeltlicher Erwerb vorliegt. Im vorliegenden Fall ist dies nicht gegeben. Es handelt sich um ein selbst hergestelltes immaterielles WG des Anlagevermögens (§ 248 Abs. 2 HGB, § 5 Abs. 2 EStG). Maßgeblich für diese Behandlung ist, dass die Fremdfirma das Programm im Rahmen eines Dienstvertrags erstellt hat. Damit trägt D. als Auftraggeber das Herstellungsrisiko (Beck'scher Bilanzkommentar § 248 Rz. 11).

Steuerrechtlich darf im Hinblick auf § 5 Abs. 2 EStG keine Bilanzierung vorgenommen werden. Handelsrechtlich besteht ein Wahlrecht. Nach § 248 Abs. 2 HGB können selbst geschaffene immaterielle Wirtschaftsgüter bilanziert werden. Soweit dieses Aktivierungswahlrecht in Anspruch genommen wird, muss eine Bilanzierung mit den Herstellungskosten (§ 255 Abs. 2 HGB = 15.000 €) und eine planmäßige Abschreibung auf die voraussichtliche Nutzungsdauer (§ 253 Abs. 3 HGB) erfolgen. Im Hinblick auf die Aufgabenstellung ist von diesem Aktivierungswahlrecht Abstand zu nehmen.

Die Behandlung als sofort abzugsfähige Betriebsausgaben ist somit zutreffend.

Korrekturpunktetabelle Pepper

1. Vw-Transporter		
Rückstellungsbedarf für unterlassene Instandhaltung erkannt **(§ 249 Abs. 1 HGB, § 5 Abs. 1 S. 1 EStG)**	1	(1)
Rückstellungsbetrag 3.000 € (Wertaufhellung)	1	(2)
Abzinsung im Hinblick auf die Laufzeit verneint	1	(3)
Keine Rückstellung für TÜV-Gebühren	1	(4)
Zutreffende Änderung der Bilanz und G + V	1	(5)

2. Mietvertrag		
Sonstige Forderung erkannt und zutreffend eingebucht	1	(6)
Rückstellung für drohende Verluste erkannt und zutreffend berechnet (§ 249 Abs. 1 HGB)	1	(7)
Abzinsung begründet verneint	1	(8)
Zutreffender Hinweis auf die Behandlung in der Steuerbilanz	1	(9)
Zutreffende Änderung der Bilanz und G + V	1	(10)

3. Weihnachtspräsente		
Handelsrechtliche Behandlung Geschenkaufwendungen sind handelsrechtlich Betriebsausgaben (keine Anwendung der Vorschrift des § 4 Abs. 5 S. 1 Nr. 1 und Abs. 7 EStG)	1	(11)
Steuerrechtliche Behandlung 50 Bücher „Deutschlandreise" Abzugsfähigkeit überprüft und bejaht, Vorsteuerabzug	1	(12)

50 Bücher „Europa intensiv"
• Schenkung an Arbeitnehmer = Lohnaufwand und Vorsteuerabzug
• Schenkung Kunden (40 Bücher)
   = nicht abzugsfähig nach § 4 Abs. 7 EStG
   Vorsteuerabzug möglich (kein Fall des § 15 Abs. 1a UStG)
• Vorrätige Bücher (8 Bücher), Erfassung bei den Vorräten mit
   Anschaffungskosten
	1
	1
	1
	1
	1
		(13)
		(14)
		(15)
		(16)
		(17)

Weinpräsente • Nicht abzugsfähig nach § 4 Abs. 5 S. 1 Nr. 1 EStG • kein Vorsteuerabzug nach § 15 Abs. 1a UStG • nicht abzugsfähige Vorsteuer als Aufwand behandelt (keine Anschaffungskosten)	1 1 1	(18) (19) (20)
Zutreffende Korrekturen in der Steuerbilanz und G + V	2	(21) (22)
Außerbilanzielle Hinzurechnungen • nach § 4 Abs. 5 S. 1 Nr. 1 EStG (200 €) • nach § 4 Abs. 7 EStG (800 €) • nach § 12 Nr. 3 EStG (38 €)	1 1 1	(23) (24) (25)

4. Bewirtungskosten		
Handelsrechtliche Behandlung Bewirtungsaufwendungen sind handelsrechtlich Betriebsausgaben (keine Anwendung der Vorschrift des § 4 Abs. 5 S. 1 Nr. 2 und Abs. 7 EStG)	1	(26)

Steuerrechtliche Behandlung
Auf dem Konto „Bewirtungskosten" verbuchte Aufwendungen (1.000 €)
• 30 % der angemessenen Bewirtungskosten = nicht abzugsfähige
   Betriebsausgabe (210 €)
• unangemessene Bewirtungskosten (300 €) in voller Höhe nicht ab-
   zugsfähige Betriebsausgabe
• Vorsteuerabzug für angemessenen Teil (§ 15 Abs. 1a **S. 2** UStG)
• kein Vorsteuerabzug für unangemessenen Teil (§ 15 Abs. 1a **S. 1** UStG)
• nicht abzugsfähige Vorsteuer als Aufwand behandelt (keine
   Anschaffungskosten)
	1
	
	1
	
	1
	1
	1
		(27)
		
		(28)
		
		(29)
		(30)
		(31)

Auf dem Konto „Sonstige betriebliche Aufwendungen" verbuchte Kosten		
• 30 € nicht abzugsfähig nach § 4 Abs. 5 S. 1 Nr. 2 EStG	1	(32)
• 70 € nicht abzugsfähig nach § 4 Abs. 7 EStG	1	(33)
• Vorsteuerabzug in voller Höhe möglich	1	(34)
Zutreffende Korrekturen in der Steuerbilanz und G + V	2	(35) (36)
Außerbilanzielle Hinzurechnungen		
• nach § 4 Abs. 5 S. 1 Nr. 2 EStG (210 + 300 + 30 = + 540 €)	1	(37)
• nach § 4 Abs. 7 EStG (70 €)	1	(38)
• nach § 12 Nr. 3 EStG (70 €)	1	(39)

5. Wertpapiere		
Am 30.11. entsteht eine Dividendenforderung (= Einbuchung einer "Sonstigen Forderung")	1	(40)
Kapitalertragsteuer und Soli als Privatentnahme behandelt	1	(41)
Steuerbefreiung außerhalb der Bilanz i.R.d. steuerlichen Gewinnermittlung	1	(42)
Ausgabe der Berichtigungsaktien zutreffend (keine Buchung, Anschaffungskosten je 21 €)	1	(43)
Verkauf Aktien: Teileinkünfteverfahren zutreffend erkannt	1	(44)
Verkauf Aktien: 6b-Rücklage erkannt (für die Handelsbilanz verneint)	1	(45)
6-Jahresfrist für Berichtigungsaktien erfüllt	1	(46)
6b-Rücklage einschließlich steuerfreier Teil	1	(47)
Zutreffende Korrekturen der HB und G + V	1 1	(48) (49)
Zutreffende Korrekturen im Rahmen der steuerlichen Gewinnermittlung	1	(50)

6. Büroausstattung		
Entdeckung führt zum Wegfall der Wertminderung	1	(51)
HB: Wertaufholungsgebot erkannt (§ 253 Abs. 5 HGB)	1	(52)
StB: Wertaufholungsgebot erkannt (§ 6 Abs. 1 Nr. 2 S. 3 HGB)	1	(53)
Zutreffender Wert für die Wertaufholung = 14.000 €	1	(54)
Bild rechnet zum nicht abnutzbaren Anlagevermögen, keine planmäßige AfA	1	(55)
Zutreffende Korrekturen der Handelsbilanz und G + V	2	(56) (57)

7. Leasingvertrag		
Teilamortisation begründet erkannt	1	(58)
Maßgebend ist Teilamortisationserlass (40-90 %) + Leistungsgeber = wirtschaftliches Eigentum	1	(59)
Sonderzahlung zutreffend als ARAP erkannt	1	(60)
ARAP zutreffend aufgelöst	1	(61)
Mietzahlung für Dezember zutreffend als Aufwand behandelt	1	(62)
Vorsteuerproblematik im Zusammenhang mit Dezembermiete angesprochen	1	(63)
Transportkosten = sofort abzugsfähige Betriebsausgaben	1	(64)
Kosten Fundament = Anschaffungskosten für abnutzbares Wirtschaftsgut	1	(65)
Zutreffende Nutzungsdauer = 3 Jahre	1	(66)
Zutreffende steuerliche planmäßige Abschreibung (1/12, § 7 Abs. 1 S. 4 EStG)	1	(67)
Zutreffende handelsrechtliche planmäßige Abschreibung (Halbjahresregelung)	1	(68)
7g-Sonderabschreibung für Steuerbilanz nicht aber für Handelsbilanz	1	(69)
6b-begünstigter Betrag (Tz. 5) begründet nicht übertragen	1	(70)
Beteiligung am Veräußerungserlös = noch nicht realisierter Gewinn	1	(71)
Zutreffende Ermittlung und Inanspruchnahme des Investitionsabzugsbetrags	1	(72)
Zutreffende Korrekturen in der Handelsbilanz und G + V	1 1	(73) (74)
Zutreffende Korrekturen im Rahmen der steuerlichen Gewinnermittlung	1	(75)

8. Lager		
Lager als selbständiges Wirtschaftsgut erkannt	1	(76)
Januar 2012: Nichtbilanzierung im Hinblick auf § 8 EStDV erkannt	1	(77)
Bei Ermittlung des gemeinen Werts den Grund und Boden mit einbezogen	1	(78)
Erneute Überprüfung des gemeinen Werts nach Wertsteigerung	1	(79)

Folgerung Einlage mit zutreffendem Wert	1	(80)
AfA für Wirtschaftsgebäude (3 %) nach Einlage erkannt	1	(81)
Handelsbilanz-AfA zutreffend	1	(82)
Zeitanteilige AfA ab Einlage	1	(83)
Beschränkung der AfA-Bemessungsgrundlage für die Steuerbilanz zutreffend	1	(84)
Betriebsausgabenabzug im Zusammenhang mit Grundstückskosten erkannt (Nutzungseinlage)	1	(85)
Kosten Gesamtgebäude nur anteilig mit 10 % berücksichtigt	1	(86)
Kosten für Fensteraustausch nicht anteilig zu berücksichtigen	1	(87)
Zutreffende Berechnung des anteiligen AfA-Betrages Januar-Juni	1	(88)
„Mietzahlungen" stellen Privatentnahmen dar	1	(89)
Zutreffende Korrekturen in der Handelsbilanz und G + V	2	(90) (91)
Zutreffende Korrekturen im Rahmen der steuerlichen Gewinnermittlung	1	(92)

9. Computerprogramm		
Programm = abnutzbares immaterielles Wirtschaftsgut des Anlagevermögens	1	(93)
Erstellung im Rahmen eines Dienstvertrags = selbst hergestelltes Wirtschaftsgut	1	(94)
Steuerrechtlich ist eine Aktivierung nicht möglich **(§ 5 Abs. 2 EStG)**	1	(95)
Handelsrechtlich besteht ein Aktivierungswahlrecht **(§ 248 Abs. 2 HGB)**	1	(96)
Zutreffende Wahlrechtsausübung in Bezug auf die Handelsbilanz	1	(97)

| Sonderpunkte für gute Darstellung und Begründung | 3 | (98) (99) (100) |

Gesamtpunktzahl: **(100)**

Note: ....

Notenschlüssel		
ab (95 %)	95 Punkte	1,0
ab (88 %)	88 Punkte	1,5
ab (81 %)	81 Punkte	2,0
ab (74 %)	74 Punkte	2,5
ab (67 %)	67 Punkte	3,0
ab (59 %)	59 Punkte	3,5
ab (50 %)	50 Punkte	4,0
ab (40 %)	40 Punkte	4,5
ab (30 %)	30 Punkte	5,0
ab (20 %)	20 Punkte	5,5
weniger als (20 %)	0-19 Punkte	6,0

Klausuren Bilanzsteuerrecht

Übungsklausur 4
Bearbeitungszeit: 4 Stunden

I.   Sachverhalt

Peter Müller (M) betreibt in Kornwestheim ein Elektrofachgeschäft in der Rechtsform eines Einzelunternehmens. Die im Handelsregister eingetragene Firma besteht seit 10 Jahren. Das Wirtschaftsjahr entspricht dem Kalenderjahr. M ermittelt seinen Gewinn durch Betriebsvermögensvergleich nach § 5 EStG und versteuert seine Umsätze nach den allgemeinen Grundsätzen des UStG zum Regelsteuersatz. Er gibt monatliche Umsatzsteuer-Voranmeldungen ab und ist, soweit sich aus einem Einzelsachverhalt nichts anderes ergibt, zum vollen Vorsteuerabzug berechtigt. Formell ordnungsgemäße Rechnungen liegen vor.

M hat am 1.3.2013 eine Einheitsbilanz 31.12.2012 (Handelsbilanz = Steuerbilanz) seiner Firma nebst Gewinn- und Verlustrechnung für 2012 erstellt. Er kommt darin auf einen Gewinn aus Gewerbebetrieb i.H.v. 110.000 € (Vorjahresgewinn = 140.000 €). Die Bilanz weist zum 31.12.2012 ein Eigenkapital i.H.v. 130.000 € (31.12.2011 = 122.000 €) aus.

M sind hinsichtlich der Behandlung einzelner Sachverhalte Zweifel aufgekommen und wendet sich an Sie als Steuerberater/in und bittet Sie um Überprüfung der nachfolgend geschilderten Geschäftsvorfälle. M möchte einen möglichst geringen Gewinn ausweisen. Gehen Sie davon aus, dass die Voraussetzungen für eine Bilanzänderung vorliegen.

1.   Melodie-Star

M erwarb am 1.12.2012 (= Lieferung) von einem amerikanischen Großhändler 15 Musikanlagen des Modells „Melodie-Star" zum Preis von 30.000 Dollar (15 x 2.000 Dollar).

Buchung 1.12.2012:
Wareneinkauf an Verbindlichkeiten 22.500 (Wechselkurs 1.12.: 1 Dollar = 0,75 €)

Im Zusammenhang mit dem Einkauf wurden ihm pro Musikanlage 100 € Transportkosten (ohne Umsatzsteuerausweis) und 4.000 € Einfuhrumsatzsteuer in Rechnung gestellt.

Buchungen 15.12.2012:
Vorsteuer (Einfuhrumsatzsteuer) an Bank 4.000
WEK 1.500 an Bank 1.500

Eine Anlage (Melodie-Star 1) wird seither als Ausstellungsstück genutzt. Dort besteht für M Gelegenheit diverse Geräte seinen Kunden vorzuführen.

Acht Anlagen (Melodie-Star 2-9) konnte M vor Weihnachten bereits für jeweils brutto 3.570 € verkaufen, wobei einer davon (Melodie-Star 9) erst am 15.1.2013 ausgeliefert wurde. Die entsprechenden Beträge sind in den Tageseinnahmen enthalten und wurden als solche verbucht. In der Zeit von Weihnachten bis zum Ende des Jahres wurden keine weiteren dieser Anlagen verkauft.

Am 24.12.2012 entschloss sich M seinem Sohn am gleichen Tag zu Weihnachten eine Musikanlage (Melodie-Star 10) zu schenken. Diesbezüglich erfolgte keine Buchung.

Die restlichen fünf Anlagen (Melodie-Star 11-15) konnten in der Zeit vom 20.-22.1.2013 verkauft werden.

Zusammengefasste Buchung der Verkäufe im Dezember:

Kasse 28.560 an Warenverkäufe 24.000 + Umsatzsteuer 4.560

M hat mit dem Lieferanten vereinbart, dass er am 15.12.2012 die Kaufpreiszahlung leistet. Da M zu diesem Zeitpunkt keine Zahlung geleistet hat, wurden ihm in 2013 für einen Monat (16.12.2012-15.1.2013) insgesamt 100 Dollar Verzugszinsen in Rechnung gestellt. Diesbezüglich hat M in 2012 keine Buchung vorgenommen.

Buchung am 15.1.2013 in die Buchführung 2013 (Begleichung der Einkaufsrechnung)

Verbindlichkeiten 22.500 an Bank 21.900 + Kursgewinne 600 (Kurs 15.1.: 1 Dollar = 0,73 €)

Buchung am 18.1.2013 in die Buchführung 2013 (Bezahlung der Verzugszinsen)

Zinsaufwendungen an Bank 73 (Kurs 18.1.: 1 Dollar = 0,73 €)

Die restlichen fünf Anlagen (Melodie-Star 11-15) hat M am 31.12.2012 im Warenbestand erfasst. Diesbezüglich hat er gebucht:

Schlussbilanz an Wareneinkauf 7.500 (5/15 von 22.500 €)

> ☞ **Hinweise!**
> Die betriebsgewöhnliche Nutzungsdauer einer Musikanlage beträgt 5 Jahre. Der Devisenkassamittelkurs der Kaufpreisverbindlichkeit beträgt am 31.12.2012 22.200 €
> (1 Dollar = 0,74 €).
> Am 23.12.2012 informierte der Lieferant M darüber, dass dieser die Preise um 10 % auf nunmehr 1.800 Dollar gesenkt hat. Der Preis wurde aber bereits am 31.12.2012 wieder auf 2.000 Dollar erhöht.

Die Wechselkurse betrugen:
- 2.12.-30.12.2012   1 Dollar = 0,74 €
- 31.12.2012   Devisenkassamittelkurs 1 Dollar = 0,74 €
- 1.1.-18.1.2013   1 Dollar = 0,73 €
- ab dem 19.1.2013: 1 Dollar = Schwankung zwischen 0,77 und 0,82 €

2.   Leuchtreklame

M hatte vor seinem Laden eine Leuchtreklame angebracht. Diese hatte er im Januar 2004 für 9.000 € (netto) erworben und seither verteilt auf eine (zutreffende) Nutzungsdauer von 9 Jahren linear abgeschrieben. Der zutreffende Restbuchwert zum 1.1.2012 beträgt 1.000 €. Am 14.3.2012 fuhr ein Kunde mit seinem Auto versehentlich die Leuchtreklame um, sodass diese verschrottet werden musste. Die Versicherung des Kunden überwies M am 15.4.2012 einen Betrag i.H.v. 2.900 € (2.700 € für die zerstörte Betriebsvorrichtung, 200 € Entschädigung zur Abgeltung der Aufräumkosten). M konnte einem Schrotthändler die zerstörte Leuchtreklame noch für 357 €

verkaufen[1]. Der Verkauf an den Schrotthändler erfolgte ohne Rechnungserstellung. M hat den Betrag privat vereinnahmt und eine Buchung unterlassen.

M machte sich umgehend auf die Suche nach einer neuen Leuchtreklame. Er hatte Glück und konnte am 25.4.2012 eine neun Jahre alte gebrauchte Leuchtreklame für 1.200 € netto erwerben. M geht davon aus, dass er das erworbene Stück mindestens noch 5 Jahre nutzen kann. Er erhielt diese am 22.5.2012 angeliefert. Für die am 1.6. erfolgte Montage wurden ihm 200 € (netto) in Rechnung gestellt. Für die Vermittlung des Geschäfts musste er 100 € (netto) Vermittlungsprovision aufwenden.

Gebucht wurde bisher in diesem Zusammenhang:	
14.3.2012:	Außerplanmäßige Abschreibungen an Betriebs-/Geschäftsausstattung 1.000
15.4.2012:	Bank an Sonstige betriebliche Erträge 2.900
22.5.2012:	Sonstiger betrieblicher Aufwand 1.200 + Vorsteuer 228 an Bank 1.428
5.6.2012:	Sonstiger betrieblicher Aufwand 200 + Vorsteuer 38 an Bank 238
5.6.2012:	Sonstiger betrieblicher Aufwand 100 + Vorsteuer 19 an Bank 119
Weitere Buchungen sind diesbezüglich in 2012 nicht erfolgt.	

3.   Heißluftgebläse, Entfeuchtungsgerät

Am 22.7.2010 hat M wegen eines Wasserschadens in seiner Privatwohnung ein mobiles Heißluftgebläse für brutto 1.400 € (netto 1.177 €) und ein Entfeuchtungsgerät für brutto 1.200 € (netto 1.008 €) gekauft. Gehen Sie davon aus, dass derartige Geräte eine voraussichtliche Nutzungsdauer von 6 Jahren haben. Nachdem er in seinem Wohnhaus keinen Bedarf mehr für die Geräte hatte, verwendet M die beiden Geräte seit 10. Juli 2012 zur Heizung und Entfeuchtung seiner betrieblichen Lagerräume. Im Juli 2012 hatte ihm ein Händler vergleichbare Geräte für insgesamt 2.023 € (Heißluftgerät 1.000 € + 190 € Umsatzsteuer, Entfeuchtungsgerät 700 € + 133 € Umsatzsteuer) zum Kauf angeboten. Die Werte entsprechen den tatsächlichen Werten der M gehörenden Geräte.

Der Vorgang wurde bisher nicht in der Buchführung erfasst.

II.   Aufgabe

1. Beurteilen Sie die dargestellten Sachverhalte für die Firma M unter **Angabe der einschlägigen handelsrechtlichen und steuerlichen Vorschriften**! Berechnungen und Kontenentwicklungen sind hierbei nachvollziehbar darzustellen!
2. Erforderliche Korrekturen sind für jede Textziffer – getrennt nach Bilanzposten und GuV-Posten – unter Angabe der entsprechenden Gewinnauswirkungen nach folgendem Muster zusammenzustellen! Gewünscht ist die Darstellung der Steuerbilanz.

Bilanzposten (Steuerbilanz)	31.12.2012	
	Änderung	Gewinnänderung

---

[1]   Gehen Sie davon aus, dass kein Fall des §13b UStG vorliegt

G + V-Posten	2012	
	Änderung	Gewinnänderung

Darüber hinaus ist jeweils noch darzustellen, wie die einzelnen Sachverhalte handelsrechtlich zu behandeln sind.

III. Allgemeine Bearbeitungshinweise

1. Eventuell gegebene Bilanzierungs- oder Bewertungswahlrechte sind so auszuüben, dass sich ein möglichst niedriger Gewinn für das Wirtschaftsjahr 2012 ergibt.
2. M hat in seiner Bilanz zum 31.12.2012 keinen Sammelposten i.S.d. § 6 Abs. 2a EStG gebildet.
3. Cent-Beträge sind auf volle Euro aufzurunden (ab 50 Cent) bzw. abzurunden (bis 49 Cent).
4. Auf die **gewerbesteuerlichen** Folgen der Feststellungen ist **nicht** einzugehen.

Lösung der Übungsklausur 4

1.   Melodie-Star

Erwerb 1.12.2012

Im Zeitpunkt der Lieferung gehören sämtliche **Musikanlagen** mit Ausnahme einer Anlage (Melodie-Star 1) zum Umlaufvermögen (§ 247 Abs. 1 HGB, R 6.1 EStR). Die auf der Basis des Wechselkurses im Zeitpunkt der Anschaffung (H 6.2 „Ausländische Währung" EStH/1. Urteil) zu ermittelnden darauf entfallenden Anschaffungskosten betragen 21.000 € (14/15 von 22.500 €). Die Verbuchung erfolgt über das Konto „Wareneinkauf".

Der als **Ausstellungsstück** dienende Melodie-Star 1 rechnet zum abnutzbaren Anlagevermögen des Einzelunternehmens (§ 247 Abs. 2 HGB, R 6.1 EStR), da er ausschließlich betrieblich genutzt wird und nicht zum Verkauf bestimmt ist (vgl. hierzu H 6.1 „Vorführ- und Dienstwagen" EStH. Die anteiligen Anschaffungskosten sind ebenfalls auf der Basis des Wechselkurses im Zeitpunkt des Erwerbs zu berechnen und betragen 1.500 € (1/15 von 22.500 €).

Die im Zusammenhang mit dem Erwerb anfallenden **Transportkosten** (pro Musikanlage 100 €) rechnen als Anschaffungsnebenkosten ebenfalls zu den Anschaffungskosten (§ 255 Abs. 1 HGB).

Die im Zusammenhang mit der Einfuhr in Rechnung gestellte **Einfuhrumsatzsteuer** ist als Vorsteuer abzugsfähig und gehört nicht zu den Anschaffungskosten der Anlagen (§ 15 Abs. 1 Nr. 2 UStG/§ 9b Abs. 1 EStG). Die bisherige Buchung ist zutreffend.

Die Anschaffungskosten pro Musikanlage betragen somit insgesamt:

Kaufpreis (30.000 Dollar = 22.500 €) davon 1/15 =	1.500 €
Transportkosten	100 €
= Anschaffungskosten je Musikanlage	1.600 €

Zutreffende Buchungen:				
Einkauf	Wareneinkauf	21.000		
	Betriebs-/GA	1.500	an Verbindlichkeiten	22.500
Transportkosten	Wareneinkauf	1.400		
	Betriebs-/GA	100	an Bank	1.500
Einfuhr-Umsatzsteuer	Einfuhrumsatzsteuer	4.000	an Bank	4.000

Verkäufe (Melodie-Star 2-9)

Einer der Musikanlagen wird erst in 2013 ausgeliefert (Melodie-Star 9). Insoweit handelt es sich am Bilanzstichtag um ein schwebendes Geschäft.

Der Musikanlage ist M zuzurechnen und im Warenbestand zu erfassen. Die Zahlung des Kunden ist als Anzahlung zu behandeln.

Vereinnahmte Anzahlungen unterliegen beim Empfänger der Umsatzsteuer (§ 13 Abs. 1 Nr. 1a S. 4 UStG). Die Umsatzsteuerschuld entsteht mit Ablauf des Voranmeldungszeitraums in dem die Anzahlung vereinnahmt wird (also im vorliegenden Fall bereits im Dezember 2012) unabhängig davon, ob die Umsatzsteuer auf der Rechnung ausgewiesen wird oder nicht.

Bei der Aufstellung der Steuerbilanz ist § 5 Abs. 5 S. 2 Nr. 2 EStG zu beachten.

☞ **Hinweise!**
Bei entsprechender Begründung (keine Aktivierung der „Umsatzsteuer auf Anzahlungen" im Hinblick darauf, dass keine Aufwandsbuchung erfolgt ist) ist die volle Punktzahl zu vergeben.

Zutreffende Buchung Warenverkäufe + Anzahlung:	Kasse 28.560 USt auf Anz. (ARAP) 570	an	Warenverkäufe 21.000 Erhaltene Anzahlungen 3.570 Umsatzsteuer 4.560

In der **Handelsbilanz** scheidet ein Ausweis eines ARAP (Umsatzsteuer auf Anzahlungen) aus. Anzuwenden ist die sogenannte „Nettomethode" (Kasse 28.560 an WVK 21.000 + Erhaltene Anzahlungen 3.000 + Umsatzsteuer 4.560). Diese Art der Darstellung ist auch für die Steuerbilanz denkbar.

Schenkung Musikanlage (Melodie-Star 10)

Die Schenkung geschieht aus privaten Gründen, sodass der Vorgang eine Entnahme (§ 4 Abs. 1 S. 2 EStG) darstellt. Diese ist gemäß § 6 Abs. 1 Nr. 4 EStG mit dem Teilwert zu bewerten. Dieser entspricht den Wiederbeschaffungskosten im Zeitpunkt der Entnahme (H 6.7 „Teilwertvermutungen" Nr. 4 EStH). Im vorliegenden Fall ist der Teilwert wie folgt zu berechnen:

Bisheriger Kaufpreis	2.000 Dollar	
Kaufpreis 24.12. nach Preisreduzierung	1.800 Dollar (x 0,74²) =	1.332 €
Transportkosten		+ 100 €
Wiederbeschaffungskosten (Teilwert) 24.12.2012		1.432 €

Die Entnahme eines Gegenstandes ist nach § 3 Abs. 1b Nr. 1 UStG einer steuerpflichtigen Lieferung gegen Entgelt gleichgestellt und unterliegt der Umsatzbesteuerung. Bemessungsgrundlage für die Umsatzsteuer ist der Einkaufspreis zuzüglich der Nebenkosten des entnommenen Gegenstandes zum Zeitpunkt der Entnahme (§ 10 Abs. 4 Nr. 1 UStG). Dieser umsatzsteuerliche Wert entspricht dem ertragsteuerlichen Teilwert. Der Steuersatz beträgt 19 %, da kein Gegenstand i.S.d. § 12 Abs. 1 UStG i.V.m. Anlage 2 zum UStG vorliegt. Die durch die Entnahme ausgelöste Umsatzsteuerschuld stellt eine nicht abzugsfähige Ausgabe dar (§ 12 Nr. 3 EStG) und erhöht den auf dem Konto „Privatentnahmen" zu buchenden Betrag.

Zutreffende Buchung Entnahme:	Entnahmen 1.704	an	Erlöse aus Warenentnahmen 1.432 Umsatzsteuer 272

---

²   = Wechselkurs 24.12.11

Mit der Entnahme der Musikanlage wird die damit zusammenhängende anteilige Kaufpreisschuld (2.000 Dollar) zur Privatschuld (R 4.2 Abs. 15 S. 1 EStR, Schmidt/ Heinicke EStG § 4 Rz. 229). Die anteilige Verbindlichkeit ist mit 1.500 € (2.000 Dollar x 0,75 € = 1/15 von 22.500 €) in der am 1.12. eingebuchten Kaufpreisschuld enthalten. Auf der Grundlage des Wechselkurses am Tag der Entnahme der Musikanlage (24.12.) beträgt die anteilige Schuld lediglich (2.000 Dollar x 0,74 € = 1.480 €). In Höhe des Differenzbetrages ergibt sich ein betrieblicher Kursgewinn.

Zutreffende Buchung anteilige Kaufpreisschuld:	Verbindlichkeiten	1.500	an	Einlagen	1.480
				Kursgewinne	20

> ☞ **Hinweise!**
> Vertretbar ist auch die begründete Behandlung der Schuld als Betriebsschuld mit Hinweis darauf, dass in R 4.2 Abs. 15 S. 1 EStR zum Ausdruck gebracht wird, dass bei einer Entnahme eines Wirtschaftsguts des Anlagevermögens die damit zusammenhängende Finanzierungsschuld zur Privatschuld wird. In diesem Fall muss argumentiert werden, dass es sich hier um eine Entnahme aus dem Umlaufvermögen handelt und dass für diese Fälle im Wege des Umkehrschlusses davon auszugehen ist, dass die Finanzierungsschuld betrieblich bleibt.
> Bei entsprechender Darstellung ist die volle Punktzahl zu vergeben.

Bilanzansatz der Kaufpreisverbindlichkeit

Die Anschaffungskosten des am Bilanzstichtag vorhandenen betrieblichen Teils der Kaufpreisverbindlichkeit (28.000 Dollar) betragen 21.000 €.

Verbindlichkeiten sind in der Steuerbilanz gemäß § 6 Abs. 1 Nr. 3 EStG mit ihren Anschaffungskosten zu passivieren. Für den Fall, dass ein voraussichtlich dauerhaft höherer Teilwert vorliegt, kann dieser passiviert werden. Der Teilwert beträgt am 31.12.2012 (28.000 Dollar x Kurs 31.12. 0,74 €[3]) 20.720 €. Ein niedrigerer Teilwert darf nicht angesetzt werden. Die Verbindlichkeit ist in der Steuerbilanz mit ihren Anschaffungskosten (21.000 €) zu passivieren. Eine Buchung ist nicht erforderlich.

In der **Handelsbilanz** sind Verbindlichkeiten grundsätzlich mit ihrem Erfüllungsbetrag (§ 253 Abs. 1 S. 2 HGB) anzusetzen, wobei grundsätzlich das Imparitätsprinzip (§ 252 Abs. 1 Nr. 4 HGB) zu beachten ist. Der Stichtagswert der Fremdwährungsverbindlichkeit auf der Basis des Kassamittelkurses zu berechnen (§ 256a S. 1 HGB). Dieser beträgt 20.720 € (28.000 Dollar x Kurs 31.12. 0,74 €) und liegt damit unter den Anschaffungskosten (21.000 €). Da die Restlaufzeit der Verbindlichkeit am Bilanzstichtag nicht mehr als ein Jahr beträgt erfolgt nach § 256a S. 2 HGB ein Ansatz mit dem niedrigeren Kassamittelkurs 20.720 €. In Höhe des Differenzbetrags liegt ein Kursgewinn vor.

---

[3]   **Hinweis zur Berechnung des Teilwerts:**
      An sich darf bei der Ermittlung des Teilwerts am Bilanzstichtag nicht auf den handelsrechtlich relevanten Kassamittelkurs zurückgegriffen werden. Maßgeblich für Bewertung von Devisenverbindlichkeiten in der Steuerbilanz ist der Briefkurs (= Devisenverkaufskurs der Bank/was müsste der Unternehmer am Bilanzstichtag in € aufwenden, wenn er die Devisen kaufen würde, um die Schuld zu tilgen). Es ist jedoch davon auszugehen, dass in Klausuren nur der Kassamittelkurs des Bilanzstichtags genannt wird. In diesem Fall ist bei der Teilwertermittlung vereinfachend auf diesen Kurs abzustellen.

Bilanzansatz des Ausstellungsstücks (Melodie-Star 1)

Es wurde bereits ausgeführt, dass dieser Musikanlage zum abnutzbaren Anlagevermögen rechnet. Am Bilanzstichtag hat eine Bilanzierung in Höhe der Anschaffungskosten (1.600 €) abzüglich der planmäßigen Abschreibung zu geschehen (§ 253 Abs. 1 S. 1 und Abs. 3 S. 1 HGB, § 5 Abs. 1 S. 1 EStG, § 6 Abs. 1 Nr. 1 S. 1 EStG). Soweit ein voraussichtlich dauerhaft niedriger beizulegender Wert bzw. Teilwert vorliegt, muss dieser in der Handelsbilanz (§ 253 Abs. 3 S. 3 HGB) bzw. kann dieser in der Steuerbilanz (§ 6 Abs. 1 Nr. 1 S. 2 EStG) angesetzt werden.

In der Steuerbilanz ist linear nach § 7 Abs. 1 EStG abzuschreiben. Bezogen auf die voraussichtliche betriebsgewöhnliche Nutzungsdauer von 5 Jahren ergibt sich ein Abschreibungssatz von 20 %. Im Jahr der Anschaffung ist im Hinblick auf § 7 Abs. 1 S. 4 EStG nur eine zeitanteilige Abschreibung i.H.v. 1/12 des Jahresabschreibungsbetrags möglich. Darüber hinaus kann (nach der Aufgabenstellung – gewünscht ist ein möglichst geringer Gewinn – muss) eine 7g-Sonderabschreibung i.H.v. 20 % der Anschaffungskosten geltend gemacht werden (§ 7g Abs. 5 und 6 EStG).

Buchwertentwicklung:

Anschaffungskosten	1.600 €
./. 7g-Sonderabschreibung (20 % von 1.600)	320 €
./. lineare AfA (1/12 von 20 % von 1.600)	27 €
Planmäßiger Buchwert 31.12.2012	**1.253 €**

Der Teilwert am 31.12.2012 ist auf der Basis der Wiederbeschaffungskosten am Bilanzstichtag zu berechnen (2.000 Dollar x Wechselkurs 31.12. 0,74 € = 1.480 €

zuzüglich Transportkosten 100 € = 1.580 €). Dabei handelt es sich allerdings um den beizulegenden Wert/Teilwert für eine neue Musikanlage. In Anlehnung an H 6.7 „Teilwertvermutungen" Nr. 3 EStH entspricht der Teilwert (und der beizulegende Wert) dem fiktiven linearen Buchwert.

Neuanschaffungskosten 31.12.2012	1.580 €
./. fiktive lineare AfA (1/12 von 20 % von 1.580)	26 €
Teilwert (beizulegender Wert) 31.12.2012	**1.554 €**

Im vorliegenden Fall liegt bezogen auf die Steuerbilanz ein nicht ansetzbarer höherer Teilwert vor.

Zutreffende Buchung der Abschreibungen:	AfA 27 Sonderabschreibungen 320 an Betriebs-/ Geschäftsausst. 347

In der **Handelsbilanz** könnte linear aber auch degressiv abgeschrieben werden (§ 253 Abs. 3 S. 1 HGB). Die planmäßige Abschreibung kann mit 1/12 abgesetzt werden. Handelsrechtlich ist es bei beweglichen Wirtschaftsgütern nicht zu beanstanden, wenn für im ersten Halbjahr angeschaffte Wirtschaftsgüter die volle Jahresabschreibung geltend gemacht wird (Beck Bil.-Komm. § 253 Rz. 276). Das für die Steuerbilanz bestehende Verbot zur degressiven Abschreibung (§ 7 Abs. 2 EStG) ist handelsrechtlich unbeachtlich. Steuerliche Sonderabschreibungen (hier die 7g-Abschreibung) dürfen handelsrechtlich nicht geltend gemacht werden. Handelsrechtlich ergibt sich bei einer linearen Abschreibung mit 1/12 des Jahresbetrags ein geringerer beizulegender Wert. Im Hinblick auf Rz. 6 des BMF-Schreibens vom 25.2.2000 (Steuererlasse 1 § 6/12) liegt jedoch nur eine vorübergehende Wertminderung vor, sodass in der Handelsbilanz der planmäßige Buchwert auszuweisen ist.

Behandlung der Verzugszinsen:
I.Z.m. der verspäteten Bezahlung werden M Verzugszinsen berechnet. Es handelt sich dabei um nicht zu den Anschaffungskosten der Musikanlagen gehörende Finanzierungskosten. Soweit die Verzugszinsen den betrieblichen Teil der Verbindlichkeit und das Wirtschaftsjahr 2012 betreffen ist zum Bilanzstichtag eine Zinsverbindlichkeit einzubuchen. Der auf den am 24.12.2012 in das Privatvermögen überführte Schuldenanteil entfallende Zinsanteil (Verzugszinsen ab dem 24.12. für 2.000 Dollar) ist privat veranlasst. Auf den Zeitraum 16.12.-31.12.2012 entfallen anteilig 50 Dollar Zinsen. Dies entspricht einem Zinsaufwand von (100 Dollar x 0,74 €) 37 €. Davon betreffen jeweils 50 % den Zeitraum 16.12.-23.12. und 24.12.-31.12., also jeweils 18,50 €. 1/15 von 18,50 € entfällt auf den privaten Schuldanteil (= 1,23 €, abgerundet 1 €).

Zinsen 16.12.2012-15.1.2013	100 Dollar
Zinsverbindlichkeit am 31.12.2012 (1/2 von 100 Dollar)	50 Dollar
Zinsverbindlichkeit am 31.12.2012 (50 Dollar x 0,74 €)	37 €
Zinsanteil 24.12.-31.12. (= ½ von 37 €)	18,50 €
Zinsanteil private Verbindlichkeit (1/15 von 18,50 €)	1 €
Betriebliche Zinsverbindlichkeit am 31.12.2012	**36 €**

Zutreffende Buchung der Zinsverbindlichkeit:	Zinsaufwendungen 36 an Sonstige Verbindlichkeiten 36

Warenbestand:
Die am Bilanzstichtag vorrätigen zum Umlaufvermögen gehörenden sechs Musikanlagen (Melodie-Star 9 und Melodie-Star 11-15) sind grundsätzlich in der Handelsbilanz (§ 253 Abs. 1 S. 1 HGB) und in der Steuerbilanz (§ 6 Abs. 1 Nr. 2 EStG) mit ihren Anschaffungskosten (6 x 1.600 € = 9.600 €) zu erfassen. Soweit der am Bilanzstichtag maßgebliche beizulegende Wert bzw. Teilwert niedriger ist, muss dieser in der Handelsbilanz ausgewiesen werden (§ 253 Abs. 4 S. 1 HGB).

Ein niedrigerer Teilwert kann (laut Aufgabenstellung – gewünscht ist ein möglichst geringer Gewinn – muss) in der Steuerbilanz angesetzt werden (§ 6 Abs. 1 Nr. 2 S. 2 EStG). Der beizulegende Wert/Teilwert entspricht am 31.12.2012 den zu diesem Zeitpunkt aktuellen Wiederbeschaffungskosten, also einem Betrag von 1.580 € je Musikanlage (2.000 Dollar x Wechselkurs 31.12. 0,74 € = 1.480 € zuzüglich Transportkosten 100 € = 1.580 €).

Für die Frage ob eine voraussichtliche dauernde Wertminderung vorliegt ist nach Rz. 23 des BMF-Schreibens vom 25.2.2000 (Steuererlasse 1 § 6/12) darauf abzustellen wie sich die Wiederbeschaffungskosten in der Zeit vom Bilanzstichtag bis zur

Bilanzerstellung bzw. bis zum vorigen Verkauf entwickeln. Im konkreten Fall hängt dies von der Kursentwicklung nach dem Bilanzstichtag ab.

Bezüglich der am 15.1.2013 ausgelieferten Musikanlage (Melodie-Star 9) liegt eine voraussichtlich dauerhafte Wertminderung vor, da sich der Kurs bis zum Veräußerungszeitpunkt nicht mehr verändert und somit die Wiederbeschaffungskosten bis zur Veräußerung den Teilwert/beizulegenden Wert nicht übersteigen. Bezüglich der übrigen in der Zeit vom 20.-22.1.2013 verkauften 5 Musikanlagen (Melodie-Star 11-15) liegt nur eine vorübergehende Wertminderung vor, da die Wiederbeschaffungskosten durch die am 19.1.2013 eingetretene Wechselkursänderung wieder über den Anschaffungskosten liegen.

Ansatz in der Steuerbilanz:
Melodie-Star 9 (Anschaffungskosten 1.600 €/
voraussichtlich dauerhaft niedrigerer Teilwert 1.580 €) 1.580 €
Melodie-Star 11-15 (Anschaffungskosten je 1.600 €/
vorübergehend niedriger Teilwert je 1.580 €) 8.000 €
= **9.580 €**

Zutreffende Einbuchung des Warenbestands:	Schlussbilanz 9.580 an Wareneinkauf 9.580

In der **Handelsbilanz** ist im Hinblick auf § 253 Abs. 4 HGB zwingend der niedrigere beizulegende Wert auszuweisen (6 x 1.580 = 9.480 €).

- Zusammenfassende Darstellung der Änderungen:

	31.12.2012	
Bilanzposten (Steuerbilanz)	Änderung	Gewinnänderung
Betriebs-/Geschäftsausstattung	+ 1.253	+ 1.253
Warenbestand	+ 2.080	+ 2.080
USt auf Anzahlungen (A RAP)	+ 570	+ 570
Verbindlichkeiten	./. 1.500	+ 1.500
Sonstige Verbindlichkeiten	+ 36	./. 36
Erhaltene Anzahlungen	+ 3.570	./. 3.570
Umsatzsteuer	+ 272	./. 272
Entnahmen	+ 1.704	+ 1.704
Einlagen	+ 1.480	./. 1.480
=		**+ 1.749**

G + V-Posten	2012	
	Änderung	Gewinnänderung
Wareneinsatz (WEK)	./. 3.680	+ 3.680
Zinsaufwendungen	+ 36	./. 36
Erlöse aus Warenentnahmen	+ 1.432	+ 1.432
Warenverkäufe	./. 3.000	./. 3.000
AfA	+ 27	./. 27
Sonderabschreibungen	+ 320	./. 320
Kursgewinne	+ 20	+ 20
=		+ 1.749

2. Leuchtreklame

- **Zerstörung/Verschrottung der alten Leuchtreklame**

  Die in 03 erworbene Leuchtreklame rechnet zum abnutzbaren Anlagevermögen des Einzelunternehmens (§ 247 Abs. 2 HGB, R 6.1 EStR). Im Jahr des Ausscheidens ist eine zeitanteilige planmäßige Abschreibung (3/12 vom Jahresabschreibungsbetrag 1.000 € = 250 €) in Anspruch zu nehmen (R 7.4 Abs. 8 EStR). Der verbleibende Restbuchwert (1.000 € ./. 250 €) i.H.v. 750 € ist außerplanmäßig abzuschreiben.

Zutreffende Buchung im Zusammenhang mit dem Ausscheiden:	AfA	250	an	Betriebs-/GA	250
	Außerplanm. Abschr.	750	an	Betriebs-/GA	750

Der Verkauf an den Schrotthändler stellt einen betrieblichen Veräußerungsvorgang dar. Es handelt sich um eine der Umsatzsteuer unterliegende steuerpflichtige Lieferung. Die Steuerpflicht hängt nicht davon ab, ob eine Rechnungserstellung erfolgt. Die Vereinnahmung stellt eine (Geld-)Entnahme dar.

Zutreffende Buchung der Veräußerung:	Entnahme	357	an	Sonst. betrieb. Erträge	300
				Umsatzsteuer	57

- **Versicherungserstattung**

  Die Versicherungsleistung ist als betrieblicher Ertrag zu verbuchen. Es handelt sich um einen nicht der Umsatzbesteuerung unterliegenden echten Schadensersatz.

Zutreffende Buchung der Versicherungsleistung:	Bank	2.900	an	Sonst. betriebl. Erträge	2.900

Diese Buchung wurde bereits zutreffend vorgenommen.

- **Begünstigung nach R 6.6 EStR**

  Der Vorgang ist „RfE-begünstigt", da die Leuchtreklame durch einen unverschuldeten Unfall (R 6.6 Abs. 2 S. 1 EStR) gegen Erhalt einer Entschädigung (R 6.6

Abs. 1 S. 2 Nr. 1 EStR) ausgeschieden ist und eine Ersatzbeschaffung (R 6.6 Abs. 1 S. 2 Nr. 2 EStR) vorgenommen wurde.

Bei der Berechnung sind nur Entschädigungen, die für das ausgeschiedene Wirtschaftsgut als solches geleistet werden, zu berücksichtigen (Versicherungserstattung 2.700 € + Schrotterlös 300 €). Entschädigungen die der Abgeltung von Folgeschäden dienen (= Versicherungsentschädigung zur Abgeltung der Aufräumkosten) bleiben bei der Berechnung unberücksichtigt (H 6.6 Abs. 1 „Entschädigung" EStH, 1. Urteil).

Der RfE-begünstigte Betrag wie folgt zu berechnen:

Entschädigung (2.700 € + 300 €)	3.000 €
Buchwert im Zeitpunkt des Ausscheidens (H 6.6 Abs. 3 „Buchwert" EStH)	750 €
RfE-begünstigter Betrag	**2.250 €**

Im vorliegenden Fall betragen die Anschaffungskosten des Ersatzwirtschaftsguts (Kaufpreis 1.200 € + Montagekosten 200 € + Vermittlungsprovision 100 €) insgesamt 1.500 €. Abzugsfähige Vorsteuerbeträge rechnen nicht zu den Anschaffungskosten (§ 9b Abs. 1 EStG).

Da die Entschädigung (3.000 €) die Anschaffungskosten des Ersatzwirtschaftsguts (1.500 €) übersteigen, liegt eine Mehrentschädigung vor. Für diesen Fall darf der RfE-begünstigte Betrag nur anteilig übertragen werden (H 6.6 Abs. 3 „Mehrentschädigung" EStH).

$$\text{Übertragungsfähiger Betrag} = \frac{1.500}{3.000} \text{ von 2.250 € } = \text{ 1.125 €}$$

- **Behandlung der Ersatzbeschaffung**
  Die gebraucht erworbene Leuchtreklame rechnet zum abnutzbaren Anlagevermögen des Einzelunternehmens (§ 247 Abs. 2 HGB, R 6.1 EStR). Die Anschaffungskosten betragen 1.500 €. Im Hinblick auf die Aufgabenstellung (gewünscht ist ein möglichst geringer Gewinn) ist eine außerplanmäßige Abschreibung in Höhe des RfE-begünstigten und übertragungsfähigen Betrags (1.125 €) vorzunehmen. Der verbleibende Betrag (1.500 € ./. 1.125 € = 375 € ist grundsätzlich planmäßig auf die verbleibende Restnutzungsdauer des gebraucht erworbenen Wirtschaftsguts (= 5 Jahre) abzuschreiben. Da die verbleibenden Anschaffungskosten aber unter der 410 €-Grenze des § 6 Abs. 2 EStG liegen und kann (nach der Aufgabenstellung muss) eine Sofortabschreibung als Geringwertiges Wirtschaftsgut i.S.d. § 6 Abs. 2 EStG vorgenommen werden (R 6.13 Abs. 2 S. 1 Nr. 4 EStR).

Zutreffende Buchungen					
Erwerb Leuchtreklame	Betriebs-/GA	1.200			
	Vorsteuer	228	an	Bank	1.428
	Betriebs-/GA	200			
Montage	Vorsteuer	38	an	Bank	238

Vermittlungs-provision	Betriebs-/GA	100			
	Vorsteuer	19	an	Bank	119
Außerplanm. Abschreib.	Außerplanm. Abschr.	1.125	an	Betriebs-/GA	1.125
	GWG	375	an	Betriebs-/GA	375
Sofortabschreibung	Abschreib. GWG	375	an	GWG	375

☞ **Hinweis zur handelsrechtlichen Behandlung!**

Die außerplanmäßige Abschreibung nach R 6.6 EStR ist handelsrechtlich nicht zulässig. Die gebraucht erworbene Leuchtreklame ist mit ihren Anschaffungskosten (1.500 €) zu aktivieren und planmäßig (linear oder degressiv) auf die voraussichtliche (Rest-)Nutzungsdauer von 5 Jahren verteilt abzuschreiben (§ 253 Abs. 3 S. 1 HGB). Die Abschreibung ist in 2012 zeitanteilig (8/12 des Jahresabschreibungsbetrags) vorzunehmen. Da der Erwerb in der ersten Hälfte des Wirtschaftsjahres erfolgte kann auch eine volle Jahresabschreibung in Anspruch genommen werden (Beck Bil.-Komm. § 253 Rz. 276).

Zusammenfassende Darstellung der Änderungen:

	31.12.2012	
Bilanzposten (Steuerbilanz)	Änderung	Gewinnänderung
Umsatzsteuer	+ 57	./. 57
Entnahmen	+ 357	+ 357
		+ 300

	2012	
G + V-Posten	Änderung	Gewinnänderung
Außerplanmäßige Abschreibungen (750 + 1.125 ./. 1.000)	+ 875	./. 875
Abschreibungen	+ 250	./. 250
Sonstiger betrieblicher Aufwand (1.200 + 200 + 100)	./. 1.500	+ 1.500
Sonstige betriebliche Erträge	+ 300	+ 300
Abschreibungen GWG	+ 375	./. 375
		+ 300

3.   Heißluftgebläse, Entfeuchtungsgerät

Die beiden Geräte werden ab Juli 2012 nur noch für eigenbetriebliche Zwecke genutzt. Nach der Nutzungsänderung rechnen diese zum notwendigen Betriebsvermögen (R 4.2 Abs. 1 S. 1 EStR). Die Nutzungsänderung führt zu einer Einlage, die nach § 6 Abs. 1 Nr. 5 EStG grundsätzlich mit dem Teilwert im Zeitpunkt der Einlage zu bewerten ist. Die Teilwerte entsprechen den Nettowiederbeschaffungskosten (Heißluftgerät 1.000 €, Entfeuchtungsgerät 700 €). Da eine Einlage innerhalb von drei Jahren nach der privaten Anschaffung erfolgt, darf der Einlagewert im Hinblick auf § 6 Abs. 1 Nr. 5 S. 1a und S. 2 EStG die Anschaffungskosten abzüglich der planmäßigen Abschreibung bis zur Einlage nicht übersteigen.[4]

	Teilwert	Höchstwert der Einlage		Einlagewert
Heißluftgerät	1.000 €	Anschaffungskosten 22.7.09	1.400 €	
		AfA 10 (5/12 von 1/6 von 1.400)	97 €	
		AfA 11 (1/6 von 1.400)	233 €	
		AfA 12 (6/12 von 1/6 von 1.400)	117 €	
		Restwert im Zeitpunkt der Einlage	953 €	953 €
Entfeuchtungsgerät	700 €	Anschaffungskosten 22.7.10	1.200 €	
		AfA 10 (5/12 von 1/6 von 1.200)	83 €	
		AfA 11 (1/6 von 1.200)	200 €	
		AfA 12 (6/12 von 1/6 von 1.200)	100 €	
		Restwert im Zeitpunkt der Einlage	817 €	700 €

Die Abschreibung der zum abnutzbaren Anlagevermögen rechnenden Wirtschaftsgüter erfolgt linear nach § 7 Abs. 1 EStG verteilt auf die verbleibende Restnutzungsdauer. Mangels anderer Angaben in der Aufgabe ist davon auszugehen, dass die Restnutzungsdauer der voraussichtlichen Nutzungsdauer (6 Jahre = 72 Monate) abzüglich der bereits vergangenen Zeitdauer (23 Monate) also somit 4 Jahre und 1 Monat (= 49 Monate) entspricht. Eine 7g-Sonderabschreibung kommt nicht in Betracht, da kein Anschaffungs- bzw. Herstellungsvorgang vorliegt.

Die Anwendung des § 6 Abs. 2a EStG ist Hinblick auf die Aufgabenstellung bereits deshalb zu verneinen, weil bereits im Rahmen des Sachverhalts 2 die Vorschrift des § 6 Abs. 2 EStG angewendet wird. Darüber hinaus würde sich ein geringerer Abschreibungsbetrag ergeben.[5]

	Heißluftgerät	Entfeuchtungsgerät
Einlagewert Juli 2012	953 €	700 €
./. Lineare Abschreibung (6/12 von 12/49 von 953 bzw. 700)	./. 117 €	./. 86 €
31.12.2012	836 €	614 €

---

4   Bei der Berechnung ist zu beachten, dass für angefangene Monate im Privatvermögen keine Abschreibung berechnet werden muss. Im Jahr der Einlage kann im betrieblichen Bereich 6/12 (AfA einschließlich Juli 11) des Jahresabschreibungsbetrags geltend gemacht werden.

5   Die Abschreibung kann nach § 7 Abs. 1 S. 4 EStG nur zeitanteilig vorgenommen werden

Zutreffende Buchungen				
Einlage:	Betriebs-/GA	1.653	an Einlagen	1.653
AfA	AfA	203	an Betriebs-/GA	203

	31.12.2012	
Bilanzposten (Steuerbilanz)	Änderung	Gewinnänderung
Betriebs-/Geschäftsausstattung	+ 1.450	+ 1.450
Einlagen	+ 1.653	./. 1.653
		./. 203

	2012	
G + V-Posten	Änderung	Gewinnänderung
AfA	+ 203	./. 203

☞ **Hinweis!**
Handelsrechtlich kann die Einlage mit den Zeitwerten (1.000 € + 700 €) bewertet werden. Dieser entspricht den Teilwerten. Die steuerliche Beschränkung der Einlagewerte nach § 6 Abs. 1 Nr. 5 S. 1a EStG ist nicht zu beachten. Die planmäßige Abschreibung kann linear oder degressiv erfolgen. Die Anwendung der „Halbjahresregelung" ist zulässig.

Punktetabelle
Vorbemerkung:
Ein Folgefehler liegt insoweit nur vor, wenn sich der Fehler durch Versagung eines Punktes für die rechtliche Würdigung bereits ausgewirkt hat. Unterbleibt eine Berichtigung, da die rechtliche Würdigung fehlerhaft ist, liegt kein Folgefehler vor.

TEIL I: Sachverhalt 1.	Korrekturpunkte	
Ausstellungsstück rechnet zum Anlagevermögen (Betriebs-/Geschäftsausstattung)	1	(1)
Transportkosten = Anschaffungsnebenkosten	1	(2)
Einfuhrumsatzsteuer = Abziehbare Vorsteuer/kein Teil der Anschaffungskosten (§ 9b Abs. 1 EStG)	1	(3)
Zutreffende Ermittlung der Anschaffungskosten je Kühlschrank 1.600 €	1	(4)

Verkaufter aber noch nicht gelieferter Kühlschrank (Cool-Star 9) Verkaufter, noch nicht gelieferter Kühlschrank = schwebendes Geschäft	1	(5)
Erhaltene Anzahlung erkannt zutreffend ausgewiesen (Reduzierung WVK)	1	(6)
Problematik des § 5 Abs. 5 S. 2 Nr. 2 EStG erkannt und angesprochen	1	(7)
Schenkung Schenkung Kühlschrank = Entnahme	1	(8)
Ansatz der Entnahme mit Teilwert (§ 6 Abs. 1 Nr. 4 EStG) = Wiederbeschaffungskosten	1	(9)
Zutreffende Ermittlung des Teilwerts (1.432 €)	1	(10)
Zutreffende umsatzsteuerliche Behandlung der Entnahme (§ 3 Abs. 1b/§ 10 Abs. 4 Nr. 1 UStG)	1	(11)
Umsatzsteuer i.Z.m. der Entnahme ist nach§ 12 Nr. 3 EStG nicht abzugsfähig	1	(12)
Anteilige Verbindlichkeit wird zur Privatschuld	1	(13)
Zutreffender Wert der Privatschuld ermittelt (1.480 €), Kursgewinn 20 €	1	(14)
Bilanzansatz Verbindlichkeiten Anschaffungskosten = 21.000 €, Teilwert 20.720 €	1	(15)
Ansatz der Verbindlichkeit mit den Anschaffungskosten, niedrigerer Teilwert darf nicht angesetzt werden	1	(16)
Handelsbilanz: Stichtagswert ist auf der Basis des Kassamittelkurses zu ermitteln (§ 256a S. 1 HGB)	1	(17)
Handelsbilanz: Ansatz Kassamittelkurs nach § 256a S. 2 HGB	1	(18)
Bilanzansatz Ausstellungsstück (BGA) Ansatz mit Anschaffungskosten abzüglich linearer AfA nach § 7 Abs. 1 EStG (20 %)	1	(19)
Zeitanteilige AfA 1/12 nach § 7 Abs. 1 S. 4 EStG	1	(20)
Sonderabschreibung nach § 7g Abs. 5-6 EStG berücksichtigt	1	(21)
Ermittlung des Teilwerts des Ausstellungsstücks (1.554 €)	1	(22)
Höherer Teilwert darf nicht angesetzt werden	1	(23)

Handelsbilanz: Planmäßige Abschreibung linear oder degressiv möglich	1	(24)
Handelsbilanz: Planmäßige Abschreibung 1/12 oder „Halbjahres-AfA"	1	(25)
Handelsbilanz: 7g-Sonderabschreibung kann nicht geltend gemacht werden	1	(26)
Handelsbilanz: Niedrigerer beizulegender Wert erkannt, Ansatz aber planmäßiger Buchwert	1	(27)
Verzugszinsen Finanzierungskosten rechnen nicht zu den Anschaffungskosten/ Betriebsausgabenabzug	1	(28)
Zinsanteil private Verbindlichkeit nicht als Betriebsausgabe berücksichtigt	1	(29)
Zutreffende Berechnung der betrieblichen Zinsschuld zum 31.12. und Einbuchung		(30)
Warenbestand Warenbestand besteht aus 6 Kühlschränken	1	(31)
Anschaffungskosten je Kühlschrank = 1.600 €, Teilwert/beizulegender Wert = 1.580 €)	1	(32)
Cool-Star 9: Ansatz des voraussichtlich dauerhaft niedrigeren Teilwerts (1.580 €)	1	(33)
Übrige Kühlschränke: Wertminderung nur vorübergehend/ Ansatz mit Anschaffungskosten	1	(34)
Handelsbilanz: Ansatz des Warenbestandes mit niedrigerem Wert (§ 253 Abs. 4 HGB)	1	(35)
Folgerichtige Änderungen der Bilanzposten	2	(36) (37)
Folgerichtige Änderungen der G + V	2	(38) (39)
Sachverhalt 2.		
Zerstörung/Verschrottung Zeitanteilige Abschreibung 3/12 von 1.000 € beansprucht	1	(40)
Restbuchwert (750 €) außerplanmäßig abgeschrieben	1	(41)
Schrotterlös zutreffend behandelt (Entnahme, Umsatzsteuerpflicht, betrieblicher Ertrag)	1	(42)

Versicherungserstattung betrieblicher Ertrag, echter Schadensersatz (nicht umsatzsteuerpflichtig)	1	(43)
RfE Vorgang ist RfE-begünstigt	1	(44)
Zutreffende Berechnung des RfE-begünstigten Betrags (2.250 €)	1	(45)
Mehrentschädigung erkannt	1	(46)
Zutreffende Berechnung des übertragungsfähigen Betrags 1.125 €	1	(47)
Ersatzbeschaffung Zutreffende Ermittlung der Anschaffungskosten (1.500 €)	1	(48)
Außerplanmäßige Abschreibung 1.125 € vorgenommen	1	(49)
Voraussichtliche (Rest-)Nutzungsdauer 5 Jahre thematisiert	1	(50)
Sofortabzug nach § 6 Abs. 2 EStG des verbleibenden Betrags	1	(51)
Zutreffender Hinweis auf die abweichende Behandlung in der Handelsbilanz	1	(52)
Folgerichtige Änderungen der Bilanzposten	1	(53)
Folgerichtige Änderungen der G + V	1	(54)
Sachverhalt 3.		
Nutzungsänderung führt zur Einlage im Juli 2012	1	(55)
Teilwerte entsprechen den Nettowerten (1.000 € + 700 €) des Kaufangebots	1	(56)
Beschränkung des Einlagewerts erkannt (Einlage innerhalb der ersten 3 Jahre)	1	(57)
Zutreffende Ermittlung der Einlagewerte	1	(58)
Lineare Abschreibung auf Restnutzungsdauer 49 Monate	1	(59)
Zeitanteilige lineare Abschreibung nach § 7 Abs. 1 S. 4 EStG = 6/12 7g-Sonderabschreibung verneint	1	(60)
Stellungnahme zur Nichtanwendung des § 6 Abs. 2a EStG	1	(61)
Folgerichtige Änderungen der Bilanzposten und G + V	1	(62)
Handelsbilanz: Einlagewerte 1.000 € + 700 €	1	(63)
Vorläufige Summe Korrekturpunkte		
Zusatzpunkt für besonders gute Begründung und Darstellung	1	

Punktabzug für besonders nachlässige Darstellung und Begründung	1	
Gesamtpunkte		
Notenpunkte		

Notenschlüssel		
ab (95 %)	63 Punkte	1,0
ab (88 %)	59 Punkte	1,5
ab (81 %)	54 Punkte	2,0
ab (74 %)	49 Punkte	2,5
ab (67 %)	45 Punkte	3,0
ab (59 %)	39 Punkte	3,5
ab (50 %)	33 Punkte	4,0
ab (40 %)	27 Punkte	4,5
ab (30 %)	20 Punkte	5,0
ab (20 %)	13 Punkte	5,5
weniger als (20 %)	13 Punkte	6,0

Klausuren Einkommensteuer

Übungsklausur 1
Bearbeitungszeit: 3 Stunden

1. Allgemeines

Mikis Zementidis ist griechischer Staatsbürger und lebte bis zum April 2011 in Kalamata (Griechenland). Er ist verheiratet und hat eine Tochter. Bis Ende 2010 war Zementidis als Bauunternehmer in Kalamata selbstständig tätig. Aufgrund der allgemeinen Wirtschaftskrise musste er aber Insolvenz für seine Bauunternehmung anmelden. Da er in Griechenland keine Perspektive mehr sah, zog er im Mai 2011 nach Heilbronn, wo ein Teil seiner Verwandtschaft schon seit einigen Jahren wohnt. Seit seinem Umzug bewohnt er im Hause seines Schwagers Janis Komplitsis eine Wohnung. Die Dreizimmer-Wohnung hat eine Wohnfläche von 55 m²; die Miete beträgt angemessene 400 € monatlich zuzüglich Nebenkosten (Heizung, Strom etc.) in Höhe von 150 € monatlich.

Die Ehefrau von Zementidis ist dänische Staatsbürgerin. Sie wohnt bis auf weiteres in dem Einfamilienhaus, das die Familie vor einigen Jahren in der Gegend von Kalamata errichtete. Derzeit ist die Ehefrau von Zementidis arbeitslos und hat kein eigenes Einkommen.

Die gemeinsame 23 Jahre alte Tochter Retsina lebt bei ihrem Vater in Heilbronn. Retsina hat in Griechenland eine Ausbildung als Krankenschwester absolviert (Anmerkung: Die Ausbildung ist nach deutschem Recht anzuerkennen). Seit 2011 ist Retsina Studentin an der Dualen Hochschule im Fachbereich Betriebswirtschaft. Im Rahmen ihres Ausbildungsdienstverhältnis bei einem Unternehmen in Heilbronn erhält sie 800 € monatlich.

2. Einkünfte aus nichtselbstständiger Arbeit

2.1 Lohnabrechnung

Als Bauingenieur gelang es Zementidis sofort, in Deutschland Arbeit zu finden. Im VZ 2012 bekam er ab Januar einen Arbeitslohn in Höhe von brutto 6000 € im Monat. Seine monatliche Lohnabrechnung sah wie folgt aus:

	Arbeitnehmer	Arbeitgeber
Arbeitslohn	6.000 €	
Lohnsteuerklasse I	1.549,50 €	
SolZ	85,22 €	
Krankenversicherung 14,9 %	302,18 €	267,75 €
Pflegeversicherung 1,95 %	37,29 €	37,29 €
Rentenversicherung 19,6 %	548,80 €	548,80 €
Arbeitslosenversicherung 3 %	84 €	84 €
Nettolohn	**3.393,01 €**	

Zementidis ist der Ansicht, dass die Lohnsteuer von seinem Arbeitgeber falsch berechnet worden sei, da er verheiratet sei und ihm Lohnsteuerklasse III zustünde. Sein

Arbeitgeber erklärte ihm, er könne nicht von den vom zuständigen Finanzamt mitgeteilten Lohnsteuerabzugsmerkmalen gemäß § 39 EStG abweichen. Danach sei er nach Lohnsteuerklasse I abzurechnen, da seine Ehefrau in Griechenland wohne und daher eine Zusammenveranlagung in Deutschland ausgeschlossen sei. Im Übrigen sei seine Ehefrau dänische Staatsbürgerin und schon aus diesem Grund in Deutschland nicht berücksichtigungsfähig.

Anmerkung: Bitte gehen Sie davon aus, dass die Lohnsteuer nicht mehr nachträglich zu berichtigen ist.

In 2012 bekam Zementidis von seinem Arbeitgeber ein Handy im Wert von 300 € leihweise zur Verfügung gestellt. Zementidis darf dieses Handy auch privat nutzen. Der Arbeitgeber übernahm auch die Gebühren für das Handy (Flatrate monatlich 30 €).

2.2   Werbungskosten

Der Arbeitgeber von Zementidis hat seinen Sitz in Ludwigsburg. Die einfache Entfernung zur Wohnung von Zementidis beträgt 39 km. Zementidis betreut in ganz Baden-Württemberg Bauvorhaben seines Arbeitgebers. Er fährt arbeitstäglich (Anmerkung: an 240 Tagen im Jahr) mit dem eigenen PKW in das Büro seines Arbeitgebers, übernimmt dort die jeweiligen Aufträge und fährt dann mit dem firmeneigenen PKW auf die jeweiligen Baustellen. Im Durchschnitt hält er sich eine halbe Stunde am Betriebssitz des Arbeitgebers auf.

An den Arbeitstagen fuhr Zementidis jeweils um 7:00 Uhr von seinem Wohnsitz in Heilbronn los, erreichte den Betrieb seines Arbeitgebers um 7:30 Uhr und fuhr dann um 8 Uhr auf die einzelnen Baustellen. Um 15:30 Uhr war Zementidis jeweils wieder im Betrieb zurück und fuhr anschließend nachhause (Fahrzeit ca. eine halbe Stunde).

Verpflegungsmehraufwendungen bekam Zementidis von seinem Arbeitgeber nicht ersetzt.

Vom 1. August bis 20. August 2012 flog Zementidis zu seiner Familie nach Kalamata (Entfernung Heilbronn-Kalamata 2.500 km). Zementidis fuhr von Heilbronn aus zum Flughafen Stuttgart (einfache Entfernung 50 km). In Athen holte ihn seine Ehefrau vom Flughafen ab (einfache Entfernung Athen-Kalamata 250 km). Die Kosten für den Flug beliefen sich auf 300 €, für das Parken am Flughafen Stuttgart bezahlte er 50 €. Weitere Familienheimfahrten konnte Zementidis aufgrund des neuen Arbeitsverhältnisses und der damit verbundenen großen Arbeitsbelastung nicht durchführen.

Im November 2012 war Zementidis als Bauleiter auf einer Baustelle in Stuttgart eingesetzt. Er wies einen Arbeitnehmer an, einen alten Baum umzusägen, da dieser Baum die Aufstellung eines Baukrans behinderte. Da für die Beseitigung des Baums eine entsprechende Genehmigung nicht vorlag, verhängte die Stadt Stuttgart gegen Zementidis ein Bußgeld in Höhe von 200 €. Der Arbeitgeber von Zementidis war nicht bereit, Zementidis diesen Betrag zu erstatten, da er der Meinung war, wer so blöd sei, sich bei einer solchen Aktion erwischen zu lassen, müsse die Folgen selbst tragen.

Im Juli 2012 lief die arbeitsvertraglich vereinbarte Probezeit ab; der Arbeitsvertrag von Zementidis wurde auf unbestimmte Zeit verlängert. Der Arbeitgeber wies Zementidis darauf hin, dass es im Unternehmen üblich sei, bei derartigen Anlässen die Kollegen auf ein Bier einzuladen. Zementidis lud daher die Kollegen und einige Mitarbeiter eines Subunternehmers am Freitagabend zu einem Vesper mit Getränken ein. Die auf Zementidis ausgestellte Rechnung belief sich auf 180 € und wurde von ihm sogleich bar beglichen.

Zementidis konnte zwar bei seinem Umzug nach Deutschland bereits relativ gut deutsch sprechen, er war aber der Ansicht, dass seine Kenntnisse für die berufliche Tätigkeit verbessert werden müssten. Aus diesem Grund besuchte er in 2012 an mehreren Samstagen einen Intensivkurs zur Verbesserung seiner Sprachkenntnisse. Für diesen Kurs bezahlte er im November 2012 1.800 €. Sein Arbeitgeber hatte ihm zugesagt, die Kosten für den Sprachkurs zu übernehmen, wenn er ihn mit Erfolg absolviere, was geschehen ist. Die Zahlung durch den Arbeitgeber erfolgte allerdings erst mit der Lohnzahlung für den Monat Dezember 2012 (Gutschrift auf dem Girokonto am 2. Januar 2013).

3. Olivenöl-Handel

Da zahlreiche Familienangehörige von Zementidis in Kalamata einen Oliven-Hain bewirtschaften, brachte ihn sein Schwager Komplitsis auf die Idee, nebenberuflich einen Olivenöl-Handel zu gründen. Sein Arbeitgeber genehmigte diese Tätigkeit unter der Voraussetzung, dass die Arbeit als Bauingenieur darunter nicht leidet. Zementidis möchte seinen Gewinn nach § 4 Abs. 3 EStG ermitteln. Er ist sich jedoch nicht sicher, ob dies zulässig sei.

Zementidis mietete ab Oktober 2012 eine kleine Halle in einem Gewerbegebiet bei Heilbronn an. Der Vermieter ist ein Freund seines Schwagers. Aus diesem Grund verzichteten die Parteien auf einen schriftlichen Mietvertrag. Die Miete von 200 € monatlich wurde per Handschlag besiegelt (Anmerkung: Gehen Sie bitte davon aus, dass Zementidis Kleinunternehmer i.S.v. § 19 UStG ist).

Da Zementidis Eigentümer eines alten Golf ist, den er bisher ausschließlich privat nutzte und vor 5 Jahren erwarb (Wert gemäß Schwacke-Liste 2.000 €) und der Vermieter genau einen solchen Wagen suchte, verkaufte Zementidis im Oktober 2012 das Fahrzeug an den Vermieter. Die Parteien vereinbarten, dass der Kaufpreis mit der noch offenen Miete Oktober und der Miete der folgenden Monate verrechnet werde.

Für den Druck von Prospekten bezahlte Zementidis in 2012 800 € zuzüglich Umsatzsteuer. Die Prospekte wurden im Januar 2013 an Zementidis ausgeliefert.

Zementidis beabsichtigt, in 2014 einen kleinen gebrauchten VW-Transporter zu erwerben, um damit das Olivenöl auszuliefern. Es ist davon auszugehen, dass das Fahrzeug ausschließlich betrieblich genutzt wird. Im Internet hat Zementidis recherchiert, dass für ein derartiges Fahrzeug ein Kaufpreis von 5.000 € (inklusive Umsatzsteuer) gezahlt werden müsse.

Da es für Zementidis selbstverständlich ist, jedem Gast oder Kunden einen Kaffee anzubieten, erwarb er im Dezember 2012 für 420 € inklusive Umsatzsteuer eine Kaffeemaschine (betriebsgewöhnliche Nutzungsdauer 5 Jahre). Außerdem erwarb er für 80 € inklusive Umsatzsteuer Kaffeetassen, Unterteller, Milchkännchen etc.

Die Kaffeemaschine kostet normalerweise 1.200 €. Im Rahmen einer Aktion war der Preis auf 420 € inklusive Umsatzsteuer ermäßigt, wenn sich der Verkäufer verpflichtet, ein sog. Kaffee-Abonnement abzuschließen. Zementidis verpflichtete sich mit diesem Abonnement ab Dezember 2012 für die Zeit von 2 Jahren monatlich für 20 € inklusive Umsatzsteuer Kaffee abzunehmen. Der Abonnement-Preis ist jeweils zum 1. eines jeden Monats fällig und wird per Einzugsermächtigung vom Konto abgebucht. Die erste Abbuchung in Höhe von 40 € erfolgte am 8. Januar 2013 für die Monate Dezember 2012 und Januar 2013.

Da das beste Olivenöl im Januar geerntet wird und somit frühestens ab Ostern ausgeliefert werden kann, bestellte ein bekanntes Feinschmecker-Lokal bereits im November 2012 50 l Olivenöl zur Lieferung im April 2013. Der Inhaber des Lokals leistete hierfür im November 2012 eine Anzahlung i.H.v. 200 €, da der genaue Preis des Olivenöls zu diesem Zeitpunkt noch nicht feststand.

4. Schriftstellerei

Als begeisterter Hobby-Koch verfügt Zementidis über eine umfangreiche Rezeptsammlung mit Gerichten auf der Basis des berühmten Kalamata-Olivenöls. Ein kleinerer Verlag beauftragte ihn daher, ein entsprechendes Kochbuch zu schreiben. In dem Kochbuch sollen jeweils auch kleinere Geschichten aus seiner Heimat enthalten sein.

Seit Januar 2012 nutzt Zementidis einen Raum (10 m²) in seiner Wohnung als Arbeitszimmer. Der Raum ist mit einem Schreibtisch und einem Bücherregal ausgestattet und wird nachweislich ausschließlich für die schriftstellerische Tätigkeit verwendet.

Anmerkung: Bitte gehen Sie davon aus, dass es sich bei der schriftstellerischen Tätigkeit nicht um Liebhaberei handelt und dass Zementidis den Gewinn nach § 4 Abs. 3 EStG ermitteln möchte, falls dies möglich ist.

5. Einkünfte aus Kapitalvermögen

Zementidis bekam im Januar 2012 von seinem Arbeitgeber das Angebot, sich an einer Unternehmensanleihe zu beteiligen. Die Unternehmensanleihe hat eine Laufzeit bis zum Jahre 2020 und wird mit 4 % jährlich verzinst. Die Zinsen sind jeweils am 31. Dezember eines jeden Jahres fällig. Zementidis ließ sich dieses lukrative Angebot nicht entgehen und nahm bei seiner Bank einen Kredit in Höhe von 20.000 € auf, um sich in dieser Höhe an der Unternehmensanleihe zu beteiligen. Für den Kredit zahlt Zementidis 3 % jährlich.

Für die am 31.12.2012 gezahlten Zinsen erhielt Zementidis folgende Abrechnung (bitte unterstellen Sie, dass die Abrechnung steuerlich in Ordnung ist):

Zinsen 2012	800 €
Kapitalertragsteuer 25 %	./. 200 €
SolZ 5,5 %	./. 11 €
Auszahlungsbetrag	**589 €**

Einkünfte aus Vermietung und Verpachtung

Im Januar 2012 erwarb Zementidis eine gebrauchte Eigentumswohnung (Baujahr 1970; Wohnfläche 100 m²) für 100.000 € (Anteil Grund und Boden 5 %). Die Anschaffungsnebenkosten (Grunderwerbsteuer, Makler, Notar etc.) beliefen sich auf 9.000 €. Den Kaufpreis bezahlte Zementidis aus eigenen Mitteln, die er vor der Insolvenz in Griechenland retten konnte.

Die Wohnung war relativ günstig, da sie derzeit vermietet ist und der derzeitige Mieter (ein Freund des alten Eigentümers) lediglich eine Miete von monatlich 600 € (inklusive Nebenkosten) zu bezahlen hat. Ortsüblich wären für eine derartige Wohnung 800 € (inklusive Nebenkosten). Im Mai 2012 kündigte Zementidis dem Mieter wegen Eigenbedarf, da er plant, die Wohnung so bald wie möglich selbst zu nutzen, damit seine Ehefrau und die Tochter nach Deutschland ziehen können. Der Mieter wehrt sich derzeit über einen Rechtsanwalt gegen die nach seiner Ansicht rechtswidrige Kündigung. Es ist nicht abzusehen, bis wann der Mieter die Wohnung räumen wird. Seinem Rechtsanwalt musste Zementidis in 2012 einen Honorarvorschuss in Höhe von 300 € zuzüglich Umsatzsteuer bezahlen.

Im Juni 2012 wurde die Wohnanlage, in der sich die Eigentumswohnung befindet, umfassend energetisch saniert (Isolierung der Außenfassade, neue Fenster, neue Heizungsanlage, Einbau einer Solaranlage zur Warmwasser-Gewinnung etc.). Der Anteil, der auf die Wohnung des Zementidis entfiel, belief sich auf 16.000 € zuzüglich Umsatzsteuer. Von der Hausverwaltung erhielt Zementidis im November 2012 folgende Abrechnung:

Ihr Anteil an den Sanierungskosten:	19.040 €
Verrechnung mit der Instandhaltungsrücklage:	./. 10.000 €
noch zu zahlen	**9.040 €**

Der Betrag in Höhe von 9.040 € wurde Ende November vom Konto des Zementidis abgebucht.

Zementidis zahlt monatlich einen Nebenkosten-Abschlag in Höhe von 200 € (ohne Zuführung zur Instandhaltungsrücklage) an die Hausverwaltung. Eine Abrechnung der Nebenkosten liegt für das Jahr 2012 derzeit noch nicht vor.

6. Sonstige Einkünfte

Als die Miteigentümer der Wohnanlage erfuhren, dass Zementidis „vom Fach" ist, baten sie ihn, die Funktion eines Hausmeisters zu übernehmen. Zementidis erklärte sich bereit, diese Tätigkeit ab Mai 2012 gegen eine monatliche Zahlung von 100 € zu übernehmen.

7. Sonderausgaben

Neben den Beiträgen zur gesetzlichen Sozialversicherung (siehe Lohnabrechnung oben) bezahlte Zementidis in 2012 monatlich 28 € für eine Zahn-Zusatzversicherung, 300 € für die Pkw-Haftpflichtversicherung sowie 90 € für eine Rechtsschutzversicherung.

In 2012 spendete Zementidis der griechisch-orthodoxen Kirche in Kalamata 500 € zur Renovierung des Kirchengebäudes. Eine entsprechende Spendenbescheinigung liegt in deutscher Übersetzung vor. Die griechisch-orthodoxe Kirche in Griechenland ist einer deutschen Körperschaft vergleichbar.

Im Lidl-Markt im Kalamata befindet sich eine Sammelbox, in die die Besucher des Supermarkts Lebensmittelspenden für Bedürftige legen können. Die Sammelbox wird von einer örtlichen Wohltätigkeitsorganisation aufgestellt, regelmäßig geleert und die Nahrungsmittelspenden an bedürftige Familien, Rentner etc. weitergeleitet. Zementidis erwarb im Supermarkt – ausweislich eines Kassenzettels – diverse Lebensmittel für 80 €, die er als Spende in die Sammelbox legte. Zementidis ist der Ansicht, die Voraussetzungen einer Sachspende seien gegeben. Bei Spenden unter 200 € verzichte die deutsche Finanzverwaltung auf eine förmliche Spendenbescheinigung im Sinne des § 10b EStG (vgl. § 50 Abs. 2 EStDV).

8.   Außergewöhnliche Belastungen

Zementidis überweist seiner Ehefrau monatlich 1.200 € und seiner Tochter monatlich 200 €. Darüber hinaus überweist er seiner Schwiegermutter monatlich 200 €. Die Schwiegermutter ist Witwe und verfügt außer einem kleinen Einfamilienhaus (70 m²) über kein weiteres Vermögen. Nachdem ihre Rente aufgrund der Sparauflagen der Troika um 1/3 gekürzt wurde, steht ihr nur noch ein monatlicher Betrag i.H.v. 390 € zu.

Als die Schwiegermutter im Oktober 2012 wegen einer schweren Depression ins Krankenhaus in Kalamata eingeliefert wurde, musste diese für Medikamente und die Behandlung einen Betrag i.H.v. 2.000 € bezahlen. Da sie diesen Betrag aus eigenen Mitteln nicht leisten konnte, übernahm die Ehefrau von Zementidis die Bezahlung.

9.   Kindergeld

Zementidis bekam in 2012 für die Tochter Retsina monatlich 184 € Kindergeld. Es ist davon auszugehen, dass die Gewährung von Kindergeld günstiger ist als die Inanspruchnahme von Kinderfreibeträgen.

10.   Aufgaben

1. Bitte prüfen Sie, ob die Eheleute Zementidis im VZ 2012 gemeinsam zu veranlagen sind. Gehen Sie dabei bitte auf die Frage ein, welche Auswirkungen der Lohnsteuerabzug nach Steuerklasse I hat.
2. Ermitteln Sie bitte die **geringstmögliche Summe der Einkünfte** für den VZ 2012. Gehen Sie bitte bei den einzelnen Einkunftsarten auf die Einnahmen und die Werbungskosten/Betriebsausgaben auch dann ein, wenn sich diese auf den Gesamtbetrag der Einkünfte nicht auswirken. Prüfen Sie bitte, inwieweit Aufwendungen für eine doppelte Haushaltsführung in Betracht kommen.
3. Ermitteln Sie bitte den maximalen Betrag der Vorsorgeaufwendungen sowie die Höhe der abzugsfähigen Spenden.
4. Berechnen Sie bitte die maximal abzugsfähigen außergewöhnlichen Belastungen. Ein Ausbildungsfreibetrag ist nicht zu prüfen.
5. Prüfen Sie bitte, ob die Voraussetzungen für die Gewährung des Kindergelds gegeben sind.

Folgen Sie bitte bei Ihrer Lösung der Reihenfolge des Sachverhalts. Alle Beträge sind kaufmännisch zu runden. Eventuell erforderliche Anträge gelten jeweils als gestellt. Eventuell erforderliche Nachweise gelten als vorgelegt, soweit die Nachweise vom Steuerpflichtigen oder seiner Ehefrau grundsätzlich erbracht werden können.

Lösung der Übungsklausur 1

1. Zusammenveranlagung

Nach § 26 EStG kommt eine Zusammenveranlagung nur infrage, wenn beide Ehegatten **unbeschränkt steuerpflichtig** sind. Bei Mikis Zementidis sind die Voraussetzungen des § 1 Abs. 1 EStG i.V.m. § 8 AO unzweifelhaft gegeben. Die Ehefrau erfüllt aber die Voraussetzungen des § 1 Abs. 1 EStG nicht, da sie ihren Wohnsitz in Griechenland hat.

Die unbeschränkte Steuerpflicht der Ehefrau könnte sich aber für Zwecke der Zusammenveranlagung aus § 1a Abs. 1 Nr. 2 EStG ergeben (sog. fiktive unbeschränkte Steuerpflicht). Eine erste Voraussetzung dafür ist, dass Mikis Zementidis nach § 1a Abs. 1 Satz 1 EStG Staatsangehöriger eines Mitgliedstaats der Europäischen Union ist. Dies ist laut Sachverhalt der Fall.

Weitere Voraussetzung ist, dass die Ehegatten **nicht dauernd getrennt** leben. Dies könnte im vorliegenden Fall problematisch sein, da die Ehefrau in Griechenland wohnt und Mikis Zementidis die Familie lediglich einmal besuchte. Das Tatbestandsmerkmal des „nicht dauernd getrennt leben" ist aber subjektiv auszulegen. Es kommt entscheidend darauf an, ob die Ehegatten die Absicht haben, die eheliche Gemeinschaft aufrechtzuerhalten. In diesem Fall ist auch eine längere Trennung der Ehegatten (z.B. aufgrund eines Auslandsaufenthalts) nicht schädlich (vgl. R 26 Abs. 1 EStR). Da laut Sachverhalt geplant ist, dass die Familie nach Deutschland zieht, sobald eine entsprechende Wohnung vorhanden ist, kann davon ausgegangen werden, dass die eheliche Gemeinschaft weiterhin besteht. Es ist insoweit auch nicht ungewöhnlich, dass bei der weiten Entfernung von Deutschland nach Griechenland nur einmal eine Familienheimfahrt stattfand (vgl. R 9.11 Abs. 3 Satz 5 LStR, wonach bereits eine Heimfahrt im Kalenderjahr ausreicht, um die ausländische Wohnung als Lebensmittelpunkt anzuerkennen).

Weitere Voraussetzung des § 1a Abs. 1 Nr. 2 Satz 2 i.V.m. § 1a Abs. 1 Nr. 1 Satz 2 EStG ist, dass der Ehepartner seinen Wohnsitz oder gewöhnlichen Aufenthalt im Hoheitsgebiet eines anderen Mitgliedstaats der europäischen Union hat. Auch diese Voraussetzung ist unproblematisch gegeben, da laut Sachverhalt die Ehefrau in Griechenland wohnt. Die Tatsache, dass die Ehefrau dänische Staatsbürgerin ist, spielt in diesem Zusammenhang keine Rolle.

Somit sind die Eheleute zusammen zu veranlagen. Der Splittingtarif ist zu gewähren.

Die Tatsache, dass der Arbeitgeber fälschlicherweise Lohnsteuerklasse I dem Lohnabzug zu Grunde legte, hat im Rahmen der Veranlagung keine Bedeutung. Die (zu hohe) Lohnsteuer wird auf die ESt angerechnet (§ 36 Abs. 2 Nr. 2 EStG).

2. Einkünfte aus nichtselbstständiger Arbeit
2.1 Einnahmen

Zementidis erzielt als Arbeitnehmer Einkünfte nach § 19 EStG. Auszugehen ist von einem Bruttolohn i.H.v. (6000 € x 12 Monate =) 72.000 €.

Die Arbeitgeber-Beiträge zur gesetzlichen Sozialversicherung sind nach § 3 Nr. 62 EStG steuerfrei.

Die Überlassung des Handys sowie die Übernahme der Gebühren stellt zwar grundsätzlich Arbeitslohn nach § 8 EStG dar, ist aber nach § 3 Nr. 45 EStG ebenfalls steuerfrei, da das Handy laut Sachverhalt im Eigentum des Arbeitgebers bleibt und nur zur privaten Nutzung überlassen wird.

2.2   Werbungskosten

2.2.1   Fahrten zwischen Wohnung und Arbeitsstätte

Fraglich ist zunächst, ob die Fahrten zwischen der Wohnung und dem Sitz des Arbeitgebers unter die Beschränkungen des § 9 Abs. 1 Nr. 4 EStG fallen. Nach bisheriger Rechtsprechung und Verwaltungsansicht führte das regelmäßige Aufsuchen einer Einrichtung des Arbeitgebers auch dann zu einer regelmäßigen Arbeitsstätte, wenn der Arbeitnehmer lediglich Arbeitsaufträge, Unterlagen etc. übernahm und dann ausschließlich im Außendienst tätig war.

Mit Schreiben vom 15. Dezember 2011, BStBl I 2012, 57 hat die Finanzverwaltung für alle offenen Fälle die neue Rechtsprechung des BFH übernommen, wonach von einer regelmäßigen Arbeitsstätte nur dann auszugehen ist, wenn die betriebliche Einrichtung des Arbeitgebers je Arbeitswoche einen **vollen Arbeitstag** oder **mindestens 20 %** der regelmäßigen Arbeitszeit aufgesucht wird. Diese Voraussetzungen sind im vorliegenden Fall eindeutig nicht gegeben, da Zementidis das Büro seines Arbeitgebers maximal arbeitstäglich für eine halbe Stunde aufsucht, um anschließend im Außendienst tätig zu werden.

Damit sind die Fahrten in den Betrieb nach Dienstreise-Grundsätzen zu beurteilen. Nach § 9 Abs. 1 EStG i.V.m. H 9.5 LStH „Pauschale Kilometersätze" sind in Ermangelung von Einzelnachweisen pro Fahrtkilometer 0,30 € anzusetzen.

Dies ergibt im vorliegenden Fall Werbungskosten i.H.v. (39 km x 2 x 240 Tage x 0,30 € =) **5.616 €**.

2.2.2 Verpflegungsmehraufwendungen aus Anlass von Dienstreisen

Desweiteren ist zu prüfen, inwieweit Zementidis Verpflegungsmehraufwendungen (**§ 9 Abs. 5 i.V.m. § 4 Abs. 5 Nr. 5 EStG**) geltend machen kann. Da laut Sachverhalt Zementidis zahlreiche Baustellen aufsucht, gilt die Dreimonatsregel des § 4 Abs. 5 Nr. 5 Satz 5 EStG nicht. Die Dienstreisen beginnen jeweils mit dem Verlassen der Wohnung (7:00 Uhr) und enden mit Rückkehr in die Wohnung (16:00 Uhr). Somit beträgt die Dauer der täglichen Dienstreise 9 Stunden. Bei einer Dauer der Dienstreise von weniger als 14 aber mindestens 8 Stunden ist ein Pauschbetrag von 6 € zu gewähren.

Somit ergeben sich weitere Werbungskosten i.H.v. (240 Tage x 6 € =) **1.440 €**.

2.2.3 Doppelte Haushaltsführung

Da sich die Familie in Griechenland aufhält und Zementidis lediglich zum Zwecke der Arbeit in Deutschland einen Wohnsitz unterhält, sind grundsätzlich die Voraussetzungen einer **doppelten Haushaltsführung** gegeben (vgl. R 9.11 Abs. 1-4 LStR). Zementidis unterhält in Deutschland einen eigenen Hausstand, wobei – zumindest bis zum Nachzug der Familie – davon auszugehen ist, dass sich der Lebensmittelpunkt (noch) in Griechenland befindet, da die Familie dort ihre Wurzeln hat. Unschädlich ist insoweit, dass Zementidis nur einmal die Familie besuchte (so ausdrücklich R 9.11 Abs. 3 Satz 5 LStR). Somit kann Zementidis die Aufwendungen für die aus beruflichem Anlass begründete doppelte Haushaltsführung nach § 9 Abs. 5 i.V.m. § 4 Abs. 5 Nr. 5 Satz 6 EStG geltend machen.

Hierzu gehören zunächst die notwendigen Aufwendungen für die **Zweitwohnung**, soweit diese notwendig und angemessen sind (vgl. R 9. 11 Abs. 8 LStR). Als angemessen gilt eine Wohnung bis zu 60 m² bei einem ortsüblichen Mietzins. Davon kann bei einer Gesamtmiete i.H.v. (400 € + 150 € =) 550 € und einer Wohnfläche von 55 m² ausgegangen werden.

Es spielt insoweit keine Rolle, dass der Mietvertrag mit seinem Schwager abgeschlossen wurde. Verträge mit Familienangehörigen bzw. Verwandten müssen nach **Art. 6 GG** zumindest dann anerkannt werden, wenn sie einem Drittvergleich standhalten und keine Hinweise für einen steuerlichen Missbrauch vorliegen. Dafür fehlt im Sachverhalt jeder Hinweis.

Bei der Höhe der Werbungskosten für die Zweitwohnung ist aber zu berücksichtigen, dass das für die Schriftstellerei genutzte **Arbeitszimmer** bei der Ermittlung der abziehbaren Unterkunftskosten nicht zu berücksichtigen ist (H 9.11 LStH „Angemessenheit der Unterkunftskosten" 2.Spiegelstrich mit Hinweis auf die Rechtsprechung).

Da das Arbeitszimmer eine Fläche von 10 m² beansprucht, sind nur 45/55 der Kosten im Rahmen der doppelten Haushaltsführung abzugsfähig, somit also (550 € x 12 Monate x 45/55 =) **5.400 €**.

Grundsätzlich können im Rahmen der doppelten Haushaltsführung nach § 9 Abs. 5 i.V.m. § 4 Abs. 5 Nr. 5 Satz 6 EStG **Verpflegungsmehraufwendungen** geltend gemacht werden. Die Verpflegungsmehraufwendungen sind aber nach § 4 Abs. 5 Nr. 5 Satz 5 EStG auf die ersten **drei Monate** der doppelten Haushaltsführung beschränkt. Da Zementidis laut Sachverhalt bereits im Mai 2011 nach Deutschland zog, sind diese drei Monate abgelaufen. Der dreiwöchige Urlaub in Griechenland lässt dabei die Dreimonatsfrist nicht wieder aufleben, da die bisherige Zweitwohnung beibehalten wurde (R 9.11 Abs. 7 Satz 3 LStR). Damit kommt im VZ 2012 eine Gewährung von Verpflegungsmehraufwendungen aus Anlass der doppelten Haushaltsführung nicht infrage (auf einen möglichen Konflikt mit den Verpflegungsmehraufwendungen aufgrund der Dienstreisen ist daher insoweit nicht einzugehen – vgl. § 4 Abs. 5 Nr. 5 Satz 6 2. HS. EStG).

Als Werbungskosten kann Zementidis aber die tatsächlich durchgeführte **Heimfahrt** nach Griechenland geltend machen (R 9.11 Abs. 6 Nr. 2 LStR). Dabei können die **Fahrtkosten** mit dem PKW nur nach § 9 Abs. 1 Nr. 5 EStG mit 0,30 € für jeden vollen Entfernungskilometer berücksichtigt werden. Dazu rechnet zum einen die Fahrt zum Flughafen, zum anderen die Fahrt vom Flughafen in Athen zum Familienwohnsitz, insgesamt also 300 km; somit ergeben sich Werbungskosten i.H.v. (300 km x 0,30 € =) 90 €.

Die **Parkgebühren** kann Zementidis nicht geltend machen, da nach § 9 Abs. 2 EStG durch die Entfernungspauschale sämtliche Aufwendungen abgegolten sind.

Die Kosten für den **Flug** kann Zementidis außerhalb der Entfernungspauschale nach § 9 Abs. 1 Nr. 4 Satz 3 i.V.m. § 9 Abs. 1 Nr. 5 Satz 5 EStG in tatsächlicher Höhe ansetzen (somit in Höhe von 300 €).

2.2.4 Bußgeld

Das Bußgeld hat seine Ursache unstreitig in der Tätigkeit als Bauleiter. Dennoch sieht § 4 Abs. 5 Nr. 8 EStG ausdrücklich die Nichtabzugsfähigkeit von Bußgeldern vor. Die Vorschrift des § 12 Nr. 4 EStG ist nicht einschlägig, da diese nur für „Strafverfahren", das sind Verfahren vor einem Gericht anwendbar ist.

2.2.5 Einladung der Kollegen

Nach § 9 Abs. 1 Satz 1 EStG sind Werbungskosten Aufwendungen zur Erwerbung, Sicherung und Erhaltung der Einnahmen (finaler Werbungskostenbegriff). Nach dem strengen Wortlaut dieser Vorschrift könnten die Bewirtungsaufwendungen nicht abgezogen werden, da Zementidis unstreitig sein Gehalt auch dann bekommen würde, wenn er die Kollegen zu der Feier nicht eingeladen hätte.

Der BFH hat jedoch im Laufe der Jahre den Werbungskostenbegriff immer mehr ausgedehnt und sieht ihn heute überwiegend kausal. Danach sind Werbungskosten Aufwendungen, die dem Arbeitnehmer entstehen und ihre Ursache im Arbeitsverhältnis haben (vergleichbar dem Begriff der Betriebsausgaben). Mit dem grundlegenden Urteil vom 11.1.2007, VI R 52/03, BStBl II 2007, 317 eröffnete der BFH auch für Arbeitnehmer die Möglichkeit, Bewirtungsaufwendungen (hier: Aus Anlass der Verabschiedung in den Ruhestand) als Werbungskosten geltend zu machen. Allerdings sind dabei die Beschränkungen des § 4 Abs. 5 Nr. 2 EStG i.V.m. § 9 Abs. 5 EStG zumindest dann zu beachten, wenn – wie im vorliegenden Fall der Arbeitnehmer als Bewirtender auftritt und nicht ausschließlich Kollegen desselben Betriebs eingeladen sind (BFH vom 19.6.2008, BStBl II 2009, 11 und H 9.1 LStH „Bewirtungskosten").

Ob für die Bewirtung eines Arbeitnehmers die formalen Voraussetzungen des § 14 UStG i.V.m. § 33 UStDV und R 4. 10 Abs. 8 Satz 4 EStR einzuhalten sind, kann im vorliegenden Fall dahinstehen. Nach diesen Regelungen muss die Rechnung bei einem Gesamtbetrag von über 150 € den Namen des bewirtenden Steuerpflichtigen enthalten (vgl. dazu BFH vom 18.4.2012, X R 57/09 und X R 58/09). Laut Sachverhalt liegt Zementidis eine auf seinen Namen aufgestellte Rechnung vor. Damit sind die formellen Voraussetzungen des § 4 Abs. 5 Nr. 2 EStG erfüllt.

Abzugsfähig als Werbungskosten sind somit (180 € x 70 % =) 126 €.

2.2.6 Sprachkurs

Die Kosten für einen Sprachkurs zum Erlernen der deutschen Sprache gehören grundsätzlich auch dann zu den **nicht abziehbaren Kosten der Lebensführung**, wenn ausreichende Deutschkenntnisse für den Arbeitsplatz förderlich sind (vgl. H 9.2 LStH „Deutschkurs" mit Hinweisen auf die Rechtsprechung). Damit kommt ein Abzug der Kosten für den Sprachkurs als Werbungskosten nicht infrage.

Fraglich ist, wie der **Ersatz** durch den Arbeitgeber zu behandeln ist. Da die Aufwendungen für den Sprachkurs keine Werbungskosten sind, muss der Ersatz durch den Arbeitgeber als Arbeitslohn versteuert werden. Grundsätzlich gilt für den Arbeitslohn das Zuflussprinzip des § 11 Abs. 1 Satz 1 EStG. Allerdings ist nach § 11 Abs. 1 Satz 4 EStG die Sonderregelung des § 38a Abs. 1 Satz 2 und 3 EStG zu beachten. Danach gilt laufender Arbeitslohn in dem Kalenderjahr als bezogen, in dem der Lohnzahlungszeitraum endet. Das laufende Gehalt für den Monat Dezember ist sonach auf jeden Fall in 2012 zugeflossen und zu versteuern. Diese Regelung gilt aber nur für den „laufenden Arbeitslohn" (vgl. R 39b.2 Abs. 1 LStR). Die Erstattung des Sprachkurses stellt keinen laufenden Arbeitslohn dar. Daher ist § 38a Abs. 1 Satz 2 und 3 EStG nicht anzuwenden.

Soweit § 38a Abs. 1 Satz 2 EStG nicht greift, ist § 11 Abs. 1 Satz 2 EStG (Zehntageregel) zu prüfen, da im vorliegenden Fall die Erstattung innerhalb von 10 Tagen nach dem 31.12.2012 erfolgte. § 11 Abs. 1 Satz 2 EStG gilt aber nur für „**regelmäßig wiederkehrende Einnahmen**" und nicht für einen einmaligen Ersatz. Daher sind die 1.800 € nach § 11 Abs. 1 Satz 1 EStG erst in 2013 zu versteuern.

2.3 Zusammenfassung der Einkünfte aus nichtselbstständiger Tätigkeit

Einnahmen	72.000 €
Fahrten zwischen Wohnung und Arbeitsstätte	./. 5.616 €
Verpflegungsmehraufwendungen	./. 1.440 €
Doppelte Haushaltsführung	./. 5.400 €
Familienheimfahrt	./. 390 €
Werbungskosten – Einladung der Kollegen	./. 126 €
Einkünfte § 19 EStG	**59.028 €**

3. Olivenöl-Handel

Mit dem Olivenöl-Handel erzielt Zementidis Einkünfte nach § 15 EStG. Nach § 4 Abs. 3 EStG kann Zementidis den Gewinn durch Einnahme-Überschuss-Rechnung ermitteln, wenn er nicht verpflichtet ist, Bücher zu führen.

Eine Buchführungspflicht nach §§ 1 ff., 238 HGB i.V.m. § 140 AO ist zu verneinen, da der Olivenöl-Handel in seinem derzeitigen Umfang einen in kaufmännischer Weise eingerichteten Geschäftsbetrieb (vgl. § 1 Abs. 2 HGB) nicht erfordert. Damit ist auch die handelsrechtliche Buchführungspflicht nach § 238 HGB zu verneinen.

Eine Buchführungspflicht nach § 141 AO ist zu verneinen, da laut Sachverhalt die Umsätze die Grenzen des § 19 UStG nicht überschreiten; somit liegen die Umsätze auf jeden Fall unter der Grenze des § 141 Abs. 1 Nr. 1 AO.

Damit kann Zementidis seinen Gewinn nach § 4 Abs. 3 EStG ermitteln. Im Einzelnen ergeben sich folgende Einnahmen und Ausgaben:

3.1 Anzahlung

Bei einem Steuerpflichtigen, der seinen Gewinn nach § 4 Abs. 3 EStG ermittelt gilt das Zuflussprinzip des § 11 Abs. 1 Satz 1 EStG. Da die Anzahlung im November 2012 geleistet wurde, ist sie als Betriebseinnahme in 2012 zu erfassen. Aufgrund der Kleinunternehmer-Regelung braucht auf die Umsatzsteuer nicht eingegangen zu werden.

Betriebseinnahmen somit in 2012: 200 €

3.2 Miete für die Halle

Die Ausgaben für die Miete sind grundsätzlich Betriebsausgaben. Die Tatsache, dass der Mietvertrag mündlich geschlossen wurde, ist ohne Bedeutung, da ein Mietvertrag nach § 535 BGB formlos geschlossen werden kann.

Für die Miete gilt im Rahmen der § 4 Abs. 3-Rechnung grundsätzlich das Abflussprinzip des § 11 Abs. 2 Satz 1 EStG. Allerdings besteht hier die Besonderheit, dass die Miete mit dem Verkaufserlös für den Pkw verrechnet wird; insoweit ist der Fall wie eine Miet-Vorauszahlung zu behandeln. Da die Vorauszahlung für einen Zeitraum von nicht mehr als 5 Jahren geleistet wurde, kann sie nach § 11 Abs. 2 Satz 3 EStG in vollem Umfang als Betriebsausgabe (hier: 2.000 €) berücksichtigt werden.

3.3 Prospekte

Prospekte stellen Umlaufvermögen dar. Insoweit gilt im Rahmen der Einnahme-Überschuss-Rechnung das Abflussprinzip des § 4 Abs. 2 Satz 1 EStG. Da Zementidis aufgrund der Kleinunternehmerregelung keine Vorsteuer geltend machen kann, zählt die Umsatzsteuer nach § 9b EStG als Betriebsausgabe. Somit ergeben sich in 2012 insoweit Betriebsausgaben i.H.v. (800 € + 152 € =) 952 €.

Die Tatsache, dass die Prospekte erst im Januar 2013 ausgeliefert wurden, spielt insoweit keine Rolle.

3.4   Erwerb des Transporters

Der Transporter stellt abnutzbares Anlagevermögen dar. Fraglich ist, ob sich der für 2014 geplante Erwerb bereits in 2012 auswirken kann.

Nach § 7g Abs. 1 EStG, der nach § 7g Abs. 1 Satz 2 Nr. 1 Buchstabe c) EStG auch im Rahmen der Einnahme-Überschuss-Rechnung anzuwenden ist, kann ein Gewerbetreibender einen Investitionsabzugsbetrag bilden, wenn er glaubhaft beabsichtigt, ein abnutzbares bewegliches Wirtschaftsgut des Anlagevermögens in den folgenden drei Wirtschaftsjahren anzuschaffen und dieses Wirtschaftsgut ausschließlich oder fast ausschließlich betrieblich nutzen wird. § 7g EStG erfordert im Übrigen nicht die Anschaffung eines neuen Wirtschaftsguts, sodass auch das geplante Gebrauchtfahrzeug gefördert wird.

Diese Voraussetzungen sind vorliegend gegeben. Es erscheint nicht abwegig, dass für Zwecke der Auslieferung ein derartiger preisgünstiger gebrauchter Transporter gekauft werden wird. Laut Sachverhalt ist auch davon auszugehen, dass das Fahrzeug ausschließlich betrieblich genutzt wird (gegebenenfalls muss dies später z.B. durch eine Betriebsprüfung verifiziert werden).

Die Anschaffungskosten belaufen sich nach § 9b EStG (inklusive Umsatzsteuer – siehe oben) auf 5.000 €; der Investitionsabzugsbetrag ist damit mit (40 % x 5.000 € =) 2.000 € gewinnmindernd zu berücksichtigen.

3.5   Kaffeemaschine/Geschirr/Kaffee-Abonnement

Es ist heute üblich, in einem Büro eine Kaffeemaschine in dieser Preislage aufzustellen; ein Abzugsverbot nach § 4 Abs. 5 Nr. 7 EStG (unangemessene Aufwendungen) kann daher auf jeden Fall ausgeschlossen werden.

Fraglich ist, ob die Kaffeemaschine als GWG nach § 6 Abs. 2 EStG zu behandeln ist. Entscheidend dafür ist, ob das Kaffeeservice als funktionale Einheit mit der Kaffeemaschine zu beurteilen ist. Dies wird man unstreitig verneinen können, da nach der allgemeinen Verkehrsauffassung die beiden Wirtschaftsgüter keine untrennbare Einheit bilden. Das Kaffeeservice kann auch ohne die Maschine, die Kaffeemaschine kann auch ohne das Kaffeeservice benutzt werden.

Auch das Kaffee-Abonnement kann bei der Berechnung der Anschaffungskosten der Kaffeemaschine außer Betracht bleiben, da es sich zivilrechtlich um zwei verschiedene Verträge handelt, die steuerlich jeweils selbstständig zu beurteilen sind. Daran ändert auch die Tatsache nichts, dass der Kaufpreis der Kaffeemaschine nur deshalb vermindert war, weil gleichzeitig ein Abonnement-Vertrag abzuschließen war.

Maßgebend für die Grenze von 410 € ist stets der Nettopreis (vgl. § 6 Abs. 2 Satz 1 EStG). Dieser beträgt bei der Kaffeemaschine (420 €/1,19 =) 353 € und liegt somit unter der GWG-Grenze. Da Zementidis zum Vorsteuerabzug nicht berechtigt ist, kann er nach § 9b EStG die Anschaffungskosten i.H.v. 420 € sofort in 2012 als Betriebsausgaben behandeln.

Da das Kaffeeservice – wie oben dargestellt – selbstständig nutzbar ist, fällt es ebenfalls unter die GWG-Regelung und kann daher in 2012 i.H.v. 80 € als Betriebsausgabe angesetzt werden.

Der Kaffee gehört zum Umlaufvermögen. Maßgebend ist bei Umlaufvermögen § 11 Abs. 2 Satz 1 EStG (Abflussprinzip). Damit wäre die erste Abbuchung erst in 2013 zu berücksichtigen. Da es sich bei dem Abonnement aber um eine regelmäßig wiederkehrende Ausgabe handelt, ist zu prüfen, ob die Zehntageregel des § 11 Abs. 2 Satz 2 EStG i.V.m. § 11 Abs. 1 Satz 2 EStG greift. Dabei ist zwischen der Zahlung für den Monat Dezember und für den Monat Januar zu differenzieren. Die Zahlung für den Monat Januar gehört wirtschaftlich zum Jahr 2013 und ist somit – unabhängig von § 11 Abs. 2 Satz 2 EStG – in diesem Jahr zu erfassen. Aber auch die Zahlung für den Monat Dezember kann erst in 2013 als Betriebsausgabe angesetzt werden, da § 11 Abs. 2 Satz 2 EStG voraussetzt, dass auch die Fälligkeit innerhalb des Zehntagezeitraums liegt (vgl. H 11 EStH „Allgemeines"; missverständlich insoweit das dort zitierte Urteil vom 23.9.1999; dieses besagt lediglich, dass die Fälligkeit im Zehntagezeitraum liegen muss, nicht aber unbedingt in dem Jahr der wirtschaftlichen Zugehörigkeit). Somit scheidet ein Abzug von Betriebsausgaben insoweit für das Jahr 2012 aus.

3.6 Zusammenfassung: Einkünfte aus Gewerbebetrieb

Einnahmen (Anzahlung)	200 €
Miete für die Halle	./. 2.000 €
Prospekte	./. 952 €
Transporter	./. 2.000 €
Kaffeemaschine	./. 420 €
Kaffeeservice	./. 80 €
Einkünfte aus Gewerbebetrieb	**./. 5.252 €**

4. Schriftstellerei

Die Tätigkeit eines Schriftstellers ist als Katalogberuf in § 18 Abs. 1 Nr. 1 EStG aufgeführt. Es spielt insoweit keine Rolle, dass Zementidis die Schriftstellerei nur in geringem Umfang und neben seiner übrigen Tätigkeit als Arbeitnehmer/Gewerbetreibender ausübt.

Zementidis kann den Gewinn aus der schriftstellerischen Tätigkeit nach § 4 Abs. 3 EStG ermitteln, da er als Freiberufler weder nach §§ 1, 238 HGB, 140 AO noch nach § 141 AO buchführungspflichtig ist.

Einnahmen erzielt Zementidis bisher nicht. Als Betriebsausgaben kommen lediglich die Aufwendungen für das **Arbeitszimmer** infrage (§ 4 Abs. 5 Nr. 6b EStG). Zementidis nutzt den Raum unstreitig für seine schriftstellerische Tätigkeit. Es bleibt ihm auch noch genügend Wohnfläche zur Verfügung (3 Zimmer-Wohnung). Auf das Arbeitszimmer entfallen in 2012 (400 € + 150 € x 12 Monate x 10/55 =) 1.200 €.

Zu prüfen ist aber, welcher Tatbestand des § 4 Abs. 5 Nr. 6b EStG gegeben ist. Das Arbeitszimmer stellt auf keinen Fall den Mittelpunkt der gesamten betrieblichen und beruflichen Betätigung des Zementidis dar, da er ja neben der Schriftstellerei noch als Arbeitnehmer tätig ist.

Allerdings steht ihm für die Schriftstellerei kein anderer Arbeitsplatz zur Verfügung. Es ist nach der allgemeinen Lebenserfahrung davon auszugehen, dass er an seinem Arbeitsplatz als Bauingenieur nicht nebenher Kochbücher schreiben kann.

Somit kann Zementidis nachgewiesene Aufwendungen bis zur **Grenze von 1.250 €** geltend machen. Seine Aufwendungen (1.200 €) liegen unter dieser Grenze und sind daher voll abzugsfähig.

Einnahmen	0 €
Arbeitszimmer	./. 1.200 €
Einkünfte aus selbstständiger Tätigkeit	./. 1.200 €

5.   Einkünfte aus Kapitalvermögen

Unter einer Unternehmensanleihe versteht man ein Darlehen, das einem Unternehmen zur Finanzierung gegeben wird. Die Zinsen aus Unternehmensanleihen fallen unter § 20 Abs. 1 Nr. 7 EStG. Die Zinsen sind in 2012 zugeflossen (§ 11 Abs. 1 EStG). Allerdings unterliegen die Zinsen der Abgeltungsteuer (§ 32d Abs. 1 EStG).

Damit gilt nach § 43 Abs. 5 mit Abzug der Kapitalertragsteuer die ESt als abgegolten. Die Einnahmen rechnen nicht zum Gesamtbetrag der Einkünfte (§ 2 Abs. 5b EStG).

Die Finanzierungskosten können nach § 20 Abs. 9 EStG nicht als Werbungskosten geltend gemacht werden. Insoweit ist nur der Abzug des Sparerpauschbetrags i.H.v. 801 € möglich. Sollte Zementidis den Sparerpauschbetrag beanspruchen, müsste er eine Veranlagung nach § 32d Abs. 4 EStG durchführen lassen. Aber auch in diesem Fall würden die Einkünfte aus Kapitalvermögen nicht zum Gesamtbetrag der Einkünfte gerechnet werden.

6.   Einkünfte aus Vermietung und Verpachtung

Die Einkünfte aus Vermietung und Verpachtung sind nach § 21 EStG zu versteuern.

Die **Mieteinnahmen** betragen in 2012 (600 € x 12 Monate =) 7.200 €. Die Abschläge für Nebenkosten stellen Mieteinnahmen dar.

Eine Kürzung der Werbungskosten wegen der geringen Miete von 600 € monatlich entfällt, da die Grenze von § 21 Abs. 2 EStG überschritten wird; (800 € x 66 % =) 528 € < 600 €.

Die **AfA** gemäß § 7 Abs. 4 Nr. 2 Buchstabe a) EStG ist mit 2 % p.a. anzusetzen. Die Bemessungsgrundlage setzt sich (vorläufig) aus den Anschaffungskosten und den Anschaffungsnebenkosten zusammen, wobei der Anteil für den Grund und Boden herauszurechnen ist; somit ((100.000 € + 9000 €) x 95/100 =) 103.550 €.

Die Kosten für den **Rechtsanwalt** kann Zementidis nicht geltend machen, da es sich um eine Kündigungsklage handelt und die Aufwendungen somit nicht dazu dienen, künftige Einnahmen zu erzielen (§ 9 Abs. 1 Satz 1 EStG; vgl. sinngemäß BMF vom 26.11.2001, BStBl I 2001, 868).

Die monatlichen **Nebenkostenabschläge** stellen Werbungskosten dar; die Zuführung zur Instandhaltungsrücklage ist in den Abschlägen nicht enthalten. Damit sind Werbungskosten in Höhe von (200 € x 12 Monate =) 2.400 € anzusetzen. Die Tatsache, dass eine Abrechnung der Nebenkosten für das Jahr 2012 noch nicht vorliegt, hat keine Bedeutung, da auch die Vorauszahlung von Nebenkosten nach § 11 Abs. 2 Satz 1 EStG zu berücksichtigen ist.

Der Anteil an den **Reparaturen** ist grundsätzlich als Erhaltungsaufwand abziehbar. Üblicherweise werden derartige Reparaturen zunächst einmal aus der **Instandhaltungsrücklage** bezahlt. Dies spielt aber für die Berechnung der Werbungskosten keine Rolle, da die Instandhaltungsrücklage lediglich angesammeltes Kapital darstellt. Die Entnahme aus der Instandhaltungsrücklage ist wie eine Zahlung (§ 11 Abs. 2 EStG) zu behandeln. Die Umsatzsteuer gehört zu den Werbungskosten (§ 9b EStG). Somit ergeben sich Erhaltungsaufwendungen i.H.v. 19.040 €.

Wegen der hohen Reparaturaufwendungen ist zu prüfen, ob sog. anschaffungsnaher Aufwand nach § 6 Abs. 1 Nr. 1a EStG vorliegt. Dabei ist von den Nettoaufwendungen auszugehen (16.000 €). Bezogen auf die Anschaffungskosten des Gebäudes (siehe oben: 103.550 €) sind dies 15,45 %. Damit ist die Grenze des § 6 Abs. 1 Nr. 1a EStG überschritten. Die Erhaltungsaufwendungen sind den Anschaffungskosten zuzuschlagen. Somit ergibt sich folgende Bemessungsgrundlage: Anschaffungskosten (103.550 €) zuzüglich nachträgliche Anschaffungskosten (brutto: 19.040 €) somit: 122.590 €.

Da die Sanierungsaufwendungen zu den Anschaffungskosten rechnen, stellt sich die Frage nicht, ob die Aufwendungen im Hinblick auf die geplante Selbstnutzung möglicherweise nicht als Werbungskosten abziehbar sind (finaler Werbungskostenbegriff; vgl. BMF vom 26.11.2001, BStBl I 2001, 868, Beck'sche Erlasse § 21/12).

Die AfA beläuft sich damit auf (122.590 € x 2 % =) 2.452 €. Die Einkünfte aus Vermietung und Verpachtung betragen daher:

Einnahmen	7.200 €
AfA	./. 2.452 €
Nebenkostenabschläge	./. 2.400 €
Einkünfte	**2.348 €**

Da keine Verluste erzielt werden, stellt sich die Frage der **Liebhaberei** im Hinblick auf die geplante Selbstnutzung nicht (vgl. BMF vom 8.10.2004, BStBl I 2004, 933, Beck'sche Erlasse § 21/5).

7.   Sonstige Einkünfte

Da Zementidis die Hausmeister-Tätigkeit weder gewerblich betreibt (es fehlt insoweit an der Teilnahme am Markt), noch ein Arbeitsverhältnis zwischen der Eigentümer-Gemeinschaft und Zementidis besteht (es fehlt insoweit sowohl an der organisatorischen Eingebundenheit als auch an der Weisungsgebundenheit), sind die Einnahmen nach § 22 Nr. 3 EStG zu versteuern. Da die Freigrenze von 256 € überschritten ist, muss Zementidis Einkünfte i.H.v. (100 € x 12 Monate =) 1.200 € versteuern. Werbungskosten liegen laut Sachverhalt keine vor.

7.1   Zusammenfassung: Summe der Einkünfte

Einkünfte aus nichtselbstständiger Arbeit	+ 59.028 €
Einkünfte aus Gewerbebetrieb	./. 5.252 €
Einkünfte aus selbstständiger Arbeit	./. 1.200 €
Einkünfte aus Kapitalvermögen	0 €
Einkünfte aus Vermietung und Verpachtung	2.348 €
Sonstige Einkünfte	1.200 €
Summe der Einkünfte	**56.124 €**

8.   Sonderausgaben

8.1   Vorsorgeaufwendungen (Rentenversicherung)

Die Beiträge zur gesetzlichen Rentenversicherung können grundsätzlich nach § 10 Abs. 1 Nr. 2 a) EStG abgezogen werden. Dabei rechnen nach § 10 Abs. 1 Nr. 2 Satz 2 EStG die steuerfreien Arbeitgeberbeiträge (§ 3 Nr. 62 EStG) als Beiträge im Sinne dieser Vorschrift. Somit ergibt sich vorläufig ein Betrag i.H.v. (548,80 € x 2 x 12 Monate =) 13.171 €.

Nach § 10 Abs. 3 Satz 4 ff. EStG sind im Kalenderjahr 2012 lediglich **74 %** der abzugsfähig. Somit ist der Abzugsbetrag zu korrigieren und mit (13.171 € x 74 % =) 9.747 € anzusetzen. Von diesem Betrag ist nun nach § 10 Abs. 3 Satz 5 EStG der **gesamte** steuerfreie Arbeitgeberbeitrag abzuziehen.

Damit sind nur noch (9.747 € ./. (548,80 € x 12 Monate) =) **3.161 €** berücksichtigungsfähig.

Der Höchstbetrag beläuft sich aufgrund der Zusammenveranlagung auf (20.000 € x 2 x 74 % =) 29.600 €. Die tatsächlich zu berücksichtigenden Aufwendungen liegen damit weit unter dem Höchstbetrag.

8.2   Vorsorgeaufwendungen (im Übrigen)

Die Ausgaben für die **gesetzliche Krankenversicherung** und die **gesetzliche Pflegeversicherung** kann Zementidis nach § 10 Abs. 1 Nr. 3 Buchstabe a) und b) EStG als Sonderausgaben geltend machen. Da Zementidis Anspruch auf Krankengeld (Lohnfortzahlung im Krankheitsfall) hat, ist der Beitrag zur gesetzlichen Krankenversicherung um 4 % zu vermindern.

Damit ergibt sich ein Abzugsbetrag i.H.v.:

Basis-Krankenversicherung (302,18 € x 12 Monate x 96 % =)	3.481 €
Pflegeversicherung (37,29 € x 12 Monate =)	447 €
Summe	**3.928 €**

Nach § 10 Abs. 4 EStG können die Aufwendungen für Vorsorgeaufwendungen i.S.d. § 10 Abs. 1 Nr. 3 und 3a EStG nur im Rahmen der Höchstbeträge abgezogen werden. Für Mikis Zementidis ergibt sich ein Höchstbetrag von **1.900 €**, da er aufgrund des Arbeitgeber-Zuschusses zur Krankenversicherung zumindest teilweise ohne eigene Aufwendungen einen Anspruch auf Erstattung der Krankheitskosten hat. Für die Ehefrau sind ebenfalls **1.900 €** anzusetzen, da Sie als Familienmitglied automatisch in der gesetzlichen Krankenversicherung mitversichert ist. Somit beträgt der Höchstbetrag (1.900 € x 2 =) **3.800 €**.

Auf den Höchstbetrag sind nach § 10 Abs. 4 Satz 4 EStG zunächst die Aufwendungen für die gesetzliche Krankenversicherung (Basis-Krankenversicherung) und die gesetzliche Pflegeversicherung anzurechnen. Damit wird der Höchstbetrag bereits durch die gesetzliche Krankenversicherung und die gesetzliche Pflegeversicherung vollständig aufgezehrt. Soweit die Vorsorgeaufwendungen i.S.d. Abs. 1 Nr. 3 den **Höchstbetrag übersteigen**, können Sie dennoch nach § 10 Abs. 4 Satz 4 EStG **unbegrenzt** angesetzt werden (siehe oben).

Damit braucht die Abzugsfähigkeit der **Zahn-Zusatzversicherung** und der **Pkw-Haftpflichtversicherung** wegen Überschreitung der Höchstbeträge nicht weiter geprüft zu werden; die Beträge fallen grundsätzlich unter die Vorschrift des § 10 Abs. 1 Nr. 3a EStG.

Da auch die Beiträge zur **Arbeitslosenversicherung** unter § 10 Abs. 1 Nr. 3a EStG fallen, gilt für diese Beiträge ebenfalls das Abzugsverbot nach § 10 Abs. 4 EStG.

8.3 Spenden

Spenden können unter den Voraussetzungen des § 10b EStG als Sonderausgaben abgezogen werden.

Hierzu rechnet auf jeden Fall die Spende an die **griechisch-orthodoxe Kirche** in Griechenland. Es handelt sich insoweit unstreitig um eine anerkannte Glaubensgemeinschaft (§ 54 AO). Die Tatsache, dass die Zuwendungsempfängerin ihren Sitz nicht in Deutschland hat, ist insoweit ohne Bedeutung (vgl. H 10b.1 EStH „Zuwendungsempfänger im EU-/EWR-Ausland"). Eine entsprechende Spendenbescheinigung in deutscher Sprache liegt laut Sachverhalt vor.

Somit sind die **500 €** als Sonderausgabe abzugsfähig.

Problematisch könnte dies bei der **Lebensmittelspende** sein. Grundsätzlich sind nach § 10b Abs. 3 EStG auch Sachspenden abzugsfähig. Auf eine förmliche Spendenbescheinigung kann nach § 50 Abs. 2 Nr. 2 EStDV verzichtet werden, wenn die Zuwendung 200 € nicht übersteigt. Dies gilt allerdings nur, wenn Zuwendungsempfänger eine inländische juristische Person des öffentlichen Rechts (z.B. Gemeinde) oder eine gemeinnützige Körperschaft ist. Aus europarechtlichen Gründen wird man die Vorschrift des § 50 Abs. 2 Nr. 2 EStDV auch auf ausländische Körperschaften ausdehnen müssen, die nach deutschem Recht die Voraussetzungen der Gemeinnützigkeit erfüllen würden (z.B. ausländische Hilfsorganisationen). Darunter könnte auch die örtliche griechische Wohltätigkeitsorganisation fallen.

§ 50 Abs. 2 Nr. 2 EStDV ist aber nur auf Geldspenden anwendbar, da nur bei diesen eine Buchungsbestätigung i.S.d. § 50 Abs. 2 Satz 2 EStDV mit den dort aufgeführten Formalien ausgestellt werden kann.

Somit kann die Lebensmittelspende steuerlich nicht berücksichtigt werden.

9. Außergewöhnliche Belastungen

9.1 Überweisungen an die Ehefrau

Ein Abzug von Unterhaltsaufwendungen an einen Ehepartner, von dem der Leistende nicht dauernd getrennt lebt, ist nach § 33a Abs. 1 EStG nicht möglich (vgl. sinngemäß H 33a.1 EStH „Geschiedene oder dauernd getrennt lebende Ehegatten"). Derartige Aufwendungen gelten durch die Möglichkeit des Splittingtarif als ausgeglichen.

9.2 Überweisungen an die Tochter

Ein Abzug der Unterhaltsleistungen an die Tochter käme allenfalls nach § 33a Abs. 1 EStG in Frage. Zementidis ist zwar nach dem Zivilrecht unterhaltpflichtig. Ein Abzug nach § 33a Abs. 1 EStG ist aber ausgeschlossen, wenn der Steuerpflichtige (oder eine andere Person) für die unterhaltene Person Anspruch auf einen Kinderfreibetrag oder auf Kindergeld hat. Dieser Anspruch besteht im vorliegenden Fall (siehe unten).

9.3 Überweisungen an die Schwiegermutter

Ein Abzug der Unterhaltsaufwendungen kann sich aus § 33a Abs. 1 EStG ergeben. Zwischen Zementidis und der Schwiegermutter besteht zwar kein Verwandtschaftsverhältnis und somit auch keine gesetzliche Unterhaltspflicht. Allerdings ist die Ehefrau des Zementidis gegenüber ihrer Mutter unterhaltspflichtig, sodass eine Berücksichtigung der außergewöhnlichen Belastungen im Rahmen der Zusammenveranlagung in Frage kommt.

Allerdings ist zu prüfen, ob die Schwiegermutter bedürftig im Sinne der Vorschrift ist. Die **Grenze** für **Einkünfte und Bezüge** der unterhaltenen Personen liegt nach § 33a Abs. 1 Satz 5 EStG bei 624 € im Kalenderjahr.

Die Rente der Schwiegermutter stellt keine Einkünfte i.S.d. § 2 EStG dar, da sie in Griechenland bezogen und dort steuerpflichtig ist. Allerdings sieht die Verwaltung für Zwecke des § 33a Abs. 1 EStG eine fiktive Berücksichtigung als Einkünfte vor (vgl. BMF vom 7.6.2010, BStBl I 2010, 588 Tz. 28). Die Rente wäre nach deutschem Recht nach § 22 Nr. 1 Satz 3 Buchstabe a) Doppelbuchstabe aa) EStG zu versteuern. Danach wären lediglich 50 % steuerpflichtig (unterstellt: Die Rente wird schon seit 2005 bezogen). Danach ergeben sich folgende fiktiven Einkünfte: (12 Monate x 390 € x 50 % =) 2.340 €; abzüglich Werbungskostenpauschbetrag nach § 9a Nr. 3 EStG sind dies (2.340 € ./. 102 € =) 2.238 €.

Bezüglich des **steuerfreien** Teils der Rente liegen **Bezüge** vor (R 32.10 Abs. 2 Nr. 1 EStR). Von den (12 Monate x 390 € x 50 % =) 2.340 € ist nach R 32.10 Abs. 4 EStR aus Vereinfachungsgründen ein Betrag von 180 € abzuziehen; somit ergeben sich anrechenbare Bezüge i.H.v. (2.340 € ./. 180 € =) 2.160 €.

Somit liegen Einkünfte und Bezüge i.H.v. (2.238 € + 2.160 € =) 4.398 € vor.

Soweit die Einkünfte und Bezüge den Betrag von 624 € übersteigen (hier: 4.398 € ./. 624 € =) 3.774 €, mindern diese den maximalen Abzugsbetrag von 8.004 €. Somit können in 2012 als Unterhaltsleistung maximal (8.004 € ./. 3.774 € =) 4.230 € geltend gemacht werden.

Da die tatsächlich geleisteten Unterhaltsaufwendungen unter diesem Betrag liegen, sind in 2012 (200 € x 12 Monate =) **2.400 €** abzugsfähig.

Die Tatsache, dass die Schwiegermutter im **Ausland** lebt, hat im Rahmen des § 33a Abs. 1 EStG grundsätzlich keine Bedeutung (vgl. BMF vom 7.6.2010, BStBl I 2010, 588; Beck´sche Erlasse § 33a/2).

Ebenfalls ohne Bedeutung ist, dass die Schwiegermutter Eigentümerin einer **Immobilie** ist. Nach H 33a.1 EStH „Geringes Vermögen" ist ein angemessenes Hausgrundstück im Sinne des § 90 Sozialgesetzbuch nicht zu berücksichtigen, da es den elementaren Lebensansprüchen dient.

9.4   Krankheitskosten der Schwiegermutter

Die Übernahme der Kosten für die Behandlung der Schwiegermutter im Krankenhaus könnte als außergewöhnliche Belastung (§ 33 EStG) abziehbar sein. Die Bezahlung eigener Krankheitskosten ist unzweifelhaft zwangsläufig i.S.d. § 33 Abs. 2 EStG (R 33.4 EStR). Die Rechtsprechung hat auch die Übernahme von Krankheitskosten von Familienangehörigen grundsätzlich als abzugsfähig anerkannt, da sich die Zwangsläufigkeit auch aus „sittlichen Gründen" ergeben kann. Allerdings muss in diesen Fällen der Familienangehörige nach zivilrechtlichen Grundsätzen **unterhaltsberechtigt** sein (vgl. R 33a.1 Abs. 1 EStR). Im vorliegenden Fall besteht die Unterhaltspflicht zwischen der Ehefrau und der Schwiegermutter (Abstammung in gerader Linie). Darüber hinaus verlangt die Rechtsprechung, dass der Unterhaltsberechtigte nicht in der Lage sein darf, die Krankheitskosten selbst zu tragen (H 33.1-33.4 EStH „Krankheitskosten für Unterhaltsberechtigte" m.w.N.).

Da im vorliegenden Fall die Kosten der Behandlung mit 2.000 € die finanziellen Mittel der Schwiegermutter (monatlich 390 € Rente zuzüglich der monatlichen Überweisung durch den Schwiegersohn) bei weitem übersteigen, kann von einer Bedürftigkeit der Schwiegermutter ausgegangen werden.

Problematisch ist im vorliegenden Fall aber die **Nachweispflicht** von Krankheitskosten nach § 64 EStDV (nach § 84 Abs. 3f EStDV in allen offenen Fällen anwendbar). Danach muss im Falle einer psychotherapeutischen Behandlung nach § 64 Abs. 1 Nr. 2 Buchstabe b) EStDV ein **amtsärztliches Gutachten** oder eine ärztliche Bescheinigung eines medizinischen Dienstes der Krankenversicherung vorgelegt werden.

Da diese Voraussetzungen im vorliegenden Fall nicht erfüllt wurden, kommt ein Abzug der Krankheitskosten nach § 33 EStG nicht infrage.

Anmerkung: Ob die Regelung des § 64 EStDV mit europarechtlichen Grundsätzen vereinbar ist, erscheint höchst fraglich, da es einem im Ausland lebenden Familienangehörigen grundsätzlich unmöglich ist, die formalen Voraussetzungen des § 64 Abs. 1 Nr. 2 EStDV zu erfüllen. Damit werden Steuerpflichtige mit Angehörigen im (europäischen) Ausland steuerlich schlechter behandelt als Steuerpflichtige mit in Deutschland wohnenden Angehörigen, denen die Erfüllung des § 64 Abs. 1 Nr. 2 EStDV grundsätzlich möglich ist.

10. Kindergeld

Der Anspruch auf Kindergeld ergibt sich aus den §§ 62 ff. EStG. Nach § 63 EStG wird ein Kind nur berücksichtigt, wenn es die Voraussetzungen des § 32 Abs. 1 EStG erfüllt. Dass die Tochter mit dem Steuerpflichtigen im 1. Grad verwandt ist, steht außer Zweifel. Dass die Familie derzeit keinen gemeinsamen Wohnsitz hat, spielt insoweit keine Rolle (vgl. § 64 EStG).

Zu prüfen ist, ob die Tochter die weiteren Voraussetzungen des § 32 Abs. 4 Nr. 2 EStG erfüllt. Das Studium an der dualen Hochschule stellt eine Ausbildung i.S.d. § 32 Abs. 4 Nr. 2 Buchstabe a) EStG dar. Einkünfte und Bezüge der Tochter sind ab VZ 2012 nicht mehr zu prüfen.

Allerdings wird ab VZ 2012 Kindergeld (bzw. Kinderfreibeträge) nach Abschluss einer erstmaligen Berufsausbildung nur gewährt, wenn das Kind keiner **Erwerbstätigkeit** nachgeht (§ 32 Abs. 4 Satz 2 EStG). Da die Tochter eine Ausbildung als Krankenschwester abgeschlossen hat, liegt eine erste Berufsausbildung im Sinne dieser Vorschrift vor. Danach wäre es grundsätzlich schädlich, wenn die Tochter im Rahmen der dualen Ausbildung erwerbstätig ist. Allerdings sieht § 32 Abs. 4 Satz 3 EStG ausdrücklich eine Sonderregelung für **Ausbildungsdienstverhältnisse** (und hierzu rechnet ein Arbeitsverhältnis im Rahmen eines dualen Hochschulstudiums) vor.

Damit hat der Steuerpflichtige trotz der abgeschlossenen erstmaligen Berufsausbildung der Tochter einen Anspruch auf Kindergeld; die Voraussetzungen eines Kinderfreibetrages/Ausbildungsfreibetrags sollen laut Sachverhalt nicht geprüft werden.

Klausuren Einkommensteuer

Übungsklausur 2

Bearbeitungszeit: 5 Stunden

I.   Sachverhalt 1

E ist seit Jahren Gesellschafter der Metall-OHG. Am 1.4.2011 stirbt E überraschend. Erben werden seine beiden Kinder S und T zu je 50 %. Das Vermögen des E besteht im Wesentlichen aus Folgendem:

Mitunternehmeranteil an der Metall-OHG; die Bilanz sieht zum Todestag wie folgt aus:

Grundstück	100.000 €	Kapital X	170.000 €
Gebäude	300.000 €	Kapital Y	170.000 €
Maschinen	50.000 €	Kapital E	170.000 €
Bank	30.000 €		
Beteiligung Inter-GmbH	30.000 €		
Summe	**510.000 €**	**Summe**	**510.000 €**

Das Gebäude wurde von der OHG für 400.000 € erworben und wird mit 3 % jährlich abgeschrieben.

Die Teilwerte betragen unstreitig: Grundstück 100.000 €, Gebäude 200.000 €. Bitte gehen Sie davon aus, dass die Voraussetzungen für eine Teilwertberichtigung mangels dauernder Wertminderung derzeit nicht vorliegen. Die Beteiligung an der GmbH ist derzeit 300.000 € wert. Die restlichen Werte entfallen auf den Firmenwert. Jeder Mitunternehmeranteil ist unstreitig 800.000 € wert.

Die Gesellschafter haben im Gesellschaftsvertrag folgende Regelung getroffen: Sollte einer der Gesellschafter sterben, folgen dessen Erben in den Gesellschaftsanteil nach.

Im Übrigen war E Eigentümer eines Einfamilienhauses (Wert aktuell 300.000 €) sowie Inhaber diverser Wertpapiere (Wert aktuell 200.000 €).

Die Erben setzen sich mit Wirkung zum 1.4.2011 einvernehmlich wie folgt auseinander:

S erhält das Einfamilienhaus und die Wertpapiere. T übernimmt den Mitunternehmeranteil. Zum Ausgleich zahlt T an S einen Ausgleich. Die Ausgleichszahlung soll bis zum 1.4.2013 zinslos gestundet werden.

II.   Aufgabe

Bitte ermitteln Sie die Höhe der Ausgleichszahlung und stellen Sie die steuerlichen Folgen der Auseinandersetzung zum 1.4.2011 dar. Dabei sollen auch die bilanziellen Folgen für den Mitunternehmeranteil aufgezeigt werden (inklusive Bilanz). S möchte einen eventuell entstehenden Veräußerungsgewinn so weit wie möglich in eine Rücklage nach § 6b EStG einstellen (bitte berechnen sie die Höhe einer eventuellen Rücklage). Er ist sich dabei nicht sicher, ob dies möglich ist, da er derzeit über kein weiteres Betriebsvermögen verfügt. Welche Folgen hat die Stundung der Ausgleichszahlung für beide Parteien?

III. Sachverhalt 2

A ist Inhaber des Autohauses Schnell. Das Kapitalkonto steht zum 31.12.2010 auf 100.000 €. Der Teilwert (= gemeiner Wert) des Einzelunternehmens beträgt 800.000 €. Zum 1.1.2011 gründet A zusammen mit B, C und D paritätisch die Car GmbH mit einem Stammkapital von 400.000 €.

Während B, C und D Bareinlagen leisten, bringt A vereinbarungsgemäß sein Einzelunternehmen mit allen Aktiva und Passiva in die GmbH ein. Die GmbH setzt die eingebrachten Wirtschaftsgüter mit den Buchwerten an.

Am 1.1.2013 veräußert A seinen Gesellschaftsanteil für 1,3 Mio. € an E.

IV. Aufgabe

Bitte beurteilen Sie die Einbringung in 2011. Welche steuerlichen Folgen hat die Veräußerung in 2013?

V. Sachverhalt 3

Karl Eisele ist seit 1988 als Monteur bei der Firma Terra-Bau beschäftigt. In 2011 hat das Unternehmen erhebliche wirtschaftliche Schwierigkeiten. Das Gehalt für die Monate November und Dezember 2011 kann nicht bezahlt werden. Für die übrigen Monate des Jahres 2011 erhielt Eisele entsprechend seinem Arbeitsvertrag 40.000 € (4.000 € pro Monat).

Als sich die wirtschaftliche Lage zuspitzt, kommt die Firma Terra-Bau um Entlassungen nicht herum. Eisele erklärt sich mit einer einvernehmlichen Aufhebung seines Arbeitsvertrags einverstanden. Es wird folgende Vereinbarung getroffen:
1. Das Arbeitsverhältnis wird einvernehmlich zum 31.12.2011 aufgehoben;
2. Karl Eisele erhält eine einmalige Abfindung i.H.v. 50.000 €, fällig am 15.1.2012;
3. Auf Wunsch des Karl Eisele schließt der Arbeitgeber im Dezember 2011 eine Direktversicherung bei der L-Lebensversicherung ab. In diese Lebensversicherung zahlt der Arbeitgeber einen Betrag von 10.000 € ein, der auf die Abfindung angerechnet wird;
4. Der Arbeitgeber verpflichtet sich, zusätzlich zu der Abfindung eine Ausbildung zum Lkw-Fahrer zu finanzieren;
5. Damit sind sämtliche Ansprüche aus dem Arbeitsverhältnis abgegolten.

Sämtliche Zahlungen werden von der Firma Terra-Bau pünktlich geleistet. Nachdem Karl Eisele im Januar 2013 die Führerscheinprüfung bestanden hat, bezahlt sein Arbeitgeber entsprechend obiger Vereinbarung 5.000 € für den Führerschein.

Karl Eisele kann im gesamten Jahr 2012 keine neue Arbeitsstelle finden und erhält Arbeitslosengeld I.

VI. Aufgabe

Karl Eisele bittet sie, die steuerlichen und sozialversicherungsrechtlichen Folgen der Vereinbarung gutachterlich zu prüfen. Soweit erforderlich, ist auch auf die Jahre 2011 und 2013 einzugehen. Auf Tariffragen ist grundsätzlich einzugehen; die Höhe der Steuer muss aber nicht berechnet werden. Die Beitragsbemessungsgrenze beträgt für das Jahr 2012 67.200 €.

VII. Sachverhalt 4

Alfons Glücklich (Anton) bekommt im August 2011 von seinen Eltern ein Dreifamilienhaus (Baujahr 1972, Herstellungskosten 150.000 €, Wohnfläche 3 Wohnungen je 70 m²) mit der Auflage geschenkt, die auf dem Gebäude lastende Hypothek i.H.v. 200.000 € zu übernehmen. Der Wert des Gebäudes wurde zutreffend von einem Gutachter auf 500.000 €, der Wert des Grundstücks auf 50.000 € taxiert.

Da das Gebäude seit Jahren nur mangelhaft instand gesetzt wurde, besteht ein erheblicher Renovierungsstau. A investiert in 2011 45.000 € zuzüglich Umsatzsteuer (neue Fenster, Türen, Böden etc. für die Wohnung im Erdgeschoss), in 2012 18.000 € zuzüglich Umsatzsteuer (neue Gastherme für die Wohnung im Erdgeschoss + 1. Obergeschoss) und im Mai 2013 22.000 € zuzüglich Umsatzsteuer (neues Badezimmer für die Wohnungen Erdgeschoss + Dachgeschoss). Für die Übertragung fallen Anschaffungsnebenkosten (Notar etc.) i.H.v. 7.000 € (inklusive Umsatzsteuer) an.

VIII. Aufgabe

Bitte beurteilen Sie die einzelnen Baumaßnahmen und ermitteln Sie die AfA für A im Veranlagungszeitraum 2013. Klären Sie bitte außerdem, ob der Vorgang grunderwerbsteuerpflichtig ist; die Grunderwerbsteuer ist bisher in den Anschaffungsnebenkosten nicht enthalten.

Lösung der Übungsklausur 2

I.   Sachverhalt 1

Mit dem Tode des E sind die beiden Kinder S und T Gesamtrechtsnachfolger nach § 1922 BGB geworden. Damit sind die beiden Erben je zu 50 % Eigentümer aller Vermögensgegenstände des Erblassers geworden.

Bei der Erbauseinandersetzung handelt es sich um eine Realteilung mit Ausgleichszahlung. Soweit Ausgleichszahlungen vorliegen, ist der Vorgang wie eine entgeltliche Veräußerung zu behandeln (vgl. BMF vom 14.3.2006, BStBl I 2006, 253, Beck'sche Erlasse § 7/2 Rz. 14).

Bezüglich des Mitunternehmeranteils gelten primär die Regelungen des Gesellschaftsvertrags. Hier wurde eine sog. Nachfolgeklausel vereinbart (vgl. BMF a.a.O., 71). Damit werden die beiden Erben zunächst einmal Mitunternehmer der OHG.

Erbe S

Veräußerung des Mitunternehmeranteils

Da S keine Ausgleichszahlungen leistet, erwirbt er das Einfamilienhaus und die Wertpapiere zu 100 % unentgeltlich im Wege der Gesamtrechtsnachfolge.

Soweit S die Ausgleichszahlung von T erhält, erzielt er einen Veräußerungsgewinn. Dabei ist zuerst die Höhe der Ausgleichszahlung zu ermitteln:

S bekommt Wirtschaftsgüter im Gesamtwert von 500.000 €, T den Mitunternehmeranteil im Wert von 800.000 €. Daher muss T einen Ausgleich i.H.v. 150.000 € leisten. Dabei ist aber zu berücksichtigen, dass der Betrag bis zum 1.4.2013 zinslos gestundet wird. Nach der Tabelle 1 zu § 12 Abs. 3 BewG beträgt der Vervielfältiger bei einer zweijährigen Stundung 0,898. Somit muss T (150.000 €/0,898 =) 167.038 € bezahlen.

Da S für einen Gesellschaftsanteil im Wert von 800.000 € eine Ausgleichszahlung i.H.v. (abgezinst) 150.000 € erhält (167.038 € x 0,898), veräußert er 150/800 des Mitunternehmeranteils.

Der Veräußerungsgewinn beläuft sich damit auf:

Kaufpreis	150.000 €
Kapital (170.000 € x 150/800 =)	./. 31.875 €
Gewinn	**118.125 €**

Fraglich ist, ob dieser Gewinn nach § 16 Abs. 1 Nr. 2 EStG zu besteuern ist. Die Finanzverwaltung will § 15 EStG anwenden, da der Erbe bei der Realteilung nur einen Teil seines Mitunternehmeranteils veräußere (BMF a.a.O., Rz. 36 Beispiel 18).

Unabhängig von dieser Frage, muss der auf die Veräußerung der Anteile an der Inter-GmbH entfallende Gewinn nach dem Teileinkünfteverfahren berechnet werden. Insofern ist der Veräußerungsgewinn zu korrigieren (§ 3 Nr. 40 Buchstabe a) EStG und § 3c Abs. 2 EStG).

Auf die Beteiligung entfallen insgesamt 270.000 € stille Reserven. Bezogen auf den Mitunternehmeranteil des Erblassers sind dies (270.000 €/3 =) 90.000 €. Da S 150/800 des Mitunternehmeranteils veräußert, realisiert er stille Reserven i.H.v. (90.000 € x 150/800 =) 16.875 €. Dieser Betrag ist zu 100 % in den Gewinn von

118.125 € enthalten. Nach dem Teileinkünfteverfahren sind aber 40 % (= 6.750 €) steuerfrei.

Somit beträgt der endgültige Gewinn (118.125 € ./. 6.750 € =) 111.375 €.

Auf Wunsch des S ist zu prüfen, ob – zumindest ein Teil – des Gewinns in eine Rücklage nach § 6b EStG eingestellt werden kann.

Nach R 6b.2 Abs.10 EStR kann der bei einer Betriebsveräußerung entstehende Gewinn in eine Rücklage nach § 6b EStG eingestellt werden. Dies ist auch dann möglich, wenn der Veräußerer kein weiteres Betriebsvermögen hat. In diesem Fall führt er die Rücklage in einem Rest-Betriebsvermögen weiter. Er kann die Rücklage bis zum Ablauf der Frist nach § 6b Abs. 3 EStG weiterführen. Hat er bis zu diesem Zeitpunkt kein Betriebsvermögen erworben, muss er die Rücklage auflösen und den daraus entstehenden Gewinn als nachträgliche Betriebseinnahmen versteuern.

Da weder im Grundstück noch im Gebäude stille Reserven stecken, erübrigt sich insoweit die Bildung einer Rücklage.

Der Gewinn aus der Veräußerung der Beteiligung kann nach § 6b Abs. 10 EStG i.H.v. 16.875 € in die Rücklage eingestellt werden. Nach dem ausdrücklichen Wortlaut des Gesetzes ist der Gewinn unabhängig vom Teileinkünfteverfahren zu berücksichtigen. Das Teileinkünfteverfahren findet erst bei der Übertragung auf die später angeschafften Wirtschaftsgüter Anwendung.

Erhalt der Ausgleichszahlung

Da in der Ausgleichszahlung ein Zinsanteil enthalten ist, muss S mit Zufluss in 2013 (§ 11 Abs. 1 EStG) Zinseinnahmen nach § 20 Abs. 1 Nr. 7 EStG versteuern. Die Höhe ergibt sich aus der Differenz zwischen der Zahlungen und dem abgezinsten Betrag und beläuft sich auf (167.038 € ./. 150.000 € =) 17.038 €.

Die Zinsen sind keine Betriebseinnahmen, da S ja den Veräußerungsgewinn bereits versteuert hat und damit die betriebliche Sphäre beendet hat (vergleichbar R 16 Abs. 11 EStR – Wahlrecht Sofortversteuerung).

Für diesen Betrag muss T keine Kapitalertragsteuer abführen (vgl. § 43 Abs. 1 Nr. 7b) EStG). Die Zinsen fallen grundsätzlich unter § 32d Abs. 1 EStG. Allerdings besteht hier die Besonderheit, dass ein Darlehensverhältnis unter nahen Angehörigen vorliegt. In diesem Fall ist nach § 32d Abs. 2 Nr. 1 Buchstabe a) EStG die Abgeltungsteuer nicht anzuwenden. Die Zinsen sind daher nach Tarif zu versteuern.

Erbin T

Da die Erbin T einen Teil des Mitunternehmeranteils entgeltlich erwarb, muss sie den Kaufpreis aktivieren (§ 253 HGB i.V.m. § 6 Abs. 1 Nr. 7 EStG). Die Aktivierung erfolgt grundsätzlich nicht in der Gesamthandsbilanz, da der Erwerb die beiden anderen Gesellschafter nicht betrifft.

Daher ist in der Gesamthandsbilanz lediglich das Kapitalkonto des Erblassers steuerneutral auf die Erbin T umzuschreiben.

Die Aktivierung der stillen Reserven erfolgt in einer Ergänzungsbilanz der T. Dabei ist der Erwerb eines Mitunternehmeranteils wie der Erwerb einzelner Wirtschaftsgüter zu beurteilen.

Soweit der Teilwert des Gebäudes unter dem Buchwert in der Gesamthandsbilanz liegt, ist in der Ergänzungsbilanz eine Abschmelzung vorzunehmen, da ein Käufer für dieses Gebäude lediglich 200.000 € bezahlen würde (eine Teilwertabschreibung in der Gesamthandsbilanz ist laut Aufgabenstellung ausdrücklich nicht vorzunehmen, da die Voraussetzungen einer dauernden Wertminderung nicht vorliegen). Der Abschmelzungsbetrag ist mit (100.000 € : 3 x 150/800 =) 6.250 € anzusetzen.

Die zu aktivierenden stillen Reserven der Beteiligung belaufen sich auf (270.000 € : 3 x 150/800 =) 16.875 €.

Die Höhe des Firmenwerts muss zuerst ermittelt werden:

Teilwert Grundstück	100.000 €
Teilwert Gebäude	200.000 €
Teilwert Maschinen	50.000 €
Bank	30.000 €
Teilwert GmbH	300.000 €
Summe	**680.000 €**
Wert aller Anteile	2.400.000 €
Differenz = Firmenwert	**1.720.000 €**

Damit muss T (1.720.000 € : 3 x 150/800 =) 107.500 € aktivieren.

Die Verpflichtung zur Zahlung des Ausgleichsbetrages ist in einer Sonderbilanz zu passivieren.

Damit ergibt sich folgende Ergänzungsbilanz:

Beteiligung	16.875 €	Gebäude	6.250 €
Firmenwert	107.500 €	Mehrkapital	118.125 €
Summe	**124.375 €**	**Summe**	**124.375 €**

II. Sachverhalt 2

Das Einzelunternehmen wurde nach § 20 UmwStG in die GmbH eingebracht. Die GmbH konnte die Wirtschaftsgüter mit den bisherigen Buchwerten ansetzen. Damit entstand für A kein Einbringungsgewinn.

Grundsätzlich würde die Veräußerung in 2013 unter §§ 17 Abs. 1 Satz 1, 3 Nr. 40 Buchstabe c), 3c Abs. 2 EStG fallen (Teileinkünfteverfahren 60 %).

Hier greift aber die Sonderregelung des § 22 UmwStG (sperrfristverhaftete Anteile). Damit sind bei einer Veräußerung innerhalb von sieben Jahren nach der Einbringung die stillen Reserven des eingebrachten Betriebs rückwirkend nach § 16 EStG (und damit ohne Teileinkünfteverfahren) aufzudecken.

Für jedes Jahr seit der Einbringung wird der Gewinn um $\frac{1}{7}$ verringert.

Damit ergibt sich im Veranlagungszeitraum 2011 rückwirkend folgender Gewinn:

Erlös = Teilwert bei Einbringung	800.000 €
Kapital	./. 100.000 €
Gewinn	700.000 €
abzüglich 2011/2012 = $^2/_7$	./. 200.000 €
Gewinn	**500.000 €**

Im Veranlagungszeitraum 2013 ergibt sich folgender Gewinn:

Die Veräußerung fällt nun unter § 17 EStG. Der Einbringungsgewinn I gilt als nachträgliche Anschaffungskosten der erhaltenen Anteile (§ 22 Abs. 1 Satz 4 UmwStG).

§§ 17 Abs. 1 Satz 1, 3 Nr. 40 Buchstabe c), 3c Abs. 2 EStG; Erlös 1,3 Mio. € x 60 %	780.000 €
Anschaffungskosten (§ 20 Abs. 3 i.V.m. § 22 Abs. 1 Satz 4 UmwStG): (100.000 € + 500.000 €) x 60 %	./. 360.000 €
Gewinn	**420.000 €**

III. Sachverhalt 3

Veranlagungszeitraum 2011

Der Steuerpflichtige erzielt in 2011 Einkünfte nach § 19 EStG. Da für die Monate November und Dezember 2011 Anspruch auf Arbeitslohn besteht, muss davon ausgegangen werden, dass dieser Arbeitslohn in der Abfindung i.H.v. 50.000 € enthalten ist.

Damit stellt sich die Frage, in welchem Jahr die Zahlung für die Monate November und Dezember 2011 zu versteuern ist. Grundsätzlich gelten die §§ 11 Abs. 2 S. 4, 38a Abs. 1 S. 2 EStG. Danach gilt laufender Arbeitslohn als in dem Jahr bezogen, in dem der Lohnzahlungszeitraum endet; dies wäre im vorliegenden Fall das Jahr 2011.

Allerdings gelten nach Verwaltungsansicht Zahlungen, die im nächsten Jahr geleistet werden, nur dann als laufender Arbeitslohn, wenn die Zahlungen innerhalb der ersten 3 Wochen des nachfolgenden Jahres geleistet werden (vgl. R 39b.2 Abs. 1 Nr. 7 LStR). Da die Abfindung am 15.1.2012 fällig ist und laut Aufgabenstellung pünktlich gezahlt wird, ist die Zahlung dem Jahr 2011 zuzurechnen.

Damit betragen die Einnahmen 2011 (40.000 € + 8.000 € =) 48.000 €. Abzuziehen ist der Arbeitnehmerpauschbetrag (§ 9a EStG) i.H.v. 920 € (ab Veranlagungszeitraum 2012: 1.000 €).

Es bleibt noch eine Restabfindung i.H.v. 42.000 €.

Veranlagungszeitraum 2012

Die Abfindung stellt grundsätzlich Arbeitslohn i.S.d. §§ 19, 24 Nr. 1 EStG dar. Der Zufluss erfolgt in 2012, da eine Abfindung kein Arbeitslohn i.S.d. § 38a Abs. 1 S. 2 EStG darstellt (kein laufender Arbeitslohn). Im Übrigen ist auch der Zeitraum des § 11 Abs. 2 S. 2 EStG (sog. Zehntageregel) überschritten.

Fraglich ist, ob der Steuerpflichtige den besonderen Steuersatz nach § 34 Abs. 1, Abs. 2 Nr. 2 EStG (sog. Fünftelregelung) in Anspruch nehmen kann. Hierzu ist nach der Rechtsprechung und Verwaltungsansicht (vgl. H 34.3 EStH „Entschädigung in zwei Veranlagungszeiträumen" und „Zusammenballung von Einkünften" sowie BMF vom 24.5.2004, BStBl I 2004, 451) eine Zusammenballung in einem Veranlagungszeitraum erforderlich.

Nach diesen Grundsätzen muss die Bezahlung der Abfindung in einem Veranlagungszeitraum stattfinden. Dies ist im vorliegenden Fall problematisch, da als Teil der Abfindung der Führerschein in 2013 gezahlt wird. Die Verwaltung macht jedoch vom Erfordernis der Zusammenballung eine Ausnahme, wenn Entschädigungen in späteren Veranlagungszeiträumen aus Gründen der sozialen Fürsorge geleistet werden. Die Finanzierung einer Fortbildung, um die Chancen des Arbeitnehmers auf dem Arbeitsmarkt zu verbessern, zählt klassischerweise zu dieser Gruppe von sozialen Fürsorgeleistungen (vgl. BMF a.a.O., Rz. 9).

Des Weiteren ist nach Verwaltungsansicht zu prüfen, ob es unter Berücksichtigung der wegfallenden Einnahmen zu einer Zusammenballung im Sinne einer Tarifverschlechterung kommt (2. Prüfung, BMF a.a.O., Rz. 10). Im Rahmen dieser Prüfung ist zu ermitteln, ob der Arbeitnehmer in dem Jahr, in dem er die Abfindung erhält, höhere Einkünfte erzielt als bei hypothetischer Weiterbeschäftigung. Vergleichsbasis sind die Einnahmen im Jahre 2011 (hier: 48.000 € inklusive des Lohns für die Monate November und Dezember).

Da abzüglich der Nachzahlung für die Monate November und Dezember lediglich 42.000 € als Vergleichssumme für die Aufhebung des Arbeitsverhältnisses gezahlt werden und der Arbeitnehmer laut Aufgabenstellung im Jahre 2012 arbeitslos ist, liegen die Einkünfte in 2012 unter denen des Jahres 2011. Dabei ist zu berücksichtigen, dass das Arbeitslosengeld nach § 3 Nr. 2 EStG steuerfrei ist.

Damit kommt der besondere Steuersatz des § 34 Abs. 1 EStG im vorliegenden Fall nicht zum Zuge.

Gehaltsumwandlung

Unabhängig von der Frage des Tarifs ist zu prüfen, ob ein Teil der Abfindung nach § 3 Nr. 63 EStG steuerfrei ist.

Die Direktversicherung wurde noch während des Arbeitsverhältnisses abgeschlossen. Das Arbeitsverhältnis wurde zwar zum 31.12.2011 aufgehoben. § 3 Nr. 63 EStG verlangt aber nur, dass die Zahlung aus dem ersten Dienstverhältnis erfolgt. Dies ist hier der Fall, da die Abfindung als Lohn aus dem Dienstverhältnis gilt. Somit kann in 2012 ein Betrag i.H.v. 4 % der Beitragsbemessungsgrenze (67.200 € x 4 % = 2.688 €) steuerfrei eingezahlt werden. Nach § 1 Abs. 1 Nr. 9 SvEV ist dieser Betrag auch sozialversicherungsfrei.

Nach § 3 Nr. 63 S. 4 EStG können darüber hinaus bei Entlassungsabfindungen pro Kalenderjahr der Betriebszugehörigkeit 1.800 € steuerfrei gezahlt werden. Diese Regelung gilt allerdings nur für Kalenderjahre ab 2005. Da das Arbeitsverhältnis zum 31.12.2011 endet, können (7 Jahre x 1.800 € =) 12.600 € steuerfrei gezahlt werden. Dabei spielt es keine Rolle, dass das Arbeitsverhältnis in 2012 nicht mehr besteht. Entscheidend ist nach § 3 Nr. 63 EStG, dass die Beiträge des Arbeitgebers aus dem 1. Dienstverhältnis stammen. Dies ist vorliegend unstreitig gegeben. Die 12.600 € unterliegen allerdings nach § 1 Nr. 9 SvEV der Sozialversicherung.

Veranlagungszeitraum 2013

Die Zahlung der 5.000 € stellt nachträglichen Arbeitslohn i.S.d. § 19 i.V.m. § 24 Nr. 2 EStG dar. Der besondere Steuersatz des § 34 Abs. 1 EStG scheidet nach dem oben Gesagten aus. Der Arbeitnehmer muss den Betrag daher regulär versteuern.

Da es sich bei den Kosten für die Führerscheinprüfung aber unstreitig um Werbungskosten handelt, kann er diese nach § 9 EStG i.H.v. 5.000 € geltend machen.

Damit liegen insoweit Einkünfte i.H.v. 0 € vor.

IV.   Sachverhalt 4

Die Schwierigkeit des Falles besteht darin, dass A das Gebäude teilentgeltlich übertragen bekommt. Nach dem BMF-Schreiben zur vorweggenommenen Erbfolge (BMF vom 13.1.1993, BStBl I 1993, 80, Beck'sche Erlasse § 7/3) führt die Übernahme von Verbindlichkeiten zu einem Veräußerungsentgelt und zu Anschaffungskosten (BMF a.a.O., Rz. 9).

Damit muss die Übertragung des Gebäudes in einen entgeltlichen und einen unentgeltlichen Teil aufgeteilt werden (BMF a.a.O., Rz. 14). Bezogen auf den Wert des gesamten Objekts (500.000 € + 50.000 €) beträgt der entgeltliche Teil (200.000 €/550.000 € =) 36,36 %; 63,64 % des Objekts werden unentgeltlich übertragen. Bei dieser Berechnung dürfen die Anschaffungsnebenkosten nicht berücksichtigt werden, da diese kein Entgelt darstellen.

Im nächsten Schritt sind die Anschaffungskosten des Gebäudes zu ermitteln. Hierzu ist das Teilentgelt (200.000 €) auf Gebäude und Grund und Boden aufzuteilen; auf das Gebäude entfallen demnach (200.000 € x 500/550 =) 181.818 €. Nach BMF a.a.O., Rz. 13 sind die Anschaffungsnebenkosten aus Vereinfachungsgründen in voller Höhe dem entgeltlichen Teil zuzuschlagen. Hierzu muss geklärt werden, ob der Vorgang grunderwerbsteuerpflichtig ist. Nach § 3 Nr. 6 GrEStG ist der Erwerb eines Grundstücks durch Personen, die mit dem Veräußerer in gerader Linie verwandt sind, von der Besteuerung ausgenommen. Kinder sind mit ihren Eltern in gerader Linie verwandt. Die Anschaffungsnebenkosten müssen auf Gebäude und Grund und Boden aufgeteilt werden; auf das Gebäude entfallen somit (7.000 € x 500/550 =) 6.367 €. Damit ergeben sich die Anschaffungskosten des entgeltlichen Teils des Gebäudes mit (181.818 € + 6.367 € =) 188.185 €.

Des Weiteren ist nun zu prüfen, ob die Renovierungsaufwendungen zu anschaffungsnahem Herstellungsaufwand (§ 6 Abs. 1 Nr. 1a EStG) führen. Dabei sind nur die Renovierungsmaßnahmen zu berücksichtigen, die auf den entgeltlichen Teil entfallen, da für den unentgeltlichen Teil die Besitzzeit der Eltern maßgeblich ist (länger als 3 Jahre). Die gesamten Renovierungsaufwendungen belaufen sich netto auf (45.000 € + 18.000 € + 22.000 € =) 85.000 €. Davon entfallen auf den entgeltlichen Teil (85.000 € x 36,36 % =) 30.906 €.

Damit stellt sich das nächste Problem: Muss die 15 %-Grenze bezogen auf die einzelne Wohnung oder bezogen auf das gesamte Gebäude ermittelt werden? Nach dem eindeutigen Wortlaut des § 6 Abs. 1 Nr. 1a EStG sind stets die Anschaffungskosten des Gebäudes maßgeblich (so auch LfSt Bayern vom 24.11.2005, DB 2005, 2718, Beck'sche Erlasse § 21/15).

Bezogen auf die (Gebäude-)Anschaffungskosten belaufen sich die Renovierungsaufwendungen auf (30.906 €/188.185 € =) 16,42 %. Damit ist die Grenze von 15 %

überschritten. Die Sanierungsaufwendungen, die auf den entgeltlichen Teil entfallen, müssen damit als (nachträgliche) Herstellungskosten behandelt werden.

Damit ergibt sich für den jeweiligen Veranlagungszeitraum: Soweit die Erhaltungsaufwendungen auf den unentgeltlichen Teil entfallen, können sie als Werbungskosten geltend gemacht werden; für den Veranlagungszeitraum 2013:

(22.000 € x 63,64 % =)	14.000 €
Umsatzsteuer gem. § 9b EStG	2.660 €
Summe	**16.660 €**

Für den unentgeltlich erworbenen Teil muss A das Gebäude nach § 11d EStDV abschreiben. Damit ergibt sich eine AfA i.H.v.:

(150.000 € x 63,64 % =) 95.460 € x 2 %   **1.909 €**

Die Anschaffungskosten des entgeltlich erworbenen Teils muss A nach § 7 Abs. 4 Nr. 2a) EStG abschreiben.

Anschaffungskosten	188.185 €
nachträgliche Herstellungskosten 2011 (45.000 € x 36,36 % zuzüglich Umsatzsteuer =)	19.471 €
nachträgliche Herstellungskosten 2012 (18.000 € x 36,36 % zuzüglich Umsatzsteuer =)	7.789 €
nachträgliche Herstellungskosten 2013 (22.000 € x 36,36 % zuzüglich Umsatzsteuer =)	9.519 €
Bemessungsgrundlage 2013	**224.964 €**
x 2 % =	4.499 €

Klausur Ertragsteuerrecht

Übungsklausur 1
Bearbeitungszeit: 4-5 Stunden

I. Bearbeitungshinweise

1. Die Übungsklausur entspricht einer Aufsichtsarbeit im Hauptstudium 2 im Studienbereich Ertragsteuerrecht mit einer Länge von ca. 4-5 Stunden.
2. Die Aufgabe besteht aus zwei Teilaufgaben:
   - Teil 1   Einkommensteuerrecht (ca. 2,5 Stunden)
   - Teil 2   Körperschaftsteuerrecht (ca. 1,5 Stunden)

   Die Teilaufgaben sind im Sachverhalt miteinander verknüpft. Als Bearbeitungsreihenfolge wird der Beginn mit der Körperschaftsteuer empfohlen. Die hierbei erarbeitete Lösung für den Körperschaftsteuerteil gilt als Veranlagung der Körperschaftsteuer für den Einkommensteuerteil.
3. Als gravierender Aufbau- und Darstellungsfehler wird gewertet, wenn Lösungsansätze des Einkommensteuerteils bei der Körperschaftsteuer bzw. umgekehrt erfolgen. Gehen Sie vielmehr bei der Zuordnung davon aus, welche Arbeiten von der Körperschaftsteuerstelle bzw. von der Einkommensteuerstelle zu erledigen sind!
4. Begründen Sie Ihre Entscheidungen kurz (Telegrammstil), aber erschöpfend und geben Sie die einschlägigen Fundstellen an.
5. Sämtliche Rechnungen erfüllen, sofern im Sachverhalt nicht anderes angegeben ist, die Voraussetzungen des § 14 UStG. Sämtliche steuerliche Aufzeichnungspflichten wurden – sofern im Sachverhalt nichts Gegenteiliges erwähnt ist – zutreffend vorgenommen und sind nicht zu beanstanden. Sofern für die steuerliche Behandlung Bescheinigungen oder die ausdrückliche Zustimmung eines Beteiligten von Bedeutung sind, liegen diese – soweit sich aus dem Sachverhalt nichts anderes ergibt – vor und sind nicht zu beanstanden.
6. Bei steuerlichen Wahlmöglichkeiten ist davon auszugehen, dass grundsätzlich der niedrigste „Gesamtbetrag der Einkünfte" des Jahres 2012 angestrebt wird. Alle erforderlichen Anträge gelten – soweit sich aus dem Sachverhalt nichts anderes ergibt - als gestellt und durch das Finanzamt genehmigt. Sofern Wahlmöglichkeiten bereits in Vorjahren bestanden, wurde auch hier die Wahl so ausgeübt, dass jeweils der niedrigste „Gesamtbetrag der Einkünfte" der jeweiligen Vorjahre erzielt wurde. Sonderabschreibungen wurden und sollen nicht in Anspruch genommen werden.
7. Rechenergebnisse sind auf den nächsten vollen €-Betrag aufzurunden.
8. Die Beteiligten haben – soweit sich aus dem Sachverhalt nichts anderes ergibt – ihrer jeweiligen Hausbank keinen Freistellungsauftrag i.S.d. § 44a Abs. 1 Nr. 1, Abs. 2 Nr. 1 EStG erteilt. Die Abgeltungsbesteuerung soll soweit als möglich vermieden werden, entsprechende Anträge gelten als gestellt. Gehen Sie in den betroffenen Fällen auf die gesetzlichen Regelungen ein.

9. Die Höhe der jeweils anrechenbaren Steuern i.S.d. § 36 EStG ist anzugeben. Ferner sind etwaige Steuerabzugsbeträge bei den Einkünften aus Kapitalvermögen zu ermitteln.

10. Bei einem vollen Arbeitsjahr gehen Sie von 210 Arbeitstagen aus, ansonsten von 20 Arbeitstagen pro Monat.

11. Zahlungen sind, sofern nichts anderes angegeben, pünktlich bei Fälligkeit geleistet worden.

12. Soweit erforderlich, gehen Sie davon aus, dass Gewinne bilanzierend ermittelt werden sollen. Bilanzen sind nicht zwingend darzustellen, allerdings – sofern erforderlich – die Kapitalkonten zu ermitteln.

II. Teil I Einkommensteuer
1. Sachverhalt
1.1 Allgemeines

Sie sind Sachbearbeiter/Sachbearbeiterin bei dem für die Eheleute Müller zuständigen Finanzamt. Ihnen liegt die von Herrn Müller unterschriebene gemeinsame Einkommensteuererklärung für den Veranlagungszeitraum 2012 vor, aus der Sie die nachstehend dargestellten Sachverhalte entnehmen können und die Sie unter Berücksichtigung weiterer Ihnen bekannter Informationen veranlagen sollen.

1.2 Persönliche Verhältnisse

Hephaistos (geb.: 20.02.1971) und Minerva (geb.: 10.01.1969) Müller sind seit 1995 verheiratet und bewohnen eine ihnen gehörende Eigentumswohnung in Meißen, Am Domblick 5. Im Jahr 2012 mussten die Müllers Sanierungskosten für den Einbau neuer Fenster sowie einer Dachreparatur i.H.v. 5.000 € aufbringen. Die Gebäudeversicherung übernahm hiervon lediglich einen Betrag i.H.v. 2.200 €. Herr Müller hat nach einer handwerklichen Ausbildung zum Schmied Betriebswirtschaft studiert und mit „Summa cum laude" abgeschlossen. Promoviert hat Herr Müller über das Thema „Wissenschaftliches Arbeiten unter effizienter Nutzung zeitgemäßer Medien", was ihm die Erlangung des Doktorgrades auch erheblich erleichterte. Frau Müller, die schon von klein auf eine Vorliebe für Explosives hatte, ist von Beruf Diplom-Feuerwerkerin.

1.3 Hephaistos Müller
1.3.1 Anstellungsverhältnis

Zu Beginn seiner beruflichen Laufbahn versuchte Hephaistos sich ab 1999 zunächst als Einzelunternehmer in der Branche „Pyrotechnik/Feuerwerke". Sein bilanzierendes Einzelunternehmen betrieb er auf eigenem Grundstück in Meißen/Zaschendorf, An der Pulvermühle 1. Das einzige für die Betriebsführung wesentliche Wirtschaftsgut war dieses Betriebsgrundstück. Zum 01.01.2001 trat er als Geschäftsführer des kaufmännischen Bereichs in die Meißner-Sternschauer-GmbH ein. Sein monatliches Gehalt beträgt seitdem 4.000 €. Davon behält die Arbeitgeberin Lohnsteuer i.H.v. 1.200 €, Solidaritätszuschlag i.H.v. 66 € sowie Sozialabgaben i.H.v. 800 € ein und führt diese Beträge an das zuständige Finanzamt bzw. die Sozialversicherungsträger ab. Zur sportlichen Ertüchtigung bewältigt Hephaistos die knapp über drei Kilometer von der Wohnung zum Betrieb jeden Tag bei Wind und Wetter zu Fuß. Am 01.12.2012 erhöhte die GmbH Hephaistos das Gehalt rückwirkend zum 01.09.2012 von 4.000 €

auf angemessene 6.000 €. Die Nachzahlung für die Monate September bis November wurde noch im Dezember 2012 ohne Lohnsteuerabzug geleistet.

Das Gehalt für Dezember 2012 wurde, wie im Unternehmen übliche und langjährige Übung, nachträglich am 05.01.2013 ausbezahlt. Der Lohnsteuerabzug wurde in unveränderter Höhe beibehalten. Ab August 2012 wurden keine Sozialabgaben mehr abgeführt.

1.3.2   Beteiligung an der „Fireball-Events" GmbH & Co. KG

Zusammen mit seinem Bruder Bacchus Müller erbte Hephaistos beim Tod ihres Vaters Chronos Müller am 30.06.2011 dessen Kommanditanteil im Umfang von 20 % an der „Fireball-Events" GmbH & Co. KG. Geschäftszweck der Gesellschaft ist die Veranstaltung von Großfeuerwerken. Die Gesellschaft hat ihren Sitz auf dem eigenen Grundstück „An der Pulvermühle 2" in Meißen/Zaschendorf und bilanziert zutreffend zum 30.06. des Jahres. Die Bilanz 2012 weist einen Gewinn i.H.v. 300.000 € aus. Das Kapital verteilt sich nach Beteiligungsschlüssel auf die Gesellschafter und beträgt insgesamt 500.000 €.

Mit Vertrag vom 15.06.2012 setzen sich die Erben Bacchus und Hephaistos Müller mit Wirkung ab 01.07.2012 in der Weise auseinander, dass Bacchus den Mitunternehmeranteil des Chronos vollständig übernimmt und an seinen Bruder neben einem Ausgleich für die stillen Reserven i.H.v. 100.000 € den auf ihn entfallenden Anteil am Kapital auszahlt.

1.3.3   Grundstück „An der Pulvermühle 3" in Meißen/Zaschendorf

Das Grundstück „An der Pulvermühle 3" konnte Hephaistos Müller mit Vertrag vom 10.02.2009 zum 01.03.2009 günstig zu einem Kaufpreis von 50.000 € einschließlich aller Nebenkosten erwerben. Auf dem Grundstück errichtete er auf Ratschlag seines Vaters hin eine Lagerhalle für Feuerwerkskörper. Durch die erforderlichen Sicherheitsvorrichtungen beliefen sich die Herstellungskosten der Halle trotz relativ einfacher Leichtbauweise auf immerhin 700.000 €. Die gutachterlich nachgewiesene Nutzungsdauer beträgt 15 Jahre. Zur Finanzierung der Halle musste Hephaistos am 01.07.2009 ein Darlehen i.H.v. 600.000 € aufnehmen (Zinssatz 5 %, Tilgung 10.000 € pro Quartal nachträglich [am jeweiligen Monatsletzten]). Nach Baufertigstellung am 01.10.2009 vermietete Hephaistos die Halle für monatlich marktübliche 6.000 € an die „Fireball-Events" GmbH & Co. KG.

1.3.4   An der Pulvermühle 1 in Meißen/Zaschendorf

Seit Beginn der Vermietung an die Meißener-Sternschauer-GmbH erklärt Herr Müller aus diesem Grundstück Einkünfte aus Vermietung und Verpachtung. Eine weitergehende Erklärung im Zusammenhang mit dem Beginn der Vermietung hat er beim zuständigen Finanzamt nicht abgegeben. Die laufenden Betriebskosten betragen monatlich 200 €.

1.4   Minerva Müller

Nach dem Tod der Mutter Kybele Meier am 16.05.2011 erbte Minerva zusammen mit ihrer Schwester Hestia Schulz die Beteiligung der Mutter an der Meißner-Sternschauer-GmbH, das Einfamilienhaus, Bilz-Str. 15 in Radebeul sowie eine Beteiligung an der „Schwarzpulvermühle-Haeslach-GmbH" im Wert von 20.000 € (Nennwertanteil 5 %, ursprüngliche Anschaffungskosten 12.000 €). Mit notariellem Vertrag vom 15.01.2012 setzten sich die Schwestern zum 01.02.2012 über das Erbe wie folgt auseinander:

a) Minerva übernimmt die Beteiligung an der Meißner-Sternschauer-GmbH, die Beteiligung an der Schwarzpulvermühle-Haeslach-GmbH und erhält von Hestia einen Betrag i.H.v. 140.000 €. Letzteren Betrag muss Hestia am 01.07.2012 zusammen mit einer marktüblichen Verzinsung i.H.v. 4,5 % für den Zeitraum von Februar bis Juni an Minerva leisten.

b) Hestia übernimmt das Einfamilienhaus. Die Mutter hatte das in den 60-er Jahren des 20. Jahrhunderts bebaute Grundstück mit Vertrag vom 01.05.2004 und sofortiger Wirkung für 400.000 € erworben (Grund und Boden 20 %) und zunächst selbst bewohnt. Nachdem Kybele im Jahr 2009 pflegebedürftig geworden war, musste sie in ein Pflegeheim umziehen. Das Einfamilienhaus wurde ab Juli 2009 durchgehend für monatlich 800 € vermietet und höchstmöglich abgeschrieben. Laufende Kosten sind seitdem monatlich i.H.v. 100 € angefallen. Im Jahr 2012 hat das Grundstück einen Wert von 500.000 €.

2. Aufgabenstellung

Ermitteln Sie für das Ehepaar Müller den Gesamtbetrag der Einkünfte i.S.d. § 2 Abs. 3 EStG für den Veranlagungszeitraum 2012.

Nehmen Sie jeweils auch zur Steuerpflicht, Veranlagungsform und zum Tarif, einschließlich tariflicher Vergünstigungen Stellung!

Der Gesamtbetrag der Einkünfte 2012 soll so niedrig wie möglich gehalten werden, die dafür erforderlichen Anträge gelten als gestellt und genehmigt.

Nehmen Sie auch zu eventuellen Steueranrechnungsbeträgen Stellung!

Auf Gewinnermittlungsvorschriften ist einzugehen.

III. Teil II Körperschaftsteuer

1. Sachverhalt

1.1 Allgemeines

Die „**Meißner-Sternschauer-GmbH**" wurde zum 01.01.2001 als Bargründung mit einem Stammkapital von 50.000 € errichtet. Gründungsgesellschafterinnen waren Frau Minerva Müller und ihre Schwester Hestia Schulz mit einem Anteil am Stammkapital von jeweils 20.000 € sowie deren Mutter Kybele Meier mit einem Stammkapitalanteil von 10.000 €. Geschäftszweck der GmbH ist die Herstellung und der Vertrieb von Pyrotechnik. Die Gesellschaft hat ihren Sitz in Meißen/Zaschendorf, An der Pulvermühle 1. Zum 01.01.2001 übernahm die GmbH den Betrieb des Hephaistos Müller in der Weise, dass sie das Grundstück An der Pulvermühle 1 für monatlich 5.000 € anmietete und die sonstigen Betriebsmittel käuflich erwarb. Bis zum Jahr 2012 konnten die Gesellschafterinnen den Wert der GmbH auf 1.000.000 € steigern. Die GmbH hat ein dem Kalenderjahr entsprechendes Wirtschaftsjahr und weist für das Geschäftsjahr 2012 einen Bilanzgewinn i.H.v. 100.000 € aus.

Durch die Gesellschafterversammlung wurde am 15.04.2013 entschieden, den Bilanzgewinn des Jahres 2012 i.H.v. 50.000 € auszuschütten und den Restbetrag auf neue Rechnung vorzutragen. Der Bilanzgewinn des Jahres 2011 wurde nach der Gesellschafterversammlung vom 02.05.2012 wie folgt verwendet:

Gewinnausschüttung	100.000 €
Zuführung zu den anderen Gewinnrücklagen	15.000 €
Vortrag auf neue Rechnung	10.350 €

Die Gewinnausschüttung wurde am 05.05.2012 dem privaten Bankkonto der Gesellschafterinnen gutgeschrieben. Dabei nahm die GmbH die Steuerabzüge in richtiger Höhe vor.

1.2   Anstellungsverhältnisse

Minerva Müller ist als Geschäftsführerin/Produktionsleiterin für die GmbH tätig und entwickelt nebenbei auch neue Feuerwerkskörper. Ihr Gehalt beträgt monatlich 4.000 € brutto. Davon behält die GmbH 1.200 € Lohnsteuer und 66 € Solidaritätszuschlag ein, Sozialabgaben fallen nicht an. Nach ihrem tragischen Unfalltod am 01.08.2012 zahlte die GmbH das Gehalt noch für zwei Monate aus und verbuchte insoweit Betriebsausgaben. Eine Rückforderung unterblieb im Hinblick auf die Eigentumsverhältnisse an der GmbH.

1.3   Schwarzpulver-Haeslach-GmbH

Mit notariellem Vertrag vom 15.02.2012 übertrug Minerva Müller ihre Beteiligung an der Schwarzpulver-Haeslach-GmbH für 12.000 € auf die GmbH. Da die GmbH einen Teil ihrer Rohstoffe von diesem Unternehmen erwirbt, hielt es Minerva für das Günstigste, die Beteiligung auch im Eigentum der GmbH zu halten.

1.4   Erwerb Grundstück An der Pulvermühle 1 Meißen/Zaschendorf

Mit Übergang Nutzen und Lasten zum 01.05.2012 erwarb die GmbH von Hephaistos Müller das Grundstück An der Pulvermühle 1 in Meißen/Zaschendorf zum Verkehrswert von 800.000 € (Grund und Bodenanteil 25 %; Hinweis: Nebenkosten sind nicht zu berücksichtigen). Durch die nachfolgenden tragischen Ereignisse ging das Grundstück bei der Bilanzierung völlig unter und wurde der Sachverhalt insgesamt buchtechnisch bei der GmbH noch nicht berücksichtigt. Die Kaufpreiszahlung erfolgte erst im Jahr 2013. Herr Müller hatte ursprünglich für den Kauf des Grundstücks (notarieller Vertrag vom 30.03.1999 mit sofortigem Übergang Nutzen und Lasten) einschließlich der Nebenkosten 100.000 € aufgewendet. Die Errichtung des Gebäudes mit Baufertigstellung zum 01.09.1999 hatte Kosten i.H.v. 600.000 € verursacht.

Die Absetzung für Abnutzung für das Gebäude wurde von ihm zutreffend anhand einer Nutzungsdauer von 20 Jahren vorgenommen. Aus Sicht des Erwerbszeitpunkts im Mai 2012 kann von einer Restnutzungsdauer von 15 Jahren ausgegangen werden.

1.5   Anmietung Grundstück An der Pulvermühle 3 Meißen/Zaschendorf

Mit Wirkung ab 01.07.2012 mietete die GmbH das Grundstück An der Pulvermühle 3 in Meißen/Zaschendorf für monatlich 9.000 € an, nachdem Hephaistos das Mietverhältnis mit der „Fireball-Events" GmbH & Co. KG für das Grundstück fristgerecht zum 30.06.2012 gekündigt hatte. Da die GmbH ihren Geschäftsbetrieb erweitern wollte, benötigte sie dieses Grundstück als ganz wesentliches Element ihrer zukünftigen Geschäftsstrategie. Eigentlich wollte die GmbH das Grundstück käuflich erwerben. Nachdem dies allerdings zunächst an den Preisvorstellungen (Verkehrswert 700.000 €, Grund und Bodenanteil 10 %) des Eigentümers scheiterte, wurde der Mietvertrag ausgehandelt. Unter Berücksichtigung der besonderen Umstände wäre eine Miete i.H.v. 125 % der marktüblichen Miete noch als angemessen zu beurteilen.

1.6 Pyroklastischer Blitz

Als Produktionsleiterin und Entwicklungschefin kümmerte sich Minerva Müller auch um die Weiterentwicklung möglichst spektakulärer Feuerwerkskörper. Bereits 2010 hatte sie mit der Entwicklung eines Feuerwerkskörpers begonnen, den sie aufgrund des aufsehenerregenden Feuerregens „Pyroklastischer Blitz" taufte. Eigentlich sollte die Markteinführung im Jahr 2012 erfolgen. Leider entzündete sich bei einer Sicherheitsüberprüfung am 01.08.2012 einer der „Pyroklastischen Blitze" im Labor der GmbH auf dem Grundstück „An der Pulvermühle 1" und machte dabei seinem Namen in einem geschlossenen Raum alle Ehre, sodass für die die Sicherheitsüberprüfung durchführende Minerva jede Hilfe zu spät kam; Alleinerbe ist Hephaistos Müller. Für die durch diesen Vorfall entstandenen Gebäudeschäden bildete die GmbH in der Bilanz eine Rückstellung i.H.v. 100.000 € (Bausubstanzverlust 20 %). Für den Versicherungsanspruch wies die GmbH eine Forderung i.H.v. 50.000 € aus. Allerdings hat die Versicherung den Anspruch bisher nicht anerkannt, da nach einem vorläufigen Unfallgutachten eine leichtfertige Missachtung von Sicherheitsbestimmungen nicht ausgeschlossen ist.

2. Aufgabenstellung

Ermitteln Sie:

- Das zu versteuernde Einkommen für 2012,
- die zu zahlende Körperschaftsteuer/Rückstellung 2012,
- den zu zahlenden Solidaritätszuschlag/Rückstellung 2012,
- den Bestand des steuerlichen Einlagekontos i.S.d. § 27 KStG zum 31.12.2012!
- der „Meißner-Sternschauer-GmbH" (kurz: GmbH)!

Gehen Sie auch kurz auf die Gesellschafterbeschlüsse und deren Auswirkungen ein.

Das zu versteuernde Einkommen 2012 soll so niedrig wie möglich gehalten werden, die dafür erforderlichen Anträge gelten als gestellt und genehmigt. Formgültige Verträge liegen vor.

Geben Sie bei den einzelnen Änderungen jeweils ausdrücklich an, ob es sich um Auswirkungen „innerhalb der Bilanz" oder um „außerbilanzmäßige" Auswirkungen handelt.

Begründen Sie, wie sich der Jahresüberschuss aus dem Bilanzgewinn entwickelt!

Auf eine Gewerbesteuerrückstellung und eventuelle Rücklagen nach § 6b bzw. § 7g EStG ist aus Vereinfachungsgründen nicht einzugehen!

Nehmen Sie auch zu eventuellen Steueranrechnungsbeträgen Stellung! Alle notwendigen Bescheinigungen liegen hierzu ordnungsgemäß vor.

Es wurden bisher keine Vorauszahlungen für Körperschaftsteuer bzw. Solidaritätszuschlag geleistet.

Folgende zutreffende Endbestände wurden zum 31.12.2011 festgestellt:

Steuerliches Einlagekonto i.S.d. § 27 KStG: 0 €

Das Eigenkapital in der Steuerbilanz zum 31.12.2011 beträgt 260.000 €.

Lösung der Übungsklausur 1

I.   Teil I Einkommensteuer

		Punkte	
		Soll	Ist
1.	**Steuerpflicht**		
	Die Eheleute Hephaistos und Minerva Müller sind beide unbeschränkt einkommensteuerpflichtig, da sie als natürliche Personen (§ 1 BGB) einen Wohnsitz (§ 8 AO) im Inland haben (§ 1 Abs. 1 S. 1 EStG). Der sachlichen Besteuerung unterliegt das Welteinkommen (H 1a „Allgemeines" EStH).	1	
	Beide Ehegatten sind unbeschränkt steuerpflichtig, leben nicht dauernd getrennt und sind rechtkräftig verheiratet. Die Voraussetzungen für das Ehegattenwahlrecht liegen bis zum Tod von Minerva Müller am 01.08.2012 vor.	1	
	Nach H 26 „Tod eines Ehegatten" EStH kann Hephaistos als Alleinerbe das Ehegattenwahlrecht ausüben. Er kann zwischen getrennter Veranlagung und Zusammenveranlagung wählen (§ 26 Abs. 1 S. 1 EStG). Laut Sachverhalt gibt Hephaistos eine gemeinsame Steuererklärung für beide Ehegatten ab, was dafür spricht, dass er die Zusammenveranlagung wählt. Im Zweifel greift § 26 Abs. 3 EStG und ist eine Zusammenveranlagung nach § 26b EStG durchzuführen, da keine Angaben in der Steuererklärung gemacht wurden.	1	
	Für die Eheleute ist eine gemeinsame Einkommensteuererklärung abzugeben (§ 25 Abs. 3 S. 2 EStG), die grundsätzlich von beiden unterschrieben sein muss (§ 25 Abs. 3 S. 5 EStG), für den Todesfall von den Erben, hier demnach von Hephaistos Müller.	1	
	Die Besteuerungsgrundlagen sind für das Kalenderjahr zu ermitteln (§ 2 Abs. 7 S. 2 EStG).	1	
	Es ist der Splittingtarif (§ 32a Abs. 5 EStG) anzuwenden.	1	
		6	
2.	**Eigengenutzte Eigentumswohnung**		
	Da die Eigentumswohnung zu eigenen Wohnzwecken genutzt wird, verwirklichen die Eheleute Müller damit keine Einkunftsart (= „Konsumgutlösung"). Die mit der Wohnung in Zusammenhang stehenden Aufwendungen können steuerlich nicht als Werbungskosten geltend gemacht werden. Die Versicherungsleistung ist als Schadensersatz nicht steuerbar. Für eine nähere Prüfung der Begünstigung nach § 35a Abs. 3 EStG sind die Angaben nicht ausreichend (s.a. BMF vom 15.02.2010, Anh. 17b EStHB 2012).	2	
		2	

		Punkte	
		Soll	**Ist**
3.	**Hephaistos Müller**		
3.1	**Anstellungsverhältnis**		
	Aus seiner Tätigkeit als Geschäftsführer der Meißner-Sternschauer-GmbH erzielt Hephaistos Müller Einkünfte aus nichtselbständiger Arbeit i.S.d. § 19 Abs. 1 S. 1 Nr. 1 EStG, da er als Arbeitnehmer weisungsgebunden ist und aus dem jeweiligen Dienstverhältnis Arbeitslohn bezieht (§§ 1, 2 LStDV). Die Einkünfte unterliegen der Einkommensteuer (§ 2 Abs. 1 S. 1 Nr. 4 EStG). Es handelt sich um Überschusseinkünfte (§ 2 Abs. 2 Nr. 2 EStG).	2	
	Es gilt grundsätzlich § 11 EStG. Hinsichtlich der Einnahmen ist jedoch § 11 Abs. 1 S. 4 EStG i.V.m. § 38a Abs. 1 S. 2 EStG anzuwenden. Die Lohnzahlung im Januar 2013 für Dezember 2012 gilt als in 2012 bezogen. Die im Januar 2012 für Dezember 2011 bezogene Vergütung gilt als in 2011 geflossen. Anzusetzen sind demnach in 2012 12 Monatsgehälter (s.a. R 39b.2 LStR).	1	
	Die Lohnsteuer und der SolZ dürfen die Einnahmen nicht mindern (§ 12 Nr. 3 EStG) – hier 12 x 1.266 € = 15.192 € Es erfolgt eine Anrechnung auf die festzusetzende Einkommensteuer bzw. SolZ (§ 36 Abs. 2 Nr. 2 EStG bzw. § 36 Abs. 2 Nr. 2 EStG i.V.m. § 51a Abs. 1 EStG).	1	
	Der Arbeitnehmeranteil zur Sozialversicherung ist nach § 12 Nr. 1 EStG nicht abzugsfähig (800 € x 7 = 5.600 €). Der Arbeitgeberanteil (5.600 €) ist steuerfrei nach § 3 Nr. 62 EStG. Als Gesellschafter-Geschäftsführer ist Hephaistos nicht sozialversicherungspflichtig.	1	
	Die Gehaltserhöhung im Dezember 2012 von 4.000 € auf 6.000 € führt für die Monate September bis November 2012 zu einer verdeckten Gewinnausschüttung, da für Hephaistos Müller als beherrschender Gesellschafter das Rückwirkungsverbot gilt. Ab Dezember 2012 beträgt das Gehalt i.S.d. § 19 EStG 6.000 €.	1	
	Hephaistos erzielt demnach in 2012 Lohneinkünfte i.H.v. 11 x 4.000 € = 44.000 € zzgl. 6.000 € = **50.000 €.**	1	
	An Werbungskosten sind nur die Wege zwischen Wohnung und Arbeitsstätte angefallen. Nach § 9 Abs. 1 S. 3 Nr. 4 S. 2 EStG kann Hephaistos Müller für jeden einfachen Entfernungskilometer (= 3 Km) 0,3 € pro Tag als Entfernungspauschale geltend machen: 3 x 0,3 € x 210 Arbeitstage = 189 €. Nach § 9a S. 1 Nr. 1 Buchst. a EStG beträgt der Arbeitnehmer-Pauschbetrag 1.000 €, ist höher als die tatsächlichen Werbungskosten und demnach anzusetzen.	1	

		Punkte	
		Soll	Ist
	50.000 € Bruttolohn/steuerpflichtige Einnahmen ./. 1.000 € Werbungskosten-Pauschbetrag = **49.000 €** Einkünfte (§ 19 EStG)	1	
		9	
3.2	**„Fireball-Events" GmbH & Co. KG**		
3.2.1	**Gesamthandsanteil/Erbfall**		
	Durch den Tod des Vaters Chronos Müller sind Bacchus und Hephaistos Müller im Wege der Sondererbfolge Kommanditisten der KG und damit Mitunternehmer geworden. Nach § 177 HGB wird die Gesellschaft mangels abweichender vertraglicher Regelung mit den Erben fortgesetzt.		
	Steuerlich handelt es sich um eine sog. „einfache Nachfolgeklausel", nach der die Erben entsprechend ihren Erbquoten, hier demnach jeweils zur Hälfte, in den Mitunternehmeranteil des Chronos Müller eintreten (vgl. BMF vom 14.03.2006, Anh. 13 I EStHB 2012, Rz. 71). Der Mitunternehmeranteil des Hephaistos an der KG beträgt folglich 10 %. Der Übergang vom Erblasser auf die Erben erfolgt steuerlich erfolgsneutral nach § 6 Abs. 3 EStG.	1	
	Eine rückwirkende Erbteilung i.S.v. BMF vom 14.03.2006, Anh. 13 I EStHB 2012, Rz. 8 scheidet bereits aus zeitlichen Gründen aus (Erbteilung zum 01.07.2012) und wurde zwischen den Erben zudem nicht vereinbart. Den Erben sind die Einkünfte entsprechend zuzurechnen.	1	
3.2.2	**Laufende Einkünfte der Gesamthand**		
	Die KG übt eine originär gewerbliche Tätigkeit i.S.d. § 15 Abs. 1 S. 1 Nr. 1 i.V.m. Abs. 2 S. 1 EStG aus. Die mitunternehmerischen Gesellschafter erzielen aus der Beteiligung Einkünfte nach § 2 Abs. 1 S. 1 Nr. 2 EStG i.V.m. § 15 Abs. 1 S. 1 Nr. 2 EStG.	1	
	Es handelt sich um Gewinneinkünfte nach § 2 Abs. 2 Nr. 1 EStG. Der Gewinn wird nach dem Betriebsvermögensvergleich (bilanzierend) i.S.d. §§ 4 Abs. 1, 5 EStG ermittelt. Das Wirtschaftsjahr weicht vom Kalenderjahr zulässigerweise ab, da eine KG im Handelsregister eingetragen ist (vgl. § 4a Abs. 1 S. 2 Nr. 2 EStG). Die KG erstellt ihre Bilanz zum 30.06.2012. Der daraus den Gesellschaftern zuzuweisende Gewinnanteil ist nach § 4a Abs. 2 Nr. 2 EStG als in 2012 bezogen anzusehen und zu versteuern.	1	

		Punkte	
		Soll	**Ist**
	Da Chronos Müller genau am 30.06.2011 verstorben ist, ist der Gewinn aus dem Geschäftsjahr 2011/2012 (01.07.2011 bis 30.06.2012) allein auf die Erben aufzuteilen. 300.000 € x 20 % = 60.000 €. Davon entfällt die Hälfte auf Hephaistos Müller, folglich ein Betrag i.H.v. **30.000 €.**	1	
3.2.3	**Sonderbetriebsvermögen und laufende Einkünfte**		
	Bereits seit dem 01.10.2009 vermietete Hephaistos Müller das Grundstück „An der Pulvermühle 3" in Meißen/Zaschendorf an die „Fireball-Events" GmbH & Co. KG. Solange er lediglich Vermieter, nicht aber auch Gesellschafter war, erzielte er daraus Einkünfte nach § 21 Abs. 1 S. 1 Nr. 1 EStG, Einkünfte aus Vermietung und Verpachtung. Mit dem Erbfall wurde Hephaistos jedoch Gesellschafter der KG und damit Mitunternehmer. Das Grundstück stellt ab dem 30.06./01.07.2011 notwendiges Sonderbetriebsvermögen I dar. Es ist eine Eröffnungsbilanz zu erstellen (die Gewinnermittlungsmethode folgt derjenigen der Personengesellschaft). Neben dem aktiven Vermögenswert Grundstück sind auch die zugehörigen Verbindlichkeiten zu passivieren (vgl. R 4.2 Abs. 15 S. 2 EStR).	1	
	Die Einlage (vgl. § 4 Abs. 1 S. 8 EStG) des Grundstücks erfolgt nach § 6 Abs. 1 Nr. 5 S. 1 Buchst. a EStG mit den fortgeführten Anschaffungs-/Herstellungskosten, da seit dem Erwerb noch keine drei Jahre vergangen sind, die Einlage des Darlehens mit dem Nennwert.	1	
	Das Darlehen hat am 01.07.2011 einen Stand von 520.000 € (bisherige Laufzeit 2 Jahre = 8 Quartale = Tilgung 80.000 €). Im Wirtschaftsjahr 2011/2012 fallen hierfür die folgenden Zinszahlungen als Betriebsausgaben (vgl. § 4 Abs. 4 EStG) an: 520.000 € x 5 % : 4 = 6.500 € (III. Quartal 2011) 510.000 € x 5 % : 4 = 6.375 € (IV. Quartal 2011) 500.000 € x 5 % : 4 = 6.250 € (I. Quartal 2012) 490.000 € x 5 % : 4 = 6.125 € (II. Quartal 2012) 25.250 € Da die Zinsen nicht über ein betriebliches Konto des SoBV abgewickelt wurden, liegen Aufwandseinlagen vor (vgl. § 4 Abs. 1 S. 8 EStG i.V.m. § 6 Abs. 1 Nr. 5 S. 1 EStG).	1	
	Die Tilgung für 4 Quartale i.H.v. 40.000 € ist mangels betrieblichem Konto im SoBV als Einlage nach § 4 Abs. 1 S. 8 EStG zu behandeln (Endstand Darlehen 480.000 €).	1	

		Punkte	
		Soll	Ist
	Die Halle hat am 01.07.2011 einen Restwert von 618.333 €. Die Abschreibung erfolgt bei einer nachgewiesenen Nutzungsdauer von 15 Jahren nach § 7 Abs. 4 S. 2 EStG auf 180 Monate. Davon bis zum Einlagezeitpunkt abgelaufen sind 21 Monate. Die Abschreibung bei Vermietung und Verpachtung hat folglich betragen: 700.000 € : 180 Monate x 21 Monate = 81.667 €.	1	
	Die Abschreibung nach der Einlage ermittelt sich nach § 7 Abs. 1 S. 5 EStG von den fortgeführten AK/HK als Bemessungsgrundlage (vgl. § 52 Abs. 21 S. 4 EStG; s.a. BMF vom 27.10.2010, EStHB 2012, Anh. 1 III, Rz. 6). Die Abschreibung erfolgt nach § 7 Abs. 4 S. 2 EStG auf 159 Monate (Restnutzungsdauer; vgl. Abschn. 7.4 Abs. 10 S. 1 Nr. 1 EStR). Für das Wirtschaftsjahr 2011/2012 beläuft sich die Abschreibung auf 618.333 € : 159 x 12 Monate = 46.667 €. Der Restwert zum 30.06.2012 beträgt 571.666 €.	1	
	Der Einlagewert des Grund und Bodens beträgt nach § 6 Abs. 1 Nr. 5 S. 1 Buchst. a) EStG 50.000 € (= original AK).	1	
	Die Mietzahlungen der GmbH & Co. KG sind als Sonderbetriebseinnahmen zu erfassen und, da nicht über ein betriebliches Konto im SoBV abgewickelt, als Entnahmen zu behandeln (§ 4 Abs. 1 S. 2 EStG i.V.m. § 6 Abs. 1 Nr. 4 S. 1 EStG = Nennwert). 6.000 € x 12 Monate = 72.000 €.	1	
	Das Ergebnis aus dem SoBV beträgt: Einnahmen 72.000 € ./. Zinsen 25.250 € ./. Abschreibung 46.667 € = **83 €.**	1	
3.2.4	**Laufender Gewinn aus der GmbH & Co. KG**		
	Der Gewinnanteil des Hephaistos Müller setzt sich zusammen aus: Gewinnanteil Gesamthand 30.000 € zzgl. Gewinn SoBV 83 € Gewinn insgesamt **30.083 €**	1	
		15	
3.2.5	**Erbteilung**		
	Besteht die Erbmasse nur aus einem Mitunternehmeranteil und treten alle Erben im Umfang ihrer Erbquoten im Rahmen einer einfachen Nachfolgeklausel in die Gesellschaft ein, hat jeder Erbe bereits das erhalten, was ihm wertmäßig zusteht. Überträgt ein Miterbe seinen Mitunternehmeranteil nunmehr gegen Entgelt auf den anderen Miterben, liegt grundsätzlich ein Fall des § 16 Abs. 1 S. 1 Nr. 2 EStG vor, die Veräußerung eines Mitunternehmeranteils im Ganzen.	1	

		Punkte	
		Soll	**Ist**
	Da Hephaistos durch die Veräußerung seines Mitunternehmeranteils bei der GmbH & Co. KG auch kein Sonderbetriebsvermögen mehr ausweisen kann, muss es dieses zum gemeinen Wert (vgl. § 16 Abs. 3 S. 7 EStG) entnehmen, wodurch im Ergebnis die Aufgabe eines Mitunternehmeranteils nach § 16 Abs. 3 S. 1 EStG i.V.m. § 16 Abs. 1 S. 1 Nr. 2 EStG vorliegt.	1	
	Der Aufgabegewinn errechnet sich nach Maßgabe des § 16 Abs. 2 S. 1 EStG. Für den Bereich des Gesamthandsvermögens ergibt sich ein Gewinn von **100.000 €** (= Zahlung 150.000 € ./. 50.000 € [500.000 € Kap. x 10 %]).	1	
	Für das Sonderbetriebsvermögen muss zunächst das Kapital ermittelt werden. Das Eröffnungsbilanzkapital betrug 148.333 € (Grundstückswert 50.000 € zzgl. Gebäudewert 618.333 € abzgl. Verbindlichkeit 520.000 €). Davon ab gehen die Entnahmen i.H.v. 72.000 €, dazu kommen die Einlagen i.H.v. 65.250 € [40.000 € Tilgung und 25.250 € Zinsen] und der Gewinn i.H.v. 83 €. Das Schlusskapital beträgt 141.666 €. Gegenprobe BVV: Kapital am Jahresende 141.666 € abzgl. Kapital Jahresende (Vorjahr) 148.333 € = – 6.667 € zzgl. Entnahmen 72.000 € abzgl. Einlagen 65.250 € = 83 €.	1	
	Der Entnahmegewinn aus dem SoBV beträgt folglich: 700.000 € (gemeiner Wert) abzgl. Verbindlichkeiten 480.000 € (Übernahme in Privatvermögen) abzgl. 141.666 € (Kapital) = **78.334 €.**	1	
	Der gesamte Aufgabegewinn beträgt somit: 100.000 € zzgl. 78.334 € = **178.334 €.**	1	
	Den Freibetrag nach § 16 Abs. 4 EStG kann Hephaistos Müller nicht erhalten, da er die persönlichen Voraussetzungen nicht erfüllt (Alter/Arbeitsunfähigkeit). Es liegen außerordentliche Einkünfte nach § 34 Abs. 2 Nr. 1 EStG vor, als Vergünstigung kommt jedoch lediglich die Fünftelregelung nach § 34 Abs. 1 EStG in Betracht, da die Voraussetzungen des § 34 Abs. 3 EStG nicht vorliegen.	1	
		7	
3.3	**Einkünfte aus Vermietung und Verpachtung**		
	In der Zeit vom 01.07.2012 bis 31.07.2012 erzielt Hephaistos Müller durch die Vermietung des Grundstücks „An der Pulvermühle 3" in Meißen Zaschendorf an die „Meißner-Sternschauer-GmbH" Einkünfte aus Vermietung und Verpachtung nach § 2 Abs. 1 S. 1 Nr. 6 EStG i.V.m. § 21 Abs. 1 S. 1 Nr. 1 EStG. Es handelt sich um Überschusseinkünfte nach § 2 Abs. 2 Nr. 2 EStG. Zur zeitlichen Abgrenzung gilt das Zufluss-/Abflussprinzip des § 11 EStG.	2	

		Punkte	
		Soll	Ist
	Mieteinnahmen (vgl. § 8 Abs. 1 EStG) erzielt Hephaistos Müller i.H.v. 7.500 €. Zwar bezahlt die GmbH 9.000 € Miete, es liegt jedoch i.H.v. 1.500 € eine verdeckte Gewinnausschüttung an Minerva Müller vor (nahestehende Person).	1	
	An Werbungskosten fallen an:		
	Abschreibung: BMG für die weitere Abschreibung ist der bei der Entnahme aus dem Sonderbetriebsvermögen angesetzte und versteuerte Wert. Allerdings muss der Wert noch auf die beiden Wirtschaftsgüter Grund und Boden (= 10 %/70.000 €) und Gebäude (= 90 %/630.000 €) aufgeteilt werden. Die Abschreibung erfolgt weiterhin nach § 7 Abs. 4 S. 2 EStG auf die verbliebene Restnutzungsdauer von 147 Monate, zeitanteilig für einen Monat (vgl. § 7 Abs. 1 S. 4 EStG); 630.000 € : 147 = 4.286 € (Restwert: 625.714 €).	1	
	Die Zinsen für das Darlehen 480.000 € x 5 % : 4 = 6.000 € x 1/3 (für Monat Juli) = 2.000 € werden am Quartalsende gezahlt und stellen Werbungskosten nach § 9 Abs. 1 S. 3 Nr. 1 EStG dar.	1	
	Die Einkünfte aus § 21 EStG belaufen sich auf: 7.500 € abzgl. 4.286 € abzgl. 2.000 € = **1.214 €**.	1	
		6	
3.4	**Betriebsaufspaltung zwischen Hephaistos Müller und der „Meißner-Sternschauer-GmbH"**		
3.4.1	**Allgemeines**		
	Durch den Unfall Minervas am 01.08.2012 wird Hephaistos Müller als Alleinerbe auch Eigentümer der Anteile an der Meißner-Sternschauer-GmbH. Die beherrschende Stellung geht auf Hephaistos über (= personelle Verflechtung; vgl. H 15.7 Abs. 6 „Mehrheit der Stimmrechte" EStH), der zu diesem Zeitpunkt bereits eine wesentliche Betriebsgrundlage an die GmbH vermietet (vgl. vorstehend Grundstück An der Pulvermühle 3 = sachliche Verflechtung; vgl. H 15.7 Abs. 5 „Wesentliche Betriebsgrundlage" 1. Anstrich EStH). Es entsteht somit ab dem 01.08.2012 eine Betriebsaufspaltung zwischen Hephaistos als Besitzeinzelunternehmer und der GmbH als Betriebskapitalgesellschaft.	1	
	Zum Betriebsvermögen des Besitzunternehmens gehören alle Wirtschaftsgüter, durch die die Verflechtung erzeugt wird. Hephaistos muss folglich in das Betriebsvermögen einlegen: 1. Das Grundstück An der Pulvermühle 3 (Gebäude und Grund und Boden), 2. Die Anteile an der GmbH und 3. Das Finanzierungsdarlehen.	1	

		Punkte	
		Soll	Ist
3.4.2	**Einlage des Grundstücks**		
	Das Grundstück ist unter Beachtung des § 6 Abs. 1 Nr. 6 i.V.m. Nr. 5 S. 1 Buchst a) und S. 3 EStG mit dem fortgeführten Entnahmewert einzulegen (vgl. § 4 Abs. 1 S. 8 EStG).	1	
	Für das Gebäude bedeutet dies einen Einlagewert i.H.v. 625.714 €, für den Grund und Boden i.H.v. 70.000 € (vgl. Tz. 3.3).	1	
3.4.3	**Einlage des Darlehens**		
	Zum Zeitpunkt der Begründung der Betriebsaufspaltung beträgt der Schuldenstand 480.000 €. Das Darlehen ist mit diesem Wert zu passivieren (§ 4 Abs. 1 S. 8 EStG i.V.m. § 6 Abs. 1 Nr. 5 S. 1 EStG).	1	
3.4.4	**Einlage der Anteile**		
	Für die Einlage (§ 4 Abs. 1 S. 8 EStG) greift die Sonderregelung des § 6 Abs. 1 S. 1 Nr. 5 Buchst. b EStG, da es sich um die Einlage einer Beteiligung i.S.d. § 17 Abs. 1 S. 1 EStG handelt. Der Einlagewert entspricht den Anschaffungskosten von 38.000 €.	1	
3.4.5	**Eröffnungsbilanz**		
	Aktiva: Beteiligung 38.000 €, Grund und Boden 70.000 €, Gebäude 625.714 €, Passiva: Darlehen 480.000 €, Kapital 253.714 €.	1	
3.4.6	**Laufender Gewinn des Besitzunternehmens**		
	Allgemeines		
	Hephaistos erzielt aus der Betriebsaufspaltung Einkünfte nach § 15 Abs. 1 S. 1 Nr. 1 EStG i.V.m. § 2 Abs. 1 S. 1 Nr. 2 EStG. Es handelt sich um Gewinneinkünfte nach § 2 Abs. 2 Nr. 1 EStG. Der Gewinn ist nach §§ 4 Abs. 1, 5 EStG zu ermitteln. Das Wirtschaftsjahr entspricht dem Kalenderjahr (vgl. § 4a Abs. 1 S. 2 Nr. 3 S. 1 EStG.	1	
	Mieteinnahmen		
	Die von der GmbH bezahlten Mieten sind, soweit angemessen (= 7.500 € pro Monat), als Betriebseinnahmen zu erfassen (§ 21 Abs. 1 S. 1 Nr. 1, Abs. 3 EStG = Subsidiarität). 5 x 7.500 € = **37.500 €**. Der Zahlungszufluss im Privatvermögen stellt eine Entnahme nach § 4 Abs. 1 S. 2 EStG dar (Bewertung nach § 6 Abs. 1 Nr. 4 S. 1 EStG mit Nennwert).	1	

		Punkte	
		Soll	**Ist**
	Abschreibung		
	Das Gebäude ist in der Schlussbilanz mit den fortgeführten Anschaffungskosten, hier dem fortgeführten Einlagewert, zu bilanzieren. Die Abschreibung erfolgt nach § 7 Abs. 4 S. 2 EStG und der noch verbliebenen Restnutzungsdauer von 146 Monaten; zeitanteilig nach § 7 Abs. 1 S. 4 EStG. BMG ist der Einlagewert 625.714 € : 146 x 5 Monate = **21.429 €**.	1	
	Zinsen		
	Die für das Finanzierungsdarlehen zu leistenden Zinsen stellen Betriebsausgaben nach § 4 Abs. 4 EStG dar. Für die Monate August und September fallen an: 480.000 € x 5 % : 4 x 2/3 (Juli bei V + V) = **4.000 €**. Der Zahlungsfluss über das Privatvermögen stellt eine Aufwandseinlage mit dem Nennwert dar (§ 4 Abs. 1 S. 8 EStG i.V.m. § 6 Abs. 5 S. 1 EStG).	1	
	Die Tilgung (= 20.000 €) am Ende des dritten und vierten Quartals ist eine erfolgsneutrale Einlage (§ 4 Abs. 1 S. 8 EStG i.V.m. § 6 Abs. 5 S. 1 EStG).	1	
	Für das vierte Quartal fallen an: 470.000 € x 5 % : 4 = **5.875 €**.	1	
	Verdeckte Gewinnausschüttung 1		
	Die Weiterzahlung des Gehalts für Minerva für August und September führt zu einer vGA an Hephaistos Müller. Da sich die Anteile zu diesem Zeitpunkt bereits im Betriebsvermögen befinden, fließt auch der Kapitalertrag nach § 20 Abs. 1 Nr. 1 S. 2 EStG aufgrund der Subsidiarität nach § 20 Abs. 8 EStG dem Betriebsvermögen zu und unterliegt dort der Besteuerung nach dem Teileinkünfteverfahren (§ 3 Nr. 40 S. 1 Buchst. d EStG i.V.m. § 3c Abs. 2 EStG). Insbesondere hat die vGA nicht das Einkommen der GmbH geschmälert, da nach der Aufgabenstellung die Klausurlösung als Veranlagung der GmbH gilt (vgl. § 3 Nr. 40 S. 1 Buchst. d S. 2 EStG). Der innerbilanzielle Gewinn beträgt **8.000 €**, außerbilanziell sind davon 3.200 € (= 40 %) abzuziehen.	1	
	Verdeckte Gewinnausschüttung 2		
	Die Gehaltserhöhung im Dezember 2012 führt zu betrieblichen Einnahmen, soweit es sich um eine verdeckte Gewinnausschüttung handelt. Es gilt das Vorstehende zur vGA 1. Zu erfassen sind innerbilanziell **6.000 €**, außerbilanziell sind 2.400 € (= 40 %) zu kürzen.	1	

		Punkte	
		Soll	**Ist**
	Verdeckte Gewinnausschüttung 3		
	Die überhöhte Miete für das Grundstück stellt betriebliche Einnahmen i.H. der vGA dar (vgl. vorstehende Begründung bei vGA 1). Zu erfassen sind 5 x 1.500 € = **7.500 €**. Außerbilanziell sind davon 40 % = 3.000 € zu kürzen.	1	
	Zusammenfassung		
	Der Gewinn des Besitzunternehmens beläuft sich auf: Mieteinnahmen 37.500 € zzgl. **vGA 1** 8.000 €, zzgl. **vGA 2** 6.000 €, zzgl. **vGA 3** 7.500 € = **59.000 €**. Betriebsausgaben: Abschreibung 21.429 € zzgl. Zinsen 9.875 € = 31.304 €. Einnahmen 59.000 € abzgl. 31.304 € = 27.696 €. Davon zu kürzen die steuerfreien Teile aus den vGA i.H.v. 8.600 €. Steuerpflichtiger Gewinn demnach **19.097 €**.	1	
	Kontrolle BVV: Kapital 01.08.2012 = 253.714 € abzgl. Entnahmen 59.000 € zzgl. Einlagen 29.875 € zzgl. Gewinn 27.696 € = Schlusskapital 252.285 €. Schlussbilanz – Aktiva: Beteiligung 38.000 €, Grund und Boden 70.000 €, Gebäude 604.285 €, Passiva: Darlehen 460.000 € = Schlusskapital 252.285 €.		
		17	
3.5	**Betriebsveräußerung im Ganzen**		
	Mit der Verpachtung des Grundstücks An der Pulvermühle 1 an die Meißner-Sternschauer-GmbH verwirklicht Hephaistos Müller eine Betriebsverpachtung im Ganzen, da er sämtliche wesentlichen Betriebsgrundlagen (= Grundstück; H 16 Abs. 5 „Wesentliche Betriebsgrundlagen" EStH) an einen Pächter überlässt, der sogar das ursprüngliche Unternehmer weiterhin betreibt (vgl. R 16 Abs. 5 S. 1 EStR 2008). Die Erklärung von Einkünften aus Vermietung und Verpachtung führt nicht zu einer Betriebsaufgabe (vgl. R 16 Abs. 5 S. 9 EStR 2008). Mangels eindeutiger Aufgabeerklärung liegen weiterhin gewerbliche Einkünfte vor (vgl. R 16 Abs. 5 S. 11 EStR 2008). Mit der Veräußerung des Grundstücks ist jedoch das bisher verpachtete Unternehmen endgültig beendet und es kommt zur Betriebsveräußerung im Ganzen (vgl. § 16 Abs. 1 S. 1 Nr. 1 S. 1 EStG). Hinweis: Beachte § 16 Abs. 3b EStG i.d.F. des StVereinfG 2011 für Betriebsaufgaben nach dem 04.11.2011.	1	

		Punkte	
		Soll	**Ist**
	Hephaistos verwirklicht bis zur Veräußerung des Grundstücks § 2 Abs. 1 S. 1 Nr. 2 EStG i.V.m. § 15 EStG. Es liegt eine Gewinneinkunftsart nach § 2 Abs. 2 Nr. 1 EStG vor. Die Gewinnermittlungsart kann Hephaistos bei einer Betriebsverpachtung im Ganzen wählen. Hat er das Wahlrecht nicht ausdrücklich ausgeübt, ist davon auszugehen, dass die ursprüngliche Gewinnermittlungsmethode (hier: Bilanz) weiterhin gilt.	1	
	Der laufende Gewinn beträgt: Einnahmen 4 x 5.000 € = 20.000 € (Mieteinnahmen) abzgl. laufende Kosten 4 x 200 € = 800 € abzgl. Abschreibung 10.000 € (BMG 600.000 €; AfA nach § 7 Abs. 4 S. 2 EStG 5 % x 4/12 in 2012 – Ende der Abschreibung) = **9.200 €**.	1	
	Gewerbesteuerpflichtig ist eine Betriebsverpachtung im Ganzen nicht (vgl. R 2.2 GewStR; H 2.2 „Allgemeines" 1. Anstrich GewStH).	1	
	Der Gewinn aus der Betriebsveräußerung berechnet sich nach § 16 Abs. 2 EStG wie folgt: Einnahmen 800.000 € abzgl. 320.000 € = **480.000 €**.	1	
	Das Kapital errechnet sich vereinfacht folgendermaßen: Restbuchwert des Gebäudes 220.000 € zzgl. Buchwert des Grundstücks 100.000 € = 320.000 €.	1	
	Da Hephaistos die persönlichen Voraussetzungen des § 16 Abs. 4 EStG nicht erfüllt, entfällt der Freibetrag. Für die außerordentlichen Einkünfte nach § 34 Abs. 2 Nr. 1 EStG ist lediglich die Fünftelregelung nach § 34 Abs. 1 EStG einschlägig.	1	
		7	
4.	**Minerva Müller**		
4.1	**Anstellungsverhältnis**		
	Aus ihrer Tätigkeit als Geschäftsführerin/Produktionsleiterin der Meißner-Sternschauer-GmbH erzielt Minerva Müller Einkünfte aus nichtselbständiger Arbeit i.S.d. § 19 Abs. 1 S. 1 Nr. 1 EStG, da sie als Arbeitnehmerin weisungsgebunden ist und aus dem jeweiligen Dienstverhältnis Arbeitslohn bezieht (§§ 1, 2 LStDV). Die Einkünfte unterliegen der Einkommensteuer (§ 2 Abs. 1 S. 1 Nr. 4 EStG). Es handelt sich um Überschusseinkünfte (§ 2 Abs. 2 Nr. 2 EStG).	1	
	Es gilt grundsätzlich § 11 EStG. Hinsichtlich der Einnahmen ist jedoch § 11 Abs. 1 S. 4 EStG i.V.m. § 38a Abs. 1 S. 2 EStG anzuwenden (R 39b.2 LStR). Die Lohnzahlung im Januar 2012 für Dezember 2011 gilt als in 2011 zugeflossen.	1	

		Punkte	
		Soll	**Ist**
	Die Lohnsteuer und der SolZ dürfen die Einnahmen nicht mindern (§ 12 Nr. 3 EStG) – hier 7 x 1.266 € = 8.862 € Es erfolgt eine Anrechnung auf die festzusetzende Einkommensteuer bzw. SolZ (§ 36 Abs. 2 Nr. 2 EStG bzw. § 36 Abs. 2 Nr. 2 EStG i.V.m. § 51a Abs. 1 EStG).	1	
	Anzusetzen sind lediglich die Gehälter bis einschließlich Juli 2012, da das Arbeitsverhältnis mit dem Tod der Arbeitnehmerin endet (7 x 4.000 € = 28.000 €). Die Fortzahlung des Arbeitslohns beruht auf dem Gesellschaftsverhältnis (Hephaistos/GmbH) und stellt eine verdeckte Gewinnausschüttung an Hephaistos Müller dar.	1	
	An Werbungskosten sind nur die Wege zwischen Wohnung und Arbeitsstätte angefallen. Nach § 9 Abs. 1 S. 3 Nr. 4 S. 2 EStG kann Minerva Müller für jeden einfachen Entfernungskilometer (= 3 Km) 0,3 € pro Tag als Entfernungspauschale geltend machen: 3 x 0,3 € x 140 Arbeitstage = 126 €. Nach § 9a S. 1 Nr. 1 Buchst. a EStG beträgt der Arbeitnehmer-Pauschbetrag 1.000 €, ist höher als die tatsächlichen Werbungskosten und demnach anzusetzen.	1	
	28.000 € Bruttolohn/steuerpflichtige Einnahmen ./. 1.000 € Werbungskosten-Pauschbetrag **= 27.000 € Einkünfte § 19 EStG**	1	
		6	
4.2	**Erbteilung Kybele Meier**		
4.2.1	**Allgemeines**		
	Durch den Tod der Mutter entsteht eine Erbengemeinschaft, bestehend aus Minerva Müller und ihrer Schwester Hestia Schulz. In die Erbmasse fällt die Beteiligung an der „Schwarzpulvermühle-Haeslach-GmbH" im Wert von 20.000 €, die Beteiligung an der Meißner-Sternschauer-GmbH im Wert von 200.000 € (vgl. Körperschaftsteuer-Teil, Wert der GmbH 1.000.000 €, davon 20 %) und das Einfamilienhaus in Radebeul mit einem Wert von 500.000 €. Der Gesamtnachlass hat demnach einen Wert von 720.000 €, von dem den beiden Erbinnen jeweils die Hälfte, also 360.000 € zustehen. Da Minerva durch die beiden Beteiligungen einen Wert von 220.000 € erhält, 140.000 € zu wenig, gleicht ihr die Schwester die Differenz durch eine entsprechende Zahlung aus.	1	

		Punkte	
		Soll	**Ist**
	Die Erbteilung erfolgt mit Wirkung zum 01.02.2012, eine Rückwirkung wäre aufgrund der seit dem Tod verstrichenen Zeit ohnehin nicht zulässig (vgl. BMF vom 14.03.2006, Anh. 13 I EStHB 2012, Rz. 8). Es handelt sich um eine Erbteilung über reines Privatvermögen mit Ausgleichszahlung (vgl. BMF vom 14.03.2006, Anh. 13 I EStHB 2012, Rz. 26 ff.).	1	
4.2.2	**Übernahme der Beteiligungen**		
	Minerva Müller übernimmt mit den beiden Beteiligungen Werte aus der Erbengemeinschaft, die ihre Erbquote bzw. ihren Anspruch nicht übersteigen und kann deshalb beide Beteiligungen erfolgsneutral in ihr Vermögen überführen.	1	
	Im weiteren Verlauf sind ihr die Anschaffungskosten der Erblasserin steuerlich zuzurechnen. Für die Meißner-Sternschauer-GmbH beliefen sich die Anschaffungskosten der Mutter auf 10.000 € (= Anteil am Stammkapital, Bargründung), für die Schwarzpulvermühle-Haeslach-GmbH auf 12.000 €. Durch die Erbteilung wird Minerva ab 01.02.2012 zur beherrschenden Mehrheitsgesellschafterin (vgl. H 36 „Beherrschender Gesellschafter/Begriff" KStH) der Meißner-Sternschauer-GmbH.	1	
4.2.3	**Veräußerung Einfamilienhaus in Radebeul**		
	Die Mutter hat das Einfamilienhaus in 2004 erworben und dadurch die Frist des § 23 Abs. 1 S. 1 Nr. 1 S. 1 EStG von 10 Jahren in Gang gesetzt. In diese Frist sind die Erbinnen eingetreten (vgl. H 23 „Veräußerungsfrist" 3. Anstrich EStH). Zum Zeitpunkt der Erbauseinandersetzung läuft diese Frist noch, weswegen die Ausgleichszahlung von Hestia bei Minerva zu einem Veräußerungsgewinn i.S.d. § 23 EStG führt. Die Ausnahmeregelung des § 23 Abs. 1 S. 1 Nr. 1 S. 3 EStG greift hier nicht, da das Einfamilienhaus bereits seit 2009 vermietet wird.	1	
	Hestia übernimmt einen Wert von 500.000 € und bezahlt dafür 140.000 €, was einer Quote der Entgeltlichkeit von 28 % entspricht. Dem Kaufpreis i.H.v. 140.000 € stehen demnach 28 % des Restwerts des Grundstücks im Zeitpunkt der Erbteilung gegenüber (vgl. § 23 Abs. 3 S. 1 EStG).	1	
	Der Wert des Grund und Bodens ist mit 80.000 € x 28 % gegenzurechnen = 22.400 €.	1	

		Punkte	
		Soll	Ist
	Der Wert des Gebäudes ist unter Berücksichtigung des § 52a Abs. 11 S. 8 EStG zu ermitteln (Kürzung um die beanspruchte AfA). Die 320.000 € AK mindern sich demnach um die AfA (2 % linear) von Juli 2009 bis Januar 2012 = 31 Monate = 16.534 €. Der Restwert beträgt 303.466 €. Davon 28 % = 84.971 €	1	
	Der Gewinn aus dem privaten Veräußerungsgeschäft beträgt: 140.000 € abzgl. 22.400 € abzgl. 84.971 € = **32.629 €.**	1	
	Minerva erzielt Einkünfte nach § 2 Abs. 1 S. 1 Nr. 7 EStG i.V.m. § 23 EStG. Es handelt sich um Überschusseinkünfte nach § 2 Abs. 2 Nr. 2 EStG. Es gilt das Zuflussprinzip nach § 11 Abs. 1 EStG (= hier 01.07.2012). Die Freigrenze i.H.v. 600 € nach § 23 Abs. 3 S. 5 EStG wird überschritten, der Vorgang ist steuerpflichtig.	1	
		10	
4.3	**Einkünfte aus Kapitalvermögen**		
4.3.1	**Einkünfte aus sonstiger Forderung**		
	Minerva erlangt durch die Erbteilungsvereinbarung einen Anspruch gegenüber ihrer Schwester auf Ausgleichszahlung i.H.v. 140.000 €. Dieser Anspruch fällt als sonstige Kapitalforderung unter § 20 Abs. 1 Nr. 7 EStG und führt zu Einkünften nach § 2 Abs. 1 S. 1 Nr. 5 EStG. Es handelt sich um Überschusseinkünfte nach § 2 Abs. 2 Nr. 2 EStG. Es gilt § 11 EStG (Zufluss-/Abflussprinzip).	1	
	Die Höhe der Einnahmen (vgl. § 8 Abs. 1 EStG) beträgt: 140.000 € x 4,5 % x 5/12 (Februar bis Juni) = **2.625 €** (= Einkünfte).	1	
	Die Zinseinkünfte unterliegen nicht der Abgeltungsbesteuerung (§§ 32d Abs. 1, 43 Abs. 5 EStG), da es sich bei den Schwestern um nahestehende Personen nach § 15 Abs. 1 Nr. 4 AO handelt und die Zinsen bei Hestia als Werbungskosten bei § 21 EStG vollumfänglich abgezogen werden können (vgl. § 32d Abs. 2 Nr. 1 Buchst. a EStG; BMF vom 09.10.2012, Anh. 19 II EStHB 2012, Rz. 136).	1	
	Die Zinsen unterliegen nach § 43 Abs. 1 S. 1 Nr. 7 Buchst. b EStG nicht dem Kapitalertragsteuerabzug.	1	
	Werbungskosten kann Minerva nur tatsächlich angefallene abziehen, also keine. Der Sparer-Pauschbetrag gilt nach § 20 Abs. 9 EStG nur für die Abgeltungsbesteuerung.	1	

		Punkte	
		Soll	**Ist**
4.3.2	**Verdeckte Gewinnausschüttung Miete**		
	Durch den Mietvertrag zu überhöhten Konditionen zwischen der Meißner-Sternschauer-GmbH und dem der Minerva nahestehenden Ehemann Hephaistos (vgl. H 36 „Nahe stehende Person" KStH) fließt Minerva im Juli 2012 eine verdeckte Gewinnausschüttung zu.	1	
	Die verdeckte Gewinnausschüttung führt zu Einkünften nach § 20 Abs. 1 Nr. 1 S. 2 EStG i.V.m. § 2 Abs. 1 S. 1 Nr. 5 EStG. Es handelt sich um Überschusseinkünfte nach § 2 Abs. 2 Nr. 2 EStG, die grundsätzlich der Abgeltungsbesteuerung nach § 32d Abs. 1 EStG unterliegen. Ein Kapitalertragsteuerabzug nach § 43 Abs. 1 S. 1 Nr. 1 EStG i.V.m. § 43a Abs. 1 S. 1 Nr. 1 EStG ist in der Regel nicht erfolgt, eine Abgeltung i.S.d. § 43 Abs. 5 EStG kann insoweit nicht eintreten.	1	
	Da Minerva die Voraussetzungen des § 32d Abs. 2 Nr. 3 S. 1 EStG erfüllt und der entsprechende Antrag nach der Aufgabenstellung als gestellt gilt, unterliegt die vGA nicht der Abgeltungsbesteuerung, sondern dem Teileinkünfteverfahren nach § 3 Nr. 40 S. 1 Buchst. d EStG (vgl. § 32d Abs. 2 Nr. 3 S. 2 EStG). Insbesondere hat die vGA nicht das Einkommen der GmbH gemindert (vgl. § 3 Nr. 40 S. 1 Buchst. d S. 2 EStG).	1	
	Es gilt zwar nicht § 20 Abs. 9 EStG, es sind aber auch keine Werbungskosten angefallen, sodass auch § 3c Abs. 2 EStG nicht greift.	1	
	Es liegen Kapitalerträge i.H.d. vGA, also i.H.v. 1.500 € vor, die nach § 3 Nr. 40 S. 1 Buchst. d S. 1 EStG mit 60 % = **900 €** steuerpflichtig sind.	1	
4.3.3	**Offene Gewinnausschüttung Meißner-Sternschauer-GmbH**		
	Durch den Gewinnverwendungsbeschluss der GmbH fließt Minerva eine offene Gewinnausschüttung nach § 20 Abs. 1 Nr. 1 S. 1 EStG i.V.m. § 2 Abs. 1 S. 1 Nr. 5 zu (Einkünfte aus Kapitalvermögen). Es handelt sich um eine Überschusseinkunftsart nach § 2 Abs. 2 Nr. 2 EStG. Es gilt grundsätzlich § 11 EStG; bei beherrschenden Gesellschaftern gilt jedoch der Zeitpunkt des Verwendungsbeschlusses als Zuflusstermin (vgl. H 20.2 „Zuflusszeitpunkt bei Gewinnausschüttungen" 2. Anstrich EStH). Die Gewinnausschüttung ist nach § 20 Abs. 5 S. 1 und 2 EStG Minerva zuzurechnen.	1	

		Punkte	
		Soll	Ist
	Die Höhe der Einnahmen (vgl. § 8 Abs. 1 EStG) bestimmt sich unter Beachtung des § 12 Nr. 3 EStG und beträgt hier 60.000 € (100.000 € x 60 %). Die von der GmbH vorgenommenen Steuerabzüge mindern die Einnahmen nach § 12 Nr. 3 EStG nicht (= § 43 Abs. 1 S. 1 Nr. 1 EStG i.V.m. § 43a Abs. 1 S. 1 Nr. 1 EStG = 25 % von 60.000 € = 15.000 €; SolZ 5,5 % = 825 %). Die Steuerabzugsbeträge sind nach § 36 Abs. 2 Nr. 2 EStG bzw. § 51a Abs. 1 EStG auf die Einkommensteuer bzw. den SolZ anzurechnen (Grund: Antrag nach § 32d Abs. 2 Nr. 3 EStG).	1	
	Da Minerva die Voraussetzungen des § 32d Abs. 2 Nr. 3 EStG erfüllt und der Antrag als gestellt gilt, unterliegt die Ausschüttung der Besteuerung nach dem Teileinkünfteverfahren (§ 3 Nr. 40 S. 1 Buchst. d S. 1 und 2 EStG i.V.m. § 3c Abs. 2 EStG) und ist zu 60 % steuerpflichtig = **36.000 €**.	1	
4.3.4	**Zusammenfassung**		
	Minerva erzielt die folgenden Kapitaleinkünfte: Zinsen 2.625 € zzgl. vGA 900 € zzgl. oGA 36.000 € = **39.525 €**.	1	
		14	
4.4	**Einkünfte aus Vermietung und Verpachtung**		
	Da die Erbteilung erst zum 01.02.2012 erfolgt, besteht für den Januar 2012 noch die Erbengemeinschaft zwischen Minerva und Hestia. Die Einkünfte sind einheitlich und gesondert festzustellen und den Erbinnen jeweils zur Hälfte zuzurechnen.		
	Erzielt werden Einkünfte aus Vermietung und Verpachtung nach § 21 Abs. 1 S. 1 Nr. 1 EStG i.V.m. § 2 Abs. 1 S. 1 Nr. 6 EStG. Es handelt sich um Überschusseinkünfte nach § 2 Abs. 2 Nr. 2 EStG. Zur zeitlichen Abgrenzung gilt das Zufluss-/Abflussprinzip des § 11 EStG.	1	
	An Einnahmen hat die Erbengemeinschaft erzielt die Miete für Januar 2012 i.H.v. 800 € (vgl. § 8 Abs. 1 EStG).	1	
	Werbungskosten sind angefallen i.H.v. 100 € (= laufende Kosten; vgl. § 9 Abs. 1 S. 1 und 2 EStG).	1	

		Punkte	
		Soll	**Ist**
	Auch die Abschreibung zählt zu den Werbungskosten (vgl. § 9 Abs. 1 S. 3 Nr. 7 EStG). Insofern ist die Erbengemeinschaft in die Rechtsposition der Mutter eingetreten und hat deren steuerliche Werte erfolgsneutral übernommen (vgl. § 11d Abs. 1 EStDV). Die AK der Mutter betrugen 400.000 €, wovon 20 % = 80.000 € auf den Grund und Boden entfielen, 320.000 € auf das abnutzbare Gebäude (= AfA-BMG). Nach anfänglicher Privatnutzung wurde die Immobilie in 2009 der einkünfterelevanten Nutzung zugeführt. Da zuvor die Konsumgutlösung galt, konnte die Mutter die AfA-Mehtode in 2009 neu wählen (vgl. H 7.4 „AfA nach einer Nutzungsänderung" Beispiele, 1. EStH). Die höchstmögliche AfA war jedoch wegen des Baujahres (Erwerb nicht im Jahr der Fertigstellung, § 7 Abs. 5 S. 1 EStG) die lineare AfA nach § 7 Abs. 4 S. 1 Nr. 2 Buchst. a EStG (2 % p.a.). Die AfA beträgt folglich: 320.000 € x 2 % x 1/12 = 534 €.	1	
	Die Einkünfte belaufen sich auf: 800 € abzgl. 100 € abzgl. 534 € = 166 €. Davon entfallen auf Minerva 50 % = **83 €**.	1	
		5	
4.5	**Gemischte Schenkung der Beteiligung an der Schwarzpulver-Haeslach-GmbH**		
	Mit notariellem Vertrag vom 15.02.2012 überträgt Minerva ihre durch die Erbteilung zum 01.02.2012 erlangte Beteiligung auf die Meißner-Sternschauer-GmbH. Da Minerva zum Zeitpunkt der Übertragung zu 5 % am Nennkapital der Schwarzpulver-Haeslach-GmbH beteiligt war, liegen in ihrer Person die Voraussetzungen des § 17 Abs. 1 S. 1 EStG vor, die Veräußerung ist steuerpflichtig (§ 17 Abs. 1 S. 4 EStG ist nicht einschlägig).	1	
	Soweit Minerva auf der Basis gesellschaftsrechtlicher Verbindung von der Käuferin nicht den vollen Kaufpreis verlangt liegt eine verdeckte Einlage vor, die nach § 17 Abs. 1 S. 2 EStG ebenfalls zur Besteuerung führt.	1	
	Minerva erzielt gewerbliche Einkünfte nach § 2 Abs. 1 S. 1 Nr. 2 EStG i.V.m. § 17 EStG. Es handelt sich um Gewinneinkünfte nach § 2 Abs. 2 Nr. 1 EStG, es gilt insoweit der Grundsatz der periodengerechten Gewinnermittlung, der Gewinn entsteht im Zeitpunkt der Veräußerung, worunter die Übertragung des wirtschaftlichen Eigentums zu verstehen ist (vgl. H 17 Abs. 4 „Entstehung des Veräußerungsgewinns" und „Wirtschaftliches Eigentum" EStH).	1	

		Punkte	
		Soll	Ist
	Der Gewinn ermittelt sich nach § 17 Abs. 2 S. 1 EStG wie folgt: Veräußerungspreis 12.000 € zzgl. gemeiner Wert der vE 8.000 € = 20.000 € abzgl. 12.000 € (vgl. § 17 Abs. 2 S. 5 EStG AK Rechtsvorgänger) = 8.000 €.	1	
	Der Vorgang unterliegt dem Teileinkünfteverfahren (vgl. § 20 Abs. 8 EStG Subsidiarität) nach § 3 Nr. 40 S. 1 Buchst. c EStG i.V.m. § 3c Abs. 2 EStG, Einnahmen und Aufwendungen sind zu 60 % anzusetzen, wodurch sich im Ergebnis ein steuerpflichtiger Gewinn von **4.800 €** ergibt (12.000 € – 7.200 €).	1	
	Der Freibetrag nach § 17 Abs. 3 EStG scheidet aus, da der Anteil von 5 % von 9.060 € = 453 € um den entsprechenden Kappungsbetrag 2.995 € zu kürzen ist (= 36.100 € x 5 % = 1.805 € zu 4.800 €).	1	
	Die vE i.H.v. 8.000 € führt zu nachträglichen Anschaffungskosten (vgl. H 17 Abs. 5 „Verdeckte Einlage" 2. und 3 Anstrich EStH) für die Beteiligung an der Meißner-Sternschauer-GmbH, die sich dadurch auf 38.000 € belaufen (eigene Gründungsanteile 20.000 €, Erbe Mutter 10.000 €, verdeckte Einlage 8.000 €).	1	
		7	
5.	**Ermittlung des Gesamtbetrags der Einkünfte**		
	Nach § 2 Abs. 3 EStG ermittelt sich der Gesamtbetrag der Einkünfte wie folgt:	1	

Hephaistos			Minerva				
Einkünfte/EStG	Betrag	Tz.	Einkünfte	Betrag	Tz.		
§ 15 – KG	30.083 €	3.2.4	§ 17 – Bet.	4.800 €	4.5		
§ 15 – Aufspaltung	19.097 €	3.4.6	§ 19 – Lohn	27.000 €	4.1		
§ 15 – Verpachtung	9.200 €						
§ 16 – KG	178.334 €	3.2.5	§ 20 – Kap.	39.525 €	4.3.4		
§ 16 – Verpachtung	480.000 €	3.5	§ 21 – V + V	83 €	4.4		
§ 19 – Lohn	49.000 €	3.1	§ 23 – priv. Veräußg.	32.629 €	4.2.3		
§ 21 – V + V	1.214 €	3.3					
SdE	766.928 €			104.037 €			3

		Punkte	
		Soll	Ist
	Altersentlastungsbetrag (§ 24a EStG) und andere Abzüge scheiden aus, der Gesamtbetrag der Einkünfte des Ehepaars beträgt demnach: 766.928 € zzgl. 104.037 € = **870.965 €.**	1	
		5	
	Summe	116	

Körperschaftsteuer

		Punkte	
		Soll	Ist
1.	**Steuerpflicht**		
	Die „Meißner-Sternschauer-GmbH" (GmbH) ist unbeschränkt körperschaftsteuerpflichtig nach § 1 Abs. 1 Nr. 1 KStG, da sie als Kapitalgesellschaft ihre Geschäftsleitung (§ 10 AO) bzw. ihren Sitz (§ 11 AO) in Meißen und somit im Inland hat. Die unbeschränkte KSt-Pflicht erstreckt sich auf sämtliche in- und ausländische Einkünfte („sog. Welteinkommen"), § 1 Abs. 2 KStG.	2	
		2	
2.	**Ermittlung der Besteuerungsgrundlagen**		
2.1	**Allgemeines, Bemessungsgrundlage, Einkunftsart, Gewinnermittlung**		
	Die KSt bemisst sich nach dem zu versteuernden Einkommen (vgl. § 7 Abs. 1 KStG, R 29 Abs. 1 S. 1, 2 KStR). Das zu versteuernde Einkommen ist das Einkommen nach § 8 Abs. 1 KStG, § 7 Abs. 2 KStG. Die Ermittlung des zu versteuernden Einkommens bestimmt sich nach den Vorschriften des Einkommensteuergesetzes und des Körperschaftsteuergesetzes (vgl. § 8 Abs. 1 KStG, R 32 Abs. 1 KStR).	3	
	Die GmbH gilt gem. § 13 Abs. 3 GmbHG als Handelsgesellschaft (= Formkaufmann) im Sinne des HGB. Nach § 6 Abs. 1 HGB finden die in Betreff der Kaufleute gegebenen Vorschriften auch auf die Handelsgesellschaften Anwendung. Daher ist die GmbH als Formkaufmann gem. § 238 Abs. 1 S. 1 HGB zur Buchführung verpflichtet. Die Vorschrift des § 8 Abs. 2 KStG bestimmt, dass alle Einkünfte als Einkünfte aus Gewerbebetrieb i.S.d. § 15 Abs. 1, 2 EStG zu behandeln sind (vgl. R 32 Abs. 3 S. 1 KStR).	3	

		Punkte	
		Soll	**Ist**
	Die KSt ist eine Jahressteuer, ihre Grundlagen sind jeweils für ein Jahr zu ermitteln, § 7 Abs. 3 S. 1, 2 KStG. Die Gewinn der GmbH ist nach dem Wirtschaftsjahr 2012 (hier: 1.1.-31.12.2012) zu ermitteln, da sie zu diesem Zeitpunkt auch regelmäßige Abschlüsse macht (vgl. § 7 Abs. 4 KStG). Die Gewinnermittlung hat durch Betriebsvermögensvergleich (BVV) zu erfolgen (vgl. § 4 Abs. 1 EStG i.V.m. § 5 EStG).	2	
		8	
2.2	**Ausgangsbetrag Jahresergebnisverwendung**		
	Der Ausgangsbetrag für die Einkommensermittlung des Wirtschaftsjahres 2012 ist der Jahresüberschuss. Nachdem die GmbH ihren Jahresabschluss offensichtlich gem. § 268 Abs. 1 S. 1 HGB unter Verwendung des Jahresergebnisses aufgestellt hat, muss der Jahresüberschuss aus dem Bilanzgewinn abgeleitet werden.	1	
	Bilanzgewinn 2012, lt. Bilanz $\qquad$ 100.000 € abzgl. Gewinnvortrag aus 2011, da bereits versteuert $\quad$ ./. 10.350 € Jahresüberschuss, Ausgangsbetrag $\qquad$ 89.650 €	2	
		3	
3.	**Gesellschafterbeschlüsse, Gewinnverwendung**		
	Der Beschluss der Gesellschafterversammlung vom **02.05.2012** über die Verwendung des Bilanzgewinn 2011, stellt eine Einkommensverwendung dar, die weder auf die Gewinn- noch auf die Einkommensermittlung des Jahres 2012 Einfluss hat (vgl. § 8 Abs. 3 S. 1 KStG). Eine Auswirkung auf das zu versteuernde Einkommen der GmbH ergibt sich somit für das Jahr 2012 aus diesem Tatbestand nicht. $\qquad$ o.Ä. Darüber hinaus muss eine Verwendung nach § 27 Abs. 1 KStG geprüft werden (vgl. a.E.). $\qquad$ o.Ä.	1 1	
	Der Beschluss der Gesellschafterversammlung vom 15.04.2013, den Bilanzgewinn 2012 auszuschütten bzw. in die Gewinnrücklagen einzustellen, stellt ebenfalls eine Einkommensverwendung dar, die weder auf die Gewinn- noch auf die Einkommensermittlung des Jahres 2012 Einfluss hat (vgl. § 8 Abs. 3 S. 1 KStG). Eine Auswirkung auf das zu versteuernde Einkommen der GmbH ergibt sich somit für das Jahr 2012 aus diesem Tatbestand nicht. $\qquad$ o.Ä.	1	

			Punkte	
			Soll	Ist
			3	
4.	**Anstellungsvertrag Minerva Müller**			
	Das Gehalt von Minerva Müller stellt aus Sicht der GmbH Betriebsausgaben nach § 4 Abs. 4 EStG dar.		1	
	Im Verhältnis zwischen Gesellschafter und Gesellschaft sind die Geschäftsvorgänge hinsichtlich einer ggf. vorliegenden verdeckten Gewinnausschüttung zu überprüfen. Da das Gehalt von Minerva Müller offensichtlich marktüblich ist, liegt insoweit keine vGA vor.		1	
	Allerdings führt die Weiterzahlung des Gehalts über den Tod der Arbeitnehmerin hinaus auf Grundlage der „Besitzverhältnisse" zu einer vGA nach § 8 Abs. 3 S. 2 KStG an den neuen Eigentümer des Anteils, den Alleinerben Hephaistos Müller. Es liegt eine durch das Gesellschaftsverhältnis verursachte Vermögensminderung vor (vgl. R 36 Abs. 1 S. 1 KStR, H 36 III. Allgemeines).		2	
	Die Bewertung erfolgt mit dem Nennbetrag des erlangten Vorteils, d.h. mit einem Betrag von 8.000 € (2 Gehälter à 4.000 €). Die vGA ist außerbilanziell dem Einkommen zuzurechnen.	+ 8.000 €	2	
			6	
5.	**Anstellungsverhältnis Hephaistos Müller**			
	Das Gehalt von Hephaistos Müller führt grundsätzlich zu Betriebsausgaben nach § 4 Abs. 4 EStG.		1	
	Da Hephaistos durch den Tod der Minerva zum beherrschenden Gesellschafter der GmbH wurde (vgl. H 36 III. „Beherrschender Gesellschafter/Begriff" KStH), stellt der rückwirkende Beschluss zur Gehaltserhöhung im Dezember des Jahres in Höhe des Erhöhungsbetrags (2.000 €) für die betroffenen drei Monate (September bis November) eine auf dem Gesellschaftsverhältnis beruhende verdeckte Gewinnausschüttung dar (Vermögensminderung, vgl. R 36 Abs. 1 S. 1 KStR), die das Einkommen nicht mindern darf (vgl. § 8 Abs. 3 S. 2 KStG; Rückwirkungsverbot, R 36 Abs. 2 KStR, H 36 III. Beherrschender Gesellschafter 5. Anstrich KStH).		3	

			Punkte	
			Soll	Ist
	Die Bewertung erfolgt in Höhe des erlangten Vorteils 6.000 € (3 x 2.000 €). Die vGA ist außerbilanziell dem Einkommen zuzurechnen.	+ 6.000 €	2	
			6	
6.	**Erwerb der Beteiligung Schwarzpulver-Haeslach-GmbH**			
	Mit der Übertragung der Beteiligung auf die GmbH verwirklicht Minerva eine gemischte Schenkung, da sie zwar ein Entgelt verlangt, nicht aber den deutlich höheren Verkehrswert der Beteiligung. Aus Sicht des KStG liegt im Umfang der Verbilligung eine verdeckte Einlage vor, da dies auf dem Gesellschaftsverhältnis beruht, ansonsten ein entgeltlicher Erwerb (vgl. R 40 Abs. 1 und 3 KStR).		2	
	Die verdeckte Einlage ist mit dem Teilwert zu bewerten (§ 6 Abs. 1 Nr. 5 EStG). Die Anwendung von § 6 Abs. 1 Nr. 5 Buchst. b EStG scheidet aus, da es aufseiten Minervas zur Besteuerung nach § 17 Abs. 1 S. 2 EStG kommt (vgl. R 40 Abs. 4 KStR).		2	
	Die GmbH muss die Beteiligung mit den Anschaffungskosten (vgl. § 255 Abs. 1 HGB) ausweisen (= 12.000 €), wozu noch der Teilwert für den unentgeltlichen Erwerb hinzukommt (= 8.000 €), sodass sich der Ansatz mit 20.000 € ergibt. In Höhe von 8.000 € kommt es zu einer Gewinnbuchung (Beteiligung an a.o.E.), die innerbilanziell den Gewinn erhöht.	+ 8.000 €	2	
	Da verdeckte Einlagen das Einkommen nicht erhöhen dürfen (vgl. § 8 Abs. 3 S. 3 KStG, R 40 Abs. 2 KStR), erfolgt eine außerbilanzielle Korrektur.	./. 8.000 €	1	
			7	
7.	**Erwerb Grundstück An der Pulvermühle 1 in Meißen/Zaschendorf**			
	Mit Übergang Nutzen und Lasten ist das Grundstück der GmbH als wirtschaftlicher Eigentümerin steuerlich zuzurechnen (vgl. § 39 Abs. 2 Nr. 1 AO).		1	

		Punkte	
		Soll	**Ist**
	Die GmbH muss das Grundstück mit den Anschaffungskosten nach § 255 Abs. 1 HGB in die Bücher aufnehmen, ebenso den Kaufpreis i.H.d. Nennwerts als Verbindlichkeit ausweisen. Die Bilanz ist insoweit falsch und muss berichtigt werden.	1	
	Die Anschaffungskosten entfallen mit 75 % = 600.000 € auf das Gebäude (abnutzbares Wirtschaftsgut) und mit 25 % = 200.000 € auf das nicht abnutzbare Wirtschaftsgut Grund und Boden.	2	
	Das Gebäude ist am Bilanzstichtag nach § 6 Abs. 1 Nr. 1 S. 1 EStG mit den fortgeführten Anschaffungskosten anzusetzen, das Grundstück nach § 6 Abs. 1 Nr. 2 S. 1 EStG mit den Anschaffungskosten. Gewinnauswirkungen ergeben sich lediglich über die Abschreibung.	1	
	Das Gebäude kann auch weiterhin nach § 7 Abs. 4 S. 2 EStG anhand der Restnutzungsdauer von 15 Jahren abgeschrieben werden. Im Jahr des Erwerbs erfolgt die Abschreibung zeitanteilig (vgl. § 7 Abs. 1 S. 4 EStG) mit 8/12 von 6,666 % von 600.000 € = 26.667 €. Da die Abschreibung bisher nicht berücksichtigt wurde, ergibt sich eine innerbilanzielle Gewinnauswirkung. ./. 26.667 €	2	
		7	
8.	**Anmietung des Grundstücks An der Pulvermühle 3 in Meißen/Zaschendorf**		
	Ab 01.07.2012 mietet die GmbH das Grundstück zu überhöhten Konditionen an. Die Mietbedingungen beruhen im Gesellschaftsverhältnis und führen zu einer verdeckten Gewinnausschüttung (vgl. § 8 Abs. 3 S. 2 KStG; H 36 V. Nutzungsüberlassung KStH). Für den Juli 2012 handelt es sich um eine vGA gegenüber einer der Gesellschafterin Minerva nahe stehenden Person (vgl. R 36 Abs. 1 S. 3 KStR, H 36 III. Nahe stehende Person KStH). Ab August liegt eine vGA an den Gesellschafter Hephaistos vor.	3	
	Die vGA ist mit dem Nennbetrag des erlangten Vorteils zu bewerten. 6.000 € x 125 % = 7.500 € zu 9.000 € = 1.500 € x 6 Monate = 9.000 €.	2	

			Punkte	
			Soll	Ist
	Die vGA darf das Einkommen nicht mindern und ist außerbilanziell zuzurechnen.	+ 9.000 €	1	
			6	
9.	**Pyroklastischer Blitz**			
	Für die Wiederherstellung der verlorenen Bausubstanz darf in der Bilanz nach § 5 Abs. 4b S. 1 EStG keine Rückstellung ausgewiesen werden. Der Gewinn ist innerbilanziell um 100.000 € zu erhöhen.	+ 100.000 €	2	
	Die von der Versicherung bestrittene Forderung ist nicht bilanzierungsfähig. Der Ansatz muss gestrichen, der Gewinn innerbilanziell um 50.000 € reduziert werden.	./. 50.000 €	2	
	Für den Verlust an Bausubstanz ist eine Abschreibung für außerordentliche technische Abnutzung nach § 7 Abs. 4 S. 3 EStG i.V.m. § 7 Abs. 1 S. 7 EStG vorzunehmen. Zunächst ist der Buchwert zum 31.07.2012 zu ermitteln: 600.000 € x 6,666 % x 3/12 (Mai bis Juli) = 10.000 €, Restwert 590.000 € x 20 % = 118.000 €. Es ergibt sich eine innerbilanzielle Gewinnauswirkung i.H.v.:	./. 118.000 €	3	
	Es ist vertretbar, eine Folge für die Berechnung der Abschreibung entsprechend § 11c Abs. 2 S. 1 EStDV erst ab 2013 zu ziehen, die laufende AfA 2012 somit ohne Berücksichtigung der AfaA zu ermitteln (vgl. oben).			
			7	
10.	Das **zu versteuernde Einkommen** der GmbH beträgt für **2012** somit	17.983 €	1	
	Bemessungsgrundlage für die Körperschaftsteuer ist das zu versteuernde Einkommen; dieses beträgt im Jahr 2012 insgesamt 17.983 €. Die Körperschaftsteuer für 2012 beträgt gem. § 23 Abs. 1 KStG 15 % von 17.983 €	2.697 €	1	
			2	

		Punkte	
		Soll	Ist
11.	**Ermittlung der zu zahlenden Körperschaftsteuer 2012**		
	Nach R 30 S. 1 KStR ist die verbleibende Körperschaftsteuer wie folgt zu ermitteln: Körperschaftsteuer, gem. § 23 Abs. 1 KStG festzusetzende Körperschaftsteuer ./. Körperschaftsteuer-Vorauszahlungen = Körperschaftsteuer-Rückstellung für 2012	2.697 € 0 € **2.697 €**	2
			2
12.	**Ermittlung des zu zahlenden Solidaritätszuschlages 2012**		
	festgesetzte Körperschaftsteuer = BMG, davon 5,5 % = festgesetzter Soli = festzusetzender Soli ./. Soli-Vorauszahlungen = SolZ-Rückstellung für 2012	2.697,00 € 2.697,00 € 148,35 € 0,00 € **148,35 €**	2
	In die Bilanz der GmbH muss zum 31.12.2012 eine Körperschaftsteuer-Rückstellung i.H.v. 2.697 € bzw. eine Rückstellung für den SolZ i.H.v. 148,35 € eingestellt werden; eine Auswirkung auf das zu versteuernde Einkommen der GmbH für 2012 ergibt sich durch die Berichtigung des Bilanzgewinnes wegen der Passivierung der Rückstellung nicht, weil § 10 Nr. 2 KStG insoweit das zu versteuernde Einkommen wieder erhöht.		1
			3
13.	**Ermittlung Endbestand des steuerlichen Einlagekontos, § 27 Abs. 1 KStG zum 31.12.2012**		
	Der Anfangsbestand des steuerlichen Einlagekontos i.S.d. § 27 KStG n.F. beträgt lt. Aufgabenstellung zum 31.12.2011 insgesamt 0 €. Gemäß § 27 Abs. 1 S. 2 KStG ist der Bestand um die Zu- und Abgänge fortzuschreiben.		1

		Punkte	
		Soll	**Ist**
	Ferner ist die Verwendung für Ausschüttungen im laufenden Jahr zu prüfen. Insgesamt wurden Leistungen i.H.v. 123.000 € (= 100.000 € + 8.000 € + 6.000 € + 9.000 €) getätigt. Der ausschüttbare Gewinn (§ 27 Abs. 1 S. 5 KStG) ermittelt sich wie folgt:	2	
	260.000 € Eigenkapital lt. Bilanz ./. 50.000 € Stammkapital Stand Einlagekonto ./. 0 € 31.12.2011 = 210.000 € ausschüttbarer Gewinn	2	
	Demnach wird kein steuerliches Einlagekonto für Ausschüttungen verwendet.	1	
	Bestand zum 01.01.2012 0 € + Zugang 8.000 € + Verwendungen 0 € **= Bestand zum 31.12.2012** **8.000 €**	1	
		7	
		Summe	**69**

Leistungspunkte: Einkommensteuer Teil I   (maximal 116) ....
                       Körperschaftsteuer Teil II (maximal 69) ....
                       Summe   (maximal 185) ....

Notentabelle							
Note **(§ 6 StBAPO)**	**Punkte** **nach § 6 StBAPO** **(Wertungspunkte)**	**Leistungspunkte**			**Punkte**		
					von	**...**	**bis**
1	15	ab	95,00	%	185,0	...	175,5	Punkte
sehr gut	14	ab	90,00	%	175,0	...	166,5	Punkte
2	13	ab	85,00	%	166,0	...	157,0	Punkte
gut	12	ab	80,00	%	156,5	...	148,0	Punkte
	11	ab	75,00	%	147,5	...	138,5	Punkte
3	10	ab	70,00	%	138,0	...	129,5	Punkte

befriedigend	9	ab	66,00	%	129,0	...	122,0	Punkte
	8	ab	62,00	%	121,5	...	114,5	Punkte
4	7	ab	58,00	%	114,0	...	107,5	Punkte
ausreichend	6	ab	54,00	%	107,0	...	100,0	Punkte
	5	ab	50,00	%	99,5	...	92,5	Punkte
5	4	ab	44,00	%	92,0	...	81,5	Punkte
mangelhaft	3	ab	37,00	%	81,0	...	68,5	Punkte
	2	ab	30,00	%	68,0	...	55,5	Punkte
6	1	ab	25,00	%	55,0	...	46,0	Punkte
ungenügend	0	bis	24,99	%	45,5	...	0,0	Punkte

Klausuren Erbschaftsteuer

Übungsklausur 1
Bearbeitungszeit: 45 Minuten

I.   Sachverhalt

Am 16.05.2011 feierte Hermine Schneider ihren 18. Geburtstag. Aus diesem Anlass wurde ihr von ihrem Vater versprochen, ihr ab dem Monat ihrer Heirat eine lebenslange monatliche Rente i.H.v. 5.000 € auszusetzen. Auch nach dem eventuellen Tode des Vaters ist die Weiterzahlung der Rente aus dem Vermögen sichergestellt. Das Schenkungsversprechen wurde notariell abgeschlossen. In dem Vertrag ist jedoch noch aufgenommen worden, dass die Rente dann wieder erlöschen solle, wenn die Tochter sich wieder scheiden lassen würde. Weiterhin wird vereinbart, dass der Vater eine eventuell anfallende Steuer für die Schenkung übernehmen soll.

Kurze Zeit später war es so weit. Am 13.02.2012 heiratete Sylvia ihren langjährigen Freund Harry. Damit erhielt Hermine ab Februar 2012 die Rente ausgezahlt.

Obwohl Hermine und Harry – auch wegen der ausgesetzten Rente – keine finanziellen Sorgen hatten, sind sie schon während der Flitterwochen häufig in Streit geraten. Schließlich haben beide beschlossen, sich im Februar 2013 scheiden zu lassen. Bevor es jedoch zu dieser Scheidung kommt, verstirbt Hermine Ende Januar 2013 bei einem Lawinenunglück.

II.   Aufgabe

Welche schenkungsteuerlichen Auswirkungen ergeben sich in den Jahren 2011 bis 2013?

Lösung der Übungsklausur 1

Schenkungsversprechen im Mai 2011

Das Schenkungsversprechen im Mai 2011 könnte eine nach § 1 Abs. 1 Nr. 2 ErbStG steuerbare Schenkung unter Lebenden darstellen. Voraussetzung ist jedoch, dass eine Bereicherung des Beschenkten vorliegen muss, § 7 Abs. 1 ErbStG. Das Schenkungsversprechen steht jedoch noch unter einer aufschiebenden Bedingung. Erst wenn diese Bedingung eingetreten ist, kommt es zur Verwirklichung dieser Schenkung. Nach § 4 BewG wird ein solcher aufschiebend bedingter Erwerb erst dann berücksichtigt, wenn die aufschiebende Bedingung eingetreten ist. Damit ist das Schenkungsversprechen im Jahr 2011 noch nicht zu berücksichtigen.

Schenkung im Jahr 2012

Im Jahr 2012 ist jetzt die aufschiebende Bedingung im Februar eingetreten. Es kommt zu einer Bereicherung der Beschenkten. Damit ist die schenkungsteuerliche Grundlage für die Entstehung der Schenkungsteuer gegeben (sachliche Steuerpflicht), § 1 Abs. 1 Nr. 2 i.V.m. § 7 Abs. 1 Nr. 1 ErbStG. Offensichtlich ist auch die unbeschränkte persönliche Steuerpflicht nach § 2 Abs. 1 Nr. 1 Buchst. a ErbStG gegeben. Dass die Rente gegebenenfalls bei Auflösung der Ehe wieder aufgehoben wird, ist – zumindest solange die Ehe besteht – unbeachtlich. Es handelt sich insoweit um einen auflösend bedingten Erwerb. Dieser ist nach § 5 BewG wie ein unbedingter Erwerb zu behandeln. Der steuerpflichtige Erwerb für diese Schenkung ergibt sich aus § 10 Abs. 1 ErbStG unter Berücksichtigung des § 10 Abs. 2 ErbStG, da der Schenker die entstehende Schenkungsteuer übernimmt. Die Bewertung der Rente ergibt sich nach § 12 Abs. 1 ErbStG nach den allgemeinen Bewertungsvorschriften des BewG. Da es sich bei der Zuwendung um eine lebenslange Rente handelt, wird der Kapitalwert der Rente nach der Sondervorschrift des § 14 Abs. 1 BewG ermittelt. Da eine monatliche Rente i.H.v. 5.000 € gezahlt wird, ergibt sich ein Jahreswert i.H.v. 60.000 €. Dieser Jahreswert ist mit dem Vervielfältiger gemäß dem Schreiben vom 26.09.2011 des BMF zur Bewertung einer lebenslänglichen Nutzung zu multiplizieren; § 14 Abs. 1 BewG. Unter Berücksichtigung des Lebensalters der Beschenkten – sie hat zum Bewertungsstichtag das 18. Lebensjahr vollendet – ergibt sich ein Vervielfältiger i.H.v. 18,106. Der Kapitalwert der lebenslangen Rente beträgt somit (60.000 € x 18,106 =) 1.086.360 €.

Damit ergibt sich folgende Schenkungsteuer:

(1)	Bereicherung	1.086.360 €
(2)	Steuerklasse I, § 15 Abs. 1 ErbStG	
	Freibetrag § 16 Abs. 1 Nr. 2 ErbStG	./. 400.000 €
	Zwischenwert	686.360 €
(3)	Abrundung § 10 Abs. 1 Satz 6 ErbStG	./. 60 €
(4)	vorläufiger steuerpflichtiger Erwerb (vor ErbSt)	686.300 €
(5)	vorläufige Erbschaftsteuer, § 19 Abs. 1 ErbStG 19 %	130.397 €

Die Härteausgleichsregelung nach § 19 Abs. 3 ErbStG ist nicht anzuwenden, vgl. H E 19 ErbStH 2011.

> ☞ **Tipp!**
> In einer Erbschaftsteuerklausur muss immer auf die Härteausgleichregelung nach § 19 Abs. 3 ErbStG hingewiesen werden.

Da der Schenker die Schenkungsteuer übernommen hat, muss die sich ergebende Schenkungsteuer als Bereicherung der Beschenkten ebenfalls in die Berechnung einbezogen werden; § 10 Abs. 2 ErbStG.

(1)	Bereicherung	1.086.360 €
(5)	vorläufige Erbschaftsteuer, § 19 Abs. 1 ErbStG 19 %	130.397 €
(6)	Erwerb einschließlich der Steuer (1 + 5)	1.216.757 €
(7)	Steuerklasse I, § 15 Abs. 1 ErbStG	
	Freibetrag § 16 Abs. 1 Nr. 2 ErbStG	./. 400.000 €
	Zwischenwert	816.757 €
(8)	Abrundung § 10 Abs. 1 Satz 6 ErbStG	./. 57 €
(9)	steuerpflichtiger Erwerb	816.700 €
(10)	Erbschaftsteuer, § 19 Abs. 1 ErbStG 19 %	155.173 €

Die Härteausgleichsregelung nach § 19 Abs. 3 ErbStG ist nicht anzuwenden, vgl. H E 19 ErbStH 2011.

Es entsteht somit im Jahr 2012 aus der Schenkung der lebenslangen Rente eine Schenkungsteuer i.H.v. 155.173 €.

Änderung der Besteuerung in 2013

Unabhängig von der anstehenden Scheidung endet die Rente mit dem Tode von Hermine. Damit kommen zwei Berichtigungsmöglichkeiten des BewG infrage: § 5 Abs. 2 BewG sieht eine – antragsgebundene – Berichtigung der nicht laufend gezahlten Steuern dann vor, wenn die auflösende Bedingung eingetreten ist. Diese Rechtsvorschrift kann hier nicht einschlägig sein, da die auflösende Bedingung der Ehescheidung im vorliegenden Fall noch nicht eingetreten ist. Andererseits sieht auch § 14 Abs. 2 BewG eine Berichtigungsmöglichkeit bei den nicht laufend veranlagten Steuern vor, wenn bei lebenslangen Nutzungsrechten durch den Tod eines Beteiligten die Nutzung unverhältnismäßig kurz war. Bei einem Alter der Berechtigten von bis zu 30 Jahren erfolgt eine Berichtigung der nicht laufend veranlagten Steuern, wenn der Tod innerhalb von zehn Jahren nach Beginn der Rente eintritt. Da im vorliegenden Fall die Rente nur ein Jahr gewährt werden konnte, liegt somit ein Berichtigungsgrund i.S.d. § 14 Abs. 2 BewG vor. Dabei ist die Bereicherung nach der wirklichen Laufzeit zu berechnen. Damit ergibt sich im vorliegenden Fall folgende Berechnung:

Die Laufzeit der Rente betrug ein Jahr. Der Kapitalwert dieser Rente ist nach § 13 Abs. 1 BewG zu ermitteln. Der für eine einjährige Rente aus der Anlage 9a zum BewG zu entnehmende Vervielfältiger beträgt 0,974. Der Jahreswert beträgt nach wie vor 60.000 €. Der Kapitalwert beträgt damit für die einjährige Rente 58.440 €. Für die Schenkungsteuer ergibt sich somit folgende Berechnung:

(1)	Bereicherung	58.440 €
(2)	Steuerklasse I, § 15 Abs. 1 ErbStG	
	Freibetrag § 16 Abs. 1 Nr. 2 ErbStG 400.000 € maximal	./. 58.440 €

(3)   steuerpflichtiger Erwerb   0 €
(4)   Erbschaftsteuer   0 €

> ☞ **Tipp!**
> Auch bei dieser Berechnung ist systematisch von dem in 2012 gewährten persön-
> lichen Freibetrag auszugehen. Dies ist insbesondere dann zu beachten, wenn die
> ursprüngliche Berechnung noch nach altem Steuerrecht erfolgt wäre; dies kann
> insbesondere bei Fällen eine Rolle spielen, die vor dem 01.01.2009 ihren Ausgang
> fanden.

Nach Berichtigung der Berechnung i.S.d. § 14 Abs. 2 BewG ergibt sich damit für die
im Jahr 2012 gewährte Rente keine Schenkungsteuer. Der Vater hat somit gegenüber
dem Finanzamt einen Erstattungsanspruch i.H.v. 155.173 €. Die Erstattung ist jedoch
von einem Antrag abhängig, § 14 Abs. 2 Satz 2 BewG i.V.m. § 5 Abs. 2 Satz 2 BewG.
Sollte der Schenkungsteuerbescheid für die Schenkung aus dem Jahre 2012 schon bestandskräftig sein, erfolgt eine Änderung der Veranlagung nach § 175 Abs. 1 Nr. 2 AO.

Klausuren Erbschaftsteuer

Übungsklausur 2
Bearbeitungszeit: 100 Minuten

I. Sachverhalt

Am 05.01.2013 verstarb der in Stuttgart ansässige Klaus-Jürgen Vetscher (im folgenden V) im Alter von 42 Jahren. Er hinterlässt seine gleichaltrige Ehefrau Magda (im folgenden M) sowie seine Tochter Theresa (im folgenden T) im Alter von 12 Jahren. Aufgrund seiner Vermögensverhältnisse hat V in den letzten Jahren lediglich nebenberuflich eine Tierarztpraxis auf dem Lande betrieben, da sowohl er wie auch seine Ehefrau ausgebildete Tierärzte sind.

Die Eheleute lebten im gesetzlichen Güterstand (Zugewinngemeinschaft), ein tatsächlicher Zugewinnausgleich zwischen den Eheleuten hat sich in der Zeit der Ehe jedoch nicht ergeben, da der bereinigte Vermögenszuwachs bei V keinen höheren Zugewinn ausmacht.

Zur Ermittlung der Erbschaftsteuer hat die Witwe die folgenden Werte zusammengetragen, soweit keine anderen Aussagen getroffen sind, stellen die Werte jeweils Stichtagswerte zum 05.01.2013 dar.

Stille Gesellschaft

V hat sich vor Jahren mit einer erheblichen Vermögenseinlage i.S.d. § 230 bis § 237 HGB an einer großen deutschen Baugesellschaft beteiligt. Außer dem Recht auf eine gewinnabhängige Vergütung standen dem V keine weiteren Gesellschaftsrechte zu (typische stille Gesellschaft). Die Kündbarkeit der Einlage ist vor dem 01.01.2023 nicht möglich. Das Kapital für diese Beteiligung an der Baugesellschaft stammt aus einer Schenkung eines reichen Onkels von ihm, der vor Jahren nach Südamerika ausgewandert war. Das Nennkapital der Beteiligung beträgt 750.000 €. V erhält jährlich eine Verzinsung, die sich an dem tatsächlichen Ertrag des Unternehmens orientiert. Für die Wirtschaftsjahre 2010 und 2011 hat V jeweils 90.000 € erhalten, für 2012 stehen ihm – noch nicht ausgezahlte – 67.500 € zu. Die Gesellschaft rechnet jedoch in der Zukunft wieder mit steigenden Gewinnen.

Tierarztpraxis

V hatte auf dem Land in gemieteten Räumen eine kleinere Tierarztpraxis betrieben. Aus den Unterlagen ergeben sich die folgenden Daten:

Anlagevermögen (Verkehrswert)	126.500 €
Vorratsvermögen	
(Wiederbeschaffungskosten: 14.500 €) Anschaffungskosten	12.635 €
Bank- und Bargeldbestand	15.736 €
Kurzfristige Forderungen aus Behandlungen in 2012	13.090 €
Kurzfristige Verbindlichkeiten	2.000 €

In den letzten Jahren hatte V jeweils einen Überschuss nach § 4 Abs. 3 EStG in Höhe von 25.000 € erzielt. Besonderheiten bei der Gewinnermittlung, außerordentliche Ergebnisse o.ä. waren in den letzten Jahren nicht vorhanden. Für eine Tierarztpraxis dieser Größe kann von einem gewöhnlichen Unternehmerlohn von 10.000 € ausgegangen werden.

Die M plant aus sentimentalen Gründen, die Tierarztpraxis ihres verstorbenen Ehemannes fortzuführen.

Einfamilienhaus
Den Eheleuten gehört jeweils zur Hälfte das in 2008 errichtete selbst genutzte Einfamilienhaus in Stuttgart-Feuerbach, das auf einem Grundstück von 600 m² errichtet wurde. Das Haus hat eine Wohnfläche von 230 m², die übliche Miete für diese Wohngegend beträgt seit Jahren unverändert 7 €/m². Das Grundstück und der Hausbau wurden 2007/2008 ausschließlich von V finanziert. Zu dieser Zeit war er auch alleine eingetragener Eigentümer dieses Hauses. Im April 2010 schenkte V in einem notariell vollzogenen Schenkungsvertrag die ideelle Hälfte an dem Haus der M. Seit Juni 2010 ist auch M mit ideeller Hälfte im Grundbuch eingetragen. Der für diese Gegend zuständige Gutachterausschuss hat auf den 01.01.2013 die folgenden Feststellungen getroffen: Bodenrichtwert: 800 €/m², Vergleichswert für die Flächeneinheit von Gebäuden gleicher Art, Ausstattung und Alters: 1.550 €/m² Wohnfläche.

Leibrente
Im Jahre 2000 hatte der Vater des V sein eigengenutztes Einfamilienhaus in Stuttgart-Vaihingen gegen eine Leibrentenzahlung veräußert. Die Rentenzahlung wurde per 15.01.2001 aufgenommen. In der Vereinbarung über die Gewährung der Leibrente ist vereinbart worden, dass die Rente bis zum Tode des Vaters des V, mindestens aber zwanzig Jahre lang, zu zahlen sei. Als monatliche Rente wurde ein Betrag in Höhe von (umgerechnet) 2.500 € vereinbart. Nachdem der Vater des V im Herbst 2002 verstorben war, wurde die Rente dem Alleinerben V monatlich ausgezahlt.

Hinterbliebenenrente
Aus einer früheren nichtselbständigen Tätigkeit des V erhält die M von dem gesetzlichen Sozialversicherungsträger eine monatliche Witwenrente in Höhe von 400 €, die Tochter erhält eine bis zum 18. Lebensjahr befristete Halbwaisenrente in Höhe von monatlich 150 €.

Weitere Angaben
Weiterhin hinterlässt V noch Barvermögen und Wertpapiere in Wert von 1.200.000 €. Verbindlichkeiten bestehen nicht.

II.   Aufgabe
Ermitteln Sie die für M und T festzusetzende Erbschaftsteuer. Gehen Sie bei der Berechnung davon aus, dass alle Angaben vollständig sind, und weitere, für die Berechnung eventuell relevante Vorgänge nicht gegeben sind.

Bewerten Sie bitte alle in Vermögensgegenstände, die in den Nachlass fallen – gegebenenfalls zu gewährende Befreiungen sind erst nach der Bewertung anzuwenden.

Begründen Sie Ihre Entscheidungen unter Angabe der maßgeblichen Vorschriften.

Lösung der Übungsklausur 2

Allgemeines

Die Ehefrau M und die Tochter T sind Erben nach dem verstorbenen Klaus-Jürgen Vetscher. Da nach der Sachverhaltsangabe offensichtlich kein Testament vorliegt, tritt die gesetzliche Erbfolge ein. Nach § 1931 Abs. 1 BGB erhält die M ein Viertel der Erbschaft, da eine weitere Erbin der ersten Ordnung (Tochter T) vorhanden ist. Allerdings lebten die Eheleute im gesetzlichen Güterstand der Zugewinngemeinschaft, sodass der M unabhängig eines tatsächlichen Anspruchs ein fiktiver Zugewinnausgleich in Höhe von einem weiteren Viertel der Erbschaft zusteht; § 1371 Abs. 1 BGB. Damit erbt sowohl die Ehefrau M wie auch die Tochter T eine Hälfte des Nachlasses des V.

> ☞ **Tipp!**
> Der Hinweis in der Aufgabenstellung, dass sich kein höherer Zugewinn bei V ergibt, soll die Berechnung der Steuerbefreiung nach § 5 ErbStG ausschließen, da es bei dieser immer auf einen tatsächlich vorliegenden Zugewinnausgleich ankommt.

Erbschaftsteuerlich liegt ein Erwerb von Todes wegen nach § 1 Abs. 1 Nr. 1 ErbStG i.V.m. § 3 Abs. 1 Nr. 1 ErbStG vor (Erwerb durch Erbanfall nach § 1922 BGB). Da die Familie offensichtlich in Stuttgart lebt, ist auch die persönliche Steuerpflicht nach § 2 Abs. 1 Nr. 1 Buchst. a ErbStG gegeben.

Beide Erben gehören nach § 15 Abs. 1 ErbStG zur Steuerklasse I.

Der steuerpflichtige Erwerb nach § 10 ErbStG ist auf den Bewertungsstichtag nach § 11 ErbStG mit dem Tag der Entstehung der Steuer zu bestimmen. Die Steuer entsteht nach § 9 Abs. 1 Nr. 1 ErbStG mit dem Tod des Erblassers, hier also dem 05.01.2013.

Die Bewertung richtet sich nach § 12 ErbStG unter Heranziehung der einschlägigen Bewertungsvorschriften des BewG.

Bewertung der Tierarztpraxis

Die Tierarzttätigkeit stellt eine freiberufliche Tätigkeit nach § 18 EStG dar. Den Gewinn ermittelte V damit ertragsteuerlich zulässig nach § 4 Abs. 3 EStG. Bewertungsrechtlich handelt es sich nach der Gleichstellungsvorschrift des § 96 BewG ebenfalls um einen „Gewerbebetrieb". Damit sind alle Vorschriften des besonderen Teils des BewG – soweit dort auf Gewerbebetriebe bezogen – auch auf die freiberufliche Tätigkeit anzuwenden.

Die Bewertung richtet sich nach § 12 Abs. 5 ErbStG. Hierbei wird auf den gesondert festzustellenden Wert nach § 151 Abs. 1 Satz 1 Nr. 2 BewG verwiesen. § 151 Abs. 1 Satz 1 Nr. 2 BewG verweist dann seinerseits auf die §§ 95 bis 97 BewG. Darüber hinaus ist nach § 157 Abs. 5 BewG für das Betriebsvermögen der Wert unter Berücksichtigung der tatsächlichen Verhältnisse und der Wertverhältnisse zum Bewertungsstichtag (Todestag) festzustellen, ausdrücklich wird auf die Bewertung nach § 109 Abs. 1 i.V.m. § 11 Abs. 2 BewG verwiesen.

Die Bewertung des Betriebsvermögens richtet sich nach § 109 Abs. 1 BewG nach den Grundsätzen des § 11 Abs. 2 BewG. Damit ist der gemeine Wert für das Betriebsvermögen zu ermitteln. Da ein Verkauf innerhalb des letzten Jahres nicht stattgefunden hat, muss der Wert nach einem Ertragswertverfahren oder jedem anderen – auch für nichtsteuerliche Zwecke verwendeten – anerkannten Verfahren ermittelt werden. Dabei ist auf die Sicht eines Erwerbers abzustellen. Soweit ein solches Verfahren nicht angewendet wird, ist der Wert nach dem vereinfachten Ertragswertverfahren nach § 199 bis § 203 BewG zu ermitteln.

Grundlage für die zukünftig erzielbaren Erträge sollen die letzten drei abgeschlossenen Wirtschaftsjahre sein, § 201 Abs. 2 BewG. Auszugehen ist von dem jeweiligen Überschuss nach § 4 Abs. 3 EStG, § 202 Abs. 2 BewG. Die Gewinne der letzten drei Jahre sind um die in § 202 Abs. 1 BewG aufgeführten Positionen zu korrigieren. Neben einem angemessenen Unternehmerlohn und einem pauschalen Abzug für Ertragsteuern ergeben sich hier keine weiteren Hinzurechnungs- oder Kürzungspositionen. Nicht betriebsnotwendiges Vermögen nach § 200 Abs. 2 BewG liegt im vorliegenden Sachverhalt nicht vor.

Da in allen Jahren vergleichbare Ergebnisse erzielt werden, kann auf die getrennte Berechnung der einzelnen Jahre verzichtet werden:

Überschuss nach § 4 Abs. 3 EStG	25.000 €
Abzug für angemessenen Unternehmerlohn, § 202 Abs. 1 Nr. 2 Buchst. d BewG	./. 10.000 €
Zwischensumme	15.000 €
Ertragsteuerabzug, § 202 Abs. 3 BewG (30 %)	./. 4.500 €
Betriebsergebnis = Durchschnittsertrag	**10.500 €**

Auf diesen Durchschnittsertrag ist der Kapitalisierungsfaktor nach § 203 BewG anzuwenden. Der Kapitalisierungszinssatz setzt sich zusammen aus dem Basiszinssatz der Bundesbank (zum 01.01.2013: 2,04 %) zuzüglich eines Aufschlags von 4,5 %. Damit ist von einem Kapitalisierungszinssatz von 6,54 % auszugehen.

> ☞ **Tipp!**
> Der für 2012 maßgebliche Basiszinssatz betrug 2,44 %. Er gilt für alle Übertragungen in 2012. Der für alle Erwerbe von Todes wegen oder Schenkungen in 2013 maßgebliche Basiszinssatz ist vom BMF am 02.01.2013 veröffentlicht worden.

Der Kapitalisierungsfaktor beträgt damit nach § 203 Abs. 3 BewG (100 : 6,54 =) 15,2905 (Abrundung nach H B 203 ErbStH 2011 auf vier Nachkommastellen).

Der im Rahmen des vereinfachten Ertragswertverfahrens ermittelte Wert der Tierarztpraxis beträgt damit (Durchschnittsertrag von 10.500 € x Kapitalisierungsfaktor von 15,2905 =) 160.550 €.

Allerdings muss auch noch der Mindestwert nach § 11 Abs. 2 Satz 3 BewG berücksichtigt werden, R B 11.3 ff. ErbStR 2011. Der Substanzwert ergibt sich aus den in der Aufgabenstellung angegebenen Positionen:

Anlagevermögen (Verkehrswert = Substanzwert)	126.500 €
Vorratsvermögen (Ansatz der Wiederbeschaffungskosten)	14.500 €
Bank- und Bargeldbestand	15.736 €
Kurzfristige Forderungen – Nettobetrag	11.000 €
Kurzfristige Verbindlichkeiten	./. 2.000 €
Substanzwert nach § 11 Abs. 2 Satz 3 BewG	**165.736 €**

Zu beachten ist, dass ein Tierarzt steuerbare und steuerpflichtige Umsätze nach dem UStG erbringt. In aller Regel wird er als Freiberufler die Besteuerung nach vereinnahmten Entgelten i.S.d. § 20 UStG wählen. In diesem Fall ist es gerechtfertigt, bei den Forderungen aus Leistungen nur den Nettowert der Forderungen anzusetzen. Die Finanzverwaltung hat in den ErbStR 2011 dazu keine Regelung getroffen, es bestehen hier aber keine Gründe, warum die früheren Feststellungen der Finanzverwaltung nicht mehr gelten sollten; vgl. zur früheren Rechtslage auch R 123 Nr. 10 ErbStR 2003.

Da der Substanzwert höher ist, als der nach dem vereinfachten Ertragswertverfahren ermittelte Wert, geht in die Erbschaftsteuerberechnung der Wert von 165.736 € ein.

Das freiberufliche Vermögen unterliegt der Begünstigung nach § 13b Abs. 1 Nr. 2 ErbStG.

> ☞ **Tipp!**
> Offensichtlich wird die M die Tierarztpraxis fortführen, sodass die Behaltevoraussetzungen erst einmal erfüllt sind. Dass nicht beide Erben die Praxis fortführen – dies ist aus Altersgründen der Tochter schon nicht möglich – ist hier unbeachtlich, vgl. R E 3.1 und R E 13a.3 Abs. 2 ErbStR 2011.

Da das Anlagevermögen mehr als 50 % beträgt, kann das Verwaltungsvermögen nicht mehr als 50 % des gesamten Vermögens betragen. Damit sind nach § 13b Abs. 4 ErbStG 85 % begünstigt, sodass noch 15 % anzusetzen sind. Damit verbleiben hier (165.736 € x 15 % =) 24.860 €. Allerdings ist noch der gleitende Abzugsbetrag nach § 13a Abs. 2 ErbStG zu berücksichtigen. Da der nicht unter § 13b Abs. 4 ErbStG fallende Teil des begünstigten Vermögens den gleitenden Abzugsbetrag von (pro Erwerber) i.H.v. 150.000 € nicht übersteigt, wird auch dieser Teil in vollem Umfang steuerfrei gestellt. Der nach § 11 Abs. 2 BewG gesondert festzustellende Wert der freiberuflichen Tätigkeit beträgt damit 0 €.

Bewertung des Grundbesitzes
Dem V gehört die ideelle Hälfte an dem selbstgenutzten Einfamilienhaus. Das Einfamilienhaus stellt bewertungsrechtlich Grundbesitz dar, der nach der Vorschrift des § 12 Abs. 3 ErbStG mit dem nach § 151 Abs. 1 Satz 1 Nr. 1 BewG gesondert festzustellende Wert anzusetzen ist.

Bei dem Grundstück handelt es sich um Grundvermögen nach § 176 Abs. 1 Nr. 1 BewG, und zwar um ein bebautes Grundstück nach § 180 BewG. Da das Gebäude nicht mehr als zwei Wohnungen enthält, handelt es sich um ein Ein- oder Zweifamilienhaus nach § 181 Abs. 1 Nr. 1 i.V.m. Abs. 2 BewG. Das Grundstück ist den beiden Erben bewertungsrechtlich zuzurechnen, § 151 Abs. 2 Nr. 2 BewG.

> ☞ **Tipp!**
> Denken Sie daran, dass die Zurechnung und die Feststellung der Art der wirtschaftlichen Einheit in einer Steuerprüfung notwendig ist.

Die Bewertung des Grundstücks hat nach dem gemeinen Wert zu erfolgen, § 177 BewG. Dabei sind Ein- und Zweifamilienhäuser grundsätzlich nach dem Vergleichswertverfahren zu bewerten, § 182 Abs. 2 BewG. Im Vergleichswertverfahren können nach § 183 Abs. 2 BewG anstelle von Preisen für Vergleichsgrundstücke auch Vergleichswerte für bestimmte Flächeneinheiten vorgegeben werden, vgl. R B 183 Abs. 3 ErbStR 2011. Dies ist hier durch die von dem Gutachterausschuss vorgegebenen Vergleichspreise pro m² Wohnfläche erfolgt. In diesem Fall muss aber der Grund und Boden davon gesondert nach § 179 BewG bewertet werden, damit erfolgt der Ansatz für den Grund und Boden mit dem Bodenrichtwert auf den 01.01.2013, § 179 BewG.

Bewertung des Grund und Boden:

Bodenrichtwert per 01.01.2013	800 €/m²
Grundstücksgröße	600 m²
Wert des Grund und Boden nach § 179 BewG	480.000 €

Bewertung des Gebäudes nach § 183 Abs. 2 BewG:

Vergleichswert je Flächeneinheit (Wohnfläche)	1.550 €/m²
Wohnfläche	230 m²
Wert des Gebäudes	356.500 €
Vergleichswert des Grundstücks	**836.500 €**

Der Wert des Einfamilienhauses ist somit mit einem Grundbesitzwert i.H.v. 836.500 € festzustellen. Da der Ehefrau des V schon eine Hälfte des Hauses gehört, geht in die Erbmasse nur die andere Hälfte des Grundstücks mit ein.

Damit sind den beiden Erben jeweils ein Viertel des Werts des Einfamilienhauses, somit jeweils 209.125 € zuzurechnen. Allerdings ist zu berücksichtigen, dass die Familie wohl weiterhin in diesem Gebäude wohnen bleibt. Damit ergibt sich die Steuerfreistellung nach § 13 Abs. 1 Nr. 4b und Nr. 4c ErbStG. Soweit der Ehepartner und das Kind zehn Jahre lang in der selbstgenutzten Immobilie („Familienheim") wohnen, ist der Erwerb von Todes wegen steuerfrei.

> ☞ **Tipp!**
> Allerdings ist die Begrenzung auf 200 m² bei dem Erwerb von Todes wegen bei dem Kind nach § 13 Abs. 1 Nr. 4c ErbStG zu beachten, R E 13.4 Abs. 7 ErbStR 2011.

Der dem Kind zuzurechnende Anteil von 209.125 € ist damit nur i.H.v. 200/230 nach § 13 Abs. 1 Nr. 4c ErbStG steuerfrei. Damit unterliegen 30/230 der Erbschaftsteuer, im Ergebnis (30/230 x 209.125 € =) 27.277 €.

Die Schenkung des Anteils an dem Einfamilienhaus an die M im Jahre 2010 ist für die Erbschaftsteuer ebenfalls unbeachtlich. Insbesondere führt dieses nicht zu einem relevanten Vorerwerb nach § 14 ErbStG. Die Schenkung im Jahr 2010 war zwar eine Zuwendung unter Lebenden nach § 1 Abs. 1 Nr. 2 ErbStG i.V.m. § 7 Abs. 1 Nr. 1 ErbStG. Die Zuwendung war jedoch nach § 13 Abs. 1 Nr. 4a ErbStG steuerfrei, sodass hier eine Einbeziehung in den Gesamterwerb nicht infrage kommt, Behaltevoraussetzungen sind bei dieser Steuerbefreiung nicht zu erfüllen.

> ☞ **Tipp!**
> Während die Befreiung nach § 13 Abs. 1 Nr. 4b und Nr. 4c ErbStG erst durch das ErbStRG zum 01.01.2009 eingeführt wurde, war die Befreiung nach § 13 Abs. 1 Nr. 4a ErbStG schon früher zu gewähren.

Bewertung der stillen Gesellschaft

V ist als stiller Gesellschafter an der Baugesellschaft beteiligt. Da er über den Vergütungsanspruch hinaus keine Gesellschaftsrechte hat, stellt diese Beteiligung eine typische stille Gesellschaft dar. Die Einlage als typischer stiller Gesellschafter ist eine Kapitalforderung, die nach § 12 Abs. 1 ErbStG nach den allgemeinen Bewertungsgrundsätzen des BewG zu bewerten ist. Kapitalforderungen sind nach § 12 Abs. 1 BewG mit dem Nennwert zu bewerten, wenn nicht Umstände einen höheren oder niedrigeren Wert begründen. Bei stillen Gesellschaften kann nach R B 12.4 ErbStR 2011 eine besonders hohe oder niedrige Verzinsung einen vom Nennwert abweichenden Wert begründen, wenn die Kündbarkeit für längere Zeit ausgeschlossen ist. Dabei ist von einer hohen Verzinsung auszugehen, wenn im Durchschnitt der letzten drei Jahre eine Verzinsung von mehr als 9 % erzielt wird.

> ☞ **Tipp!**
> Ein Abschlag wegen Unwägbarkeiten kommt bei dieser Bewertung grundsätzlich nicht in Betracht.

Im vorliegenden Fall wird – bezogen auf das Nennkapital – eine durchschnittliche Verzinsung i.H.v. 11 % erreicht (90.000 € + 90.000 € + 67.500 € = 247.500 € : 3 = 82.500 €. 82.500 € entsprechen einer Verzinsung von 11 % bezogen auf das Nennkapital von 750.000 €). Damit ist der Wert der stillen Beteiligung mit einem über dem Nennwert liegenden Wert anzunehmen. Die Bewertung richtet sich dabei nach R B 12.4 ErbStR 2011. Dabei ist der, die Grenzverzinsung von 9 % übersteigende Zins mit einem Vervielfältiger von fünf zu bewerten. Das Produkt der Berechnung ist dem Nennwert der stillen Beteiligung hinzuzurechnen. Da die durchschnittliche Verzinsung zwei Prozentpunkte über der Grenzverzinsung von 9 % liegt, wird die stille Beteiligung somit mit (100 % + 5 x 2 % =) 110 % angesetzt.

   Der Wert der stillen Beteiligung beträgt damit 825.000 €, auf jeden Erben entfallen davon 412.500 €. Das die Beteiligung als stiller Gesellschafter aus einer Schenkung eines Onkels resultierte, ist für den vorliegenden Erbfall ohne Bedeutung, insbesondere ist § 27 ErbStG nicht anwendbar, da der V als Neffe nicht zur Steuerklasse I gehörte.

> ☞ **Tipp!**
> Da es sich bei der typischen stillen Gesellschaft um eine Kapitalbeteiligung handelt, unterliegt sie auch keiner Begünstigung im Erbschaftsteuerrecht.

Darüber hinaus ist auch noch nicht die für 2012 fällige Verzinsung für die stille Gesellschaft i.H.v. 67.500 € ausgezahlt worden. Der Anspruch stellt eine kurzfristige Forderung dar, die nach § 12 Abs. 1 ErbStG i.V.m. § 12 Abs. 1 BewG mit dem Nennwert anzusetzen ist. Damit entfallen auf jeden Erben 33.750 €.

Bewertung der Leibrente

Die Rente, die aus dem Verkauf des Hauses des Vaters von V stammt, stellt eine verlängerte Leibrente dar. Da die eine Befristung durch den Tod des Vaters eingetreten ist, handelt es sich um eine reine Zeitrente (vom 15.01.2001/erste Rate bis 15.12.2020/ letzte Rate), die zum Todestag des V noch acht Jahre (von Januar 2013 bis Dezember 2020) lang läuft. Die Bewertung der Rente richtet sich nach § 12 Abs. 1 ErbStG i.V.m.

§ 13 Abs. 1 BewG. Der Vervielfältiger nach Anlage 9a beträgt für acht Jahre 6,509. Der Jahreswert der Rente beträgt nach § 15 Abs. 1 BewG (12 x 2.500 € =) 30.000 €. Damit ist der Kapitalwert der Rente insgesamt mit 195.270 € anzusetzen. Davon entfallen auf jeden Erben 97.635 €.

Eine Anwendung des § 27 ErbStG kann hier ebenfalls nicht erfolgen, da der vorige Erbanfall mehr als zehn Jahre zurückliegt.

Bewertung der sonstigen Vermögenswerte

Die Ansprüche aus der Sozialversicherung sind in Ermangelung einer Rechtsgrundlage nicht bei dem steuerpflichtigen Erwerb mit zu berücksichtigen, da keine Vorschrift des § 3 Abs. 1 ErbStG hier einschlägig ist. Insbesondere § 3 Abs. 1 Nr. 4 ErbStG ist nicht anzuwenden, da die Hinterbliebenenrente aus der Sozialversicherung den Hinterbliebenen Kraft Gesetzes und nicht aufgrund geschlossener Verträge zusteht, R E 3.5 Abs. 1 ErbStR 2011. Diese Versorgungsbezüge sind jedoch bei der Berechnung des besonderen Versorgungsfreibetrags (§ 17 ErbStG) zu berücksichtigen.

Die Wertpapiere und das Barvermögen sind nach § 12 Abs. 1 ErbStG i.V.m. § 11 BewG und § 12 BewG mit den festgestellten Werten i.H.v. 1.200.000 € anzusetzen. Auf jeden Erben entfallen damit 600.000 €.

Nachlassverbindlichkeiten

Da keine tatsächlich vorhandenen Schulden vorliegen, können als Nachlassverbindlichkeiten nach § 10 Abs. 5 Nr. 3 ErbStG ohne Nachweis nur 10.300 € als Bestattungskosten abgezogen werden. Da hier davon ausgegangen wird, dass die Bestattung aus dem Nachlass bestritten wird, werden bei jedem Erben 5.150 € abgezogen.

Freibeträge

Jedem Erben steht ein Freibetrag nach § 16 ErbStG zu. Da beide Erben zur Steuerklasse I gehören, erhält die M einen persönlichen Freibetrag i.H.v. 500.000 € nach § 16 Abs. 1 Nr. 1 ErbStG, die T einen persönlichen Freibetrag i.H.v. 400.000 € nach § 16 Abs. 1 Nr. 2 ErbStG.

Darüber hinaus stehen beiden Erben noch besondere Versorgungsfreibeträge nach § 17 ErbStG zu. Allerdings sind die Versorgungsfreibeträge um den Kapitalwert der nicht der Erbschaftsteuer unterliegenden Versorgungsbezüge zu kürzen. Bei der M ergibt sich eine lebenslange Witwenrente mit einem Jahresbetrag i.H.v. (400 € x 12 =) 4.800 €. Bei einem vollendeten Lebensalter von 42 Jahren ergibt sich der Vervielfältiger für die Bewertung nach § 14 Abs. 1 BewG aus der Anlage für 2013 mit 16,664. Der Kapitalwert berechnet sich somit mit (4.800 € x 16,664 =) 79.987 €. Damit können von dem nach § 17 Abs. 1 ErbStG der M zustehenden Versorgungsfreibetrag i.H.v. 256.000 € noch (256.000 € ./. 79.987 € =) 176.013 € angesetzt werden.

Bei der T ist eine Waisenrente bis zum 18. Lebensjahr zu berücksichtigen. Damit wird die Rente voraussichtlich noch sechs Jahre laufen. Nach § 13 Abs. 1 BewG kommt nach der Anlage 9a ein Vervielfältiger i.H.v. 5,133 zur Anwendung. Bezogen auf den Jahreswert der Rente ergibt sich ein Kapitalwert i.H.v. (150 € x 12 x 5,133 =) 9.239 €. Der besondere Versorgungsfreibetrag nach § 17 Abs. 2 Nr. 3 ErbStG i.H.v. 30.700 € kann somit noch mit einem Betrag i.H.v. 21.461 € angesetzt werden.

Berechnung der Erbschaftsteuer

	M	T
Tierarztpraxis	0 €	0 €
Grundbesitz (Einfamilienhaus) – steuerfrei für M	0 €	27.277 €
stille Gesellschaft	412.500 €	412.500 €
Gewinnanteil 2012 stille Gesellschaft	33.750 €	33.750 €
Leibrente	97.635 €	97.635 €
Bargeld/Wertpapiere	600.000 €	600.000 €
Summe der positiven Wirtschaftsgüter	1.143.885 €	1.171.162 €
Bestattungskostenpauschale	./. 5.150 €	./. 5.150 €
Nachlass	1.138.735 €	1.166.012 €
persönlicher Freibetrag	./. 500.000 €	./. 400.000 €
Versorgungsfreibetrag	./. 176.013 €	./. 21.461 €
Erwerb	462.722 €	744.551 €
Abrundung nach § 10 Abs. 1 Satz 6 ErbStG	462.700 €	744.500 €
Steuersatz nach § 19 ErbStG	15 %	19 %
Erbschaftsteuer	**69.405 €**	**141.455 €**

Die Begrenzung der Steuer nach § 19 Abs. 3 ErbStG (sogenannter Härteausgleich) kommt im vorliegenden Fall nicht in Betracht, vgl. auch H E 19 ErbStH 2011.

Weitere Hinweise

Für die in dem Nachlass enthaltene Leibrente könnte eine Verrentung der Besteuerung nach § 23 ErbStG in Betracht kommen. Da es sich aber im Vergleich mit den anderen übergegangenen Vermögenswerten um relativ geringes Vermögen handelt, erscheint eine Verrentung nicht sinnvoll.

Klausuren Erbschaftsteuer

Übungsklausur 3
Bearbeitungszeit: 100 Minuten

I.   Sachverhalt
Der Lebensmittelhändler Franz Fruchtig (F.F.) verstarb am 31.01.2013 bei einem Fahr-rad-Ausflug. F.F. hinterließ ein Testament, in welchem er seine Ehefrau Gesine Fruch-tig deshalb zur Alleinerbin einsetzte, weil diese sonst – mangels entsprechender Al-tersabsicherung – unversorgt bliebe. Seine einzige Tochter – Sonja Fruchtig – wurde in dem Testament ausdrücklich von der Erbfolge ausgeschlossen. Gesine Fruchtig hat das Erbe angenommen. Sonja überlegt, ihre Mutter im Hinblick auf Pflichtteilsrechte in Anspruch zu nehmen.

A.   Immobilie Witzenhausen
Ein Jahr vor seinem Tod hatte F.F. von seinem Nachbarn Klaus Krämer (geb. 05.05.1950) mit notariellem Vertrag vom 27.01.2012 ein unbebautes Grundstück in Witzenhausen, Kirschweg 12, erworben. In der Absicht, sich nach und nach aus dem Geschäftsbetrieb zurückzuziehen, errichtete F.F. auf diesem Grundstück ein Zweifa-milienhaus für sich selbst zum Wohnen und als Renditeanlage für das Alter. Gesine Fruchtig, welche früher als angestellte Architektin tätig war, übernahm – um Kosten zu sparen – die Bauaufsicht gegen eine Pauschale von 10.000 €; diese Summe ist auch für die Tätigkeit angemessen.

Klaus Krämer erhielt als Gegenleistung für das 1.000 qm große Grundstück einen Betrag von 1.000.000 € sowie eine Leibrentenzahlung von 700 € pro Monat begin-nend am 01.02.2012.

Auf Betreiben von F.F. wurde in der notariellen Urkunde noch Folgendes gere-gelt: „Die Verpflichtung zur Zahlung der im Voraus zahlbaren Leibrente beginnt am 01.02.2012 und erlischt spätestens am 28.02.2029, d.h. der Verkäufer Klaus Krämer hat ab 01.03.2029 keinen Anspruch auf Zahlung der Leibrente. Die Leibrente ist un-vererblich".

F.F. wurde am 28.02.2012 in das Grundbuch eingetragen. Der Bodenrichtwert für das Grundstück betrug am 01.01.2012 900 €; zum 01.01.2013 war der Bodenrichtwert wegen hoher Nachfrage auf 1.200 € gestiegen.

Am 01.05.2012 begannen die Bauarbeiten, und das Zweifamilienhaus wurde am 25.09.2012 fertig gestellt. Es enthielt zwei Wohnungen mit je 96 qm Wohnfläche (die Bruttogrundfläche entspricht 140 % der Wohnfläche). Das Haus, das durchgehend gehobenem Standard entspricht, verfügt über ein Flachdach und einen Keller.

F.F. hat alle Baurechnungen – außer derjenigen von seiner Ehefrau – im Zusammen-hang mit dem Bauobjekt bezahlt, da die Ehefrau noch keine Rechnung erstellt hat.

In Erwartung einer hohen Erbschaftsteuerschuld verkaufte Gesine Fruchtig das Haus bereits am 20.03.2013 für 1.700.000 €.

Für sein neues Wohnzimmer hatte sich F.F. eine große Wohnzimmerschrankwand für 15.000 € passend zur Wohnung bestellt. Diese war am Todestag geliefert, aber noch nicht bezahlt. Durch die Schrankwand erhöhte sich der Wert des Hausrats auf 60.000 €.

B.   Die GmbH-Beteiligung

F.F. war seit 2001 zu 10 % an der Frisch-Frucht GmbH beteiligt. Diese ist eine im Obst- und Gemüsehandel tätige GmbH mit mehreren Mitarbeitern. Die übrigen Anteile werden von den branchenfremden Gesellschaftern Frosch (55 %) und König (35 %) gehalten. Die Frisch-Frucht GmbH hat ein Stammkapital von 500.000 €.

Die GmbH hatte in der Bilanz zum 31.12.2009 einen restlichen Firmenwert von 3.000 € ausgewiesen. Auf diesen Firmenwert wurde im Jahr 2010 eine AfA von 3.000 € vorgenommen.

Zwischen dem 01.01.2013 und dem 31.01.2013 hat die GmbH für 20.000 € Aktien eines bekannten börsennotierten Bananenimporteurs gekauft, welche am 31.01.2013 einen Wert von 30.000 € hatten. Bei der Beteiligung handelt es sich um eine betriebsnotwendige Beteiligung. Dividendenzahlungen haben sich bisher nicht ergeben.

Weitere Geschäftsvorfälle lagen in diesem Zeitraum nicht vor. Die steuerliche Situation der GmbH stellt sich wie folgt dar: Zu versteuerndes Einkommen nach §§ 7, 8 KStG (vor Abzug von Steuern):

- 2010 = 176.000 €
- 2011 = 136.000 €
- 2012 = 76.000 €

C.   Die Lebensversicherung

F.F hatte bei der Allfinanz-Versicherung eine Lebensversicherung über 2.000.000 € abgeschlossen. Als Begünstigten hat er seine Ehefrau Gesine eingesetzt.

II.   Aufgabe

Ermitteln Sie die zutreffende festzusetzende Erbschaftsteuer für Gesine Fruchtig, falls Sonja Fruchtig ihren Pflichtteilsanspruch nicht geltend gemacht hat, aber sich auch weigert, eine entsprechende Verzichtserklärung abzugeben.

Begründen Sie Ihre Entscheidungen unter Angabe der maßgebenden Vorschriften.

Lösung der Übungsklausur 3

Allgemeines

Gesine Fruchtig (G.F.) ist unbeschränkt steuerpflichtig, mit dem gesamtem Vermögensanfall, da der Erblasser Inländer ist, § 2 Abs. 1 Nr. 1 ErbStG. Es erfolgt ein Erwerb von Todes wegen durch Erbanfall, § 1 Abs. 1 Nr. 1, § 3 Abs. 1 Nr. 1 ErbStG.

Die Lebensversicherungssumme wird jedoch auf Grund eines Vertrags zu Gunsten Dritter außerhalb des Nachlasses erworben, § 3 Abs. 1 Nr. 4 ErbStG.

Der Bewertungsstichtag ist der Tag der Steuerentstehung (§ 11 ErbStG) = Todestag: 31.01.2013, § 9 Abs. 1 Nr. 1 ErbStG.

Bewertung des Grundvermögens

Das Grundstück in Witzenhausen stellt Grundbesitz dar; § 19 Abs. 1 BewG.

Für Zwecke der Erbschaftsteuer ist ein Grundbesitzwert auf den Todestag festzustellen; § 12 Abs. 3 ErbStG. Dabei ist der nach § 151 Abs. 1 Satz 1 Nr. 1 BewG festgestellte Wert anzusetzen.

Dabei sind im Feststellungsverfahren weiter Feststellungen zu treffen:

a) Art: Bebautes Grundstück. § 151 Abs. 2 Nr. 1, § 180 Abs. 1 BewG.
b) Zurechnung: G.F. zu 1/1 § 151 Abs. 2 Nr. 2 BewG.
c) Wert: Maßgeblich sind die tatsächlichen Verhältnisse vom Todeszeitpunkt, und die Wertverhältnisse grundsätzlich vom Todestag; vgl. § 157 Abs. 1 BewG.

Es handelt sich nach § 181 Abs. 1 Nr. 1 und Abs. 2 BewG um ein Zweifamilienhaus, da in dem Gebäude bis zu zwei Wohnungen enthalten sind. Das Ein- und Zweifamilienhaus ist nach § 182 Abs. 2 Nr. 3 BewG grundsätzlich im Vergleichswertverfahren zu bewerten. Da hier nach den Sachverhaltsangaben ein solcher Vergleichswert aber nicht vorliegt, muss die Bewertung nach § 182 Abs. 4 Nr. 1 BewG im Sachwertverfahren erfolgen.

> ☞ **Tipp!**
> Der kurz nach dem Erwerb durchgeführte Verkauf des Grundstücks kann nicht als Vergleichswert nach § 183 BewG angesehen werden, muss aber als Möglichkeit für den Nachweis eines niedrigeren gemeinen Werts beachtet werden, § 198 BewG. Durch den Verkauf ist aber die Steuerbefreiung nach § 13 Abs. 1 Nr. 4b ErbStG ausgeschlossen.

Die Bewertung im Sachwertverfahren richtet sich nach § 189 bis § 191 BewG. Dabei ist nach § 189 Abs. 1 BewG getrennt vom Wert des Gebäudes und dem Bodenwert auszugehen.

Der Bodenwert ist dabei nach § 189 Abs. 2 BewG wie bei einem unbebauten Grundstück anzusetzen. Die Bewertung richtet sich damit nach § 179 BewG nach dem Bodenrichtwert vom 01.01.2013 und der Grundstücksgröße. Der Bodenwert berechnet sich damit wie folgt:

Bodenrichtwert per 01.01.2013:
1.200 €/m² x Grundstücksgröße 990 m² =   1.188.000 €

Der Gebäudesachwert ist nach § 190 BewG zu ermitteln. Dabei ist von den Regelherstellungskosten auszugehen.

Bruttogrundfläche (2 x 96 m² x 140 % =)	269 m²
Regelherstellungskosten (Anlage 24)	1.110 €/m²
Gebäuderegelherstellungswert (269 m² x 1.110 €/m² =), § 190 Abs. 1 BewG	298.590 €

Alterswertminderung nach § 190 Abs. 2 BewG

Alter am Bewertungsstichtag	1 Jahr	
Wirtschaftliche Gesamtnutzungsdauer (Anlage 22)	80 Jahre	
Alterswertminderung in % (1 : 80 x 100 =)	1,25 %	
Alterswertminderung (298.590 € x 1,25 % =)		./. 3.732 €
Gebäudesachwert		294.858 €

(mindestens sind nach § 190 Abs. 2 Satz 4 BewG 40 % des Gebäuderegelherstellungswerts anzusetzen, dies sind hier 119.436 €)

Vorläufiger Sachwert (Bodenwert + Gebäudesachwert), § 189 Abs. 3 BewG	1.482.858 €
Wertzahl nach § 191 BewG / Anlage 25	0,9
Grundstückssachwert (1.482.858 € x 0,9 =)	1.334.572 €

Eine Abrundung erfolgt nicht. Ein sich aus dem Verkauf ergebender niedrigerer gemeiner Wert nach § 198 BewG ergibt sich nicht, da das Grundstück für 1.700.000 € verkauft wurde.

Bewertung der Anteile an der GmbH

Bei den Anteilen an der GmbH handelt es sich um übriges Vermögen, das nach § 12 Abs. 2 ErbStG i.V.m. § 12 Abs. 1 ErbStG nach dem allgemeinen Teil des BewG zu bewerten ist. Damit ist der gemeine Wert für die Anteile zu ermitteln. Da ein Börsenkurs bei einer GmbH nicht vorhanden sein kann und auch ein Verkauf innerhalb des letzten Jahres nicht stattgefunden hat, muss der Wert nach einem ertragswertorientierten Verfahren oder jedem anderen – auch für nichtsteuerliche Zwecke verwendeten – anerkannten Verfahren ermittelt werden. Dabei ist auf die Sicht eines Erwerbers abzustellen. Soweit ein solches Verfahren nicht angewendet wird, ist der Wert nach dem vereinfachten Ertragswertverfahren nach § 199 bis § 203 BewG zu ermitteln.

Grundlage für die zukünftig erzielbaren Erträge sollen die letzten drei abgeschlossenen Wirtschaftsjahre sein, § 201 Abs. 2 BewG. Auszugehen ist von dem jeweiligen Gewinn nach § 4 Abs. 1 oder § 5 EStG, § 202 Abs. 1 BewG. Die Gewinne der letzten drei Jahre sind um die in § 202 Abs. 1 BewG aufgeführten Positionen zu korrigieren.

Nicht betriebsnotwendiges Vermögen liegt nach dem Sachverhalt offensichtlich nicht vor, allerdings sind Beteiligungen – auch wenn sie betriebsnotwendig sind – immer mit ihrem steuerlichen Wert anzusetzen, § 200 Abs. 3 BewG. Die damit im Zusammenhang stehenden Einnahmen müssen dann aber bei der Ermittlung des maßgeblichen Gewinns korrigierend berücksichtigt werden, nach dem Sachverhalt sind hier solche Einnahmen nicht vorhanden, die eventuell mit dieser Beteiligung im Zusammenhang stehenden Aufwendungen sind nicht korrigierend zu berücksichtigen.

Damit ergibt sich hier folgende Berechnung:

	2 0 1 0	**2 0 1 1**	**2 0 1 2**
Gewinn nach § 4 Abs. 1 Satz 1 EStG; § 202 Abs. 1 Satz 1 BewG (incl. Steuern)	+ 176.000 €	+ 136.000 €	+ 76.000 €
AfA Firmenwert; § 202 Abs. 1 Satz 2 Nr. 1b BewG – letzte Abschreibung in 2010, danach abgeschrieben	+ 3.000 €		
Ertragsteuern; ein Ansatz entfällt hier, da in dem oben angegebenen Gewinn mit enthalten			
Unternehmerlohn; ist bei einer GmbH schon mit in den erfolgswirksam erfassten Gehaltsaufwendungen enthalten			
Zwischensumme	179.000 €	136.000 €	76.000 €
Ertragsteuer ./. 30 %; § 202 Abs. 3 BewG	./. 53.700 €	./. 40.800 €	./. 22.800 €
Normertrag	**125.300 €**	**95.200 €**	**53.200 €**

Der Durchschnittsertrag der letzten drei Jahre nach § 201 Abs. 2 BewG beträgt (125.300 € + 95.200 € + 53.200 € = 273.700 € : 3 =) 91.233 €. Auf diesen Durchschnittsertrag ist der Kapitalisierungsfaktor nach § 203 BewG anzuwenden. Der Kapitalisierungszinssatz setzt sich zusammen aus dem Basiszinssatz der Bundesbank (zum 01.01.2013: 2,04 %) zuzüglich eines Aufschlags von 4,5 %. Damit ist von einem Kapitalisierungszinssatz von 6,54 % auszugehen. Der Kapitalisierungsfaktor beträgt damit nach § 203 Abs. 3 BewG (100 : 6,54 =) 15,2905 (Abrundung nach H B 203 ErbStH 2011 auf vier Nachkommastellen).

Der im Rahmen des vereinfachten Ertragswertverfahrens ermittelte Wert der Anteile an der GmbH beträgt damit (Durchschnittsertrag von 91.233 € x Kapitalisierungsfaktor von 15,2905 =) 1.394.998 €. Dazu sind aber noch die mit ihrem allgemeinen Wert bewerteten, betriebsnotwendigen Beteiligungen zu addieren. Die Aktien sind nach § 11 Abs. 1 BewG mit ihrem Börsenkurs vom Todestag mit 30.000 € hinzuzurechnen. Der Wert der Anteile beträgt danach (1.394.998 € + 30.000 € =) 1.424.998 €.

Der Anteil des Erblassers an der GmbH beträgt nach den Sachverhaltsangaben 10 %. Somit sind vom Wert der GmbH-Anteile dem Nachlass (1.424.998 € x 10 % =) 142.500 € zuzurechnen (= gemeiner Wert der Anteile).

> ☞ **Tipp!**
> Da nur eine Beteiligung von 10 % besteht, ergibt sich keine Begünstigung nach § 13a und § 13b ErbStG.

Lebensversicherung

Die Lebensversicherung fällt zwar nicht in die Erbmasse, ist jedoch gem. § 3 Abs. 1 Nr. 4 ErbStG eine steuerpflichtige Kapitalforderung, die nach § 12 Abs. 1 ErbStG und § 12 Abs. 1 BewG mit dem Nennwert zu bewerten ist (kurzfristig fällige Forderung)

| | 2.000.000 € |

Hausrat

Die Wohnungseinrichtung einschließlich der gelieferten Wohnzimmerschrankwand gehört mit in den Nachlass und ist mit dem gemeinen Wert anzusetzen. Allerdings ist der sachliche Freibetrag nach § 13 Abs. 1 Nr. 1 Buchst. a ErbStG zu beachten.

Wohnzimmerschrankwand, § 12 Abs. 1 ErbStG i.V.m. § 9 Abs. 1 BewG	60.000 €
Freibetrag § 13 Abs. 1 Nr. 1 Buchst. a ErbStG (Ehegatte StKl. 1 § 15 Abs. 1 ErbStG)	./. 41.000 €
	19.000 €

Nachlassverbindlichkeiten

Die Bewertung der Nachlassverbindlichkeiten richtet sich nach § 12 Abs. 1 ErbStG i.V.m. §§ 1 bis 16 BewG.

Rentenschuld gegenüber Klaus Krämer:

Es liegt eine Erblasserschuld vor, die nach § 10 Abs. 5 Nr. 1 ErbStG abzugsfähig ist. Die Rentenschuld gegenüber Krämer ist grundsätzlich auflösend befristet, die Befristung wird über § 14 BewG berücksichtigt (§ 8 i.V.m. § 7 Abs. 1 BewG). Die Bewertung erfolgt mit dem Kapitalwert nach § 14 Abs. 1 bzw. § 13 Abs. 1 BewG, da eine abgekürzte Leibrente vorliegt. Bei einer abgekürzten Leibrente ist zu prüfen, welcher Wert (Laufzeitrente nach § 13 BewG oder lebenslange Rente nach § 14 BewG) geringer ist. Dieser geringere Wert ist der für die Rentenlaufzeit wahrscheinlichere Wert.

Jahreswert (§ 15 Abs. 1 BewG): 700 € x 12 Monate = 8.400 €

Vervielfältiger bei lebenslanger Rente (BMF Schreiben v. 26.10.2012 zu § 14 Abs. 1 BewG)

  Mann, 62 Jahre 12,196

Vervielfältiger (Anl. 9a zu § 13 Abs. 1 BewG bzw. Tab. 7

  Restlaufzeit („bis zum 28.02.2029"): 16 Jahre + 1 Monat
  (01.02.2013 – 28.02.2029)

Vervielfältiger 16 Jahre	10.750
Vervielfältiger 17 Jahre	11.163
Unterschied	0,413 x 1/12 = 0,034

  Vervielfältiger für 16 Jahre + 1 Monat („interpoliert") = 10,750 + 0,034 = 10,784

Kleinerer Vervielfältiger maßgebend für abgekürzte Leibrente:

Kapitalwert: 8.400 € x 10,784 **./. 90.587 €**

Übrige Verbindlichkeiten:

Die Honorarverbindlichkeit gegenüber Gesine ist anzusetzen nach § 10 Abs. 1 ErbStG. Diese stellt eine Erblasserschuld dar. Die Forderung ist entstanden mit Erbringung der Leistung; die Fälligkeit ist nicht erforderlich. Es liegt eine Nachlassverbindlichkeit vor, § 10 Abs. 5 Nr. 1 ErbStG. Die Kapitalschuld kommt zum Ansatz mit dem Nennwert, § 12 Abs. 1 ErbStG i.V.m. § 12 Abs. 1 BewG ./. 10.000 €

Die Zahlungsverpflichtung für die Wohnzimmerschrankwand ist ebenfalls eine Erblasserschuld, § 10 Abs. 5 Nr. 1 ErbStG. Der Ansatz erfolgt mit dem Nennwert, § 12 Abs. 1 ErbStG i.V.m. § 12 Abs. 1 BewG. Es ergibt sich keine Abzugsbeschränkung nach § 10 Abs. 6 ErbStG. Zwar besteht ein wirtschaftlicher Zusammenhang mit dem Hausrat. Da diesbezüglich jedoch (nur) ein pauschaler Freibetrag nach § 13 Abs. 1 Nr. 1 Buchst. a ErbStG gewährt wird, können die korrespondierenden Schulden voll abgezogen werden (vgl. R E 10.10 Abs. 3 ErbStR 2011)   ./. 15.000 €

Der Pflichtteilsanspruch wurde nicht tatsächlich geltend gemacht, daher erfolgt kein Ansatz als Verbindlichkeit (vgl. § 10 Abs. 5 Nr. 2 ErbStG).

Berücksichtigt werden können noch die Erbfallkosten (§ 10 Abs. 5 Nr. 3 ErbStG). Da keine Angaben über tatsächlich angefallene Kosten vorliegen, können die Beerdigungskosten mit dem Pauschbetrag angesetzt werden   ./. 10.300 €

Erbschaftsteuer

Grundvermögen	1.334.572 €
Anteil an der GmbH	142.500 €
Lebensversicherung	2.000.000 €
Hausrat	19.000 €
Kapitalwert Rentenschuld	./. 90.587 €
Honorarverpflichtung	./. 10.000 €
Zahlungsverpflichtung Wohnzimmerschrankwand	./. 15.000 €
Erbfallkosten	./. 10.300 €
Vermögensanfall	3.370.185 €
persönlicher Freibetrag für Ehegatte StKl. I (§ 16 Abs. 1 Nr. 1 ErbStG	./. 500.000 €
Versorgungsfreibetrag für Carola (§ 17 Abs. 1 ErbStG), keine Kürzung gem. Satz 2, da sie keine Versorgungsbezüge erhält	./. 256.000 €
steuerpflichtiger Erwerb (§ 10 Abs. 1 ErbStG)	2.614.185 €
abgerundet (§ 10 Abs. 1 Satz 6 ErbStG)	**2.614.100 €**

Erbschaftsteuer gem. § 19 Abs. 1 in StKl. I für den gesamten Betrag;
Steuersatz: 19 %   496.679 €

Die Begrenzung der Steuer nach § 19 Abs. 3 ErbStG (sogenannter Härteausgleich) kommt im vorliegenden Fall nicht in Betracht, vgl. auch H E 19 ErbStH 2011.

Klausuren Erbschaftsteuer

Übungsklausur 4
Bearbeitungszeit: 90 Minuten

I.　Sachverhalt
Aufgeschreckt durch den plötzlichen Tod eines berühmten Kollegen aus den Vereinigten Staaten, macht sich der deutsche Schlager- und Volkssänger Michael Jürgens – unter Freunden auch M.J. genannt – Gedanken über seinen Nachlass. Da er kurz vor der Vollendung seines 50. Lebensjahrs am 06.10.2013 steht, möchte er seine Familie zu diesem Geburtstag mit Zuwendungen überraschen.

1. Seiner Tochter (22 Jahre alt) aus erster Ehe möchte er die von ihm selbst bewohnte, 300 m² große Penthouse-Wohnung in Stuttgart schenken. Allerdings möchte er sich das lebenslange Wohnrecht an dieser Wohnung zurückbehalten. Da er seine Tochter aber nicht mit einer Steuer belasten möchte – schließlich hatte sie von ihm noch keine relevanten Geschenke erhalten –, erklärt er sich bereit, eine eventuell anfallende Steuer zu übernehmen.

2. Seiner Ehefrau (25 Jahre alt) möchte er ein ihm seit 2005 gehörendes Mietwohnhaus in München schenken. Da er seiner Ehefrau anlässlich ihres 20. Geburtstags in 2008 – kurz vor der Eheschließung mit ihm – schon einen Geldbetrag in Höhe von 400.000 € zugewandt hatte, möchte er – genau wie damals – eine Steuer nicht übernehmen. Ebenfalls soll die Ehefrau auch die noch auf dem Grundstück lastende Grundschuld (Valuta zum Schenkungsstichtag: 125.900 €) mit übernehmen.

II.　Aufgabe
M.J. möchte sich von Ihnen umfangreich beraten lassen, mit welchen steuerrechtlichen Folgen zu rechnen ist, wenn er die Schenkungen wie geplant ausführen sollte. Soweit es möglich ist, möchte M.J. auch wissen, welche Erbschaft- oder Schenkungsteuer auf ihn bzw. die Erwerberinnen zukommt.

III.　Weitere Hinweise
1. Die von M.J. eigengenutzte Wohnung befindet sich in einer Eigentumswohnanlage, Baujahr 1989. Das Gebäude ist auf einem Grundstück von 2.000 m² errichtet worden. M.J. sind nach den zutreffenden Feststellungen der Teilungserklärung 1.500/10.000 zuzurechnen. Der zuständige Gutachterausschuss hat zum 01.01.2013 für Stuttgart für Eigentumswohnungen der Baujahre ab 1980 von 280 m² einen Vergleichswert von 2.200 €/m² (Gebäudewert) festgestellt. Der Bodenrichtwert für das unbebaute Grundstück beträgt 1.300 €/m². Der Nutzungswert einer solchen Wohnung ist zutreffend mit 39.100 € jährlich ermittelt worden.

2. Das Mietwohnhaus in Leipzig steht auf einem 1.500 m² großen Grundstück. Das Gebäude – Baujahr 1942 – verfügt über 650 m² Wohnfläche, die zu einer Nettokaltmiete von 6,80 €/m² ausschließlich zu Mietwohnzwecken vermietet sind. Allerdings stehen derzeit 75 m² leer. Der Gutachterausschuss hat zum 01.01.2013 einen Bodenrichtwert in Höhe von 285 €/m² festgesetzt. Auf einem abgrenzbaren Teil des Grundstücks von 600 m² könnte noch ein weiteres Gebäude errichtet werden. Das Gebäude ist ca. 1999 umfassend saniert worden, eine Verlängerung der

wirtschaftlichen Gesamtnutzungsdauer ist dadurch aber nicht eingetreten. Weitere Feststellungen hat der zuständige Gutachterausschuss nicht getroffen.

Lösung der Übungsklausur 4

Allgemeines

Es handelt sich bei den geplanten Zuwendungen um Schenkungen unter Lebenden (§ 1 Abs. 1 Nr. 2 i.V.m. § 7 Abs. 1 Nr. 1 ErbStG), da die Beschenkten zu Lasten des Schenkenden bereichert sind. Damit ist in beiden Fällen jeweils die sachliche Steuerpflicht gegeben.

Da es sich bei Michael Jürgens (M.J.) auch um einen Inländer i.S.d. § 2 Abs. 1 Nr. 1 Buchst. a UStG handelt, ist auch die unbeschränkte persönliche Steuerpflicht gegeben.

Die Steuer würde jeweils mit Ausführung der Schenkung entstehen, § 9 Abs. 1 Nr. 2 ErbStG – dies wäre hier annahmegemäß der Geburtstag des M.J. am 06.10.2013. Dies ist nach § 11 ErbStG auch der Tag, zu dem die Bewertung durchzuführen ist.

Die Schenkung an die Tochter

M.J. möchte seiner Tochter die von ihm selbst bewohnte Eigentumswohnung schenken. Die Schenkung an die Tochter unterliegt keiner Steuerbefreiung – § 13 Abs. 1 Nr. 4c ErbStG ist nur bei einem Erwerb von Todes wegen anzuwenden.

Die Eigentumswohnung stellt bewertungsrechtlich Grundbesitz dar, der nach der Vorschrift des § 12 Abs. 3 ErbStG nach dem sechsten Abschnitt des BewG zu bewerten ist. Für die Zwecke der Erbschaftsteuer ist ein Grundbesitzwert nach § 157 BewG ff. zu ermitteln. Der Wert des Grundstücks ist nach § 151 Abs. 1 Satz 1 Nr. 1 BewG gesondert festzustellen. Dabei ist auch die Zurechnung und die Art festzustellen. Es handelt sich hierbei um ein bebautes Grundstück nach § 180 Abs. 1 BewG, die Zurechnung erfolgt auf die Tochter. Die Bewertung der Eigentumswohnung erfolgt grundsätzlich nach § 177 BewG mit dem gemeinen Wert. Es handelt sich um Wohnungseigentum nach § 181 Abs. 1 Nr. 3 und Abs. 4 BewG. Nach § 182 Abs. 2 BewG ist das Wohnungseigentum grundsätzlich im Vergleichswertverfahren zu bewerten. Das Vergleichswertverfahren bestimmt sich nach § 183 BewG.

> ☞ **Tipp!**
> Würde sich eine Bewertung im Vergleichswertverfahren nicht ergeben, müsste der Wert im Sachwertverfahren ermittelt werden.

Im Vergleichswertverfahren kann auch das Wohnungseigentum bewertet werden, wenn von den Gutachterausschüssen nach § 183 Abs. 2 BewG geeignete Bezugseinheiten angegeben werden. Dies sind hier die m²-Preise für vergleichbare Wohnungen. Offensichtlich sind aufgrund der örtlichen Bedingungen (Anwendung für Stuttgart), die Größe der Wohnungen (200 m² bis 300 m²) und das Baujahr hier geeignete Faktoren herangezogen worden, die eine hinreichende Übereinstimmung des zu bewertenden Grundstücks wahrscheinlich machen. Die der Feststellung zugrundeliegende Wohnung weicht von der Größe her auch nicht um mehr als 20 % von der zu bewertenden Wohnung ab; Abschn. H B 183 Abs. 4 ErbStH 2011. Allerdings ist zu beachten, dass bei Anwendung des Vergleichswertverfahrens nach § 183 Abs. 2 BewG noch der anteilige Grund und Boden mit berücksichtigt werden muss. Dieser Bodenwertanteil berechnet sich nach § 179 BewG.

Der Vergleichswert für die Eigentumswohnung ergibt sich unter Anwendung der m² der Wohnung auf den durch den Gutachterausschuss festgestellten Vergleichswert pro m². Damit ergibt sich für den Gebäudeanteil folgender Wert:

Größe Eigentumswohnung	300 m²
Vergleichswert pro m²	2.200 €/m²
Vergleichswert Gebäudeanteil (300 m³ x 2.200 €/m²)	660.000 €
Grundstücksgröße	2.000 m²
Bodenrichtwert	1.300 €/m²
Bodenwert nach § 179 BewG	2.600.000 €
Anteil des M.J.	1.500/10.000
anteiliger Bodenwert des M.J.	390.000 €
Gesamtwert Eigentumswohnung nach § 183 Abs. 2 BewG	1.050.000 €

Allerdings behält sich der M.J. das lebenslange Wohnrecht an der Wohnung vor. Dieses stellt eine Belastung dar, die wertmindernd zu berücksichtigen ist; vgl. auch R E 7.4 ErbStR 2011.

> ☞ **Tipp!**
> Bei einer Schenkung bis zum 31.12.2008 wäre diese Wertminderung nach § 25 ErbStG nicht zu berücksichtigen gewesen, wenn sich der Schenker dieses Wohnrecht selber zurückbehalten hätte, allerdings wäre dann die auf den Kapitalwert der Belastung entfallende Steuer zinslos gestundet worden. Mit Wirkung zum 01.01.2009 ist § 25 ErbStG ersatzlos aufgehoben worden.

Der Schenker hat zum Zeitpunkt der Schenkung nach den Sachverhaltsangaben sein 50. Lebensjahr vollendet (an seinem Geburtstag hat er dieses Lebensjahr schon vollendet). Der Kapitalwert der Belastung ermittelt sich damit unter Beachtung des Vervielfältigers nach § 14 Abs. 1 BewG und BMF, Schreiben vom 26.10.2012 i.H.v. 14,867 und dem Jahreswert der Nutzung (§ 15 BewG) – nach den Sachverhaltsangaben – i.H.v. 38.900 € mit (38.900 € x 14,867 =) 578.326 €.

Der Jahreswert der Nutzung liegt auch unter dem Grenzbetrag nach § 16 BewG. Danach darf der Jahreswert der Nutzung eines Wirtschaftguts höchstens den Wert betragen, der sich ergibt, wenn der für das genutzte Wirtschaftsgut nach den Vorschriften des BewG anzusetzende Wert (hier 1.050.000 €) durch 18,6 geteilt wird. Der Höchstwert (bezogen auf den Jahreswert der Nutzung) beträgt damit (1.050.000 € : 18,6 =) 56.451 €.

Die Bereicherung der Tochter beträgt damit (1.050.000 € ./. 578.326 € =) 471.674 €.

Da die Tochter zur Steuerklasse I gehört (§ 15 Abs. 1 ErbStG), erhält sie einen persönlichen Freibetrag i.H.v. 400.000 €, § 16 Abs. 1 Nr. 2 ErbStG. Ein besonderer Versorgungsfreibetrag steht ihr bei einer Schenkung grundsätzlich nicht zu. Damit ergibt sich für die Tochter die folgende Berechnung:

Bereicherung – Schenkung der Wohnung	471.674 €
persönlicher Freibetrag nach § 16 Abs. 1 Nr. 2 ErbStG	./. 400.000 €
	71.674 €

Abrundung nach § 10 Abs. 1 Satz 6 ErbStG   71.600 €
Erbschaftsteuer, § 19 Abs. 1 ErbStG: 7 %   5.012 €

Die Anwendung der Härteausgleichsregelung entfällt, da der Erwerb unter die unterste Wertstufe fällt, § 19 Abs. 3 ErbStG.

   Da der Vater aber die aus der Übertragung entstandene Erbschaftsteuer übernehmen möchte, muss diese Erbschaftsteuer dem vorläufigen Erwerb noch hinzugerechnet werden, § 10 Abs. 2 ErbStG. Damit ergibt sich für die Schenkung an die Tochter die folgende endgültige Steuerberechnung:

Bereicherung – Schenkung der Wohnung   471.674 €
Übernahme der Erbschaftsteuer, § 10 Abs. 2 ErbStG   5.012 €
persönlicher Freibetrag nach § 16 Abs. 1 Nr. 2 ErbStG   ./. 400.000 €
                                                          76.686 €
Abrundung nach § 10 Abs. 1 Satz 6 ErbStG   76.600 €
Erbschaftsteuer, § 19 Abs. 1 ErbStG: 11 %   8.426 €

Da der steuerpflichtige Erwerb kurz über der letzten Wertstufe liegt, ist hier die Härteausgleichsregelung nach § 19 Abs. 3 ErbStG zu berechnen. Dabei ergibt sich die folgende Berechnung:

Steuer bei Anwendung des § 19 Abs. 1 ErbStG   8.426 €
letzte Wertstufe   75.000 €
Steuersatz bei letzter Wertstufe 7 %
Steuer, wenn letzte Wertstufe nicht überschritten   5.250 €   ./. 5.250 €
Differenz   3.176 €
die letzte Wertgrenze wird überschritten um
   (76.600 € ./. 75.000 € =)   1.600 €
davon nach § 19 Abs. 3 ErbStG die Hälfte =   **800 €**

Damit dürfen von der Differenz von 3.176 € nur 800 € erhoben werden. Damit entsteht eine Schenkungsteuer für die Zuwendung an die Tochter i.H.v. (5.250 € + 800 € =) 6.050 €. Steuerschuldner sind nach § 20 Abs. 1 ErbStG grundsätzlich Vater und Tochter. Bei einer Übernahme der Schenkungsteuer von dem Zuwendenden wird sich das Finanzamt aber zuerst an den Vater halten.

Die Schenkung an die Ehefrau

Bei dem Mietwohnhaus handelt es sich um Grundbesitz, es liegt eine wirtschaftliche Einheit nach § 2 BewG vor, für die nach § 12 Abs. 3 ErbStG der nach § 151 Abs. 1 Satz 1 Nr. 1 BewG gesondert festzustellende Wert angesetzt wird. In dem gesonderten Feststellungsbescheid ist nach § 151 Abs. 2 BewG auch die Art der wirtschaftlichen Einheit (Mietwohngrundstück) und die Zurechnung (Ehefrau) mit anzugeben.

   Nach § 151 Abs. 1 Satz 1 Nr. 1 BewG sind die Grundbesitzwerte nach § 157 BewG gesondert festzustellen. Gemäß § 157 Abs. 1 BewG werden diese Grundbesitzwerte nach den tatsächlichen Verhältnissen und den Wertverhältnissen des Bewertungsstichtags (hier der 06.10.2013) festgestellt.

   Für die Bewertung ist nach § 177 BewG grundsätzlich der gemeine Wert zugrunde zu legen. Da auf dem Grundstück ein benutzbares Gebäude vorhanden ist, handelt es sich um ein bebautes Grundstück nach § 180 Abs. 1 BewG. Bebaute Grundstücke sind entsprechend ihrer Grundstücksart zu bewerten. Nach § 181 Abs. 1 Nr. 2 i.V.m. Abs. 3 BewG handelt es sich um ein Mietwohngrundstück, da es zu mehr als 80 % seiner Wohn- und Nutzfläche Wohnzwecken dient. Mietwohngrundstücke sind nach § 182 Abs. 3 Nr. 1 BewG im Ertragswertverfahren zu bewerten – wegen der tatsächlich erzielten Miete ist dies im vorliegenden Fall auch möglich.

Bei der Bewertung im Ertragswertverfahren ist der Wert des Grund und Bodens von dem Gebäudewert getrennt zu ermitteln, § 184 Abs. 1 BewG. Dabei ist der Wert des Grund und Bodens so zu ermitteln, als wenn das Grundstück unbebaut wäre, § 184 Abs. 2 i.V.m. § 179 BewG.

Bodenrichtwert per 01.01.2013: 285 €/m² x Grundstücksgröße 1.500 m² =   427.500 €.

Der Gebäudeertragswert ist nach § 185 BewG zu ermitteln. Dabei ist von den Reinertrag des Grundstücks (Rohertrag abzüglich Bewirtschaftungskosten) auszugehen. Der Leerstand ist unbeachtlich, da es auf die tatsächliche oder die übliche Miete ankommt, § 186 Abs. 1 und Abs. 2 BewG.

Rohertrag nach § 186 Abs. 1 BewG (650 m² x 6,80 €/m² =)		4.420 €
Rohertrag für 12 Monate		53.040 €
Bewirtschaftungskosten, § 187 Abs. 2 BewG		
– pauschal nach Anlage 23 – nach Auffassung der Finanzverwaltung ist hier die Mindestrestnutzungs- dauer nach § 185 Abs. 3 Satz 5 BewG zu berück- sichtigen (mindestens 30 % von 80 Jahren)		27 %
Bewirtschaftungskosten (27 % von 53.040 € =)		./. 14.320 €
Reinertrag		38.720 €
Berücksichtigung der angemessenen Verzinsung des Grund und Bodens – beschränkt auf die notwendige Grundstücks- größe für das Gebäude, § 185 Abs. 2 BewG	900 m²	
x Bodenrichtwert	285 €/m²	
Wert der notwendigen Grundstücksfläche	256.500 €	
Liegenschaftszinssatz, § 188 Abs. 2 Nr. 1 BewG	5,0 %	
		./. 12.825 €
Gebäudereinertrag		25.895 €
Kapitalisierungsfaktor nach § 185 Abs. 3 BewG		
Wirtschaftliche Gesamtnutzungsdauer (Anlage 22)	80 Jahre	
Alter am Bewertungsstichtag	71 Jahre	
Restnutzungsdauer	9 Jahre	
Mindestrestnutzungsdauer (80 Jahre x 30 % =)	24 Jahre	
Kapitalisierungsfaktor aus Anlage 21	13,8	
Gebäudeertragswert (25.895 € x 13,8 =)		357.351 €
Ertragswert des Grundstücks nach § 184 Abs. 3 BewG		**784.851 €**

Der gesondert festzustellende Grundbesitzwert für das Mietwohngrundstück beträgt damit 784.851 €.

Da das Grundstück ausschließlich Mietwohnzwecken dient – der Leerstand ist, soweit diese Teile auch zu Mietwohnzwecken bestimmt sind, unerheblich –, ist die

Begünstigung nach § 13c ErbStG anzuwenden. Danach ist das Grundstück mit 90 % seines Werts anzusetzen. Damit gehen in die weiteren Berechnungen nur (784.851 € x 90 % =) 706.366 € ein.

Die Ehefrau soll aber auch noch die auf dem Grundstück lastende Schuld mit übernehmen. Die Schuld valutiert zum Schenkungsstichtag noch mit 125.900 €. Dies wird als gemischten Schenkung nach R E 7.4 ErbStR 2011 berechnet, allerdings sind die Schulden unmittelbar von der Bereicherung abzuziehen. Da die Belastung aber mit dem begünstigten Grundbesitz im Zusammenhang steht, kann die Schuld auch nur mit 90 % abgezogen werden (§ 10 Abs. 6 ErbStG), sodass sich die folgende Berechnung ergibt:

Grundbesitzwert nach § 13c ErbStG	706.366 €
abzugsfähige Schulden (125.900 € x 90 %)	./. 113.310 €
=	**593.056 €**

Aus der gemischten Schenkung des Grundstücks an die Ehefrau ergibt sich somit auf den Schenkungsstichtag ein Wert von 593.056 €.

Zu berücksichtigen ist aber noch, dass an die Ehefrau – zu einem Zeitpunkt als die Eheleute noch nicht verheiratet waren – schon eine Schenkung i.H.v. 400.000 € ausgeführt wurde. Da dies innerhalb des zehnjährigen Zeitraums nach § 14 ErbStG geschehen war, muss eine Zusammenrechnung erfolgen.

Erwerb 2008 – Bargeld – § 12 Abs. 1 BewG	400.000 €
Erwerb 2013 – gemischte Schenkung	593.056 €
Bereicherung	993.056 €
persönlicher Freibetrag, § 16 Abs. 1 Nr. 1 ErbStG	./. 500.000 €
=	**493.056 €**
abgerundet nach § 10 Abs. 1 Satz 6 ErbStG	493.000 €
Erbschaftsteuer, § 19 Abs. 1 ErbStG: 15 %	73.950 €

Die Härteausgleichregelung nach § 19 Abs. 3 ErbStG ist nicht anzuwenden, H E 19 ErbStH 2011.

Anzurechnen ist aber nach § 14 Abs. 1 Satz 2 ErbStG noch die Steuer, die für den früheren Erwerb nach den tatsächlichen Verhältnissen des Jahres 2013 zu erheben gewesen wäre. Da der Erwerb von 2008 unter dem persönlichen Freibetrag nach § 16 Abs. 1 Nr. 1 ErbStG (i.d.F. ab 2009) liegt, würde heute für den damaligen Erwerb keine Erbschaftsteuer entstehen. Allerdings ist der aktuelle persönliche Freibetrag bei der Ermittlung der fiktiven Steuer nur insoweit zu berücksichtigen, wie er bei der damaligen Steuerberechnung verbraucht wurde (vgl H E 14.1 Abs. 3 ErbStH 2011). Damit ergibt sich die folgende Berechnung:

Erwerb 2008 – Bargeld - § 12 Abs. 1 BewG	400.000 €
persönlicher Freibetrag, § 16 Abs. 1 Nr. 1 ErbStG (500.000 €)	
maximal der damals verbrauchte Freibetrag	./. 5.200 €
	394.800 €
Erbschaftsteuer, § 19 Abs. 1 ErbStG: 15 % (aktueller Steuersatz)	59.220 €

Nach § 14 Abs. 1 Satz 3 ErbStG wird aber anstelle der nach den heutigen Verhältnissen entstehenden Steuer die Steuer angerechnet, die für den damaligen Erwerb tatsächlich entstanden war. Damit muss berechnet werden, welche Steuer 2008 entstanden war. Damals war die (noch nicht verheiratete) Frau der Steuerklasse III zuzuordnen, ihr stand ein Freibetrag nach § 16 Abs. 1 Nr. 5 ErbStG a.F. i.H.v. 5.200 € zu.

Erwerb 2008 – Bargeld - § 12 Abs. 1 BewG	400.000 €
persönlicher Freibetrag, § 16 Abs. 1 Nr. 1 ErbStG	./. 5.200 €
=	**394.800 €**
Erbschaftsteuer, § 19 Abs. 1 ErbStG: 29 % (Steuersatz 2008)	114.492 €

Die Härteausgleichregelung nach § 19 Abs. 3 ErbStG ist jeweils nicht anzuwenden, vgl H 75 ErbStH 2003.

Damit ist auf die 2013 entstehende Schenkungsteuer i.H.v. 73.950 € die damals entstandene Schenkungsteuer i.H.v. 114.492 € anzurechnen, sodass sich keine weitere Steuer ergeben würde.

Allerdings ist zu beachten, dass hier die Mindeststeuer nach § 14 Abs. 1 Satz 4 ErbStG greift. Danach darf durch die Steueranrechnung aus dem früheren Erwerb nicht die Steuer unterschritten werden, die sich isoliert betrachtet aus dem letzten Erwerb ergeben würde.

> ☞ **Tipp!**
> Diese Regelung ist erst durch das ErbStRefG zum 01.01.2009 eingeführt worden.

Bei einer isolierten Betrachtung des Erwerbs in 2013 würde sich die folgende Steuer ergeben:

Erwerb 2013 – gemischte Schenkung = Bereicherung	593.056 €
persönlicher Freibetrag, § 16 Abs. 1 Nr. 1 ErbStG	./. 500.000 €
=	**93.056 €**
abgerundet nach § 10 Abs. 1 Satz 6 ErbStG	93.000 €
Erbschaftsteuer, § 19 Abs. 1 ErbStG: 11 %	10.230 €

Die Härteausgleichregelung nach § 19 Abs. 3 ErbStG ist nicht anzuwenden, H E 19 ErbStH 2011.

Damit ist für die Schenkung an die Ehefrau die Mindeststeuer nach § 14 Abs. 1 Satz 4 ErbStG i.H.v. 10.230 € anzusetzen. Steuerschuldner sind nach § 20 Abs. 1 ErbStG Schenker und Beschenkte.

Klausur Gewerbesteuer

Übungsklausur 1
Bearbeitungszeit: 1 Stunde

Sachverhalt
Paula Durst ist Inhaberin eines Einzelunternehmens für Getränkegroß- und Einzelhandel mit Sitz in Ulm. Am 1.7.01 verlegte sie ihren Betrieb von Ulm nach Langenau. Aus der von ihrem Steuerberater bereits erstellten Gewerbesteuererklärung für den Erhebungszeitraum 01, der zum 31.12.01 aufgestellten Bilanz (siehe Anlage 1) und der Gewinn- und Verlustrechnung für 01 (siehe Anlage 2) sind folgende Vorgänge zu entnehmen:

1.   Gewinn
Für das Wirtschaftsjahr 01, das dem Kalenderjahr 01 entspricht, beläuft sich der Gewinn aus Paula's Getränkegroß- und Einzelhandel auf 333.000 €. Die Zusammensetzung ihres Gewinns ist der Gewinn- und Verlustrechnung 01 in Anlage 2 zu entnehmen.

2.   Anmietung der Geschäftsräume in Ulm
Bis zur Verlegung ihres Betriebs nach Langenau hatte Paula Durst ihren Gewerbebetrieb im Industriegebiet von Ulm in gemieteten Räumen ausgeübt. Die monatliche Miete des zum 30.6.01 endenden Mietverhältnisses betrug 6.840 €.

Bereits im Jahr 00 spielte Paula Durst mit dem Gedanken ihren Betrieb nach Langenau zu verlegen. Deshalb erwarb Sie im Gewerbegebiet von Langenau ein unbebautes Grundstück. Zum 1.1.01 wurde für dieses Grundstück eine Zurechnungsfortschreibung auf Paula Durst durchgeführt. Der Einheitswert betrug 140.800 DM (Wertverhältnisse 1.1.1964) bzw. nach § 30 BewG in Euro umgerechnet 71.989 €. Ende Juni 01 wurde auf dem Grundstück ein im Herbst 00 begonnenes Verkaufs- und Bürogebäude sowie eine Lagerhalle fertig gestellt. Daraufhin wurde zum 1.1.02 eine Wertfortschreibung des Einheitswerts auf 382.500 DM (Wertverhältnisse 1.1.1964) bzw. nach § 30 BewG in Euro umgerechnet 195.569 € durchgeführt.

3.   Lagerplatz
Von ihrem Ehemann mietete Paula Durst zur Ablagerung von Leergut einen an das Gewerbegrundstück in Langenau angrenzenden Lagerplatz. Die angemessene monatliche Miete des zum 1.1.01 beginnenden Mietverhältnisses betrug 450 €. Der zuletzt zum 1.1.00 festgestellte Einheitswert dieses Grundstücks betrug 19.800 DM bzw. nach § 30 BewG in Euro umgerechnet 10.123 €

4.   Anmietung Getränkehandel
Ab dem 1.10.01 verpachtete der Inhaber eines im Zentrum von Langenau belegenen Getränkeeinzelhandels aus gesundheitlichen Gründen sein bislang gut gehendes Konkurrenzunternehmen an Paula Durst. Die monatliche Pacht beläuft sich auf 3.000 €; hiervon entfallen auf das überlassene Grundstück und das Gebäude 2.000 €, auf die Geschäftseinrichtung 700 € und 300 € auf den Geschäftswert. Der Pachtvertrag wurde zunächst auf 5 Jahre beschränkt, da möglicherweise eines der Kinder des Verpächters später den Betrieb übernimmt. Aus diesem Grund hat der Verpächter die Aufgabe des Betriebes nicht erklärt.

5. Beteiligung an der Getränke-Großhandels-Kooperations GmbH & Co KG

Paula Durst ist seit 00 mit einer Kommanditeinlage in Höhe von 50.000 € an der gewerblich tätigen Getränke-Großhandels-Kooperations GmbH & Co. KG in Wendlingen beteiligt. Die Beteiligung behandelt sie als notwendiges Betriebsvermögen ihres Einzelunternehmens.

Nach der einheitlichen und gesonderten Gewinnfeststellung entfällt für das Wirtschaftsjahr 01 (= Kalenderjahr 01) auf Paula Durst für 01 ein Verlustanteil in Höhe von 8.000 €.

6. Stiller Beteiligter

Um einen Teil des durch den Neubau in Langenau und der damit verbundenen Expansion ihres Unternehmens anfallenden Finanzbedarfs zu decken, ist Alexander König seit 1.7.00 am Gewerbebetrieb der Paula Durst mit einer stillen Einlage in Höhe von 100.000 € beteiligt. Sein jährlicher Gewinnanteil beträgt 10 % des handelsrechtlichen Gewinns/Verlusts des Getränkegroß- und Einzelhandel vor Kürzung um den Gewinnanteil des stillen Beteiligten. Der Alexander König zustehende Gewinnanteil wurde bei der Gewinnermittlung für 01 bereits als Aufwand berücksichtigt. Der Gewinnanteil wird jedoch erst nach Aufstellung der Bilanz des Einzelunternehmens von Paula Durst ausgezahlt. Bei Auflösung der stillen Gesellschaft erhält Alexander König lediglich seine Einlage zurück.

7. Beteiligung an der Getränke-Vertriebs-GmbH

Im Betriebsvermögen des Einzelunternehmens von Paula Durst ist seit Jahren eine 25 %ige Beteiligung der in Stuttgart ansässigen Getränke-Vertriebs-GmbH enthalten. Das Stammkapital dieser GmbH beträgt 100.000 €. Die GmbH, deren Wirtschaftsjahr dem Kalenderjahr entspricht, erzielte im Jahr 00 einen Gewinn in Höhe von 320.000 €. Im Juni 01 wurde dieser Gewinn in voller Höhe ausgeschüttet. Paula Durst konnte nach Abzug der Kapitalertragsteuer und des Solidaritätszuschlags einen Geldeingang in Höhe von 58.900 € verbuchen. Eine Steuerbescheinigung im Sinne des § 45a Abs. 2 EStG liegt vor.

8. Grundstücksfinanzierung

Paula Durst finanzierte ihr neues Verkaufs- und Bürogebäude einschließlich der Lagerhalle in Langenau durch ein bei einer Ulmer Bank aufgenommenes endfälliges Darlehen (Fälligkeitsdarlehen) in Höhe von 1.100.000 €. Das Darlehen mit einer Laufzeit von 10 Jahren wurde am 1.10.00 aufgenommen. Im Kalenderjahr 01 fielen für das Darlehen Zinsen in Höhe von 5 % an. Die Bank behielt bei Auszahlung des Darlehens ein Damnum in Höhe von 7 % ein. Die 01 betreffenden Zinsaufwendungen wurden zutreffend verbucht. Im Jahr 00 wurde in Höhe des Damnums ein ARAP gebildet, der linear verteilt auf die Laufzeit des Darlehens aufgelöst wird.

9. Kontokorrentkredit

Die Hausbank von Paula Durst räumte ihr einen Kontokorrentkredit ein. Die Schuldensaldo im Laufe des Jahres 01 betrug in der Zeit vom 1.1.-2.1.01 12.000 €, vom 6.10.-14.10.01 18.000 €, in der restlichen Zeit des Jahres 01 lagen die Schuldensalden über 18.000 €. Ausnahmsweise lag in der Zeit vom 29.12.01-2.1.02 ein Guthabensaldo von 11.000 € vor. Im ganzen Jahr 01 betrug der Zinssatz für den Kontokorrentkredit 11,5 %. Zum 31.12.01 belastete die Bank das betriebliche Konto mit Zinsen in Höhe von 4.200 €.

10. Spende
Im Laufe des Jahres 01 überwies Paula Durst vom betrieblichen Bankkonto an die Universität Ulm eine Spende für wissenschaftliche Zwecke in Höhe von 8.000 €, eine Spende an eine politische Partei i.S.d. § 2 des Parteiengesetzes in Höhe von 2.000 € und eine Spende für kirchliche Zwecke in Höhe von 2.500 €. Für die jeweilige Spende liegt eine ordnungsgemäße Zuwendungsbestätigungen vor. Die Zahlungsvorgänge wurden als Privatentnahmen verbucht.

11. Arbeitslöhne
Die im Erhebungszeitraum 01 angefallenen Arbeitslöhne teilen sich wie folgt auf:

Stadt Ulm	211.328 €
Stadt Langenau	261.672 €

Seit dem 1.9.01 beschäftigt Paula Durst einen Auszubildenden zum Großhandelskaufmann. Die Ausbildungsvergütung in Höhe von 2.972 € ist in den oben angeführten Arbeitslöhnen enthalten.

Aufgabe
1. Untersuchen Sie die einzelnen Sachverhalte hinsichtlich deren Auswirkung auf den Gewerbeertrag des Unternehmens. Begründen Sie Ihre Entscheidung kurz unter Angabe der gesetzlichen Bestimmungen.
2. Berechnen und zerlegen Sie den Gewerbesteuer-Messbetrag für den Erhebungszeitraum 01 für das Einzelunternehmen. Gehen Sie davon aus, dass die in der Bilanz ausgewiesene Gewerbesteuerrückstellung zutreffend ist. Es ist keine Anpassung vorzunehmen!
   Für die Berechnung des nach § 8 Nr. 1 GewStG ggf. hinzuzurechnenden Betrags ist Anlage 3 zu verwenden.
3. Ermitteln Sie die Gewerbesteuer, die von den Städten Ulm (Hebesatz 360 %) und Langenau (Hebesatz 340 %) festzusetzen ist.

Anlage 1: Schlussbilanz zum 31.12.01

Schlussbilanz 31.12.01			
Grund- und Boden	216.000 €	Gewerbesteuerrückstellung	12.000 €
Verkaufs- und Bürogebäude	632.000 €	Darlehensverbindlichkeiten	1.100.000 €
Lagerhalle	252.000 €	Sonstige Verbindlichkeiten	
Beteiligung KG	50.000 €		
Beteiligung GmbH	25.000 €	(Alexander König)	137.000 €
ARAP Damnum	67.375 €	Sonstige Passiva	393.375 €
Sonstige Aktiva	400.000 €		
	1.642.375 €		1.642.375 €

Anlage 2: Gewinn- und Verlustrechnung 01

Gewinn- und Verlustrechnung 01			
Wareneinsatz	832.880 €	Beteiligungserträge	80.000 €
AfA	215.920 €	Erlöse Handelsware	2.017.000 €
Löhne, Gehälter	473.000 €		
Gewerbesteueraufwand	32.000 €		
Beteiligungsverluste	8.000 €		
Zinsaufwendungen I	55.000 €		
Zinsaufwendungen II	4.200 €		
Miete und Pacht	54.540 €		
Auflösung Damnum	7.700 €		
Gewinnanteil stiller Gesellschafter	37.000 €		
Sonstige betriebliche Aufwendungen	43.760 €		
Gewinn	333.000 €		
	2.097.000 €		**2.097.000 €**

Anlage 3: Berechnung des Hinzurechnungsbetrags nach § 8 Nr. 1 GewStG

§ 8 Nr.	Tz.		maßgebender Betrag
1a			
1b			
1c			
1d			
1e			
1f			

Lösung der Übungsklausur 1

Mit ihrem Getränkegroß- und Einzelhandel unterhält Paula Durst einen stehenden Gewerbebetrieb im Sinne des § 2 Abs. 1 Satz 2 GewStG in Verbindung mit § 15 Abs. 2 EStG. Nach § 2 Abs. 1 Satz 1 GewStG unterliegt dieser Gewerbebetrieb im Inland der Gewerbesteuer.

Das Betriebsstättenfinanzamt ist nach § 22 Abs. 1 AO für die Festsetzung und die Zerlegung des Gewerbesteuer-Messbetrags zuständig. Durch die Betriebsverlegung im Jahr 01 von Ulm nach Langenau ändert sich an der Zuständigkeit des Finanzamts Ulm nichts, da das Finanzamt Ulm sowohl für die Stadt Ulm als auch für die Stadt Langenau zuständig ist. Für den Erhebungszeitraum 01 ist der Gewerbesteuer-Messbetrag nach § 28 Abs. 1 Satz 2 GewStG auf die hebeberechtigten Gemeinden Ulm und Langenau zu zerlegen.

1. Gewinnermittlung des Steuermessbetrags

Nach § 7 GewStG ist der nach den einkommensteuerlichen Gewinnermittlungsvorschriften ermittelte Gewinn Grundlage für die Ermittlung der Gewerbeertrags.

Durch bestimmte Einzelsachverhalte kann dieser Gewinn noch erhöht oder vermindert werden müssen, so dass dieser Gewinn noch nicht der Gewinn im Sinne des § 7 GewStG sein muss.

Der in der Gewinn- und Verlustrechnung enthaltene Gewerbesteueraufwand ist auf jeden Fall nach § 4 Abs. 5a EStG an dieser Stelle hinzuzurechnen.

Dieser Gewinn ist um die Hinzurechnungen nach § 8 GewStG und die Kürzungen nach § 9 GewStG zu korrigieren.

Gewinn laut Gewinn- und Verlustrechnung → Gewinn § 7 GewStG	+ 333.000 €
Gewinn § 7 GewStG → Gewerbesteueraufwand § 4 Abs. 5a GewStG	+ 32.000 €

2. Anmietung der Geschäftsräume in Ulm

Bis 30.6.01 hat Paula Durst ihren Betrieb in gemieteten Räumlichkeiten ausgeübt. Die hierfür bezahlte Miete unterliegt der Hinzurechnung des § 8 Nr. 1e GewStG.

Die Zahlungen für die gemieteten Räume (= unbewegliche Wirtschaftsgüter) belaufen sich für 6 Monate (Januar 01 bis Juni 01) auf (6 x 6.840 € =) 41.040 €, diese sind zu 50 % also in Höhe von 20.520 € in die später noch zu bildende Summe für alle Sachverhalte, die unter § 8 Nr. 1a bis 1f GewStG fallen, einzubeziehen.

Hinzurechnung § 8 Nr. 1e GewStG: 50 % von 41.040 €	+ 20.520 €

Das bereits im Jahr 00 erworbene Grundstück in Langenau gehört nach dem sog. Stichtagsprinzip des § 20 Abs. 1 GewStDV zu Beginn des Kalenderjahres 01 zum Betriebsvermögen.

Der Gewerbeertrag ist nach § 9 Nr. 1 Satz 1 GewStG zu kürzen. Für die Kürzung ist der um den Zuschlag nach § 121a BewG (40 %) erhöhte Einheitswert, der auf den letzten Feststellungszeitpunkt vor dem Ende des Erhebungszeitraums festgestellt worden ist, maßgebend.

Nach dem Wortlaut des § 9 Nr. 1 Satz 1 GewStG darf die Fortschreibung des Einheitswerts zum 1.1.02 erst bei der Ermittlung des Gewerbeertrags für 02 berücksichtigt werden.

Berechnung des Kürzungsbetrags:

Einheitswert 1.1.01	71.989,00 €
+ Zuschlag 40 % nach § 121a BewG	28.795,60 €
Summe	100.784,60 €
Kürzung nach § 9 Nr. 1 Satz 1 GewStG	1,2 %
= Kürzungsbetrag	1.209,42 €

[Nach der – grundsätzlich richtigen – kaufmännischen Rundung wäre an dieser Stelle abzurunden. Seit vielen Jahren ist es jedoch üblich in solchen Fällen zugunsten des Steuerpflichtigen zu runden, d.h. hier auf den Kürzungsbetrag von 1.210 €.]

Kürzung § 9 Nr. 1 Satz 1 GewStG: 1,2 % von (140 % von 71.989,00 €)	./. 1.210 €

3. Lagerplatz

Die steuerlich anzuerkennenden Mietzahlungen an die Ehefrau sind nach § 8 Nr. 1e GewStG hinzuzurechnen. Die Mietzahlungen (Januar 01 bis Dezember 01) sind mit 50 % von (12 x 450 € =) 5.400 € = 2.700 € in die später noch zu bildende Summe für alle Sachverhalte, die unter § 8 Nr. 1a bis 1f GewStG fallen, einzubeziehen

Der Lagerplatz, den Paula Durst von ihrem Ehemann gemietet hat, gehört nicht zu seinem Betriebsvermögen. Damit scheidet insoweit eine Kürzung nach § 9 Nr. 1 Satz 1 GewStG aus.

Hinzurechnung § 8 Nr. 1e GewStG: 50 % von 5.400 €	+ 2.700 €

4. Anmietung Getränkehandel

Ab dem 1.10.01 hat Paula Durst einen Betrieb gepachtet, zu dem bewegliche und unbewegliche Wirtschaftsgüter sowie ein Geschäftswert gehören. Die anteiligen Pachtzahlungen, die auf die beweglichen und unbeweglichen Wirtschaftsgüter geleistet werden unterliegen der Hinzurechnung nach § 8 Nr. 1d und 1e GewStG. Die für die Überlassung eines Firmen- oder Geschäftswerts gezahlte Pacht unterliegt nicht der Hinzurechnung.

Die Pacht (Oktober 01 bis Dezember 01) für die Geschäftseinrichtung ist nach § 8 Nr. 1d GewStG in Höhe von 20 % von (3 x 700 € =) 2.100 € = 420 €, die Pacht (Oktober 01 bis Dezember 01) für das Grundstück und das Gebäude ist nach § 8 Nr. 1e GewStG in Höhe von 50 % von (3 x 2.000 € =) 6.000 € = 3.000 € in die später noch zu bildende Summe für alle Sachverhalte, die unter § 8 Nr. 1a bis 1f GewStG fallen, einzubeziehen.

Auf Seiten des Verpächters liegt eine Betriebsverpachtung im Ganzen vor. Der Verpächter hat die Betriebsaufgabe nicht erklärt. Einkommensteuerlich hat er weiterhin gewerbliche Einkünfte. Diese Einkünfte unterliegen nach R 2.2 GewStR nicht mehr der Gewerbesteuer.

Die gewerbesteuerliche Behandlung dieses Vorgangs bei der Pächterin Paula Durst ist unabhängig von der Beurteilung beim Verpächter.

Hinzurechnung § 8 Nr. 1d GewStG: 20 % von 2.100 €	+ 420 €
Hinzurechnung § 8 Nr. 1e GewStG: 50 % von 6.000 €	+ 3.000 €

5.   Beteiligung an der Getränke-Großhandels-Kooperations GmbH & Co KG

Aufgrund der Branchennähe und der ggf. bestehenden Geschäftsbeziehungen ist die Behandlung der Beteiligung an der gewerblich tätigen Getränke- Großhandels-Kooperations GmbH & Co. KG als notwendiges Betriebsvermögen des Einzelunternehmens Paula Durst nicht zu beanstanden.

Bei Paula Durst hat sich der Verlust der Getränke-Großhandels-Kooperations GmbH & Co. KG bereits gewerbesteuermindernd ausgewirkt. Der Verlustanteil darf sich beim Einzelunternehmen der Kommanditistin Paula Durst nicht nochmals gewerbesteuerlich auswirken. Der den gewinnmindernde Verlustanteil ist nach § 8 Nr. 8 GewStG hinzuzurechnen.

Hinzurechnung § 8 Nr. 8 GewStG:	+ 8.000 €

6.   Stiller Beteiligter

Der Gewinnanteil des typisch stillen Gesellschafters Alexander König hat den nach § 7 GewStG anzusetzenden Gewinn in Höhe von 37.000 € (= 10 % von [333.000 € + 37.000 €]) gemindert (siehe auch G + V [Anlage 2]). Der zutreffend verbuchte Gewinnanteil ist nach § 8 Nr. 1c GewStG in voller Höhe in die später noch zu bildende Summe für alle Sachverhalte, die unter § 8 Nr. 1a bis 1f GewStG fallen, einzubeziehen.

Hinzurechnung § 8 Nr. 1c GewStG	+ 37.000 €

7.   Beteiligung an der Getränke-Vertriebs-GmbH

Handelsrechtlich führt die Gewinnausschüttung in Höhe der Bruttodividende zu einem Ertrag. Im Sachverhalt ist lediglich die Nettodividende genannt, sodass die Bruttodividende errechnet werden muss.

Bruttodividende	80.000 €	=	100,000 %
./. Kapitalertragsteuer [25 % der Dividende]	20.000 €	=	25,000 %
	60.000 €	=	75,000 %
./. Solidaritätszuschlag [5,5 % der Kapitalertragsteuer]	1.100 €	=	[5,5 % × 25 %] 1,375 %
Nettodividende	58.900 €	=	73,625 %

Von der Nettodividende kann die Bruttodividende errechnet werden, in dem die Nettodividende durch 73,625 % geteilt wird. Die Gewinnausschüttung (brutto) erhöht den handelsrechtlichen Gewinn des Einzelunternehmens in Höhe von (58.900 € : 73,625 % =) 80.000 € (siehe auch G + V [Anlage 2]). Die Kapitalertragsteuer und der Solidaritätszuschlag dürfen nach § 12 Nr. 3 EStG nicht abgezogen werden und sind deshalb über die Privatentnahmen zu verbuchen. Hinsichtlich der handelsrechtlichen (buchmäßigen) Behandlung ist keine Korrektur vorzunehmen.

Das Teileinkünfteverfahren (§ 3 Nr. 40 EStG) ist aus steuerrechtlicher Sicht zu beachten. Folge ist, dass außerbilanziell 40 % der Gewinnausschüttung steuerfrei zu stellen sind. Daraus ergibt sich, dass der bislang angesetzte Gewinn um (40 % von 80.000 €) 32.000 € zu reduzieren ist.

[Da bei Paula Durst die Gewinnausschüttung der Getränke-Vertriebs-GmbH nach § 20 Abs. 8 EStG zu den Einkünften aus Gewerbebetrieb gehört, hat die von der GmbH einbehaltene Kapitalertragsteuer keine Abgeltungswirkung (§ 43 Abs. 5 Satz 2 EStG). Die Regelungen zur Abgeltungsteuer gelten nicht für Anteile, die in einem gewerblichen Betriebsvermögen gehalten werden.]

| Gewinn § 7 GewStG → Steuerfreier Teil der Ausschüttung | ./. 32.000 € |

Zu Beginn des Erhebungszeitraums 01 ist Paula Durst an einer inländischen nicht steuerbefreiten (davon ist mangels anderer Sachverhaltsangaben auszugehen) Kapitalgesellschaft mit 25 % beteiligt. Die Voraussetzungen für eine Kürzung nach § 9 Nr. 2a GewStG liegen damit vor.

Der im Gewinn im Sinne des § 7 GewStG enthaltene Betrag ist nach § 9 Nr. 2a GewStG zu kürzen.

| Kürzung § 9 Nr. 2a GewStG: | ./. 48.000 € |

8. Grundstücksfinanzierung

Die Entgelte für das Darlehen zur Finanzierung des neuen Verkaufs- und Bürogebäudes sind nach § 8 Nr. 1a GewStG hinzuzurechnen, soweit diese den Gewinn gemindert haben.

Zu den Entgelten für Schulden gehören die im Jahr 01 zutreffend verbuchten Zinsen in Höhe von (5 % von 1.100.000 € =) 55.000 € (siehe R 8.1 Abs. 1 Satz 3 GewStR) und das Damnum, soweit der aktive Rechnungsabgrenzungsosten für 01 aufzulösen ist. Hiernach ergibt sich eine Gewinnminderung in Höhe von (7 % von 1.100.000 € = 77.000 €, die auf die Laufzeit des Darlehens [10 Jahre] zu verteilen ist) 7.700 €, die bereits zutreffend verbucht wurde. Der Rest-Buchwert des Damnums zum 31.12.02 beläuft sich wie in der Bilanz zum 31.12.01 bereits zutreffend ausgewiesen auf 67.375 €.

Die Entgelte für das Darlehen zur Finanzierung des neuen Verkaufs- und Bürogebäudes sind in Höhe von (55.000 € + 7.700 € =) 62.700 € in die später noch zu bildende Summe für alle Sachverhalte, die unter § 8 Nr. 1a bis 1f GewStG fallen, einzubeziehen.

| Hinzurechnung § 8 Nr. 1a GewStG | + 62.700 € |

9. Kontokorrentkredit

Zu den Entgelten für Schulden gehören auch die durch den von der Hausbank von Paula Durst eingeräumte Kontokorrentkredit angefallenen Zinsen. Für die gewerbesteuerliche Behandlung haben die im Sachverhalt angegebenen Kontostände keine Bedeutung.

Die im Jahr 01 angefallenen Zinsen stellen insgesamt Entgelte für Schulden i.S.d. § 8 Nr. 1a GewStG dar. Sie sind in Höhe von 4.200 € in die später noch zu bildende Summe für alle Sachverhalte, die unter § 8 Nr. 1a bis 1f GewStG fallen, einzubeziehen.

Hinzurechnung § 8 Nr. 1a GewStG	+ 4.200 €

10. Spende

Spenden und Mitgliedsbeiträge zur Förderung steuerbegünstigter Zwecke im Sinne der §§ 52 bis 54 AO, soweit sie aus betrieblichen Mitteln geleistet worden sind, fallen unter die Kürzungsregelung des § 9 Nr. 5 GewStG.

Zuwendungen an politische Parteien und Freie Wählervereinigungen werden von § 9 Nr. 5 GewStG nicht umfasst, sodass die Spende an eine politische Partei für die Kürzung nach § 9 Nr. 5 GewStG nicht in Betracht kommt. Die Zuwendungen für wissenschaftliche und für kirchliche Zwecke werden von der Kürzungsvorschrift des § 9 Nr. 5 GewStG erfasst.

Die Höhe der Kürzung beläuft sich auf insgesamt höchstens 20 % des um die Hinzurechnungen nach § 8 Nr. 9 GewStG erhöhten Gewinns aus Gewerbebetrieb oder auf 4 ‰ der Summe der gesamten Umsätze und der im Wirtschaftsjahr aufgewendeten Löhne und Gehälter. Bei der 1. Berechnungsmöglichkeit ist der Gewinn einschließlich der bislang erforderlichen Gewinnkorrekturen im Sinne des § 7 GewStG der Tz. 1-9, d.h. 333.000 € (333.000 € + 32.000 € ./. 32.000 €) zugrunde zu legen. Bei der 2. Berechnungsmöglichkeit sind Umsätze in Höhe von 2.017.000 € zuzüglich der aufgewendeten Löhne in Höhe von 473.000 €, insgesamt also 2.490.000 € zu Grunde zu legen. Diese Beträge können der Anlage 2 der Aufgabenstellung entnommen werden.

Insoweit sind folgende Höchstbetragsrechnungen vorzunehmen:

Begünstigte Spenden		
Spende an die Universität Ulm (für wissenschaftliche Zwecke)	8.000 €	
Spende für kirchliche Zwecke	+ 2.500 €	
Summe	10.500 €	
Höchstbetragsberechnungen		
1. Möglichkeit: § 9 Nr. 5 Satz 1 GewStG: 20 % von 333.000 €		66.600 €
2. Möglichkeit: § 9 Nr. 5 Satz 1 GewStG: 4 ‰ von 2.490.000 €		9.960 €

Sämtliche der unter § 9 Nr. 5 GewStG fallenden Spenden sind im Jahr 01 abzugsfähig, sodass kein Spendenvortrag erforderlich wird.

Kürzung § 9 Nr. 5 GewStG:	./. 10.500 €

Berechnung des Hinzurechnungsbetrags nach § 8 Nr. 1 GewStG:

§ 8 Nr.	Tz.		maßgebender Betrag
1a	8	Entgelte für Schulden Zinsen; Damnum	62.700 €
	9	Entgelte für Schulden Zinsen	4.200 €
1b			-- €
1c	6	Stille Gesellschaft: Alexander König	37.000 €
1d	4	Pacht: 20 % von 2.100 €	420 €
1e	2	Miete Ulm: 50 % von 41.040 €	20.520 €
	3	Miete Lagerplatz: 50 % von 5.400 €	2.700 €
	4	Pacht: 50 % von 6.000 €	3.000 €
1f		--	-- €
		Summe	130.540 €
		./. Freibetrag	100.000 €
		=	30.540 €
		davon 25 % (= Hinzurechnungsbetrag)	7.635 €

Zusammenfassung und Berechnung des Steuermessbetrags für 01:

Gewinn laut Gewinn- und Verlustrechnung			333.000 €
+ Gewerbesteueraufwand (§ 4 Abs. 5a EStG)	siehe Tz. 1 und G + V	+	32.000 €
./. steuerfreie Beteiligungserträge (§ 3 Nr. 40 EStG)	siehe Tz. 7	./.	32.000 €
Gewinn i.S.d. § 7 GewStG			333.000 €
Hinzurechnungen			
• nach § 8 Nr. 1 GewStG	siehe gesonderte Berechnung	+	7.635 €
• nach § 8 Nr. 8 GewStG	siehe Tz. 5	+	8.000 €
Kürzungen			
• nach § 9 Nr. 1 GewStG	siehe Tz. 2	./.	1.210 €
• nach § 9 Nr. 2a GewStG	siehe Tz. 7	./.	48.000 €

• nach § 9 Nr. 5 GewStG	siehe Tz. 10	./. 10.500 €
Maßgebender Gewerbeertrag i.S.d. § 10 GewStG		288.925 €
Abrundung auf volle 100 € nach unten (§ 11 Abs. 1 Satz 3 GewStG)		288.900 €
./. Freibetrag (§ 11 Abs. 1 Satz 3 Nr. 1 GewStG)		./. 24.500 €
Gewerbeertrag 01		264.400 €
Steuermessbetrag nach § 11 Abs. 2 Nr. 1 GewStG: 3,5 % von 264.400 €		9.254 €

Zerlegung des Steuermessbetrags

Aufgrund der Verlegung der Betriebsstätte innerhalb des Erhebungszeitraums 01 von Ulm nach Langenau ist nach § 28 Abs. 1 Satz 2 GewStG der Steuermessbetrag auf die Gemeinden bzw. Städte Ulm und Langenau zu zerlegen.

Zerlegungsmaßstab ist nach § 29 Abs. 1 GewStG das Verhältnis, in dem die Summe der Arbeitslöhne, die an die bei allen Betriebsstätten beschäftigten Arbeitnehmer gezahlt worden sind, zu den Arbeitslöhnen steht, die an die bei den Betriebsstätten der einzelnen Gemeinden beschäftigten Arbeitnehmer gezahlt worden sind.

Arbeitslöhne sind nach § 31 Abs. 1 GewStG die Vergütungen im Sinne des § 19 Abs. 1 Nr. 1 EStG. Allerdings gehören Vergütungen, die an Personen gezahlt worden sind, die zu ihrer Berufsausbildung beschäftigt werden, nach § 31 Abs. 2 GewStG nicht zu den Arbeitslöhnen

Nach § 31 Abs. 5 GewStG ist für den im Betrieb tätigen Unternehmer (Paula Durst) ein Betrag in Höhe von 25.000 € anzusetzen. Aufgrund der Betriebsverlegung zum 1.7.01 ist dieser Betrag je hälftig auf Ulm und Langenau aufzuteilen (R 31.1 Abs. 6 Satz 5 GewStR).

Nach § 29 Abs. 3 GewStG sind bei der Ermittlung der Verhältniszahlen die Arbeitslöhne auf volle 1.000 € abzurunden.

	Ulm	Langenau
Arbeitslöhne:§ 31 Abs.1 GewStG: laut Tz.11	211.328 €	261.672 €
./. Ausbildungsvergütung: § 31 Abs. 2 GewStG		./. 2.972 €
+ fiktiver Unternehmerlohn: § 31 Abs. 5 GewStG	+ 12.500 €	+ 12.500 €
maßgebende Arbeitslöhne	223.828 €	271.200 €

abgerundet auf volle 1.000 €: § 29 Abs. 3 GewStG	223.000 €	271.000 €
Summe der Arbeitslöhne	494.000 €	

Zerlegungsanteile:

Ulm:	Steuermessbetrag x anteilige Arbeitslöhne	=	9.254 € x 223.000 €	=	4.177,41 €
	Summe der Arbeitslöhne		494.000 €		
Langenau:	Steuermessbetrag x anteilige Arbeitslöhne	=	9.254 € x 271.000 €	=	5.076,59 €
	Summe der Arbeitslöhne		494.000 €		

Festzusetzende Gewerbesteuer

Ulm	4.177,41 € x 360 %	=	15.039 €
Langenau	5.076,59 € x 340 %	=	17.260 €
Gewerbesteuer insgesamt			32.299 €

Klausuren Körperschaftsteuer/Umwandlungssteuerrecht

Übungsklausur 1
Bearbeitungszeit: 3 Stunden

Fall Schneider GmbH

Sachverhalt

Die **Schneider GmbH** mit Sitz und Geschäftsleitung in Stuttgart betreibt einen Maschinengroßhandel. Am Stammkapital der GmbH i.H.v. 500.000 € sind als Gesellschafter beteiligt:

- **Ludwig Schneider (LS)** mit 70 %, Anschaffungskosten seiner GmbH-Anteile in 2000 = 1.500.000 €. Die Anteile werden von ihm im Privatvermögen gehalten.
- **Werner Schneider (WS)**, der Bruder von LS, mit 30 %. Anschaffungskosten der GmbH-Anteile in 2002 = 300.000 €. Die Anteile gehören zum Betriebsvermögen seines gewerblichen Einzelunternehmens (Buchwert ebenfalls 300.000 €).

Der Gesellschafter LS ist Geschäftsführer der GmbH. Er erhält eine monatliche Geschäftsführervergütung i.H.v. 20.000 €, die der Höhe nach angemessen ist. Außerdem hat die GmbH LS vor Jahren eine Pensionszusage erteilt. Das Wirtschaftsjahr der GmbH entspricht dem Kalenderjahr.

Die Gesellschafterversammlung der GmbH, die ordnungsgemäß einberufen wurde, billigte am 10.5.2013 die Bilanz der GmbH zum 31.12.2012 und beschloss gleichzeitig, die GmbH **zum handelsrechtlichen Umwandlungsstichtag 1.1.2013** im Wege der Verschmelzung durch Aufnahme nach §§ 39 ff., 46 ff. UmwG auf die bestehende Maschinenfabrik **L und W Schneider OHG** umzuwandeln. Sitz und Geschäftsleitung der OHG ist ebenfalls Stuttgart. An der OHG sind LS ebenfalls mit 70 % und sein Bruder WS mit 30 % beteiligt.

Das Stammkapital der GmbH wird bei der OHG für eine Erhöhung des Kapitalkontos I von LS und WS verwendet (Anteil LS 350.000 €, Anteil WS 150.000 €).

Die Kapitalrücklage i.H.v. 80.000 € und die Gewinnrücklagen i.H.v. 700.000 € der GmbH werden den Kapitalkonten II von LS und WS gutgeschrieben; der Jahresüberschuss 2012 i.H.v. 750.000 € wird hingegen den Gesellschafterverrechnungskonten von LS und WS entsprechend ihrer Beteiligung als Darlehensforderung gutgeschrieben.

Die Anmeldung der Umwandlung durch Verschmelzung zum Handelsregister erfolgte im Juni 2013; die Eintragung ins Handelsregister wurde bereits im August 2013 vorgenommen.

Bei der GmbH wurde vom zuständigen Finanzamt zum 31.12.2012 nach § 27 KStG ein steuerliches Einlagekonto i.H.v. 80.000 € gesondert festgestellt.

Die Steuerbilanz der Schneider GmbH zum 31.12.2012 hat folgendes Bild:

Aktiva	Bilanz zum 31.12.2012		Passiva
Bebaute Grundstücke	2.300.000 €	Stammkapital	500.000 €
Sonst. Anlagevermögen	1.800.000 €	Kapitalrücklage	80.000 €
Umlaufvermögen	2.400.000 €	Gewinnrücklagen	700.000 €
		Jahresüberschuss 2012	750.000 €
		Rücklage nach § 6b EStG	600.000 €
		Pensionsrückstellung LS	400.000 €
		Sonst. Verbindlichkeiten	
		und Rückstellungen	3.470.000 €
	6.500.000 €		6.500.000 €

Bei der Schneider GmbH sind zum 31.12.2012 folgende **stille Reserven und stille Lasten** vorhanden:
- Bebaute Grundstücke 2.400.000 €
- Sonstiges Anlagevermögen 1.000.000 €
- Firmenwert 3.000.000 €
- in den Wirtschaftsgütern der Betriebsstätte in Tønder (Dänemark) 800.000 €
- Gemeiner Wert Pensionsrückstellung 680.000 €
- Drohverlustrückstellung 4.830.000 €

Die Schneider GmbH hat mit Abgabe der steuerlichen Schlussbilanz zum 31.12.2012 (Umwandlungsbilanz) einen Antrag auf Buchwertfortführung gestellt.

Zum Sachverhalt ergeben sich noch folgende Angaben:
1. Die Rücklagenbildung nach § 6b EStG erfolgte bei der GmbH zulässigerweise in 2011 im Zusammenhang mit dem Veräußerungsgewinn aus der Veräußerung eines Betriebsgebäudes.
   Die Rücklage soll auf Wunsch von LS und WS von der OHG fortgeführt werden, wenn dies steuerlich möglich ist.
2. Die Pensionsrückstellung nach § 6a EStG i.H.v. 400.000 € betrifft LS und wurde vom für die GmbH zuständigen Finanzamt seinerzeit dem Grunde sowie der Höhe nach steuerlich anerkannt.
3. Bei der OHG sind in 2013 im Zusammenhang mit der Umwandlung i.H.v. 14.000 € Umwandlungskosten (Kosten des Umwandlungsbeschlusses, der Anmeldung und Eintragung sowie Beratungskosten) angefallen, die gewinnmindernd verbucht worden sind.
4. Aufgrund von Lieferungen und Leistungen zwischen der umgewandelten Schneider GmbH und der übernehmenden Schneider OHG sind in den Bilanzen zum 31.12.2012 auch folgende Bilanzposten enthalten:
   a) In der GmbH-Bilanz eine Rückstellung für Garantieverpflichtung im Zusammenhang mit einer Lieferung an die OHG i.H.v. 80.000 €. In der OHG-Bilanz wurde insoweit nichts gebucht.
   b) In der OHG-Bilanz eine langfristige Darlehensforderung an die GmbH aus 2005 i.H.v. 500.000 €, die i.H.v. 300.000 € wertberichtigt wurde (ursprüngliche Forderung also 800.000 €). Die Wertberichtigung wurde vom Finanzamt bei der

OHG nur unter Berücksichtigung des § 3c Abs. 2 EStG i.V.m. dem BMF-Schreiben vom 8.11.2010 (BStBl I 2010, 1292) steuerlich anerkannt. In der GmbH-Bilanz ist aufgrund dieses Geschäftsvorfalls noch eine Verbindlichkeit an die OHG i.H.v. 800.000 € ausgewiesen.

5. Bei der Schneider GmbH besteht ein Körperschaftteuer-Guthaben nach § 37 KStG i.H.v. insgesamt 200.000 €. Folgende Buchungen sind in dem Zusammenhang erfolgt:

   a) In der GmbH-Bilanz zum 31.12.2012:
Bank	20.000 €	an	sonstige Forderungen	15.180 €
			Erträge aus Steuern	4.820 €

   b) In der OHG-Bilanz zum 31.12.2013:
Bank	20.000 €	an	sonstige Forderungen	16.210 €
			Erträge aus Steuern	3.790 €

6. Im Dezember 2013 bekommen LS (62 Jahre) und WS (53 Jahre) Streit über die künftige Ausrichtung des Unternehmens. LS setzt aufgrund seiner beherrschenden Stellung seinen Willen durch. WS ist hierüber dermaßen erzürnt, dass er am 18.12.2013 in einer „Nacht-und-Nebel-Aktion" seinen gesamten Mitunternehmeranteil an der Schneider OHG zu einem Veräußerungspreis von insgesamt 2,5 Mio € veräußert. Der Buchwert seines Kapitalkontos (Mitunternehmeranteils) beläuft sich zum Zeitpunkt des Ausscheidens auf 1 Mio €.

Aufgabe:

Nehmen Sie bitte aus ertragsteuerlicher Sicht (körperschaftsteuerlich, gewerbesteuerlich und einkommensteuerlich) zu den Auswirkungen des dargestellten Sachverhalts bei der Schneider GmbH, der L und W Schneider OHG und den Gesellschaftern LS und WS Stellung. Die Gesellschaften wollen einen etwaigen Gewinn so gering wie möglich ausweisen. Etwaige Auswirkungen auf die Umsatzsteuer, Grunderwerbsteuer und sonstige Steuern sind **nicht** zu berücksichtigen.

Auf DBA-Fragen ist hier nicht einzugehen.

Gehen Sie bitte bei der Lösung wie folgt vor:

1. In welchem Veranlagungszeitraum und in welcher Höhe sind ein etwaiger Übertragungsgewinn bei der Schneider GmbH und das Übernahmeergebnis bei LS und WS bzw. sonstige Folgen der Rechtsnachfolge bei der Schneider OHG steuerlich zu erfassen? Erstellen Sie bitte auch die steuerliche Schlussbilanz der GmbH.

2. Welche ertragsteuerlichen Auswirkungen ergeben sich aufgrund der Auszahlung des Körperschafsteuer-Guthabens nach § 37 KStG bei der GmbH und der OHG?

3. Gehen Sie bitte auch auf die ertragsteuerlichen Folgen aufgrund der Veräußerung des Mitunternehmeranteils von WS im Dezember 2013 ein.

Lösung der Übungsklausur 1

Punkte

1. **Steuerlicher Übertragungsstichtag 31.12.2012 und steuerliche Rückwirkung (§ 2 UmwStG)**

Nach § 17 Abs. 2 UmwG darf das Registergericht die Verschmelzung nur dann in das Handelsregister eintragen, **wenn sie auf einen höchstens 8 Monate vor der Anmeldung der Eintragung liegenden Stichtag zurückbezogen wird (vgl. RdNr. 02.03 UmwSt-Erlass vom 11.11.2011, BStBl I 2011, 1314, nachfolgend BMF).**
Auch steuerlich werden die Geschäfte des Rückwirkungszeitraums grundsätzlich bereits dem übernehmenden Rechtsträger zugerechnet. Allerdings ist der steuerliche Übertragungsstichtag i.S.d. § 2 Abs. 1 UmwStG mit dem handelsrechtlichen Umwandlungsstichtag nicht deckungsgleich. **Steuerlicher Übertragungsstichtag** ist in den Fällen der Verschmelzung, Spaltung oder Vermögensübertragung der dem **handelsrechtlichen Umwandlungsstichtag vorangehende Tag**, auf den die Schlussbilanz aufzustellen ist (§ 17 Abs. 2 UmwG).

Die Rückbeziehung gilt nach RdNr. 01.01 BMF für
- die Körperschaftsteuer,
- die Einkommensteuer,
- die Gewerbesteuer.

Sie gilt nicht für
- die Umsatzsteuer,
- die Grunderwerbsteuer,
- die Erbschaftsteuer.

Da im vorliegenden Fall der **handelsrechtliche Umwandlungsstichtag** auf den **1.1.2013** festgelegt wurde, ist als **steuerlicher Übertragungsstichtag** der **31.12.2012 (Veranlagungszeitraum 2012)** zugrunde zu legen.

2

2. **Antrag auf Buchwertfortführung (§ 3 Abs. 2 UmwStG)**
2.1 **Antragstellung ist hier rechtzeitig erfolgt**

Im Falle der Umwandlung einer Kapitalgesellschaft auf eine Personengesellschaft ist der Antrag spätestens bis zur erstmaligen Abgabe der steuerlichen Schlussbilanz bei dem für die Besteuerung der übertragenden Körperschaft zuständigen Finanzamt zu stellen (**RdNr. 03.27 BMF**). **Eine spätere Antragstellung ist nicht mehr wirksam.** Es handelt sich also um eine **Ausschlussfrist.** Nach dem Wortlaut von **RdNr. 03.28 BMF** reicht es aus, wenn der Antrag – so wie im vorliegenden Fall von der Schneider GmbH – **gleichzeitig mit der Abgabe der Schlussbilanz** gestellt wird; eine vorherige Abgabe ist nicht erforderlich (so auch die Gesetzesbegründung).

2

Punkte

Nach **RdNr. 03.01 BMF** (mit Verweisungen bei den anderen Umwandlungsformen in **RdNr. 11.02 und 15.14 BMF**) ist die **steuerliche Schlussbilanz i.S.d. UmwStG eine eigenständige – von der „normalen Jahresbilanz" mit der Gewinnermittlung i.S.d. § 4 Abs. 1, § 5 Abs. 1 EStG zu unterscheidende – Bilanz.** D.h. in Umwandlungsfällen sind grundsätzlich **zwei Bilanzen** abzugeben, die Steuerbilanz i.S.d. § 5 EStG sowie eine Umwandlungsbilanz.
Ausnahme: Es erfolgt eine Erklärung i.S.d. **RdNr. 03.01 Satz 5 BMF.**

2.2 Aber: Kein vollständiger Buchwertansatz aufgrund der Gegenleistung i.H.v. 750.000

Nach **§ 3 Abs. 2 Satz 1 Nr. 3 UmwStG** kommt es bei der übertragenden Körperschaft zwingend zur **Gewinnrealisierung (= laufender Gewinn),** soweit eine **nicht in Gesellschaftsrechten bestehende Gegenleistung** gewährt wird. Diese Regelung entspricht § 11 Abs. 2 Satz 1 Nr. 3 UmwStG.
Nicht in Gesellschaftsrechten bestehende Gegenleistungen sind z.B. bare Zuzahlungen oder – wie hier – die Gewährung von **Darlehensforderungen.** D.h. die Einräumung eines Darlehenskontos ist eine **„schädliche" Gegenleistung.** Vgl. **RdNr. 03.21 und das Beispiel in RdNr. 03.23 BMF.**

3. Berechnung des Übertragungsgewinns bei der Schneider GmbH zum 31.12.2012

2

2

Werte i.S.d. § 3 Abs. 1 UmwStG (gemeiner Wert):
- Grundstücke   4.700.000 € (2.300.000 € + 2.400.000 €)
- sonst. Anlagevermögen   2.800.000 € (1.800.000 € + 1.000.000 €)
- Umlaufvermögen   2.400.000 €
- Firmenwert   3.000.000 €
- Wirtschaftsgüter der Betriebsstätte in Dänemark   800.000 €
- Pensionsrückstellung   ./. 400.000 €
(Ansatz mit Wert nach § 6a EStG, § 3 Abs. 1 Satz 2 UmwStG)
- sonstige Verbindlichkeiten und Rückstellungen   ./. 3.470.000 €
- Drohverlustrückstellung   ./. 4.830.000 €

Wert i.S.d. § 3 Abs. 1 UmwStG   **5.000.000 €**

Punkte

Gegenleistung:	750.000 €	= 15 %

Wert i.S.d. § 3 Abs. 1
UmwStG: 5.000.000 €
Der Übertragungsgewinn berechnet sich wie folgt:

Gegenleistung	750.000 €	2

15 % der Buchwerte des Betriebsvermögens
(insgesamt 2.030.000 €)   ./. 304.500 €
Übertragungsgewinn und Aufstockungsbetrag   **445.500 €** ----.

→ Dieser Gewinn unterliegt **im Veranlagungszeitraum 2012** bei der
Schneider GmbH uneingeschränkt der **Körperschaftsteuer** (§ 10 Nr. 2
KStG) und der **Gewerbesteuer** (§ 4 Abs. 5b EStG).

Aufstockungsbetrag: **445.500 €** ◄

Sämtliche stille Reserven und stille Lasten: 2.970.000 €
(7.200.000 € + 600.000 € ./. 4.830.000 € =
2.970.000 €, vgl. RdNr. 03.23 BMF)
= 15 %

Die auf die jeweiligen Wirtschaftsgüter entfallenden Aufstockungsbeträ-   2
ge ermitteln sich wie folgt:

Wirtschaftsgüter	Buchert	Stille Reserven/ Stille Lasten	Aufstockung (15 %)	Ansatz in der steuerlichen Schlussbilanz 31.12.2012
Grundstücke	2.300.000 €	2.400.000 €	360.000 €	2.660.000 €
Sonstiges Anlagevermögen	1.800.000 €	1.000.000 €	150.000 €	1.950.000 €
Umlaufvermögen	2.400.000 €	–	–	2.400.000 €
Wirtschaftsgüter der Betriebsstätte in Dänemark	–	800.000 €	120.000 €	120.000 €
Firmenwert	–	3.000.000 €	450.000 €	450.000 €
Rücklage § 6b EStG	600.000 €	600.000 €	90.000 €	./. 510.000 €
Pensionsrückstellung	400.000 €	–	–	./. 400.000 €
S. Verbindlichkeiten und Rückstellungen	3.470.000 €	–	–	./. 3.470.000 €
Drohverlustrückstellung	–	./. 4.830.000 €	./. 724.500 €	./. 724.500 €
Insgesamt	**2.030.000 €**	**2.970.000 €**	**445.500 €**	**2.475.500 €**

Punkte

4. **Veräußerungserlös für GmbH-Anteile in Höhe der nicht in Gesellschaftsrechten bestehender Gegenleistung**

4 SP

Nach Auffassung der Finanzverwaltung in der **RdNr. 03.21 BMF** müssen LS und WS in Höhe der nicht in Gesellschaftsrechten bestehenden Gegenleistung (hier: 750.000 €) zusätzlich einen **Veräußerungserlös für ihre GmbH-Anteile** wie folgt versteuern:

	LS 70 %	WS 30 %	insgesamt
Veräußerungserlös (Gegenleistung)	525.000 €	225.000 €	750.000 €
● bei LS nach § 17 EStG ● bei WS nach § 15 EStG			
./. anteilige Anschaffungskosten (15 %) ● bei LS (15 % von 1.500.000 €) ● bei WS (15 % von 300.000 €)	./. 225.000 €	./. 45.000 €	./. 225.000 € ./. 45.000 €
Veräußerungsgewinn	300.000 €	180.000 €	480.000 €

M.E. ist diese Verwaltungsauffassung **nicht zutreffend**, da sie zu einer **Doppelbesteuerung** führt. Die Regelungen in §§ 3 ff. UmwStG schließen nämlich die Anwendung von § 17 EStG aus; die Rechtsfolgen der Umwandlung sind abschließend im UmwStG geregelt. LS und WS versteuern die nicht in Gesellschaftsrechten bestehende Gegenleistung bereits über die höheren Kapitalerträge i.S.d. § 7 UmwStG (so auch Dötsch/Pung/ Möhlenbrock, Die Körperschaftsteuer, § 3 UmwStG, Rz. 49). Aus diesem Grund werden für die Berechnung des Übernahmegewinns/Übernahmeverlustes (vgl. nachstehend unter 7.) die Anschaffungskosten von LS und WS nicht entsprechend gekürzt.

> ☞ **Hinweis!**
> Eine Kürzung der Anschaffungskosten (bei LS: 225.000 €, bei WS: 45.000 €) – sowohl die Verwaltungsauffassung – wird ebenfalls als zutreffender Lösungsweg anerkannt.

Punkte

5. Steuerliche Schlussbilanz der Schneider GmbH i.S.d. § 3 UmwStG   4
   (RdNr. 03.01 BMF) zum 31.12.2012

Aktiva	Schlussbilanz zum 31.12.2012	Passiva
Beb. Grundstücke 2.660.000 €	Stammkapital	500.000 €
	Kapitalrücklage	80.000 €
S. Anlagevermögen 1.950.000 €	Gewinnrücklagen	700.000 €
	Jahresüberschuss 2012	750.000 €
Umlaufvermögen 2.400.000 €	**Übertragungsgewinn 445.500 €**	
	Zus. KSt (15 %) ./. 66.825 €	
WG der Betriebs-	**Zus. GewSt (14 %) ./. 62.370 €**	
stätte in Dänemark 120.000 €	**316.305 €**	**316.305 €**
	Zus. KSt-Rückstellung	66.825 €
Firmenwert 450.000 €	Zus. GewSt-Rückstellung	62.370 €
	Rücklage nach § 6b EStG	**510.000 €**
	Pensionsrückstellung LS	400.000 €
	Sonst. Verbindlichkeiten und	
	Rückstellungen	3.470.000 €
	Drohverlustrückstellung	**724.500 €**
7.580.000 €		**7.580.000 €**

Hinweise zur steuerlichen Schlussbilanz:

➔ Die steuerfreie Rücklage nach § 6b EStG kann **dem Grunde nach** wegen § 4 Abs. 2 Satz 1 UmwStG fortgeführt werden (**vgl. RdNr. 03.04 BMF**). Allerdings ist hier die Rücklage (= stille Reserven) i.H.d.Aufstockungsbetrags von 15 % = 90.000 € gewinnerhöhend aufzulösen.

➔ Die steuerlichen Ansatzverbote des § 5 EStG (hier: Firmenwert und Drohverlustrückstellung) gelten nicht für die steuerliche Schlussbilanz (**vgl. RdNr. 03.06 BMF**).

> **Aber:**
> Bei der übernehmenden OHG kommen zum 31.12.2013 wieder die allgemeinen Grundsätze zur Anwendung (**vgl. RdNr. 04.16 BMF**).

Punkte

6. **Besteuerung offener Rücklagen zum 31.12.2012 nach § 7 UmwStG bei LS und WS**

   EK in der steuerlichen Schlussbilanz der GmbH zum 31.12.2012:   4

Stammkapital	500.000 €	
Kapitalrücklage	80.000 €	
Gewinnrücklagen	700.000 €	
Jahresüberschuss 2012		750.000 €
Übertragungsgewinn		<u>316.305 €</u>
vgl. RdNr. 07.04 BMF	2.346.305 €	2.346.305 €

Stammkapital		./. 500.000 €
(§ 7 Satz 1 UmwStG i.V.m. § 29 Abs. 1 KStG)		
Steuerliches Einlagekonto zum 31.12.2012		<u>./. 80.000 €</u>
Maßgebendes EK		<u>1.766.305 €</u>
= Einnahmen nach § 20 Abs. 1 Nr. 1 EStG		
im Veranlagungszeitraum 2012		

Diese Bezüge unterliegen nach **RdNr. 07.08 BMF** dem **Kapitalertragsteuerabzug** i.H.v. 25 % von 1.766.305 € = 441.576 € (Anteil LS 70 %, Anteil WS 30 %); die KapSt wird nach § 36 Abs. 2 Nr. 2 EStG auf die Einkommensteuer 2012 von LS und WS entsprechend angerechnet.

➔ **Davon Ansatz bei LS:**
   70 % von 1.766.305 € =   **1.236.414 €**

➔ **Davon Ansatz bei WS:**
   30 % von 1.766.305 € =   <u>**529.891 €**</u>
                                            <u>**1.766.305 €**</u>

> ☞ **Hinweis! Rücklage nach § 6b EStG gehört nicht zum Eigenkapital**
> Nach **RdNr. 07.04 BMF** gehören auch Passivposten, die aufgrund steuerrechtlicher Vorschriften erst bei ihrer Auflösung zu versteuern sind, **nicht zum Eigenkapital**. D.h. die Rücklage nach § 6b EStG i.H.v. 510.000 € ist nicht Bestandteil des Eigenkapitals in der steuerlichen Schlussbilanz.

7. Berechnung des Übernahmegewinns bzw. Übernahmeverlusts zum   8
    31.12.2012 bei LS und WS

Übernahmeergebnis (RdNr. 04.27 BMF)	LS (70 %)	WS (30 %)	Summe
Wert des übernommenen Vermögens (**RdNr. 04.28 BMF**)	1.642.414 €	703.891 €	2.346.305 €
+ **Zuschlag für neutrales Vermögen** (stille Reserven der **Betriebsstätte in Dänemark, 800.000 € ./. 120.000 € = 680.000 € (vgl. § 4 Abs. 4 Satz 2 UmwStG und RdNr. 04.29 BMF)**	+ 476.000 € 2.118.414 €	+ 204.000 € 907.891 €	+ 680.000 € 3.026.305 €
./. **Wert der Anteile** • **Anschaffungskosten Anteile LS** (§ 5 Abs. 2 Satz 1 UmwStG i.V.m. **RdNr. 05.05 BMF**) • **Buchwert der Anteile WS** (§ 5 Abs. 3 Satz 1 UmwStG i.V.m. **RdNr. 05.08 ff. BMF**)	./. 1.500.000 €	./. 300.000 €	./. 1.800.000 €
./. **Umwandlungskosten** (RdNr. 04.34 BMF)	./. 9.800 €	./. 4.200 €	./. 14.000 €
Übernahmeergebnis 1. Stufe	608.614 €	603.691 €	1.212.305 €
./. **Bezüge nach § 7 UmwStG** (§ 4 Abs. 5 Satz 2 UmwStG)	./. 1.236.414 €	./. 529.891 €	./. 1.766.305 €
Übernahmeergebnis 2. Stufe (steuerpflichtiges Übernahmeergebnis, § 4 Abs. 4 und 5 UmwStG)	./. 627.800 €	+ 73.800 €	./. 554.000 €

Punkte

| Steuerliche Folgen bei LS: | 2 |

→ **Einnahmen aus Kapitalvermögen i.S.d. § 7 UmwStG**
= **1.236.414 €**
davon Ansatz mit **60 %** =　　　　　　　　　　　　　741.848 €
(**vgl. RdNr. 07.07 BMF**)
→ **Verrechenbarer Übernahmeverlust**
(**§ 4 Abs. 6 Satz 4 UmwStG**)
60 % von **627.800 €** =　　　　　　　　　　　　./. 376.680 €

(Die Höchstgrenze nach **§ 4 Abs. 6 Satz 4, 1. HS UmwStG**
greift hier **nicht**; der Ausnahmefall nach **§ 4 Abs. 6 Satz 6
Alt. 2 UmwStG** liegt ebenfalls **nicht** vor).

Einkünfte aus Gewerbebetrieb bei LS im VZ 2012　　365.168 €
nach **§ 15 Abs. 1 Nr. 2 EStG**; Aber: keine Gewerbesteuerpflicht des Gewinns nach **§ 7 UmwStG** in Fällen
des **§ 5 Abs. 2 UmwStG** (wegen **§ 18 Abs. 2 Satz 2
UmwStG**)

| Steuerliche Folgen bei WS: | 2 |

→ **Einnahmen aus Kapitalvermögen i.S.d. § 7 UmwStG**
= **529.891 €**

davon Ansatz mit **60 %** =　　　　　　　　　　　　317.935 €

Zur Gewerbesteuerpflicht gilt Folgendes:

§ 18 Abs. 2 Satz 2 UmwStG ist nicht anwendbar in den Fällen
des § 5 **Abs. 3** UmwStG, d.h. die Bezüge i.S.d. § 7 GewStG
gehören zum Gewerbeertrag der OHG.
Aber: Obwohl die Beteiligung von WS die Voraussetzungen
des **§ 9 Nr. 2a GewStG** erfüllt (Beteiligung am 1.1.2012 30 %),
ist nach **RdNr. 18.04 BMF** für die Prüfung der Voraussetzungen
des § 9 Nr. 2 a GewStG auf die Verhältnisse **zu Beginn des
Erhebungszeitraums** (hier: 1.1.2012) **beim übernehmenden
Rechtsträger** (hier: Schneider OHG) abzustellen.
Da aber die fiktive Überführung nach § 5 Abs. 3 UmwStG
erst am 31.12.2012 erfolgte, greift hier die Kürzung nach
§ 9 Nr. 2 a GewStG nicht.
Im Gegenteil: Für den steuerfreien Teil (40 % von 529.891 €
= 211.956 €) ergibt sich eine **Hinzurechnung nach § 8 Nr. 5
GewStG**.

2 SP

Punkte

→ **Übernahmegewinn nach § 4 Abs. 4 und 5
i.V.m. Abs. 7 Satz 2 UmwStG**

= 73.800 €

davon Ansatz mit **60 %** =   **+ 44.280 €**

Aber:

Keine Gewerbesteuerpflicht des Übernahmegewinns nach
§ 18 Abs. 2 **Satz 1** UmwStG (vgl. **RdNr. 18.03 BMF**).

Einkünfte aus Gewerbebetrieb   **362.215 €**

i.S.d. § 15 Abs. 1 Nr. 2 EStG

---

8. **Ermittlung des Übernahmefolgegewinns nach § 6 UmwStG**
   → Der Übernahmefolgegewinn muss bei der Übernehmerin (Schneider
   OHG) ebenfalls **im Veranlagungszeitraum 2012** erfasst werden.

   4

   → Im Rahmen der Umwandlung kann sich der Gewinn des übernehmenden Personenunternehmens durch Vereinigung von Forderungen
   und Verbindlichkeiten oder durch Auflösung von Rückstellungen erhöhen (sog. Übernahmefolgegewinn). In Höhe dieses Gewinns kann nach
   § 6 Abs. 1 UmwStG eine **steuerfreie Rücklage** gebildet werden, die zu
   jeweils **mindestens 1/3** in den auf ihre Bildung folgenden 3 Wirtschaftsjahren gewinnerhöhend aufzulösen ist.

   → **Aber:**
   Bei der Ermittlung des Übernahmefolgegewinns muss die bei der der
   Schneider GmbH zulässigerweise gebildete **Pensionsrückstellung für
   LS** von der OHG **nicht aufgelöst** werden. Die Pensionsrückstellung für
   LS in Höhe von 400.000 € ist deshalb **nur in der Gesamthandsbilanz**
   der OHG zu passivieren; insoweit erfolgt noch kein Ansatz einer Forde-
   rung in der Sonderbilanz von LS.

   Zuführungen nach dem steuerlichen Übertragungsstichtag sind jedoch Vergütungen i.S.d. § 15 Abs. 1 Nr. 2 EStG und mindern nicht den
   steuerlichen Gewinn der Personengesellschaft, d.h. Bildung einer Pensionsrückstellung in der Gesamthandsbilanz und Aktivierung einer sonstigen Forderung in der Sonderbilanz von LS. Vgl. hierzu **RdNr. 06.06
   BMF**.

   **Im vorliegenden Fall ergibt sich deshalb bei der OHG zum 31.12.2012
   folgender Übernahmefolgegewinn:**
   – Auflösung Garantierückstellung
     (**Sachverhalt 4 a**)   **+ 80.000 €**
   – Differenz Forderung/Verbindlichkeit
     (**Sachverhalt 4 b**)   **+ 300.000 €**

> ☞ **Beachte!**
> Nach **RdNr. 06.02 BMF** ist der Übernahmefolgegewinn
> **in voller Höhe steuerpflichtig,** obwohl die Forderungs-
> abschreibung wegen § 3c Abs. 2 EStG i.V.m. BMF-Schrei-
> ben vom 8.11.2010 (BStBl I 2010, 1292) nur zu 60 % an-
> erkannt wurde.

Insgesamt <u>**380.000 €**</u>

Da nach der Aufgabenstellung der Übernahmefolgegewinn so gering wie   2
möglich ausgewiesen werden soll, wird nach § 6 Abs. 1 UmwStG in der
OHG-Bilanz zum 31.12.2012 in Höhe des Übernahmefolgegewinns von
380.000 € eine **steuerfreie Rücklage** gebildet. Diese Rücklage muss **im
Veranlagungszeitraum 2013 bis 2015 zu jeweils 1/3** gewinnerhöhend
aufgelöst werden (vgl. § 6 Abs. 2 UmwStG) und unterliegt auch der Gewerbesteuer.

9. **Steuerliche Auswirkungen bei der OHG im Veranlagungszeitraum
   2012 und 2013 aufgrund der Verschmelzung**

→ Im Falle der hier vorliegenden Verschmelzung durch Aufnahme kann   2 SP
die OHG die Vermögensübernahme der GmbH nach **RdNr. 04.03 BMF**
als **laufenden Geschäftsvorfall in der Steuerbilanz zum 31.12.2012**
wie folgt verbuchen:

Grundstück	2.660.000 €			
s. Anlagevermögen	1.950.000 €			
Umlaufvermögen	2.400.000 €			
Wirtschaftsgüter der Betriebsstätte				
in Dänemark	120.000 €			
Firmenwert	450.000 € an	KK I LS	350.000 €
		KK I WS	150.000 €
		KK II LS	546.000 €
		KK II WS	234.000 €
		gesamthänderisch	
		gebundene Rücklage	316.305 €
		s. Verbindlichkeiten	
		LS und WS	750.000 €
		Rücklage § 6b EStG	510.000 €
		Pensionsrückstellung LS	400.000 €
		Zusätzl. KSt- und GewSt-	
		Rückstellungen	129.195 €
		s. Verbindlichkeiten und	
		Rückstellungen	3.470.000 €
		Drohverlustrückstellung	724.500 €

Punkte

➔ **Außerbilanzmäßige Hinzurechnung der**
   Umwandlungskosten im Veranlagungszeitraum 2013   + 14.000 €   2

Da diese Kosten sowohl das Übernahmeergebnis als auch den laufenden
Gewinn gemindert haben, sind sie nach der **RdNr. 04.34 BMF** bei der
OHG wieder außerbilanziell hinzuzurechnen.

➔ **Körperschaftsteuer-Guthaben nach § 37 KStG; Zinsanteil ab 2013**
   ist steuerpflichtig   2

Der Zinsanteil der Schneider GmbH aus dem KSt-Guthaben in 2012 i.H.v.
4.820 € ist im Rahmen der Einkommensermittlung für 2012 nach **§ 37**
Abs. 7 Satz 1 KStG außerbilanzmäßig abzurechnen.

Aber:
Nach Auffassung der Finanzverwaltung im **BMF-Schreiben vom**
14.1.2008, BStBl I 2008, 280, ist bei der **überneh**menden Schneider
OHG der Zinsanteil (hier: 3.790 €) **gewinnerhöhend** zu erfassen und
kann **nicht nach § 37 Abs. 7 KStG** bei der Ermittlung des Einkommens
für 2013 außerbilanzmäßig abgerechnet werden.

➔ **Gewinnerhöhende Ausbuchung der Drohverlustrückstellung in**
   der Steuerbilanz zum 31.12.2013   + 724.500 €   2

Nach Auffassung der Finanzverwaltung in der **RdNr. 04.16 BMF** gelten in
der Steuerbilanz des übernehmenden Rechtsträgers wieder die allgemeinen Grundsätze (**zum folgenden Bilanzstichtag sind also Drohverlu-**
strückstellungen wieder ertragswirksam auszubuchen und Teilwert-
abschreibungen wieder rückgängig zu machen, Ausnahme: Ansatz
Firmenwert bleibt). Das BFH-Urteil vom 16.12.2009, I R 102/08, BStBl
II 2011, 566, ist insoweit nach Verwaltungsauffassung nicht anwendbar.
Vgl. dazu auch das BMF-Schreiben vom 24.6.2011, BStBl I 2011, 627 (=
faktischer Nichtanwendungserlass).
Gewinnerhöhung bei der OHG insgesamt: 738.500 €

➔ Darüber hinaus hat die steuerliche Rückbeziehung der Verschmelzung
   zum 31.12.2012 zur Folge, dass WS und LS ab 31.12.2012 (rückwirkend) gewerbliche Einkünfte beziehen. Auch die Tätigkeitsvergütung
   von LS i.H.v. monatlich 20.000 € stellt ab 31.12.2012 eine Vorabver-
   gütung nach **§ 15 Abs. 1 Nr. 2 EStG** dar, die den steuerlichen Gewinn
   der OHG nicht mehr mindern darf.   2

Punkte

10. Veräußerung des Mitunternehmeranteils durch WS im Dezember 2013

Veräußerungspreis	2.500.000 €	4
Wert des Betriebsvermögens		
(Buchwert des Mitunternehmeranteils)	./. 1.000.000 €	
Veräußerungsgewinn nach § 16 Abs. 1 Nr. 2 EStG;	**1.500.000 €**	

(§§ 16 Abs. 4 und 34 Abs. 3 EStG kommen nicht zur Anwendung).

Aber:

Der Veräußerungsgewinn unterliegt nach **§ 18 Abs. 3 UmwStG** in voller Höhe der **Gewerbesteuer**. Nach **RdNr. 18.09 BMF** gilt dies auch für diejenigen stillen Reserven, die bereits vor der Umwandlung im Betrieb der OHG vorhanden waren. Eine Anrechnung nach § 35 EStG ist **nicht** zulässig (§ 18 Abs. 3 Satz 3 UmwStG).

> ☞ **Wichtig!**
> **Steuerschuldner der Gewerbesteuer ist nach § 5 Abs. 1 Satz 3 GewStG die Schneider OHG** (nicht der Veräußerer WS).
> **Dies gilt auch für den Veräußerungsgewinn nach § 18 Abs. 3 UmwStG.**

Punkte:	50
Sonderpunkte:	8

Klausuren Körperschaftsteuer

Übungsklausur 2
Bearbeitungszeit: 5 Stunden

Sachverhalt
Die **Wöhrle Wurstwaren-GmbH** (**W-GmbH**, Wirtschaftsjahr = Kalenderjahr) hat ihren Sitz und die Geschäftsleitung in Stuttgart. Satzungszweck der GmbH ist die Herstellung und der Vertrieb von Wurstwaren aller Art. Das Stammkapital der W-GmbH beträgt 100.000 €; als Gesellschafter sind an der GmbH beteiligt:

→ **Werner Wöhrle (WW)**
   mit **60 %** =   60.000 €
→ **Antonia Wöhrle (AW)**
   mit **40 %** =   40.000 €.

AW ist die Schwester von WW. AW und WW halten ihre GmbH-Anteile im Privatvermögen (Anschaffungskosten der GmbH-Anteile WW: 210.000 €, Anschaffungskosten der GmbH-Anteile AW: 140.000 €). Sie sind beide langjährige Gesellschafter-Geschäftsführer der GmbH und im Gesellschaftsvertrag (mit Eintragung im Handelsregister) vom Selbstkontrahierungsverbot nach § 181 BGB befreit. Die vorläufige Handels- und Steuerbilanz der W-GmbH zum 31.12.2012 stellt sich wie folgt dar:

Aktiva	31.12.2012	Passiva
Anlage- und		Stammkapital 100.000 €
Umlaufvermögen	10.000.000 €	Kapitalrücklage 245.000 €
		Verlustvortrag 2011 ./. 800.000 €
		Jahresüberschuss 2012 1.200.000 €
		Rückstellungen und	
		Verbindlichkeiten 9.255.000 €
	10.000.000 €	**10.000.000 €**

Das zuständige Finanzamt hat bei der W-GmbH zum 31.12.2011 folgende Beträge ermittelt bzw. gesondert festgestellt:

→ Steuerliches Einlagekonto (§ 27 Abs. 2 Satz 1 KStG)   250.000 €
→ Verbleibender Verlustvortrag (§ 10d Abs. 4 Satz 1 EStG)   299.022 €

Es ergeben sich noch folgende zusätzliche Angaben zum Sachverhalt:
1. **Aufwendungen/Erträge laut Gewinn- und Verlustrechnung**
   In der Gewinn- und Verlustrechnung zum 31.12.2012 sind u.a. folgende Beträge (**Aufwand = ./., Ertrag = +**) verbucht:

   → Körperschaftsteuer-Vorauszahlungen 2012   ./. 100.000 €
   → Solidaritätszuschlag zu den Körperschaftsteuer-Vorauszahlungen ./.   5.500 €
   → Gewerbesteuer-Vorauszahlungen 2012   ./. 80.000 €
   → Gewerbesteuer-Nachzahlung für 2007
      (nach erfolgter Betriebsprüfung)   ./.   4.380 €
   → Zinsen nach § 233a AO zur Körperschaftsteuer   ./.   320 €

Die W-GmbH hat in 2012 die Nachzahlungszinsen zur Körperschaftsteuer 2009 i.H.v. 637 € mit den Erstattungszinsen zur Körperschaftsteuer 2010 i.H.v. 317 € saldiert.

→ Pauschale Aufsichtsratsvergütungen i.H.v. 18.000 €.   ./. 18.000 €
Außerdem hat der Aufsichtsrat bei einem Sachverständigen
ein Gutachten zu einer Haftungsfrage im Zusammenhang
mit verunreinigter Dosenwurst in Auftrag gegeben. Die
Rechnung des Sachverständigen   ./. 7.000 €
i.H.v. 7.000 € zuzüglich Umsatzsteuer 1.330 € wurde von
der W-GmbH in 2012 bezahlt und zutreffend gewinnmindert
gebucht.

→ Stundungszinsen aufgrund Stundung der Gewerbesteuer
  -Vorauszahlungen 2010   ./. 1.560 €

→ Verspätungszuschlag zur Lohnsteuer August 2012   ./.   350 €

→ Bewirtungsaufwendungen, die besonders aufgezeichnet sind.   ./. 8.000 €

Buchung:
Bewirtungsaufwand   8.000 €
Vorsteuer (s. Forderung) 1.520 €   an Bank   9.520 €

→ Geschenkaufwand (besonders aufgezeichnet)   ./. 30.000 €

Geschenkaufwendungen an Geschäftsfreunde der B-GmbH von jeweils ca. 200 € wurden in der Gewinn- und Verlustrechnung zum
31.12.2012 wie folgt verbucht:

Geschenkaufwand   30.000 €
s. Forderung (Vorsteuer)   5.700 €   an Bank   35.700 €

→ Vorabausschüttung für 2012   ./. 40.000 €

Die Gesellschafter WW und AW haben am 5.10.2012 eine Vorabausschüttung i.H.v. 40.000 € beschlossen, die bei Auszahlung
an die Gesellschafter unter gleichzeitiger Einbehaltung und Abfüh-
rung der Kapitalertragsteuer und des Solidaritätszuschlags an das
zuständige Finanzamt am 6.10.2012 wie folgt verbucht worden ist:

Aufwand Vorabdividende   40.000 € an Bank   40.000 €

In den von der W-GmbH an WW und AW ausgestellten Steuerbescheinigungen wurden folgende
Beträge bescheinigt:

Kapitalerträge i.S.d. § 20 Abs. 1 Nr. 1 Satz 1 EStG: 40.000 €
KapSt (25 % von 40.000 €):   10.000 €
SolZ zur KapSt (5,5 % von 10.000 €):   550 €
Leistungen aus dem steuerlichen Einlagekonto
(§ 27 KStG):   0 €

→ Ertrag aus der Auszahlung des Körperschaftsteuer-Guthabens zum
30.9.2012 aufgrund folgender Buchung: +   1.600 €

Bank   9.000 € an Forderung   7.400 €
                    Ertrag   1.600 €

2. Darlehen von WW

WW hat der W-GmbH ab 1.2.2012 ein Darlehen i.H.v. 200.000 € aus seinem
Privatvermögen zur Finanzierung betrieblicher Investitionen gewährt. Das Darlehen wurde zunächst mit 4 % jährlich verzinst; der banküblichen Zins wäre 8 %
gewesen.

Am 1.8.2012 hat WW auf die bislang bereits als Aufwand gebuchten Zinsen i.H.v.
4.000 € verzichtet. Die W-GmbH hat den Verzicht in ihrer Bilanz zum 31.12.2012 wie
folgt verbucht:
s. Verbindlichkeiten 4.000 € an a.o. Ertrag 4.000 €.

Ab dem 1.8.2012 ist das Gesellschafterdarlehen von WW zunächst zinslos. Am
31.10.2012 hat die GmbH an WW jedoch auf seine Veranlassung und mit Zustimmung von AW für die Zeit vom 1.8. bis 31.10.2012 Zinsen i.H.v. 10 % = 5.000 €
eingeräumt (200.000 € × 10 % für 3 Monate) und diesen Betrag in der Gewinn-
und Verlustrechnung zum 31.12.2012 gewinnmindernd behandelt (Buchung: Zinsaufwand 5.000 € an s. Verbindlichkeiten 5.000 €).

Ab dem 1.11.2012 wird das Darlehen von WW mit angemessenen 8 % verzinst,
der hierauf entfallende Zinsaufwand i.H.v. 2.667 € für die Monate November und
Dezember 2012 wurde ebenfalls gewinnmindernd als Verbindlichkeit gegenüber
WW verbucht. Am 31.12.2012 hat WW auf die am 31.10.2012 vereinbarten Zinsen für die Zeit vom 1.8.2012 bis 31.10.2012 i.H.v. 5.000 € verzichtet, nicht jedoch
auf die Zinsen für November und Dezember 2012. In der Bilanz zum 31.12.2012
wurde dieser Vorgang buchungsmäßig wie folgt erfasst:
s. Verbindlichkeiten 5.000 € an a.o. Ertrag 5.000 €.

3. Dividende von der Y-AG

Die W-GmbH hält seit 5.3.2012 eine Beteiligung i.H.v. 20 % an der Y-AG in Frank-
furt. Die Anschaffungskosten dieser Beteiligung betragen 500.000 €. Aus dieser
Beteiligung wurde der W-GmbH am 28.8.2012 eine Dividende i.H.v. 241.975 € auf
ihrem betrieblichen Bankkonto gutgeschrieben. Aus der von der Y-AG ausgestellten Steuerbescheinigung ergeben sich folgende Angaben:

- Kapitalerträge i.S.d. § 20 Abs. 1 Nr. 1 EStG   220.000 €
- Anrechenbare Kapitalertragsteuer   55.000 €
- Anrechenbarer Solidaritätszuschlag zur KapSt   3.025 €
- Leistungen aus dem steuerlichen Einlagekonto i.S.d. § 27 KStG   80.000 €

Die W-GmbH hat diesen Vorgang in der Gewinn- und Verlustrechnung zum
31.12.2012 wie folgt verbucht:

Bank   241.975 €
Steueraufwand   58.025 €   an Beteiligungserträge   300.000 €

Bei der W-GmbH sind im VZ 2012 Beteiligungsaufwendungen im Zusammen-hang mit der Y-AG i.H.v. 3.000 € angefallen (Depotgebühren und Bürobedarf, keine Finanzierungskosten), die gewinnmindernd verbucht worden sind.

4. Erstattung Geldbuße

Das Bundeskartellamt hat gegen die W-GmbH im VZ 2010 eine Geldbuße i.H.v. 80.000 € wegen einer Preisabsprache mit einem Konkurrenzunternehmen beim Verkauf von Dosenwurst verhängt, die seinerzeit gewinnmindernd verbucht wor-den ist. Nach einem Rechtsstreit hat das Kartellamt in 2012 die Höhe der Geld-buße reduziert. Der Erstattungsbetrag i.H.v. 30.000 € wurde in der Gewinn- und Verlustrechnung zum 31.12.2012 als Ertrag verbucht. Es handelt sich dabei um den Teil der Geldbuße, der in 2010 vom Bundeskartellamt der Gewinnabschöp-fung ohne Berücksichtigung der hierauf entfallenden Steuern vom Einkommen und Ertrag zugrunde gelegt wurde.

5. Werbemaßnahmen

Die W-GmbH hat mit dem Sportverein SV Cannstatt e.V. (Fußballbundesligave-rein) im Januar 2012 vereinbart, dass alle Spieler der Lizenzspielerabteilung bei Sportveranstaltungen und sonstigen öffentlichen Auftritten in 2012 ein Trikot mit folgendem Hinweis tragen müssen:

„Mit Wöhrle-Wurst ist alles wurscht".

Die W-GmbH hat dem Verein hierfür im Februar 2012 einen Betrag i.H.v. 84.000 € zuzüglich Umsatzteuer gezahlt und in der Gewinn- und Verlustrechnung zum 31.12.2012 über Werbeaufwand verbucht. Diese Werbemaßnahme hat sich zwar noch nicht in einer konkreten Gewinnsteigerung niedergeschlagen. Aufgrund der ständigen Medienpräsenz des Vereins ist jedoch mit in einer deutlichen Steige-rung des Bekanntheitsgrads von Wöhrle-Wurstwaren zu rechnen.

6. Wertaufholung Beteiligung X-GmbH

Seit dem Jahr 2006 ist die W-GmbH mit 30 % an der X-GmbH mit Sitz in Mün-chen beteiligt, die ebenfalls im Wurstwarenbereich tätig ist. In der Bilanz zum 31.12.2011 wurde diese Beteiligung mit 70.000 € aktiviert. In 2012 wurde für die Beteiligung an der X-GmbH eine Wertaufholung nach § 6 Abs. 1 Nr. 2 Satz 3 i.V.m. Nr. 1 Satz 4 EStG vorgenommen, da der Wert der Beteiligung an der X-GmbH in 2012 auf 150.000 € angestiegen ist. Die W-GmbH hat deshalb zum 31.12.2012 wie folgt gebucht:

Beteiligung X-GmbH 80.000 € an a.o. Ertrag 80.000 €.

Die ursprünglichen Anschaffungskosten für die Anteile an der X-GmbH im Jahr 2006 betrugen 200.000 €. In der Bilanz zum 31.12.2008 wurde eine Teilwertab-schreibung in Höhe von 80.000 € auf 120.000 € vorgenommen, welche vom Fi-nanzamt im Rahmen der Einkommensermittlung nicht berücksichtigt wurde. Zum 31.12.2010 erfolgte eine weitere Teilwertabschreibung auf einen Buchwert von 70.000 €. In der Bilanz zum 31.12.2010 wurde diese Teilwertabschreibung i.H.v. 50.000 € zwar offen ausgewiesen, allerdings erfolgte in der Körperschaftsteuer-Erklärung 2010 insoweit keine außerbilanzmäßige Korrektur. Vom Finanzamt wurde dies auch nicht beanstandet. Die Körperschaftsteuer-Veranlagungen für 2008 bis 2010 sind bestandskräftig.

7. Pensionszusagen AW und WW

Bei der W-GmbH haben sich im Zusammenhang mit den gegenüber AW und WW erteilten Pensionszusagen im Veranlagungszeitraum 2012 folgende Auswirkungen ergeben:

7.1 Pensionsverzicht durch AW

Die Gesellschafter-Geschäftsführerin AW hat im Juni 2012 ihren Pensionsanspruch von bisher monatlich 3.000 € auf jetzt monatlich 1.000 € verringert. Dieser teilweise Verzicht auf die ihre Pensionsansprüche erfolgte von AW ausschließlich aus privaten Gründen, da sich die W-GmbH zu diesem Zeitpunkt nicht mehr in einer wirtschaftlichen Krisensituation befand.

Die Pensionszusage i.H.v. monatlich 3.000 € wurde AW mit Vollendung des 45. Lebensjahres auf das 65. Lebensjahr erteilt. Im Zeitpunkt der Verzichtserklärung im Juni 2012 hat AW das 55. Lebensjahr vollendet.

Die Änderung der Pensionszusage hat in der Handels- und Steuerbilanz zum 31.12.2012 aufgrund der erforderlichen Neuberechnung der Pensionsrückstellung nach § 6a EStG zu einem Ertrag i.H.v. 240.000 € geführt, da die Pensionsrückstellung von bisher 360.000 € auf 120.000 € reduziert werden musste (Buchung: Pensionsrückstellung AW
240.000 € an Ertrag 240.000 €). Der Teilwert (Barwert) des gesamten Pensionsanspruchs von AW i.H.v. 3.000 € monatlich beläuft sich zu diesem Zeitpunkt auf insgesamt 330.000 € und ist in voller Höhe werthaltig.

7.2 Eintritt Besserungsfall bei Pensionszusage von WW

WW hat im VZ 2008 in der Krise der W-GmbH zur Abwendung der Insolvenz auf seine Pensionsansprüche verzichtet. Der Pensionsverzicht von WW erfolgte gegen Besserungsschein; die Besserungsvereinbarung wurde vom Finanzamt seinerzeit steuerlich anerkannt. Die W-GmbH hat in der Bilanz zum 31.12.2008 die Pensionsrückstellung von WW i.H.v. 220.000 € gewinnerhöhend als Ertrag ausgebucht.

Im Dezember 2012 sind die vertraglichen Voraussetzungen für den Eintritt des Besserungsfalls erfüllt. WW ist zu diesem Zeitpunkt 62 Jahre alt; seine ursprüngliche Pensionszusage wurde ihm auf das 65. Lebensjahr erteilt.

WW teilt dem Steuerberater der W-GmbH im Dezember 2012 trotz dessen Hinweis auf die mittlerweile vorliegenden Besserungsvoraussetzungen mit, dass er seinen Pensionsanspruch nun doch nicht geltend machen will und es vielmehr beim ursprünglichen Verzicht im Jahr 2008 belassen werde. Vom Steuerberater wurde deshalb – entgegen seiner ursprünglichen Planung – die Pensionsrückstellung in der Bilanz zum 31.12.2012 nicht mit dem sich nach § 6a Abs. 3 EStG ergebenden Wert i.H.v. 280.000 € gewinnmindernd eingebucht, sondern weisungsgemäß eine Bilanzierung unterlassen.

Der Teilwert der Pensionsanwartschaft von WW beläuft sich im Dezember 2012 auf 300.000 € (= versicherungsmathematischer Anwartschaftsbarwert) und ist auch im Hinblick auf den Jahresüberschuss 2012 voll werthaltig.

8. Im Januar 2012 haben WW und AW aufgrund des bilanziellen Verlustvortrags zum 31.12.2011 vorsorglich folgende Maßnahmen zur Stärkung der W-GmbH beschlossen:

8.1 Rangrücktritt von WW

WW hat eine langjährige Darlehensforderung an die W-GmbH i.H.v. 30.000 €. Er vereinbart am 12.1.2012 mit der W-GmbH, dass er mit seiner Forderung im Rang hinter allen anderen Gläubigern zurücktritt und die GmbH die Verbindlichkeit nur aus einem Liquidationsüberschuss oder aus sonstigem freien Vermögen zurückzahlen muss.

In der Handels- und Steuerbilanz zum 31.12.2012 ist die Verbindlichkeit weiterhin mit 30.000 € passiviert.

8.2 Rangrücktritt von AW

Auch AW hat eine langjährige Darlehensforderung an die W-GmbH i.H.v. 40.000 €. Von ihr wird ebenfalls am 12.1.2012 mit der W-GmbH folgende Vereinbarung getroffen:

„AW tritt mit ihrer Forderung i.H.v. 40.000 € im Rang hinter allen anderen Gläubigern zurück. Die W-GmbH muss diese Verbindlichkeit nur dann zurückzahlen, wenn sie eine Tilgung aus künftigen Gewinnen vornehmen kann."

Zum 31.12.2012 ist auch diese Verbindlichkeit in der Handels- und Steuerbilanz weiterhin mit 40.000 € bilanziert.

9. **Geschäftsführerbezüge von WW und AW**

WW und AW erhalten in 2012 aufgrund ihrer Anstellungsverträge aus dem Jahr 2011 neben einem angemessenen Festgehalt i.H.v. jeweils 180.000 € auch eine Gewinntantieme i.H.v. jeweils 10 % des handelsrechtlichen Jahresüberschusses (nach Ertragsteuern und nach Tantieme). Die Gewinntantieme für 2012 beträgt deshalb jeweils 120.000 €
(10 % von 1.200.000 €) und wurde in der Bilanz zum 31.12.2012 i.H.v. insgesamt 240.000 € gewinnmindernd als Tantiemeverbindlichkeit verbucht. Die Auszahlung der Gewinntantieme an WW und AW erfolgt laut Tantiemevereinbarung am 31.5.des Folgejahres, d.h. in 2013. Die Gesamtausstattung der Vergütungen von WW und AW sind der Höhe nach angemessen. Auch das Verhältnis zwischen Festgehalt und Gewinntantieme wird vom Finanzamt im Hinblick darauf, dass bei der W-GmbH die Prognose über die Gewinnentwicklung sehr schwankend ist, nicht beanstandet.

Darüber hinaus wurde am 31.10.2012 zwischen den Gesellschaftern WW und AW sowie der W-GmbH einvernehmlich vereinbart, dass beide für 2012 am 1.12.2012 ein der Höhe nach angemessenes Weihnachtsgeld i.H.v. jeweils zwei Monatsgehältern (2 x 15.000 € = 30.000 €) erhalten sollen. Der Betrag von insgesamt 60.000 € wurde bei Auszahlung an AW und WW am 1.12.2012 gewinnmindernd über Gehaltsaufwand verbucht.

Die Anstellungsverträge von AW und WW enthalten u.a. die Klausel, dass die Geschäftsführer je nach wirtschaftlicher Lage des Unternehmens bis zu drei zusätzlichen Monatsgehälter als Weihnachtsgeld erhalten können. Die endgültige Festsetzung obliegt aber der Beschlussfassung durch die Gesellschafterversammlung.

10. Geldauszahlung an Sohn von WW

Der Sohn von WW benötigte im Juli 2012 dringend Geld, um mit seiner neuesten „Eroberung" eine lang ersehnte Italienreise unternehmen zu können. Mit dem Einverständnis von seinem Vater WW und seiner Tante AW ließ er sich deshalb von der W-GmbH zu Lasten der Kapitalrücklage einen Betrag i.H.v. 5.000 € auszahlen (Buchung: Kapitalrücklage 5.000 € an Kasse 5.000 €). Eine spätere Rückzahlung dieses Betrags an die W-GmbH ist nicht vorgesehen.

Aufgaben

1. Ermitteln Sie bitte das zu **versteuernde Einkommen 2012** und die **Körperschaftsteuerschuld** sowie den **Solidaritätszuschlag für 2012** der **W-GmbH**.

   Außerdem sind die sich daraus ergebenden **Steuerrückstellungen (Körperschaftsteuer, Solidaritätszuschlag)** sowie der **endgültige Jahresüberschuss der W-GmbH laut Steuerbilanz** zum 31.12.2012 zu berechnen.

   Die **gesonderte Feststellung des steuerlichen Einlagekontos der W-GmbH** nach **§ 27 KStG** zum 31.12.2012 ist ebenfalls vorzunehmen.

2. Nehmen Sie bitte im **Sachverhalt 7 und 9** auch zu den **einkommensteuerlichen Auswirkungen von WW und AW** Stellung. Gehen Sie bitte davon aus, dass nur **WW** einen Antrag nach § 32d Abs. 2 Nr. 3 EStG gestellt hat.

3. Gehen Sie bitte im **Sachverhalt 3** auch auf die **gewerbesteuerliche Behandlung** der Dividende von der Y-AG ein.

4. Auf schenkungsteuerliche Fragen ist **nicht** einzugehen.

Lösung der Übungsklausur 2

Punkte

Die W-GmbH ist nach **§ 1 Abs. 1 Nr. 1 KStG** unbeschränkt körperschaftsteu-
erpflichtig, da sich ihr Sitz und die Geschäftsleitung in Stuttgart befinden.
Die Körperschaftsteuer bemisst sich nach § 7 Abs. 1 KStG nach dem zu
versteuernden Einkommen. Die GmbH erzielt ausschließlich Einkünfte aus
Gewerbebetrieb (§ 8 Abs. 2 KStG).   1

I. **Ermittlung des zu versteuernden Einkommens für 2012**
    Ausgangsgröße: Jahresüberschuss 2012 laut Steuerbilanz **1.200.000 €**

   Zu Nr. 1: Nicht abziehbare Ausgaben   10
   ➜ **Körperschaftsteuer-Vorauszahlungen**   2012
      (§ 10 Nr. 2 KStG)   **+ 100.000 €**

   ➜ **SolZ zur Körperschaftsteuer 2012 (§ 10 Nr. 2 KStG)**   **+   5.500 €**
   ➜ **Gewerbesteuer-Vorauszahlungen 2012**   **+   80.000 €**
      (§ 8 Abs. 1 KStG i.V.m. § 4 Abs. 5b EStG)

   ➜ **Gewerbesteuer-Nachzahlung für 2007**   ---
   (nach **§ 52 Abs. 12 Satz 7 EStG** gilt das Abzugsverbot nach
   § 4 Abs. 5b EStG erst für die Gewerbesteuer seit dem
   Erhebungszeitraum 2008)

   ➜ **Zinsen nach § 233a AO zur Körperschaftsteuer**   **+   637 €**
   Es greift das Abzugsverbot nach § 10 Nr. 2 KStG i.V.m.
   R 48 Abs. 2 KStR; eine Saldierung mit den Erstattungszinsen
   ist nicht zulässig, da diese steuerpflichtige Betriebseinnahmen bleiben. Vgl. auch BMF-Schreiben vom 5.10.2000, Beck,
   StErl. 800/§ 233a / 4; die Nachforderungs- und Erstattungszinsen beruhen hier nicht auf ein und demselben Ereignis.

   ➜ Die **Aufsichtsratsvergütungen** sind nach **§ 10 Nr. 4 KStG**
   i.V.m. R 50 KStR i.H.v. 50 % nicht abzugsfähig
   (50 % von 18.000 €)   **+   9.000 €**

   Aber:
   Die Aufwendungen für das **Gutachten des Sachverständi-**   ---
   gen unterliegen **nicht** dem hälftigen Abzugsverbot nach § 10
   Nr. 4 KStG. Diese sind vielmehr in voller Höhe als Betriebsausgabe abziehbar, **vgl. H 50 „Sachverständige" KStH 2008**.

   ➜ **Stundungszinsen zur Gewerbesteuer**   **+   1.560 €**
   (Abzugsverbot nach § 4 Abs. 5b EStG gilt)

   ➜ **Verspätungszuschlag zur Lohnsteuer**   ---
   (§ 10 Nr. 2 KStG gilt nicht, da Lohnsteuer Betriebssteuer ist;
   dasselbe gilt für die Nebenleistungen zu dieser Steuer)

➜ **Bewirtungskosten**   +   2.400 €
(**30 % von 8.000 €, § 8 Abs. 1 KStG i.V.m.**
§ 4 Abs. 5 Nr. 2 EStG)

Von der W-GmbH wurde die hierauf entfallende Vorsteuer
richtig als s. Forderung verbucht (das Abzugsverbot greift
nach **§ 15 Abs. 1a Satz 2 UStG** insoweit nicht). Eine Hinzurechnung nach § 10 Nr. 2 KStG für nicht abziehbare
Vorsteuer ist deshalb nicht erforderlich. § 4 Abs. 7 EStG
greift nicht.

➜ **Nicht abziehbarer Geschenkaufwand**
  (**§ 8 Abs. 1 KStG i.V.m. § 4 Abs. 5 Nr. 1 EStG**)   + 30.000 €

Die auf den Geschenkaufwand über jeweils 35 € entfallende Vorsteuer ist nach **§ 15 Abs. 1a Satz 1 UStG** nicht
abziehbar und muss deshalb in der G + V-Rechnung als
Aufwand behandelt werden. Die Ausnahmeregelung in
§ 15 Abs. 1a Satz 2 UStG greift insoweit nicht. Das Abzugsverbot nach § 4 Abs. 7 EStG kommt jedoch nicht zur
Anwendung.

Buchung in der Steuerbilanz:
a.o. Aufwand 5.700 € an Vorsteuer (s.Forderung) 5.700 €   ./. 5.700 €

Aber: Vorsteuer ist nach **§ 10 Nr. 2 KStG** nicht abziehbar, deshalb erfolgt wieder eine außerbilanzmäßige
Hinzurechnung   +   5.700 €

➜ **Vorabausschüttung für 2012**   + 40.000 €

Nach **§ 8 Abs. 3 Satz 1 KStG** ist es für die Ermittlung des
Einkommens ohne Bedeutung, ob das Einkommen verteilt
wird. Die gewinnmindernd gebuchte Vorabausschüttung
ist deshalb bei der Einkommensermittlung für den Veranlagungszeitraum 2012 wieder außerbilanzmäßig hinzuzurechnen. Bei der KapSt und dem Solidaritätszuschlag zur
KapSt handelt es sich **nicht** um eine Anrechnungsteuer
der W-GmbH. Diese betreffen vielmehr die Gesellschafter
WW und AW.

Außerdem ist zu prüfen, ob für die Vorabausschüttung
(Leistung) eine Verwendung des steuerlichen Einlagekontos i.S.d. § 27 KStG zum 31.12.2011 in Betracht kommt
(**vgl. hierzu die nachstehenden Ausführungen unter II**).

Punkte

→ Ertrag aus der Aktivierung des Körperschaftsteuer-Guthabens (BMF-Schreiben vom 14.1.2008, BStBl I 2008, 280)

Außerbilanzmäßige Abrechnung der Gewinnerhöhung im Zusammenhang mit der Aktivierung des Körperschaftsteuer-Guthabens (**§ 37 Abs. 7 Satz 1 KStG**)   ./. 1.600 €

Zu Nr. 2: Darlehensgewährung von WW   4
→ Schritt 1:
Zinsvorteil geringverzinsliches Darlehen
= nicht einlagefähiger Nutzungsvorteil   –

Der Zinsvorteil von 4 % (8 % ./. 4 %) für die Zeit vom 1.2.2012 bis 1.8.2012 stellt keine verdeckte Einlage dar. Es handelt sich hierbei um einen **nicht einlagefähigen Nutzungsvorteil**. Ein Zugang beim steuerlichen Einlagekonto erfolgt dadurch bei der W-GmbH nicht (**vgl. H 40, Nutzungsvorteile, KStH 2004**)

→ Schritt 2:
Zinsverzicht am 1.8.2012 = verdeckte Einlage   ./. 4.000 €

Der **rückwirkende Verzicht** von WW auf das bereits entstandene Nutzungsentgelt von 4.000 € (200.000 € x 4 % x 6/12) ist gesellschaftsrechtlich veranlasst und deshalb eine **verdeckte Einlage**. Denn die Zinsen hätten eigentlich von der W-GmbH als bereits entstandenes passivierungsfähiges Wirtschaftsgut bezahlt werden müssen.

Es erfolgt deshalb nach **§ 8 Abs. 3 Satz 3 KStG** im Rahmen der Einkommensermittlung für den Veranlagungszeitraum 2012 eine außerbianzmäßige Abrechnung i.H.v. 4.000 € (**vgl. H 40, Forderungsverzicht, KStH 2004**).

Der Zinsverzicht (verdeckte Einlage) führt bei der W-GmbH außerdem zu einem **Zugang beim steuerlichen Einlagekonto zum 31.12.2012** nach § 27 KStG i.H.v.   4.000 €

→ Schritt 3:
Unverzinsliches Darlehen ab dem 1.8.2012
= nicht einlagefähiger Nutzungsvorteil   –

Der in der Zinslosigkeit des Darlehens ab dem 1.8.2012 liegende Nutzungsvorteil ist – wie der Zinsvorteil von 4 % vom 1.2. bis 1.7. – nicht passivierungs- und einlagefähig. Eine außerbilanzmäßige Korrektur sowie ein Zugang beim steuerlichen Einlagekonto erfolgt deshalb insoweit ebenfalls nicht.

➔ **Schritt 4:**
Nachträgliche Verzinsung = vGA Nachzahlungsverbot   **+ 5.000 €**

Da WW mit seiner Beteiligung von **60 % beherrschender Gesellschafter** ist, stellt die rückwirkende Verzinsung am 31.10.2012 für die Zeit vom 1.8.2012 bis 31.10.2012 i.H.v. 5.000 € eine vGA wegen Verletzung des Nachzahlungsverbots dar.

Die vGA wegen Verletzung des Nachzahlungsverbots von 5.000 € **beinhaltet** im vorliegenden Fall auch den **fehlenden Fremdvergleich** i.H.d. Differenz zwischen den tatsächlichen Zinsen von 10 % und den banküblichen Zinsen von 8 % ➔ **200.000 € x 2 % x 3/12 = 1.000 €**. Eine **vGA Vorteilsgewährung** kommt deshalb insoweit **nicht zusätzlich** in Betracht.

Die vGA führt im Veranlagungszeitraum 2012 nach § 8 Abs. 3 Satz 2 KStG zu einer außerbilanzmäßigen Einkommenskorrektur i.H.v. 5.000 € (vgl. auch H 36, Einzelfälle, Darlehenszinsen, KStH 2008).

Die vGA stellt auch eine Leistung in 2012 dar (**Abfluss mit Verzicht durch WW am 31.12.2012, vgl. H 75 „Abflusszeitpunkt" KStH 2008**). Es muss deshalb noch geprüft werden, ob insoweit eine Verwendung des steuerlichen Einlagekontos i.S.d. § 27 KStG erfolgt (vgl. nachfolgende Ausführungen unter II).

➔ **Schritt 5:**
Angemessene Verzinsung mit 8 % ab 1.11.2012 bis 31.12.2012 = schuldrechtliche Vereinbarung   –

Die angemessene Verzinsung vom 1.11.2012 bis 31.12.2012 mit 8 % führt weder zur Annahme einer vGA noch zum Ansatz einer verdeckten Einlage bzw. eines Nutzungsvorteils.

➔ **Schritt 6:**
Nachträglicher Verzicht am 31.12.2012 = verdeckte Einlage   **./. 5.000 €**

Der nachträgliche Verzicht auf die Zinsen für die Zeit vom 1.8. bis 31.10.2012 stellt eine verdeckte Einlage dar (Wegfall eines Passivpostens), die nach § 8 Abs. 3 Satz 3 KStG

Punkte

zu einer außerbilanzmäßigen Abrechnung führt. Das steuerliche Einlagekonto nach § 27 KStG zum 31.12.2012 erhöht sich ebenfalls um 5.000 €. **Durch den nachträglichen Verzicht können jedoch die steuerlichen Folgen der vGA i.H.v. 5.000 € nicht rückgängig gemacht werden** (vgl. H 40 „Rückgewähr einer vGA" KStH 2008).

> ☞ **Hinweis!**
> Die **Zinsschranke nach § 8a KStG i.V.m. § 4h EStG** kommt in vorliegendem Fall **nicht** in Betracht, da hier die tatsächlichen Darlehenszinsen bei weitem **nicht die Freigrenze der in § 4h Abs. 2 Buchst. a EStG i.H.v. 3.000.000 € erreichen.**

Zu Nr. 3:   Dividende von der Y-AG

2

Eine Ausschüttung aus dem steuerlichen Einlagekonto ist gem. **§ 20 Abs. 1 Nr. 1 Satz 3 EStG** keine Einnahme i.S.d. § 20 Abs. 1 Nr. 1 EStG. **Diese Einlagenrückgewähr vermindert vielmehr den Buchwert der Beteiligung bis auf 0 €** (vgl. H 20.2 „Einlagenrückgewähr" EStH). **Nur ein darüber hinausgehender Betrag führt zu einem Veräußerungsgewinn.**

Der Vorgang hätte also in der Bilanz zum 31.12.2012 wie folgt verbucht werden müssen:

Bank   241.975 €
Steueraufwand   58.025 €   an **Beteiligungserträge**   220.000 €
(KapSt, SolZ)   an **Beteiligung Y-AG**   80.000 €

Soweit die Einlagenrückgewähr i.H.v. 80.000 € bisher als Beteiligungsertrag gebucht worden ist, ist der Jahresüberschuss 2012 um 80.000 € zu kürzen, da die Minderung des Buchwerts der Beteiligung an der Y-AG ein erfolgsneutraler Vorgang ist (**Buchung: Beteiligungserträge: 80.000 € an Beteiligung Y-AG: 80.000 €**). Gewinnminderung in der Bilanz also: ./. 80.000 €

Im Rahmen der **außerbilanziellen** Einkommensermittlung 2012 sind noch folgende Korrekturen erforderlich:

→ Die Steueranrechnungsbeträge (KapSt, SolZ) sind als Aufwand gebucht. **Hinzurechnung gem. § 10 Nr. 2 KStG**   + 58.025 €

Punkte

➜ Soweit die Dividende i.H.v. 220.000 € aus dem ausschüttbaren Gewinn entnommen wird und nicht das
steuerliche Einlagekonto der Y-AG als verwendet gilt,
erfolgt eine **Steuerfreistellung nach § 8b Abs. 1 Satz 1
KStG**.   ./. 220.000 €

➜ Nach **§ 8b Abs. 5 Satz 1 KStG** gelten jedoch **5 % von
220.000 € = 11.000 €** als nicht abzugsfähige Betriebsausgaben und müssen wieder außerbilanziell hinzugerechnet werden.   +   11.000 €

➜ Die gewinnmindernd verbuchten Beteiligungsaufwen-   –
dungen i.H.v. 3.000 € bleiben abzugsfähig. Denn nach
§ 8b Abs. 5 Satz 2 KStG ist § 3c Abs. 1 EStG insoweit nicht anzuwenden. Die „Abgeltung" erfolgt über
die Hinzurechnung der abziehbaren Betriebsausgabe
i.H.v. 5 % von 220.000 € = 11.000 €.

➜ **Gewerbesteuerliche Auswirkungen:**   2

Die Voraussetzungen des **§ 9 Nr. 2a GewStG** liegen
hier im Erhebungszeitraum 2012 noch **nicht** vor. Es
handelt sich zwar um eine Kapitalbeteiligung i.S.d. § 9
Nr. 2a GewStG (Beteiligung i.H.v. 20 %).

Aber:
Die Beteiligung muss bereits **zum Beginn des Erhebungszeitraum** bestanden haben. Dies ist hier **nicht
der Fall** (Erwerb am 5.3.2012) und hat deshalb eine
gewerbesteuerliche **Hinzurechnung nach § 8 Nr. 5
GewStG** wie folgt zur Konsequenz:

Gewinn aus Gewerbebetrieb i.S.d.
§ 7 GewStG (aus diesem Vorgang):   11.000 €
Hinzurechnung nach § 8 Nr. 5 GewStG
(95 % von 220.000 €)   + 209.000 €
Gewerbeertrag   + 220.000 €
(aus diesem Vorgang)

Zu Nr. 4: Erstattung Geldbuße   –   1

Die in 2010 gezahlten Geldbuße war grundsätzlich eine
nicht abziehbare Betriebsausgabe nach **§ 4 Abs. 5 Nr. 8
Satz 1 EStG**; die Ausnahmeregelung in **Satz 4** kam jedoch
zum Ansatz, da die **Gewinnabschöpfung „brutto" ohne
Berücksichtigung** der hierauf entfallenden Ertragsteuern
erfolgte.

Punkte

Dies bedeutet, dass die Erstattung im Veranlagungszeitraum 2012 eine **steuerpflichtige Betriebseinnahme** ist und nicht nach Satz 3 der Vorschrift bei der Einkommensermittlung wieder außerbilanzmäßig abzurechnen ist (**§ 4 Abs. 5 Nr. 8 Satz 4, 2. HS EStG**).

–

Zu Nr. 5: Sponsoring

Die ertragsteuerliche Behandlung des sog. Sponsorings richtet sich nach den Grundsätzen des **BMF-Schreibens vom 18.2.1998 (BStBl I 1998, 212) und dem AEAO Nr. 7 bis 10 zu § 64 Abs. 1 AO**.

1

Die Voraussetzungen des **Betriebsausgabenabzugs** nach § 4 Abs. 4 EStG sind im vorliegenden Fall gegeben, da der Sportverein SV Cannstatt e.V. **werbewirksam (Trikotwerbung)** auf die W-GmbH hinweist.

Der Umstand, dass sich diese Werbemaßnahme bislang noch nicht in einer konkreten Gewinnsteigerung niedergeschlagen hat, ändert hieran nichts. Ein Betriebsausgabenabzug könnte nur dann versagt werden, wenn zwischen den Zahlungen der W-GmbH (Sponsor) und dem erstrebten wirtschaftlichen Vorteil ein krasses Missverhältnis vorliegen würde. Dies ist hier aber nach dem Sachverhalt nicht der Fall.

> ☞ **Hinweis!**
> Die **Trikotwerbung** begründet beim Sportverein SV Cannstatt e.V. einen **steuerpflichtigen wirtschaftlichen Geschäftsbetrieb „Werbeleistung"**; die Einnahmen i.H.v. 84.000 € unterliegen wegen Überschreitens der Besteuerungsgrenze nach § 64 Abs. 3 AO von 35.000 € der partiellen Körperschaftsteuer- und Gewerbesteuer-Pflicht.
> Die Reingewinnschätzung nach § 64 Abs. 6 Nr. 1 AO kommt bei sportlichen Veranstaltungen mit bezahlten Spielern jedoch nicht in Betracht (vgl. § 67a Abs. 1 und Abs. 3 AO).

Zu Nr. 6: Wertaufholung Beteiligung X-GmbH

Die Wertaufholung in 2012 ist grundsätzlich nach **§ 8b Abs. 2 Satz 3 KStG** steuerfrei. Nach **§ 8b Abs. 2 Satz 4 KStG** kommt allerdings die Steuerbefreiung **nicht** zur

2

Anwendung (**d.h. der Wertaufholungsgewinn ist doch steuerpflichtig**), soweit sich in früheren Jahren durch steuerwirksamen Ansatz des niedrigeren Teilwerts des Anteils eine bei der Einkommensermittlung **berücksichtigte Gewinnminderung ergeben hat** und diese **Teilwertabschreibung** nicht bereits wieder durch eine (steuerpflichtige) Zuschreibung nach § 6 Abs. 1 Nr. 2 Satz 3 EStG ausgeglichen worden ist. Durch die Regelung des § 8b Abs. 2 Satz 4 KStG soll eine **Doppelbegünstigung verhindert** werden (steuerwirksamer Abzug der Teilwertabschreibung und Steuerfreiheit des späteren Wertaufholungsgewinns). Sofern - wie hier - **mehrere Teilwertabschreibungen** mit unterschiedlichen steuerlichen Folgen vorgenommen wurden, gilt die sog. "**last-in-first-out-Reihenfolge**" aufgrund der BFH-Rechtsprechung (BFH-Urteil vom 19.8.2009, I R 2/09, BStBl II 2010, 760).

Der Beteiligungsbuchwert an der X-GmbH hat sich wie folgt entwickelt:

Anschaffungskosten 2006	200.000 €
Teilwert-AfA 2008 (nicht steuerwirksam)	./. 80.000 €
Buchwert zum 31.12.2008 und zum 31.12.2009	120.000 €
Teilwert-AfA 2010 (steuerwirksam wegen fehlerhafter Behandlung)	./. 50.000 €
Buchwert zum 31.12.2010 und 31.12.2011	70.000 €
Wertaufholung in 2012	+ 80.000 €
Buchwert zum 31.12.2012	150.000 €

Der bilanzielle Wertaufholungsgewinn in 2012 i.H.v. 80.000 € ist deshalb unter Berücksichtigung der „**last-in-first-out-Reihenfolge**" nach der BFH-Rechtsprechung steuerlich wie folgt zu behandeln:

Punkte

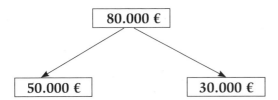

| entfallen auf die zweite **steuerwirksame Teilwert-AfA in 2010** | entfallen auf die erste **nicht steuerwirksame Teilwert-AfA in 2008** | |

→ **§ 8b Abs. 2 Satz 4 KStG keine Steuerbefreiung nach § 8b KStG; somit voll steuerpflichtig** (es erfolgt insoweit keine außerbilanzmäßige Abrechnung)

→ **§ 8b Abs. 2 Satz 3 KStG steuerfrei**; allerdings gelten **5 % von 30.000 €** als nicht abzugsfähige Betriebsausgabe (§ 8b Abs. 3 Satz 1 KStG)

./. 30.000 €

\+ 1.500 €

Zu Nr. 7: **Pensionsverzicht von AW und WW**

Zu Nr. 7.1: **Verzicht von AW auf Anwartschaftsbarwert = verdeckte Einlage** ./. 55.000 € 2

→ Ein Verzicht auf ein werthaltiges Pensionsanwartschaftsrecht ist hinsichtlich des **bereits erdienten** Pensionsanspruchs (**„past-service"**) gesellschaftsrechtlich veranlasst und führt als **verdeckte Einlage** beim Gesellschafter zu einem entsprechenden **Zufluss von Arbeitslohn** (vgl. H 40 „Verzicht auf Pensionsanwartschaftsrechte" KStH 2008).

→ **Nur soweit der Verzicht auf künftig entstehende Versorgungsansprüche beschränkt wird (sog. „future-service"), liegt nach dem BMF-Schreiben vom 14.8.2012 (BStBl I 2012, 874) keine verdeckte Einlage** vor und führt auch **nicht zum Zufluss von Arbeitslohn bei der Gesellschafter-Geschäftsführerin AW.**

Aber:
Eine verdeckte Einlage liegt nur **insoweit** vor, als die **neue Pensionszusage** den sog. **m/n-Anwartschaftsbarwert** von AW **unterschreitet**. Dieser kann wie folgt ermittelt werden:

Punkte

Pensionszusage 3.000 € x **10** (tatsächlich abgeleistete
Dienstzeit bis zum
Verzichtszeitpunkt)
——————————————————————————————————— = **1.500 €**
20 (Zeitraum ab Erteilung Pensionszusage bis zur festen
Altersgrenze)

Dies ergibt einen Verzicht auf den Anwartschaftsbarwert
(= verdeckte Einlage) in folgender Höhe:

Anwartschaftsbarwert	1.500 €
neue Pensionszusage	./. 1.000 €
Differenz = verdeckte Einlage	**500 €**

Der Teilwert der verdeckten Einlage berechnet sich wie folgt:

Barwert Pensionsanspruch 330.000 € x **500 €**
——————————————————————————————————— = **55.000 €**
3.000 €

→ **Zugang beim steuerlichen Einlagekonto nach § 27
KStG zum 31.12.2012 = 55.000 €.**

→ Der sich nach **§ 6a EStG** ergebende Wert der Pensionsrückstellung muss jedoch in der Handels- und Steuerbilanz aufgrund der Herabsetzung der Pensionszusage
von AW angepasst werden. Dies führt zu einem **steuerpflichtigen Ertrag** i.H.v. 240.000 €, der nur i.H.d.
verdeckten Einlage von 55.000 € **außerbilanzmäßig**
nach § 8 Abs. 3 Satz 3 KStG abzurechnen ist.

Einkommensteuerliche Auswirkungen bei AW

→ Zufluss von Arbeitslohn nach § 19 EStG aufgrund des
Verzichts auf den Anwartschaftsbarwert i.H.v. **55.000 €.**

2

→ Erhöhung ihrer Anschaffungskosten i.S.d. § 17 EStG
für ihre Beteiligung an der W-GmbH i.H.v. **55.000 €.**
**Vgl. H 40 „Verzicht auf Pensionsanwartschaftsrech-
te" KStH 2008.**

Zu Nr. 7.2:   Verdeckte Einlage von WW aufgrund Pensions-
verzicht nach Eintritt Besserungsfall

2

Es ergeben sich folgende steuerliche Auswirkungen:

**1. Schritt: Pensionsverzicht gegen Besserungsschein
im Veranlagungszeitraum 2008**

Punkte

→ Gewinnerhöhende Ausbuchung der Pensionsrückstellung in der Bilanz zum 31.12.2008.

2. Schritt: Eintritt des Besserungsfalls im Veranlagungszeitraum 2012

→ Aufgrund des Eintritts des Besserungsfalls ist eine **gewinnmindernde Einbuchung** der Pensionsrückstellung in der Bilanz zum 31.12.2012 mit dem sich nach § 6a Abs. 3 EStG ergebenden Wert i.H.v. 280.000 € erforderlich. Gewinnminderung in der Bilanz also: ./. 280.000 €

Das Nachholverbot nach § 6a Abs. 4 EStG kommt **nicht** zur Anwendung, da es sich **nicht** um eine neue Pensionszusage von WW handelt. D.h. für WW ist eine neue Erdienbarkeitsfrist nicht erforderlich. Der Umstand, dass WW zu diesem Zeitpunkt bereits 62 Jahre alt ist, spielt keine Rolle!

3. Schritt: Verdeckte Einlage aufgrund Pensionsver zicht (wegen Nicht-Geltendmachung des Pensionsanspruchs von WW)

Für die Nicht-Geltendmachung und für die Nicht-Bilanzierung liegen ausschließlich **gesellschaftsrechtliche Gründe** von WW vor, die als Pensionsverzicht eine **verdeckte Einlage i.H.d. Teilwerts seiner Pensionsanwartschaft i.H.v. 300.000 €** zur Folge haben. Denn es handelt sich um einen einlagefähigen Vermögensvorteil (Wegfall Passivposten), der in dieser Höhe auch **werthaltig** ist (vgl. H 40 „Einlagefähiger Vermögensvorteil" KStH 2008).

Die GmbH muss den Vorgang in der Bilanz zum 31.12.2012 wie folgt verbuchen:

Pensionsrückstellung 280.000 €   ./.   20.000 €
Aufwand   20.000 € an **Ertrag 300.000 €**   + 300.000 €

Nach dem BFH-Urteil vom 15.10.1997 (BStBl II 1998, 305) ist die Pensionsrückstellung zunächst **um 20.000 € gewinnmindernd** auf den Teilwert der Pensionsanwartschaft „aufzustocken". Aufgrund des Pensionsverzichts von WW ist die Pensionsrückstellung anschließend **gewinnerhöhend über Ertrag (300.000 €) auszubuchen**.

Aber:
Außerbilanzmäßige Abrechnung der verdeckten Einlage nach § 8 Abs. 3 Satz 3 KStG   ./. 300.000 €

Die verdeckte Einlage i.H.v. 300.000 € ist zum 31.12.2012 bei der W-GmbH auch als Zugang bei der Ermittlung des steuerlichen Einlagekontos nach § 27 KStG zu berücksichtigen.

Einkommensteuerliche Auswirkungen bei WW

➜ Zufluss von Arbeitslohn nach § 19 EStG: **+ 300.000 €**
   (Anwendung § 34 Abs. 1 EStG)   2

➜ Erhöhung der Anschaffungkosten i.S.d.
   § 17 EStG für seine Anteile an der
   W-GmbH: **+ 300.000 €**

Zu Nr. 8:   Rangrücktritte von WW und AW

**Zu Nr. 8.1: Rangrücktritt von WW = keine Ausbuchung
               Verbindlichkeit**   –   1

➜ Der einfache Rangrücktritt mit Besserungsabrede von WW fällt **nicht** unter die Anwendung des **§ 5 Abs. 2a EStG**, da die Verbindlichkeit **auch aus dem freien Vermögen** zu tilgen ist (**BMF-Schreiben vom 8.9.2006, BStBl I 2006, 497**). Die Verbindlichkeit bleibt danach also sowohl in der Handels- als auch in der Steuerbilanz zum 31.12.2012 passiviert.

**Zu Nr. 8.2: Rangrücktritt von AW; Ausbuchung
               Verbindlichkeit**   1

➜ Die **einfache Rangrücktrittsvereinbarung** von AW führt hier zur **Anwendung des § 5 Abs. 2a EStG** und damit zur **gewinnerhöhenden Ausbuchung** in der Steuerbilanz zum 31.12.2012 über a.o. Ertrag i.H.v. 40.000 €. Denn die Verbindlichkeit ist nur aus **künftigen Gewinnen** zu tilgen. Der BFH hat mit Urteil vom 30.11.2011, I R 100/10, BStBl II 2012, 332, diese Verwaltungslinie bestätigt.

Es ergeben sich folgende steuerliche Auswirkungen:

innerhalb der Steuerbilanz: **+ 40.000 €**

D.h. es erfolgt eine gewinnerhöhende Ausbuchung der Verbindlichkeit über Ertrag; **keine außerbilanzmäßige Abrechnung** nach § 8 Abs. 3 Satz 3 KStG, da keine verdeckte Einlage vorliegt.

Punkte

Zu Nr. 9:   vGA Geschäftsführerbezüge

➔ **vGA Gewinntantieme WW und AW**   + 160.000 €   2

Nach den **BFH-Urteilen vom 17.12.2003 (BStBl II
2004, 524) und vom 18.9.2007 (BStBl II 2008, 314)**
müssen für die Ermittlung einer Gewinntantieme, die
an den in der Handelsbilanz ausgewiesenen Jahresüberschuss anknüpft, die unter **der Verantwortung der
Gesellschafter-Geschäftsführer** angefallenen **Jahresfehlbeträge** laut Handelsbilanz ebenfalls in die Bemessungsgrundlage der Tantieme einbezogen werden. D.h.
es kann nur der „**Nettogewinn**" (**Jahresüberschuss
vermindert um den Verlustvortrag**) zugrunde gelegt
werden, wenn die tantiemeberechtigten Gesellschafter-
Geschäftsführer - **wie hier** - für den Verlust verantwortlich sind. Dabei müssen die **Jahresfehlbeträge vorgetragen und durch künftige Jahresüberschüsse ausgeglichen werden**; eine vorhergehende Verrechnung
mit einem bestehenden Gewinnvortrag laut Handelsbilanz darf in der Regel nicht vorgenommen werden (**vgl.
auch H 39 „Verlustvorträge" KStH 2008**).

☞ **Hinweis!**
Der Umstand, dass das **Verhältnis Festgehalt und
Gewinntantieme** nicht innerhalb der Grenzen der
sog. **Regelvermutung 75 %/25 %** liegt, ist unschädlich. Nach den Grundsätzen des BMF-Schreibens vom 15.2.2002 (BStBl I 2002, 219) kann dann
abgewichen werden, wenn – wie im vorliegenden
Fall – die Ertragslage der Kapitalgesellschaft starken
Schwankungen unterliegt (**vgl. auch H 39 „Grundsätze" KStH 2008**).

Die Gewinntantieme ist deshalb nach der BFH-Rechtsprechung wie folgt zu berechnen:

Jahresüberschuss 2012:	1.200.000 €
Verlustvortrag aus 2011:	**./. 800.000 €**
verbleiben als Bemessungsgrundlage	**+ 400.000 €**
davon Anteil WW **10 %**	40.000 €
davon Anteil AW **10 %**	40.000 €
insgesamt	80.000 €
Gewinntantieme bisher	./. 240.000 €
Differenz = vGA Vorteilsgewährung	**160.000 €**

Die vGA i.H.v. 160.000 € ist nach § 8 Abs. 3 Satz 2 KStG im Rahmen der Einkommensermittlung für den Veranlagungszeitraum 2012 außerbilanzmäßig hinzuzurechnen.

Aber:
Eine Leistung i.S.d. § 27 KStG liegt erst in 2013 vor, da die vGA „Tantieme" erst am 31.5.2013 abfließt (vgl. H 75 „Abflusszeitpunkt" KStH 2008).

➔ **vGA Weihnachtsgeld WW und AW**   **+ 50.000 €**   2

Bei beherrschenden Gesellschafter-Geschäftsführern (WW und AW haben **gleichgerichtete Interessen, AW ist im Übrigen auch eine nahestehende Person des beherrschenden Gesellschafters WW**) müssen Vereinbarungen **im Voraus klar und eindeutig** abgeschlossen werden. Im Hinblick auf die Klausel im Anstellungsvertrag liegt eine **klare und eindeutige Vereinbarung** über die Sondervergütung „Weihnachtsgeld" erst mit dem **Gesellschafterbeschluss vom 31.10.2012** vor. Denn bis dahin stand die Höhe des Weihnachtsgelds unter dem **Vorbehalt** einer anderweitigen Festsetzung durch die Gesellschafterversammlung (**vgl. auch H 39 „Zustimmungsvorbehalt" KStH 2008**).

Die vGA berechnet sich wie folgt:

2 x 30.000 € x 10/12 = 50.000 €, da bis 31.10.2012 keine klare Vereinbarung vorliegt

Die vGA führt i.H.v. 50.000 € nach § 8 Abs. 3 Satz 2 KStG zur außerbilanzmäßigen Einkommenskorrektur im Veranlagungzeitraum 2012. Gleichzeitig liegt in dieser Höhe in 2012 auch eine Leistung i.S.d. § 27 KStG vor (Abfluss am 1.12.2012).

Einkommensteuerliche Auswirkungen:
a) Bei WW:
Umqualifizierung der Einkünfte, der Einkommensteuer-Bescheid 2012 ist ggf. nach **§ 32a Abs. 1 KStG** zu ändern: 1 SP

➔ § 19 EStG ./. 25.000 €

→ Eigentlich Fall des § 20 Abs. 1 Nr. 1 **Satz 2** EStG i.V.m. § 3 Nr. 40 Satz 1d EStG (Optionsfall nach § 32d Abs. 2 Nr. 3 EStG i.V.m. § 3 Nr. 40 Satz 1 Buchst. d EStG) Ansatz von 25.000 € x 60 % = 15.000 €.

1

Hier aber:

→ Die Leistung erfolgt **nicht aus dem ausschüttbaren Gewinn, sondern aus dem steuerlichen Einlagekonto (vgl. nachstehend unter II.).** Dies bedeutet, dass WW Einnahmen i.S.d. § 20 Abs. 1 Nr. 1 **Satz 3** EStG i.H.v. 25.000 € erzielt, die lediglich zu einer Verringerung seiner Anschaffungskostn i.S.d. § 17 EStG von diesem Betrag führen.

1 SP

b) Bei AW:

Es erfolgt ebenfalls eine Umqualifizierung ihrer Einkünfte, ggf. Änderung des Einkommensteuer-Bescheids für 2012 nach § 32a Abs. 1 KStG.

→ § 19 EStG: ./. 25.000 €

→ Eigentlich Fall des § 20 Abs. 1 Nr. 1 **Satz 2** EStG i.V.m. § 32d Abs. 1 und Abs. 3 EStG (Anwendung Sondersteuersatz i.H.v. 25 % im Rahmen der Einkommensteuer-Veranlagung 2012).

1

Hier aber:

→ Ebenfalls **Leistung aus dem steuerlichen Einlagekonto** (vgl. nachstehend unter II.). Auch AW hat Einnahmen i.S.d. § 20 Abs. 1 Nr. 1 **Satz 3** EStG i.H.v. 25.000 € erzielt, die nur zu einer Verringerung ihrer Anschaffungskosten i.S.d. § 17 EStG um diesen Betrag führen

1 SP

Zu Nr. 10: vGA „Geldauszahlung"   –   **2**

Die „Geldauszahlung" an den Sohn als nahestehende Person von WW stellt **keine vGA i.S.d. § 8 Abs. 3 Satz 2 KStG dar.** Es liegt zwar eine Vermögensminderung i.H.v. 5.000 € vor, diese hat sich aufgrund der **Verbuchung über die Kapitalrücklage nicht auf den Unterschiedsbetrag i.S.d. § 4 Abs. 1 Satz 1 EStG ausgewirkt** (vgl. R 36 Abs. 1 KStR). Gleichwohl handelt es sich um eine Leistung i.S.d. § 27 KStG (vgl. H 75 KStH). Bei WW sind deshalb auch Einnahmen aus Kapitalvermögen nach § 20 Abs. 1 Nr. 1 Satz 2 EStG i.H.v. 5.000 € zu erfassen.

Punkte

Berücksichtigung Verlustvortrag nach § 10d EStG:

➔ **Unbeschränkter Verlustvortrag aus 2011 nach § 10d Abs. 2 EStG (keine Begrenzung des Verlustvortrags aufgrund Mindestbesteuerung)**   ./. 299.022 €   1

➔ Die Verlustabzugsbeschränkung nach § **8c KStG** kommt hier **nicht** zur Anwendung (es liegt kein schädlicher Beteiligungserwerb vor).

Zu versteuerndes Einkommen 2012   <u>800.000 €</u>

II. Prüfung, ob in 2012 eine Einlagenrückgewähr nach § 27 Abs. 1 Satz 3 KStG vorliegt (Differenzrechnung)   2

Leistungen in 2012:

Nr. 1 Vorabausschüttung	40.000 €
Nr. 2 vGA Zinsen WW	+ 5.000 €
Nr. 9 vGA Gewinntantieme WW und AW	0 €
(Abfluss erst in 2013)	
Nr. 9 vGA Weihnachtsgeld WW und AW	+ 50.000 €
Nr. 10 vGA „Geldauszahlung"	<u>+ 5.000 €</u>
insgesamt	<u>100.000 €</u>

EK laut Steuerbilanz zum 31.12.2011   ./. 455.000 €
(100.000 € + 245.000 € ./. 800.000 €)

Stammkapital   ./. 100.000 €

Steuerliches Einlagekonto zum 31.12.2011   <u>./. 250.000 €</u>
Ausschüttbarer Gewinn zum 31.12.2011   ./. 805.000 €

da negativ, Ansatz mit   0 €

Leistungen in 2012   <u>./.100.000 €</u>

Differenz = negativ   <u>./. 100.000 €</u>

d.h. insoweit erfolgt für die gesamten Leistungen in 2012 i.H.v. 100.000 € eigentlich eine Verwendung des steuerlichen Einlagekontos zum 31.12.2011 (§ 27 Abs. 1 Satz 3 KStG)

Dies hat eigentlich zur Folge, dass bei WW und AW in 2012 **keine Dividenden** vorliegen, sondern nach **§ 20 Abs. 1 Nr. 1 Satz 3 EStG** jeweils eine erfolgsneutrale Verrechnung mit den Anschaffungskosten i.S.d. § 17 EStG erfolgt.

Punkte

Aber: Verwendungsfestschreibung!
Die W-GmbH hat für die **Vorabausschüttung i.H.v. 40.000 €** an WW und AW KapSt einbehalten und eine **Verwendung des steuerlichen Einlagekontos i.H.v. 0 €** bescheinigt.

1 SP

➔ Nach **§ 27 Abs. 5 Sätze 1 und 3 KStG tritt insoweit eine Verwendungsfestschreibung ein (d.h. die zu niedrig bescheinigte Verwendung bleibt unverändert).** WW und AW müssen deshalb die Vorabausschüttung im Veranlagungszeitraum 2012 als Einkünfte aus Kapitalvermögen nach **§ 20 Abs. 1 Nr. 1 Satz 1** EStG versteuern (Anteil WW: 24.000 €, Anteil AW: 16.000 €).

III. **Ermittlung der Körperschaftsteuer-Schuld 2012 und der Steuerrückstellungen für 2012 (Körperschaftsteuer/Solidaritätszuschlag)**

2

1. **Körperschaftsteuer-Schuld 2012**

Körperschafsteuer-Tarifbelastung 2012 15 % von 800.000 €
= 120.000 € (§ 23 Abs. 1 KStG)

= **festzusetzende Körperschafteuer**	**120.000 €**
anzurechnende KapSt (55.000 €, SV 3)	./. 55.000 €
verbleibende Körperschaftsteuer	**65.000 €**
Körperchaftsteuer-Vorauszahlungen 2012	./. 100.000 €
Körperschaftsteuer-Forderung 2012	**35.000 €**

2. **Solidaritätzuschlag 2012**
(5,5 % von 120.000 €)   **6.600 €**   **1**

anzurechnender Solidaritätszuschlag (3.025 €, SV 3)	./. 3.025 €
verbleibender Solidaritätszuschlag	**3.575 €**
Vorauszahlungen auf den Solidaritätszuschlag	./. 5.500 €
SolZ-Forderung	**1.925 €**

IV. **Endgültiger Jahresüberschuss 2012 laut Steuerbilanz**   **1**

Jahresüberschuss 2012 bisher	1.200.000 €
➔ Aufwand nicht abziehbare Vorsteuer (SV 1)	./. 5.700 €
➔ Verringerung Beteiligungsertrag (SV 3)	./. 80.000 €
➔ Aufwand aus Einbuchung Pensionsrückstellung WW (nach Eintritt Besserungsfall, SV 7.2)	./. 280.000 €
➔ Aufwand aus der „Aufstockung" der Pensionsrückstellung auf den Teilwert der Pensionsanwartschaf (SV 7.2)	./. 20.000 €

Punkte

➜ Ertrag aus Ausbuchung Pensionsrückstellung
   (verdeckte Einlage WW, SV 7.2)   +   300.000 €

➜ Wegfall Verbindlichkeit AW
   (Rangrücktritt AW, SV 8.2)   +   40.000 €

➜ Körperschaftsteuer-Forderung   +   35.000 €

➜ SolZ-Forderung   +   1.925 €

Endgültiger Jahresüberschuss 2012   1.191.225 €

V. **Gesonderte Feststellung des steuerlichen Einlagekontos**   2
   zum 31.12.2012 (§ 27 Abs. 2 Satz 1 KStG)

   Bestand zum 31.12.2011   250.000 €

   1. **Verringerung des Einlagekontos aufgrund Verwen-**
      dung für Leistungen in 2012 (§ 27 Abs. 1 Satz 3
      KStG)

      Leistungen in 2012 aus dem Einlagekonto **100.000 €**
      ./. Vorabausschüttung 40.000 € = 60.000 €, da in-   1 SP
      soweit nach **§ 27 Abs. 5 Satz 1 KStG** die zu niedrig
      bescheinigte Verwendung unverändert bleibt und eine
      Berichtigung nicht zulässig ist, vgl. die vorstehenden
      Ausführungen unter II.   ./.   60.000 €
                                                               190.000 €

   2. **Zugänge aufgrund verdeckter Einlagen**

   ➜ **SV 2:**   Zinsverzicht WW
                  (4.000 € + 5.000 €)   +   9.000 €

   ➜ **SV 7.1:** Pensionsverzicht AW   +   55.000 €

   ➜ **SV 7.2:** Pensionsverzicht WW   +   300.000 €

      Bestand des steuerlichen Einlagekontos
      zum 31.12.2012   554.000 €

Punkte insgesamt: 50
Sonderpunkte   5
insgesamt: 55

Klausuren Umsatzsteuer

Übungsklausur 1
Bearbeitungszeit: 5 Stunden

I. Sachverhalt

Peter Maier (M) lebt zusammen mit seiner 18 Jahre alten Tochter Tamara (T) in Mannheim. M ist Inhaber eines Heizungsinstallationsbetriebs in Mannheim sowie Eigentümer eines vermieteten Wohn- und Geschäftshauses in Heidelberg. T ist noch Schülerin.

Mit seinem Heizungsinstallationsbetrieb hat M sich insbesondere auf die energieeffiziente Modernisierung von Heizungsanlagen und die Montage von Solaranlagen spezialisiert. Er arbeitet dabei eng mit der Firma Solarsolution (S) mit Sitz in Mannheim zusammen, von der er für seine Auftraggeber die Solaranlagen günstig bezieht. Angesichts einer stark zunehmenden Nachfrage nach Solaranlagen hat S bereits 2006 neben ihrem Hauptwerk in Mannheim ein Zweigwerk in Prag (Tschechien) eröffnet, von dem aus sie jährlich Solaranlagen für 5 Mio. € an Kunden in Deutschland liefert, davon allein für 1 Mio. € an Privatkunden.

Einzelne Geschäftsvorfälle des Jahres 2013

1. Im Januar 2013 beschließt die Stadt Mannheim, angesichts dramatisch steigender Ölpreise die Energiekosten der städtischen Verwaltungsgebäude zu senken. Als erste Maßnahme beauftragt sie M mit der Modernisierung der Heizungsanlage für das Rathaus. Der Auftrag umfasst die Installation eines neuen Heizkessels sowie die Montage einer Solaranlage auf dem Dach des Rathauses, welche die bestehende Ölheizung ergänzen soll.

   Den Heizkessel bestellt M in eigenem Namen und auf eigene Rechnung bei der Firma Heizgut (H) mit Sitz in Zürich (Schweiz) für einen Kaufpreis von 10.500 €. Die Lieferung soll verzollt und versteuert direkt zum Auftraggeber des M nach Mannheim erfolgen.

   Mit dem Transport von Zürich nach Mannheim beauftragt H das Transportunternehmen Eurocargo (E) aus Mannheim, welches den Heizkessel am 30.01.2013 mit einem Lkw in Zürich abholt und zunächst zur Grenzstation nach Basel befördert, wo der LKW-Fahrer den Heizkessel im Namen und Auftrag der H zum zoll- und steuerrechtlich freien Verkehr anmeldet, die anfallenden Einfuhrabgaben für H entrichtet und anschließend weiter nach Mannheim transportiert. E stellt H am 03.02.2013 für den Transport insgesamt 1.000 € in Rechnung. H übersendet M für die Lieferung des Heizkessels am 08.02.2013 eine ordnungsgemäße Rechnung über 10.500 €.

   Die Solaranlage bestellt M im Namen der Stadt Mannheim bei der Firma Solarsolution (S), die die Solaranlage mit einem eigenen LKW von ihrem Zweigwerk in Prag am 10.02.2013 direkt nach Mannheim befördert. Die Rechnung über 8.000 € vom 20.02.2013 leitet S vereinbarungsgemäß unmittelbar an die Stadt Mannheim weiter. In der Zeit vom 22.02-28.02.2013 installiert M den Heizungskessel und die Solaranlage. Die Abnahme durch die Stadt Mannheim erfolgt am 02.03.2013. Am 30.03.2013 stellt M der Stadt Mannheim für seine Leistungen 17.000 € in Rechnung.

(Hinweis: Die Stadt Mannheim tätigt ansonsten keine Erwerbe aus anderen EU-Mitgliedstaaten).

2. Im März 2013 bestellt M beim VW-Händler Olsen (O) in Kopenhagen (Dänemark) einen neuen VW Golf Variant als Geschäftswagen für seinen Heizungsinstallationsbetrieb; für diesen Kauf verwendete M seine deutsche USt-IdNr.

Gleichzeitig bestellt auch seine Tochter Tamara (T) für sich einen VW Polo bei O, da auch sie von den günstigen Neuwagenpreisen in Dänemark profitieren will, zumal ihr Vater M ihr zusagte, die Hälfte des Kaufpreises zu übernehmen.

Bereits am 31.03.2013 fahren M und T zusammen mit dem Zug nach Kopenhagen. Am Morgen des 01.04.2013 holen beide ihre neuen PKW im Autohaus des O gegen Aushändigung ihrer Rechnungen ab und fahren zurück nach Mannheim. Der Kaufpreis für den Golf Variant betrug 26.000 € und wurde von M bereits vor der Abholung am 25.03.2013 an O überwiesen. Der Kaufpreis für den Polo betrug 21.000 € und wurde am selben Tag zur Hälfte von T und zur anderen Hälfte – wie versprochen – von ihrem Vater M an O überwiesen.

T empfindet bereits nach wenigen Wochen ihren neuen Polo als wenig „cool" und möchte lieber ein Cabrio. Sie verkauft ihn daher bereits im Juni 2013 mit einem Kilometerstand von 6.500 km über das Internet an den privaten Abnehmer Maurice Fritz (F) aus Metz (Frankreich) für 19.000 €, der ihn am 20.06.2013 in Mannheim abholt und direkt nach Metz fährt.

3. Das Wohn- und Geschäftshaus in Heidelberg (Baujahr 2006) hatte M bereits zum 01.04.2007 für 500.000 € zzgl. 95.000 € Umsatzsteuer erworben. Die Umsatzsteuer hatte er in gesetzlich zulässiger Höhe als Vorsteuer geltend gemacht. Das Gebäude wurde seit 01.04.2007 wie folgt vermietet:

- Die Büroräume im Erdgeschoss (200 qm) vermietet M an ein Inkassounternehmen, das sich auf den Einzug offener Forderungen für Telekommunikationsunternehmen spezialisiert hat. Im Mietvertrag, der alle Angaben einer ordnungsgemäßen Rechnung enthält, sind hierfür als Miete 2.000 € zzgl. 380 € Umsatzsteuer vereinbart.
- Im Obergeschoss befinden sich zwei vermietete Wohnungen (je 100 qm), die für jeweils 1.000 € vermietet werden. Zu den Wohnungen gehört noch jeweils eine Garage, die sich auf demselben Grundstück befinden. Diese werden mit separaten Mietverträgen für je 80 € an die Wohnungsmieter vermietet.

4. Zum 1.7.2013 überträgt M unentgeltlich im Wege der vorweggenommenen Erbfolge das Wohn- und Geschäftshaus in Heidelberg auf seine Tochter T. T tritt in die Mietverträge ein und führt sie zunächst unverändert fort. Zum 01.10.2013 kommt es jedoch im Erdgeschoss zu einem Mieterwechsel. Das Inkassobüro zieht aus und es zieht ein Arzt für Allgemeinmedizin ein, der dort seine Arztpraxis betreibt. Der Arzt tritt durch Vertragsübernahme in den bisher mit dem Inkassobüro bestehenden Mietvertrag unter Übernahme aller Rechte und Pflichten – inklusive der Mietzahlungsvereinbarung von 2.000 € zzgl. 380 € Umsatzsteuer – zum 01.10.2013 ein.

II. Aufgabe

Prüfen Sie alle im Sachverhalt angesprochenen Umsätze des Jahre **2013** nach dem Ihnen bekannten Prüfungsschema und gehen Sie dabei auch auf den Vorsteuerabzug ein.

Alle Unternehmer versteuern nach vereinbarten Entgelten und geben monatlich Voranmeldungen ab.

Begründen Sie bitte Ihre Entscheidungen mit dem Umsatzsteuergesetz und – soweit erforderlich – mit dem Umsatzsteueranwendungserlass (Stand Juni 2013).

Gehen Sie davon aus, dass alle Rechnungen formal ordnungsgemäß sind. Erforderliche Ausfuhr-/Beleg- und Buchnachweise sind zum frühestmöglichen Zeitpunkt als erbracht anzusehen. An entsprechender Stelle Ihrer Lösung ist dennoch kurz darauf hinzuweisen.

Lösung der Übungsklausur 1

1. Sanierung der Heizungsanlage für die Stadt Mannheim

Installation von Heizkessel und Solaranlage durch M

Mit der Installation des Heizkessels und der Solaranlage erbringt M gegenüber der Stadt Mannheim eine Werklieferung nach § 3 Abs. 4 UStG, da er die zur Ausführung der Arbeiten erforderlichen Hauptstoffe zumindest teilweise selbst beschafft (z.B. Heizkessel). Die Beschaffung der Solaranlage erfolgt dagegen durch M als Vertreter/ Agent für die Stadt Mannheim und nimmt daher als Materialbeistellung nicht am Leistungsaustausch teil, Abschn. 3.8 Abs. 2 S. 1 und Abs. 4 S. 3 UStAE. Ort der Werklieferung ist gemäß § 3 Abs. 7 S. 1 UStG Mannheim. Mannheim gehört zum Inland i.S.d. § 1 Abs. 2 S. 1 UStG, die Werklieferung ist daher steuerbar § 1 Abs. 1 Nr. 1 UStG und auch steuerpflichtig.

Bemessungsgrundlage ist gemäß § 10 Abs. 1 S. 1 und 2 UStG das Entgelt, also alles was der Leistungsempfänger für die Leistung aufwendet, ohne die darin enthaltene Umsatzsteuer, vorliegend also 14.285,71 €. Die hierauf entfallende Umsatzsteuer von 19 % (§ 12 Abs. 1 UStG) beträgt 2.714,29 €. Die Werklieferung gilt mit Abnahme des fertigen Werks am 2.3.2013 als ausgeführt (Abschn. 13.2 S. 2 Nr. 1 S. 2 UStAE), die Umsatzsteuer entsteht somit gemäß § 13 Abs. 1 Nr. 1 Buchst. a S. 1 UStG mit Ablauf des Voranmeldungszeitraums März 2013 und wird gemäß § 13a Abs. 1 Nr. 1 UStG vom Werkunternehmer M geschuldet.

Die der Stadt in Rechnung gestellte Umsatzsteuer ist für diese nicht als Vorsteuer nach § 15 Abs. 1 S. 1 Nr. 1 UStG abziehbar, da die Leistung im Zusammenhang mit ihrer hoheitlichen Verwaltungstätigkeit steht und sie damit nicht als Unternehmer bzw. für ihr Unternehmen die Leistung bezieht (§ 2 Abs. 3 UStG).

Einfuhr des Heizkessels durch H

H verwirklicht bezüglich des Heizkessels eine Einfuhr im Inland nach § 1 Abs. 1 Nr. 4 UStG, da der Heizkessel in ihrem Namen aus einem Drittlandsgebiet, § 1 Abs. 2a S. 3 UStG (Schweiz), in das Gemeinschaftsgebiet eingeführt und zum zoll- und steuerrechtlich freien Verkehr abgefertigt wird. Dementsprechend schuldet H gemäß § 13a Abs. 2 i.V.m. § 21 Abs. 2 UStG i.V.m. dem Zollkodex die EUSt. Die entrichtete EUSt laut zollamtlichem Beleg ist für H jedoch wieder als Vorsteuer abziehbar gemäß § 15 Abs. 1 S. 1 Nr. 2 UStG, da in den Fällen des § 3 Abs. 8 UStG (s.u.) die Verfügungsmacht am eingeführten Gegenstand bei Grenzübertritt noch dem Lieferer zugerechnet wird, er den Gegenstand also noch „für sein Unternehmen" einführt (Abschn. 15.1 Abs. 4 und 6 UStAE). Mangels Ausschluss nach § 15 Abs. 2 UStG ist die Vorsteuer auch abzugsfähig.

Lieferung des Heizkessels von H an M

Daneben liegt bezüglich des Heizkessels auch eine Lieferung nach § 3 Abs. 1 UStG von H an M vor. Abweichend von § 3 Abs. 6 UStG gilt der Ort der Lieferung gemäß § 3 Abs. 5a i.V.m. Abs. 8 UStG als im Inland belegen, da der Liefergegenstand bei der Versendung aus dem Drittlandsgebiet in das Inland gelangt und der Lieferer (H) Schuldner der EUSt ist (s.o.). Die Lieferung ist somit steuerbar und mangels Steuerbefreiung auch steuerpflichtig. Die Bemessungsgrundlage nach § 10 Abs. 1 S. 1 und 2

UStG beträgt 8.823,53 €, die darauf entfallende Umsatzsteuer 1.676,47 €. Sie entsteht gemäß § 13 Abs. 1 Nr. 1 Buchst. a S. 1 UStG mit Ablauf des Voranmeldungszeitraums Januar 2013 und wird vom Lieferer H geschuldet, § 13a Abs. 1 Nr. 1 UStG. Die dem M in Rechnung gestellte Umsatzsteuer ist für diesen nach § 15 Abs. 1 S. 1 Nr. 1 UStG als Vorsteuer abziehbar und mangels Ausschluss nach § 15 Abs. 2 UStG auch abzugsfähig, jedoch nach § 16 Abs. 2 S. 1 UStG erst im Voranmeldungszeitraum Februar, da M erst dort im Besitz einer ordnungsgemäßen Rechnung nach § 15 Abs. 1 S. 1 Nr. 1 S. 2 UStG ist.

Transport des Heizkessels durch E

Mit dem Transport des Heizkessels von Zürich nach Mannheim erbringt E gegenüber H eine sonstige Leistung gem. § 3 Abs. 9 S. 1 UStG. Der Leistungsort für die Beförderungsleistung richtet sich gemäß § 3a Abs. 2 S. 1 UStG nach dem Sitzort des Leistungsempfängers H, liegt also in Zürich und damit im Ausland i.S.d. § 1 Abs. 2 S. 2 UStG; die Leistung ist damit nicht steuerbar.

Verkauf der Solaranlage durch S

Bezüglich der Solaranlage liegt eine Lieferung § 3 Abs. 1 UStG von S direkt an die Stadt Mannheim vor. M besorgt die Solaranlage im Namen und auf Rechnung der Stadt Mannheim, wird insofern also nur als Vertreter/Agent tätig. Abweichend von § 3 Abs. 6 UStG richtet sich vorliegend der Ort der Beförderungslieferung nach § 3c UStG, liegt also am Ende der Beförderung in Mannheim, da die Voraussetzungen dieser gemäß § 3 Abs. 5a UStG vorrangigen Sonderortsvorschrift vorliegen:

- Der Gegenstand der Lieferung wird aus dem Gebiet eines EU-Mitgliedstaates (Tschechien) in das Gebiet eines anderen (Deutschland) befördert und die Beförderung erfolgt durch den Lieferer S, § 3c Abs. 1 S. 1 UStG.
- Die Voraussetzungen des § 3c Abs. 2 UStG sind ebenfalls erfüllt. Der Stadt Mannheim als Erwerber gehört zum Personenkreis des § 3c Abs. 2 Nr. 2 S. 1 Buchst. d UStG, da sie als juristische Person des öffentlichen Rechts die Solaranlage für ihren hoheitlichen Verwaltungsbereich erwirbt, insofern also nicht als Unternehmer bzw. für ihr Unternehmen erwirbt (vgl. § 2 Abs. 3 UStG). Sie überschreitet weder die deutsche Erwerbsschwelle i.H.v. 12.500 € (§ 1a Abs. 3 Nr. 2 UStG), noch bestehen Anhaltspunkte für einen Verzicht auf die Anwendung der Erwerbsschwelle, insbes. hat die Stadt beim Erwerb keine USt-IdNr. verwendet.
- S überschreitet mit ihren Exporten nach Deutschland die deutsche Lieferschwelle von 100.000 €, § 3c Abs. 3 S. 1 i.V.m. S. 2 Nr. 1 UStG, da sie allein an Privatpersonen (Lieferungen i.S.d. § 3c UStG) für jährlich 1 Mio. € Waren liefert.

Die Lieferung ist daher in Deutschland steuerbar und auch steuerpflichtig. Die Bemessungsgrundlage nach § 10 Abs. 1 S. 1 und 2 UStG beträgt 6.722,69 €, die darauf entfallende Umsatzsteuer 1.277,31 €. Sie entsteht gemäß § 13 Abs. 1 Nr. 1 Buchst. a S. 1 UStG mit Ablauf des Voranmeldungszeitraums Februar 2013 und wird vom Lieferer S geschuldet, § 13a Abs. 1 Nr. 1 UStG. Ein Vorsteuerabzug steht der Stadt Mannheim nicht zu (s.o.).

2.   VW Golf Variant und VW Polo

Verkauf des VW Golf Variant und des VW Polo durch O im April

Beim Verkauf des Golf an M handelt es sich um eine Lieferung nach § 3 Abs. 1 UStG von O an M, beim Verkauf des VW Polo an T um eine Lieferung von O an T. Beide Beförderungslieferungen gelten nach § 3 Abs. 6 S. 1 und S. 2 UStG am Beginn der Beförderung in Kopenhagen (Ausland § 1 Abs. 2 S. 2 UStG) als ausgeführt und sind daher nicht steuerbar. Sowohl M als auch T verwirklichen jedoch mit dem Erwerb aus Dänemark einen innergemeinschaftlichen Erwerb.

M verwirklicht bezüglich des PKW VW Golf Variant einen innergemeinschaftlichen Erwerb gegen Entgelt nach § 1a Abs. 1 UStG:

- Der Liefergegenstand (PKW) gelangt bei der bewegten Lieferung des O an M aus einem EU-Mitgliedstaat in einen anderen (von Dänemark nach Deutschland), § 1a Abs. 1 Nr. 1 UStG.
- M ist Unternehmer und erwirbt den Golf für sein Unternehmen, § 1a Abs. 1 Nr. 2 Buchst. a UStG.
- Der Lieferer (O) ist Unternehmer und führt die Lieferung im Rahmen seines Unternehmens gegen Entgelt aus und ist auch kein Kleinunternehmer (vgl. Aufgabenhinweis), § 1a Abs. 1 Nr. 3 Buchst. a und Buchst. b UStG.

T verwirklicht bezüglich des PKW VW Polo einen innergemeinschaftlichen Erwerb gegen Entgelt nach § 1b Abs. 1 UStG:

- T gehört nicht zu den in § 1a Abs. 1 Nr. 2 UStG genannten Personen, insbesondere erwirbt sie den PKW nicht als Unternehmer, sondern privat.
- Bei dem PKW handelt es sich jedoch um ein neues Fahrzeug i.S.d. § 1b Abs. 2 Nr. 1, Abs. 3 Nr. 1 UStG und dieses gelangt bei der Lieferung von O an T aus einem EU-Mitgliedstaat in einen anderen gemäß § 1b Abs. 1 i.V.m. § 1a Abs. 1 Nr. 1 UStG.

Beide innergemeinschaftlichen Erwerbe gelten nach § 3d S.1 UStG im Gebiet des Mitgliedstaates als bewirkt, in dem sich der Gegenstand am Ende der Beförderung befindet, hier also in Deutschland (Mannheim) und damit im Inland i.S.d. § 1 Abs. 2 S. 1 UStG. Beide Umsätze sind somit steuerbar nach § 1 Abs. 1 Nr. 5 UStG und mangels Steuerbefreiung nach § 4b UStG auch steuerpflichtig.

Die Bemessungsgrundlage nach § 10 Abs. 1 S. 1 und S. 2 UStG beträgt für den Golf des M 26.000 € (Nettobetrag, da aus Sicht Dänemarks eine steuerfreie innergemeinschaftliche Lieferung vorliegt).

Die darauf entfallende Umsatzsteuer von 4.940 € (19 % nach § 12 Abs. 1 UStG) entsteht gemäß § 13 Abs. 1 Nr. 6 Alt. 1 UStG mit Ausstellung der Rechnung am 1.4.2013 und wird nach § 13a Abs. 1 Nr. 2 UStG vom Erwerber M geschuldet.

Für M ist die Erwerbssteuer jedoch im Voranmeldungszeitraum April (§ 16 Abs. 2 S. 1 UStG) wieder als Vorsteuer abziehbar nach § 15 Abs. 1 S. 1 Nr. 3 UStG und auch abzugsfähig, § 15 Abs. 2 UStG im Umkehrschluss.

Die Bemessungsgrundlage für den Polo der T beträgt 21.000 €, wobei die Zahlung des Vaters M nach § 10 Abs. 1 S. 3 UStG als Entgelt von dritter Seite mit einzubeziehen ist.

Die darauf entfallende Umsatzsteuer von 3.990 € entsteht in den Fällen des § 1b

UStG gemäß § 13 Abs. 1 Nr. 7 UStG am Tag des Erwerbs, vorliegend also auch am 1.4.2013 und wird nach § 13a Abs. 1 Nr. 2 UStG von T als Erwerber geschuldet.

Die Vorsteuer ist für T jedoch (zunächst) nicht nach § 15 Abs. 1 S. 1 Nr. 3 abziehbar, da sie den Polo nicht für ihr Unternehmen, sondern privat erwirbt (siehe aber unten bei Verkauf an F im Juni).

Verkauf des VW Polo durch T im Juni

Beim Verkauf des Polo an F im Juni handelt es sich um eine Lieferung von T an F, die nach § 3 Abs. 6 S. 1 und S. 2 UStG am Beginn der Beförderung (Abholfall) in Mannheim (Inland § 1 Abs. 2 S. 1 UStG) als ausgeführt gilt.

Die Lieferung ist auch steuerbar nach § 1 Abs. 1 Nr. 1 UStG. T ist zwar kein Unternehmer, sie wird jedoch bezüglich dieser Lieferung nach § 2a S. 1 UStG wie ein Unternehmer behandelt, da seit der Inbetriebnahme des PKW nicht mehr als 6 Monate vergangen sind, es sich daher immer noch um ein neues Fahrzeug i.S.d. § 1b Abs. 2 Nr. 1, Abs. 3 Nr. 1 UStG handelt und der PKW bei der Lieferung in das übrige Gemeinschaftsgebiet i.S.d. § 1 Abs. 2a S. 1 UStG (Frankreich) gelangt.

Die Lieferung ist jedoch als innergemeinschaftliche Lieferung nach § 4 Nr. 1 Buchst. b i.V.m. § 6a UStG steuerfrei:

- § 6a Abs. 1 S. 1 Nr. 1 UStG: Der Abnehmer F befördert den PKW in das übrige Gemeinschaftsgebiet.
- § 6a Abs. 1 S. 1 Nr. 2 Buchst. c UStG: Der Abnehmer der innergemeinschaftlichen Lieferung kann bei der Lieferung neuer Fahrzeuge auch eine Privatperson sein.
- § 6a Abs. 1 S. 1 Nr. 3 UStG: Der Erwerb eines neuen Fahrzeugs durch einen Privatmann unterliegt in Frankreich auch der Erwerbsbesteuerung nach der dem § 1b Abs. 1 UStG entsprechenden Vorschrift des französischen UStG.
- § 6a Abs. 3 UStG: Die erforderlichen Beleg- und Buchnachweise gelten laut Sachverhalt als erbracht (vgl. § 17a Abs 1 und Abs. 2, § 17c Abs. 4 UStDV).

Vorsteuerabzug der T aus der ursprünglichen Anschaffung des Polo im Juni

Da bei der innergemeinschaftlichen Lieferung neuer Fahrzeuge die T nunmehr nach § 2a UStG einem Unternehmer gleichgestellt wird, kann sie jetzt die im Zusammenhang mit dem Erwerb des Fahrzeugs angefallene Umsatzsteuer aus der Fahrzeuganschaffung als Vorsteuer abziehen, aber eingeschränkt durch § 15 Abs. 4a UStG.

- Nach § 15 Abs. 4a Nr. 1 i.V.m. Abs. 1 S. 1 Nr. 3 UStG ist die für den innergemeinschaftlichen Erwerb des Fahrzeugs von T geschuldete Umsatzsteuer als Vorsteuer abziehbar und nach § 15 Abs. 2 i.V.m. Abs. 3 Nr. 1 Buchst. a UStG auch abzugsfähig.
- Nach § 15 Abs. 4a Nr. 2 UStG aber eingeschränkt auf den Betrag, der als Steuer für die Lieferung anfallen würde, wenn diese nicht als innergemeinschaftliche Lieferung steuerfrei wäre, hier also i.H.v. 19 % vom Verkaufspreis von 19.000 € = 3.610 € (also nicht die gesamte Umsatzsteuer von 3.990 € aus der ursprünglichen Anschaffung).
- Nach § 15 Abs. 4a Nr. 3 steht ihr der Vorsteuerabzug aus dem Erwerb im Voranmeldungszeitraum der Lieferung Juni 2013 zu.

3. Vermietung des Wohn- und Geschäftshauses in Heidelberg

M erbringt mit den Vermietungen sonstige Leistungen in Form eines Duldens, § 3 Abs. 9 S. 1 und 2 UStG. Der Ort der Vermietungsleistungen richtet sich nach § 3a

Abs. 3 Nr. 1 S. 1 und S. 2 Buchst. a i.V.m. § 4 Nr. 12 UStG nach dem Belegenheitsort des Grundstücks in Heidelberg. Heidelberg liegt im Inland i.S.d. § 1 Abs. 2 S. 1 UStG, die Leistungen sind somit steuerbar, aber grds. steuerfrei nach § 4 Nr. 12 S. 1 Buchst. a UStG.

Bezüglich der Vermietung des Erdgeschosses hat M jedoch nach § 9 UStG wirksam zur Steuerpflicht optiert. Die Ausübung der Option ist an keine besondere Form gebunden. Es genügt, wenn der Vermieter den Umsatz als steuerpflichtig behandelt, indem er – wie vorliegend – die Umsatzsteuer im Mietvertrag gesondert ausweist (Abschn. 9.1 Abs. 3 UStAE).

Die Voraussetzungen der Option nach § 9 Abs. 1 UStG sind erfüllt, da die Vermietung an einen anderen Unternehmer für dessen Unternehmen (Inkassobüro) erfolgt. Die Option ist auch nicht nach § 9 Abs. 2 UStG ausgeschlossen, da das Inkassobüro als Mieter ausschließlich steuerpflichtige Abzugsumsätze tätigt, insbesondere ist nach § 4 Nr. 8 Buchst. c UStG die Einziehung von Forderungen ausdrücklich von der Steuerbefreiung ausgenommen und damit steuerpflichtig.

Da die Vermietungsleistung wirtschaftlich teilbar ist und ein gesondertes Entgelt für jeden Monat vereinbart wurde, handelt es sich um Teilleistungen i.S.d. § 13 Abs. 1 Nr. 1 Buchst. a S. 3 UStG, die korrekt ausgewiesene Umsatzsteuer von jeweils 380 € (§ 12 Abs. 1 UStG) entsteht daher nach S. 1 und 2 dieser Vorschrift mit Ablauf eines jeden Monats und wird nach § 13a Abs. 1 Nr. 1 UStG von M geschuldet.

Für das Inkassobüro ist die im Mietvertrag (Rechnung i.S.d. § 14 UStG) ausgewiesene Umsatzsteuer als Vorsteuer abziehbar nach § 15 Abs. 1 S. 1 Nr. 1 UStG und auch abzugsfähig, § 15 Abs. 2 UStG im Umkehrschluss.

Eine Option nach § 9 Abs. 1 UStG für die Wohnungen im Obergeschoss ist dagegen nicht möglich, da sie nicht unternehmerisch genutzt werden. Die Vermietungen der Garagen ist zwar nach § 4 Nr. 12 S. 2 UStG grundsätzlich steuerpflichtig, vorliegend handelt es sich jedoch um Nebenleistungen zur steuerfreien Wohnungsvermietung, die das Schicksal der Hauptleistung teilen und damit ebenfalls steuerfrei sind. Dem steht insbesondere nicht entgegen, dass die Wohnungsvermietungen und die Garagenvermietungen in getrennten Verträgen vereinbart sind (Abschn. 3.10 Abs. 5 und Abschn. 4.12.2 Abs. 3 S. 4 ff. UStAE).

4. Übertragung des Wohn- und Geschäftshauses auf T

Unentgeltliche Übertragung von M auf T zum 1.7.2013

Mit der Übertragung des Mietgrundstücks auf seine Tochter T liegt eine Entnahme nach § 3 Abs. 1b S. 1 Nr. 1 UStG durch M vor, da ein Unternehmensgegenstand für außerunternehmerische Zwecke (Schenkung an die Tochter) aus dem Unternehmen entnommen wird und dieser beim Erwerb zumindest teilweise (bezüglich der steuerpflichtigen Vermietung) zum Vorsteuerabzug berechtigt hat, § 3 Abs. 1b S. 2 UStG.

Die Entnahme ist jedoch nicht steuerbar, da die Voraussetzungen einer Geschäftsveräußerung im Ganzen nach § 1 Abs. 1a UStG vorliegen.

- Bei dem übertragenen Mietgrundstück handelt es sich um einen selbständigen Unternehmensteil und damit um einen Teilbetrieb, da die hiermit von M ausgeübte unternehmerische Tätigkeit durch die in die Mietverträge eintretende Erwerberin T eigenständig und ohne größeren Aufwand fortgeführt werden kann.

- Dieser Teilbetrieb wird im Ganzen übertragen, da mit dem Grundstück und den Mietverträgen die wesentlichen Betriebsgrundlagen auf T übergehen.
- Eine Geschäftsveräußerung kann auch bei einer unentgeltlichen Übertragung vorliegen. Voraussetzung ist nur, dass – wie vorliegend – ein einheitlicher Übertragungsvorgang vorliegt.
- T wird mit dem Eintritt in die Mietverträge selbst Vermieterin und damit Unternehmerin und führt insofern auch das Unternehmen des M fort.

Die Geschäftsveräußerung im Ganzen führt bei M weder zu einer Berichtigung nach § 15a UStG noch wird hierdurch der Berichtigungszeitraum beendet oder unterbrochen. Die Erwerberin T tritt hier vielmehr an die Stelle des Veräußerers und führt den ursprünglichen Berichtigungszeitraum fort, vgl. § 1 Abs. 1a S. 3 UStG und § 15a Abs. 10 UStG.

Vermietung durch T

Mit Übernahme der Mietverträge zum 1.7.2013 erbringt T nunmehr zunächst die bisher durch M ausgeführten teilweise steuerfreien und steuerpflichtigen Vermietungsleistungen (s.o.)

Ab 1.10.2013 ist jedoch auch die Vermietung des Erdgeschosses nach § 4 Nr. 12 S. 1 Buchst. a UStG steuerfrei. Bezüglich der Vermietung an den Arzt ist eine Option zur Steuerpflicht nach § 9 Abs. 2 UStG nicht möglich, da dieser in den vermieteten Räumlichkeiten ausschließlich steuerfreie Ausschlussumsätze nach § 4 Nr. 14 Buchst. a i.V.m. § 15 Abs. 2 S. 1 Nr. 1 UStG tätigt.

Da T jedoch in einer Rechnung (Mietvertrag) die Umsatzsteuer offen ausgewiesen hat, schuldet sie nach § 14c Abs. 1 UStG die ausgewiesene Umsatzsteuer von 380 €. Die Umsatzsteuer entsteht mit Ausgabe der Rechnung, § 13 Abs. 1 Nr. 3 UStG (vorliegend monatlich in Höhe der im Mietvertrag = Rechnung ausgewiesenen Umsatzsteuer) und wird nach § 13a Abs. 1 Nr. 1 UStG von T geschuldet.

Der Arzt kann gleichwohl nicht die ihm im Mietvertrag in Rechnung gestellt Umsatzsteuer als Vorsteuer abziehen, da es sich nicht um die „gesetzlich geschuldete" Steuer i.S.d. § 15 Abs. 1 S. 1 Nr. 1 S. 1 UStG handelt (Abschn. 14c.1 Abs. 1 S. 6 und Abschn. 15.2 Abs. 1 S. 2 UStAE).

Vorsteuerberichtigung durch T nach § 15a UStG

Die nunmehr steuerfreie Vermietung des Erdgeschosses löst eine Vorsteuerberichtigung nach § 15a UStG aus, da sich hierdurch die für den ursprünglichen Vorsteuerabzug maßgeblichen Verhältnisse im Hinblick auf die Abzugsfähigkeit nach § 15 Abs. 2 UStG geändert haben.

- Das Wohn-und Geschäftshaus ist ein Berichtigungsobjekt i.S.d. § 15a Abs. 1 S. 1 UStG, da es nicht nur einmalig zur Ausführung von Umsätzen verwendet wird.
- Es liegt eine Änderung der Verhältnisse vor. Bei der Anschaffung in 2007 durch M waren 50 % der Vorsteuern aus den Anschaffungskosten abzugsfähig (steuerpflichtige Vermietung des Erdgeschosses) und 50 % nach § 15 Abs. 2 S. 1 Nr. 1 i.V.m. § 4 Nr. 12 S. 1 Buchst. a UStG nicht abzugsfähig (steuerfreie Vermietung des Obergeschosses). Die Aufteilung erfolgte nach § 15 Abs. 4 UStG entsprechend dem Nutzflächenverhältnis (Abschn. 15.17 Abs. 7 S. 4 UStAE). Nach der steuerfreien Vermietung auch des Erdgeschosses ist die Vorsteuer insgesamt nicht mehr abzugsfähig.

- Die Änderung findet auch innerhalb des Berichtigungszeitraums von 10 Jahren nach § 15a Abs. 1 S. 2 UStG statt, der vom 01.04.2007-31.03.2017 reicht. T tritt insofern als Rechtsnachfolgerin in den durch die Geschäftsveräußerung im Ganzen nicht unterbrochenen Berichtigungszeitraums seit erstmaliger Verwendung durch M ein und führt diesen fort, vgl. § 1 Abs. 1a S. 3 UStG und § 15a Abs. 10 UStG.

Zur Durchführung der Berichtigung ist die nach § 15 Abs. 1 UStG abziehbare Vorsteuer aus den Anschaffungskosten von insgesamt 95.000 € auf 10 Jahre zu verteilen, § 15a Abs. 5 S. 1 UStG. Daraus ergeben sich für das Jahr 2013 anteilige Vorsteuern von 9.500 €.

Da das Gebäude vom 01.01.-30.09.2013 noch zu 50 % für steuerpflichtige Abzugsumsätze genutzt wird, ergibt sich für das Jahr 2013 eine Abzugsfähigkeit von 37,5 % (9/12 x 50 %). Im Vergleich zur ursprünglichen Abzugsfähigkeit von 50 % ergibt sich daraus für 2013 eine Änderung von – 12,5 % und einen Berichtigungsbetrag zuungunsten der T von 1.187,50 €.

	Vorsteuer-anteil	ursprünglich abzugsfähig	jetzt abzugsfähig	Änderung in %	Berichtigung	Betrag
2013	9.500 €	50 %	37,5 %	12,5 %	ja	./. 1.187,50 €

Da die prozentuale Änderung nicht unter 10 % liegt, ist eine Berichtigung durchzuführen, die Vereinfachungsregelung nach § 44 Abs. 2 S. 1 UStDV greift nicht.

Die Berichtigung ist erst mit der Jahressteuererklärung für 2013 vorzunehmen, da der Berichtigungsbetrag für dieses Kalenderjahr 6.000 € nicht übersteigt, § 44 Abs. 3 S. 1 UStDV.

Klausuren Umsatzsteuer

Übungsklausur 2
Bearbeitungszeit: 5 Stunden

I.   Sachverhalte
Gabi Gärtner (G) befasst sich unternehmerisch mit Geräten. Ihr Unternehmen befindet sich in Tübingen (Deutschland).

Sachverhalt 1
a) G verkaufte ein Gerät für 10.000 € an SU. SU hat unter seiner Firmenadresse in der Schweiz bestellt, ist freilich eine Niederlassung des in Deutschland beheimateten Unternehmens DU. SU ist sachlich und personell so ausgestattet, dass von dort aus der schweizerische Markt abgedeckt wird. SU benötigte das Gerät allerdings mit einem besonderen Lack versehen. Weil G diese Zusatzleistung nicht erbringen konnte, wurde vereinbart, dass SU die inländische Lackiererei L beauftragte, das Gerät bei G abzuholen, zu lackieren und anschließend SU zuzuleiten.

b) Eine Maschine verkaufte G für 10.000 € an das ungarisches Unternehmen UU mit der Maßgabe, die Maschine vor Ort bei UU in die bereits vorhandene Maschinenstraße zu integrieren. Mit der Montage vor Ort beauftragte G sodann die Firma M aus München. Im Laufe der Montage bei UU stellte sich heraus, dass für die Montage vor Ort ein wichtiges Aggregat fehlte. Dieses Bauteil ließ sich M daher von G nachsenden wie folgt:
G bestellte dieses Teil bei ihrem Zulieferer F aus Frankreich, der das Teil seinerseits beim spanischen Hersteller S kaufte. S sandte das Teil vereinbarungsgemäß zu G. G ließ das Teil sogleich per Kurier zu UU bringen.
S und F wiesen in ihren Rechnungen zwar die jeweiligen Umsatzsteuer-Identifikationsnummern der Vertragsbeteiligten aus, aber keine Umsatzsteuer. F wies G zudem darauf hin, dass sie die Umsatzsteuer schulde.
UU zahlte G letztlich nur 9.000 €. Den vorgenommenen Abzug von 1.000 € begründete UU damit, dass M anlässlich der Montage eine bereits vorhandene Maschine des UU beschädigt hatte.
M berechnete G die Montage mit 2.000 € zuzüglich 19 % Umsatzsteuer = 380 €. G zog ihrerseits 1.000 € vom Rechnungsbetrag ab und verwies auf den genannten Abzug durch UU.

c) Ein weiteres Gerät verkaufte G an das türkische Unternehmen KU für 10.000 € und versprach ebenfalls, das Gerät vor Ort zu montieren. Wiederum nahm M die Montage vor Ort im Auftrag von G vor. M berechnete die Montage mit 2.000 € zuzüglich 19 % Umsatzsteuer = 380 €.

d) Im Anschluss an die Montage verkaufte M unerwartet einen Teil seines Spezialwerkzeugs an Frau Piri, eine Angestellte des UU, für 200 €.

Sachverhalt 2
Seit dem vergangenen Jahr setzt G zunehmend Geräte in der Slowakei ab. Ihre Kunden sind v.a. Privatleute, häufig auch Ärzte. Bei den verkauften Geräten handelte es sich insbesondere um Küchengeräte, die G jeweils über eine Transportfirma auslie-

fern ließ. Tatsächlich erzielte G mit derartigen Versandhandelsumsätzen im vergangenen Jahr ca. 50.000 € in der Slowakei.

Im Einzelnen ist von folgenden Vorgängen auszugehen:

Im Vorjahr hatte S auf einer Messe in Deutschland zwei Küchengeräte bei G gekauft; S erzielt seine Einnahmen ausschließlich als Herzarzt in der Slowakei. Es handelte sich zum einen um ein Gerät für das Privathaus des S (netto 600 €). Das zweite Gerät (netto 10.000 €) war für die Küche in der Arztpraxis bestimmt. Auf der Messe hatte S zudem ein Gerät bei Händler B mit Sitz in Belgien gekauft und sich von Belgien aus in seine Praxis bringen lassen (netto 2.000 €). B hatte zudem den Empfangsbereich in der Arztpraxis des S mit selbst hergestellten Einbaumöbeln vor Ort neu gestaltet (netto 6.000 €). Ansonsten hatte S seinen Arztbedarf innerhalb der Slowakei abgedeckt.

S hatte zu keinem Zeitpunkt damit gerechnet, im laufenden Jahr wiederum kostenintensiv zu investieren. Vor wenigen Tagen bestellte S aber doch unerwartet einen Sterilisator bei G für (netto) 14.000 €, weil das bisherige Gerät versagte.

G fragt Sie, ob und ggf. welche Umsatzsteuer sie in ihrer Rechnung (Rechnung 1) an S für den Sterilisator ausweisen muss.

> ☞ **Hinweise!**
> Die angegebenen Beträge sind Netto-Beträge. S hatte jeweils keine Umsatzsteuer-Identifkationsnummer verwendet. Die umsatzsteuerlichen Konsequenzen im Vorjahr müssen nicht geprüft werden.

Wie muss G abrechnen (Rechnung 2), nachdem S im Folgejahr ein weiteres Praxisgerät für 10.000 € bei G kauft und nun erstmals eine slowakische Umsatzsteuer-Identifikationsnummer verwendet?

Außerdem fragt G, ob sie die Vorsteuer abziehen darf im Zusammenhang mit den Leistungen der slowakischen Transportfirma ST, die im laufenden Jahr und im Folgejahr die Geräte jeweils zu S brachte.

Sachverhalt 3

Am 01.01.13 gründete G wirksam die G-GmbH. Die GmbH übernahm die bisherige Geschäftstätigkeit der G. Das Betriebsgrundstück vermietete G an die GmbH für monatlich 5.000 € zzgl. 19 % Umsatzsteuer – 950 €. G bzw. die GmbH konnten diesen Vertrag quartalsweise kündigen. G übernahm 40 % der GmbH-Anteile selbst, die Kinder der G – K1 und K2 – übernahmen je 30 % der Anteile. Geschäftsführerinnen der GmbH waren G und K1.

K1 erbrachte im Gegenzug für die erhaltenen GmbH-Anteile eine Geldeinlage von 20.000 €.

K2 brachte ein Grundstück ein. K2 hatte dieses Grundstück von ihrem Vater geerbt und bisher fremd vermietet; im Übrigen studiert K2 an der Universität Tübingen. Die GmbH nutzte das genannte Grundstück von nun an als Kunden – Parkplatz.

Die GmbH zahlte den genannten Geschäftsführerinnen monatlich 2.000 €.

Am 01.07.13 beendete K1 ihre Geschäftstätigkeit. G führte von nun an die Geschäfte alleine. Außerdem übernahm G nun zusätzlich die GmbH-Anteile der K1. Die GmbH setzte ihre Geschäfte mit dem Maschinenhandel fort und bezog dementsprechende Eingangsleistungen.

II.   Aufgaben

1. Prüfen Sie die vorstehenden Geschäftsvorfälle auf ihre Auswirkungen auf Umsatzsteuer bzw. Vorsteuer bei den Personen mit abgekürztem/n Buchstaben.
2. Soweit sie Unternehmer sind, unterliegen sie der Sollbesteuerung und geben ihre Monats- und Jahresanmeldung in den gesetzlichen Fristen ab.
3. Sie verwenden die von ihrem Heimatstaat erteilte Umsatzsteuer-Identifikationsnummer.
4. Eventuell erforderliche Nachweise und Belege sollen vorliegen, soweit im Sachverhalt keine anderen Angaben enthalten sind.
5. Soweit keine besonderen Hinweise vorliegen, sind die Rechnungen ordnungsgemäß erstellt.

Lösung der Übungsklausur 2

Sachverhalt 1

a) Verkauf

1. G ist als Unternehmerin i.S.v. § 2 Abs. 1 UStG wirtschaftlich tätig. Sie leistet an SU.
2. Es handelt sich um eine Lieferung gemäß § 3 Abs. 1 UStG, die
3. gemäß § 3 Abs. 6 UStG im Inland steuerbar ist.
4. Dabei handelt es sich um eine nach §§ 4 Nr. 1a, 6 Abs. 1 UStG steuerfreie Ausfuhrlieferung ins Drittland. Dies gilt gemäß § 6 Abs. 1 Satz 2 UStG unabhängig davon, dass die Ware nicht unmittelbar ins Drittland gelangt und zuvor noch verändert wird. Die Lackierung durch L stellt hiernach eine sogenannte Lohnveredelung dar. Da L gegenüber G als Erfüllungsgehilfe von SU auftritt, ist § 6 Abs. 1 Nr. 2 UStG anzuwenden. SU gilt nach § 6 Abs. 2 Nr. 2 UStG als ausländischer Abnehmer. SU gehört zwar eigentlich zum Unternehmen des DU (Einheitsunternehmen gemäß § 2 Abs. 1 Satz 2 UStG), hat aber ihren Sitz im Drittland und trat unter ihrem eigenen Namen auf. G erstellt daher eine Nettorechnung.

Lackierung

1. L leistet im Rahmen seines Unternehmens an SU.
2. Es handelt sich um eine sonstige Leistung nach § 3 Abs.9 UStG, L bringt keine Hauptstoffe i.S.v. § 3 Abs. 4 UStG ein.
3. Der Leistungsort befindet sich gemäß § 3a Abs. 2 UStG in der Schweiz. Insofern gilt SU als Betriebsstätte, die dafür notwendige Eigenständigkeit (Abschn. 3a.1 Abs. 3, 3a.2 Abs. 4 Satz 1 UStAE) ist ausweislich des Sachverhalts erfüllt. Ob L oder SU als Leistungsempfänger (im Falle einer Umkehr der Steuerschuld) die entstehende schweizer Umsatzsteuer schuldet, richtet sich nach schweizer Recht. Die in Deutschland geltende Regelung des §13b Abs. 2 Nr. 1, Abs. 5 UStG lässt sich nicht auf die Schweiz übertragen.

b) Verkauf

1. G leistet an UU.
2. Weil G nicht nur den Verkauf schuldet, sondern zusätzlich die Montage, handelt es sich im Verhältnis G zu UU um eine Werklieferung gemäß § 3 Abs. 4 UStG.
3. Der Werkliefererfolg tritt erst vor Ort ein; G leistet daher (über ihren Erfüllungsgehilfen M) gemäß § 3 Abs. 7 Satz 1 UStG vor Ort in Ungarn. Die Leistung ist in Ungarn steuerbar (und steuerpflichtig; eine innergemeinschaftliche Lieferung entfällt, da die Werklieferung unbewegt ist). Ob G dort die Umsatzsteuer schuldet oder (vergleichbar dem nur national wirkenden § 13b Abs. 2 Nr. 1, Abs. 5 UStG) die Steuer auf UU umgekehrt wird, entscheidet sich nach ungarischem Recht.
4. Für die Bemessung der Umsatzsteuer ist analog deutschem Recht von 10.000 € auszugehen. Der von UU vorgenommene Abzug gründet auf einem (echten) Schadensersatz. Den Abzug nahm UU vor, weil M als Erfüllungsgehilfe der G einen Schaden verursachte. Hieraus schuldete G 1.000 €, was kurzerhand mit dem Entgelt für die Werklieferung verrechnet wurde.

Montage durch M

1. M leistet an G.
2. Es handelt sich in diesem Leistungsverhältnis um eine reine sonstige Leistung nach § 3 Abs. 9 UStG. M verwendet keine eigenen Hauptstoffe.
3. Die Leistung wird gemäß § 3a Abs. 2 UStG am Unternehmenssitz der G im Inland erbracht, ist also steuerbar im Inland.
4. Eine Steuerbefreiung gemäß § 4 UStG gibt es nicht.
5. Steuerschuldner ist M gemäß § 13a Abs. 1 Nr. 1 UStG.
6. Die Umsatzsteuer beträgt 380 € gemäß §§ 10, 12 Abs. 1 UStG. Dies gilt auch angesichts dessen, dass G den Zahlungsbetrag kürzte. G musste UU Schadensersatz leisten und nahm nun Regress bei M. Die Verrechnung lässt den ursprünglichen Leistungsaustausch unberührt.
7. G ist gemäß § 15 Abs. 1 Nr. 1 UStG VSt-abzugsberechtigt i.H.v. 380 €. Dass deren Werklieferung nicht im Inland steuerbar ist, bleibt nach § 15 Abs. 2 Nr. 2 UStG unschädlich.

Fehlendes Bauteil

In Bezug auf dieses Teil liegen die Voraussetzungen eines Reihengeschäfts in Form eines innergemeinschaftlichen Dreiecksgeschäfts vor.

Reihengeschäft

1. Die Voraussetzungen des § 3 Abs. 6 Satz 5 UStG sind erfüllt: S, F und G sind mehrere Unternehmer; das identische Aggregat wird geliefert und zwar von S direkt zu G.
2. Dabei ist die Lieferung von S an F bewegt – der Lieferort ergibt sich analog § 3 Abs. 6 UStG und befindet sich in Spanien. Dort tätigt S eine steuerfreie innergemeinschaftliche Lieferung an F und F unterliegt einem innergemeinschaftlichen Erwerb in Deutschland gemäß §§ 1a, 3d Satz 1 UStG.
   Wenn F (gemäß Aufgabenstellung) seine französische USt-Id-Nr. verwendet, liegt analog § 3d Satz 2 UStG auch ein Erwerb in Frankreich vor.
3. Der Lieferort zwischen F und G befindet sich gemäß § 3 Abs. 7 Satz 2 Nr. 2 im Inland. Die Lieferung ist unbewegt, daher nicht analog § 4 Nr. 1 UStG steuerfrei. Insoweit müsste F sich im Inland registrieren lassen, um den innergemeinschaftlichen Erwerb (mit Vorsteuerabzug nach § 15 Abs. 1 Nr. 3 UStG) und die Anschlusslieferung an G zu versteuern.

Innergemeinschaftliches Dreiecksgeschäft

1. Die Voraussetzungen des § 25b Abs. 1 UStG sind nach obigen Ausführungen erfüllt.
2. Dasselbe gilt hinsichtlich § 25b Abs. 2 UStG. Insbesondere die Voraussetzung von Nr. 3 ist erfüllt, da F laut Sachverhalt in der Rechnung die wesentlichen Angaben i.S.v. § 14a Abs. 7 UStG machte.
3. Gemäß § 25b Abs. 2 UStG schuldet daher G die bei der Lieferung an sie entstehende Umsatzsteuer und ist nach § 25b Abs.5 UStG zugleich zum Vorsteuerabzug berechtigt.
4. Der innergemeinschaftliche Erwerb des F in Deutschland ist nach § 25b Abs. 3 UStG fiktiv besteuert. Dasselbe Ergebnis ergibt sich aus § 3d Satz 2 UStG für den Erwerb in Frankreich.

(kein) innergemeinschaftliches Verbringen

Das Verbringen des Bauteils von Tübingen zu UU gilt nicht als Verbringen i.S.v. § 3 Abs. 1a UStG. Das Teil wird für eine Werklieferung verwendet, es ist von einer der Art nach (nur) vorübergehenden Verwendung auszugehen (vgl. Abschn. 1a.2 Abs. 10 UStAE).

c) Lieferung

Vergleichbar zu b) tätigt G eine in der Türkei steuerbare Werklieferung gemäß § 3 Abs. 4 UStG. Auch hier richtet sich die Steuerschuldnerschaft nach kroatischem Recht.

Montage bei KU

1. Da M ihre Leistung an G erbringt, wäre der Umsatz nach § 3a Abs. 2 UStG wiederum in Deutschland zu versteuern. Hier gilt allerdings die Sonderregelung des § 3a Abs. 8 UStG: die Montage wird ausschließlich im Drittland genutzt. Die Leistung ist in der Türkei steuerbar.
2. M schuldet die irrig ausgewiesene deutsche Umsatzsteuer nach § 14c Abs. 1 UStG i.V.m. § 13a Abs. 1 Nr. 1 UStG. Die Umsatzsteuer entsteht im Rechnungsmonat.
3. Weil die Umsatzsteuer nicht wegen der erbrachten Leistung anfällt, ist § 15 Abs. 1 Nr. 1 UStG nicht erfüllt und G nicht zum Abzug berechtigt.

d) Werkzeugverkauf

1. M leistet an P.
2. Es handelt sich um eine Lieferung gemäß § 3 Abs. 1 UStG.
3. Für den Lieferort gilt nicht Deutschland nach § 3 Abs. 6 UStG, da der Verkauf zunächst nicht beabsichtigt war. Der Ort befindet sich in Ungarn. Dies ergibt sich aus § 3 Abs. 6 UStG, wenn P das Werkzeug vom Montageort wegbringt (bzw. aus § 3 Abs. 7 Satz 1 UStG, wenn P das Werkzeug vor Ort nutzt). Der Verkauf ist also nicht steuerbar.

Zugleich liegt ein innergemeinschaftliches Verbringen vor.

1. M verbringt das Werkzeug von Deutschland nach Ungarn.
2. Dies erfüllt den Tatbestand des § 3 Abs. 1a UStG. Zwar beabsichtigte M, das Werkzeug wenig später von dort wieder zurückzubringen. Beabsichtigt war also zunächst eine nur vorübergehende Verwendung im Ausland. Letztlich verbleibt das Werkzeug aber doch in Ungarn.
3. Der Ort der fiktiven Lieferung befindet sich nach § 3 Abs. 6 UStG im Inland. Das Verbringen ist steuerbar und
4. nach § 4 Nr. 1b, 6a Abs. 2 UStG in Deutschland steuerfrei, da
5. M spiegelbildlich einen fiktiven innergemeinschaftlichen Erwerb analog § 1a Abs. 2 UStG i.V.m. § 3d Satz 1 UStG in Ungarn verwirklicht.
6. M ist in Ungarn entsprechend § 15 Abs. 1 Nr. 3 UStG aus dem fiktiven Erwerb zum VSt-Abzug berechtigt.

Sachverhalt 2

Rechnung 1

1. G liefert den Sterilisator an S. Diese Lieferung ist regelmäßig gemäß § 3 Abs. 6 UStG im Inland steuerbar.
2. Die Lieferung könnte nach § 4 Nr. 1b i.V.m. § 6a UStG steuerfrei sein. Die Voraussetzungen des § 6a Abs. 1 Nr. 1 und Nr. 2 UStG sind erfüllt; schließlich ist S ein Unternehmer. Die Steuerbefreiung setzt nach § 6a Abs. 1 Nr. 3 UStG zusätzlich

voraus, dass S in einem anderen Mitgliedsland einem innergemeinschaftlichen Erwerb unterliegt:

Tatsächlich erfüllt S die Tatbestandsmerkmale analog § 1a Abs. 1 UStG.

2.1 S ist allerdings ein Unternehmer i.S.v. § 1a Abs. 3 Nr. 1a UStG. Daher ist zu prüfen, ob S die Erwerbsschwelle im Vorjahr überschritt bzw. im laufenden Jahr überschreitet. Maßgebend ist die in der Slowakei geltende Erwerbsschwelle. Sie beträgt 13.941 € (vgl. Abschn. 3c.1 Abs. 2 UStAE).

Erwerbsschwelle im Vorjahr: Es geht nur um „Erwerbe", die private Anschaffung (600 €) wird nicht einbezogen. Anzusetzen ist zunächst die Anschaffung des Praxisgeräts für 10.000 €. Dasselbe gilt für das Gerät, das S bei B für 2.000 € gekauft hatte. Soweit B den Empfangsbereich in der Praxis des S gestaltete, handelte es sich um eine Werklieferung analog § 3 Abs. 4 UStG, die analog § 3 Abs. 7 Satz 1 UStG in der Slowakei erbracht wird und als ruhende Lieferung keinen Erwerb auslösen kann. S überschritt im Vorjahr mit seinem Gesamterwerb i.H.v. 12.000 € also nicht die Erwerbsschwelle.

Erwerbsschwelle im laufenden Jahr: Hier ist auf die Prognose des S am Jahresbeginn abzustellen. Er rechnete nicht mit Investitionen. Auch für das laufende Jahr ist daher nicht von einem Überschreiten der Schwelle auszugehen.

Zwischenergebnis: S unterliegt keinem innergemeinschaftlichen Erwerb. Die Lieferung der G stellt keine steuerfreie innergemeinschaftliche Lieferung dar. Auf diese Weise wird also keine Besteuerung im Bestimmungsland (Slowakei) erreicht.

3. Verlagerung des Lieferorts nach § 3c UStG

Eventuell wird die Lieferung entgegen § 3 Abs. 6 UStG in die Slowakei verlagert. Weil G den Sterilisator in die Slowakei versendet, ist die in § 3c Abs. 1 UStG geregelte Voraussetzung erfüllt (Versandhandel).

Zudem gehört S zum Kundenkreis des § 3c Abs. 2 Nr. 2a UStG; hierbei gelten die obigen Überlegungen zur Erwerbsschwelle.

Die nach § 3c Abs. 3 UStG maßgebliche Lieferschwelle in der Slowakei beträgt nach Abschn. 3c.1 Abs. 3 UStAE 35.000 €. Diese Schwelle hat G im Vorjahr überschritten. Da die Ortsverlagerung nach § 3c Abs. 1 UStG nur dann nicht zustande kommt, wenn die Lieferschwelle sowohl im Vorjahr als auch im laufenden Jahr nicht überschritten wird, befindet sich der Ort für die Lieferung des Sterilisators also in der Slowakei.

G darf in ihrer Rechnung also keinesfalls deutsche Umsatzsteuer ausweisen, da ansonsten § 14c Abs. 1 UStG gelten würde. Die Besteuerung richtet sich letztlich nach slowakischem Recht. Es ist davon auszugehen, dass G sich in der Slowakei registrieren lassen muss, sie also slowakische Mehrwertsteuer berechnet, vereinnahmt und an das dortige FA abführt.

Rechnung 2

Hier tritt S mit seiner Umsatzsteuer-Identifikationsnummer auf. Unabhängig davon, dass S im Vorjahr die Erwerbsschwelle nicht überschritt, gilt die Verwendung der Id.-Nr. gemäß § 1a Abs. 4 UStG als Verzicht auf die Schwellenregelung. G kann also davon ausgehen, dass S den Erwerb in der Slowakei besteuert. G tätigt daher eine im Inland nach §§ 4 Nr. 1b, 6a UStG steuerfreie innergemeinschaftliche Lieferung.

Beförderung durch ST

ST erbringt eine sonstige Leistung gemäß § 3 Abs. 9 UStG an G. Die Leistung ist gemäß § 3a Abs. 2 UStG am Sitz der G, also im Inland, steuerbar und steuerpflichtig. Zugleich wird G nach § 13b Abs. 1, Abs. 5, Abs. 7 UStG zur Steuerschuldnerin.

Vorsteuerabzug G

G ist regelmäßig nach § 15 Abs. 1 Nr. 4 UStG vorsteuerabzugsberechtigt.

Daran ist festzuhalten, obwohl die Lieferung des Sterilisators in der Slowakei stattfindet. Dies ergibt sich aus der Vergleichsbetrachtung gemäß § 15 Abs. 2 Nr. 2 UStG: Hätte G das Gerät im Inland verkauft, wäre dies steuerpflichtig, also vorsteuerunschädlich geschehen. Auch in Bezug auf die Lieferung im Folgejahr ist die Vorsteuer nach § 15 Abs. 2 Nr. 1, Abs. 3 Nr. 1a) UStG abzugsfähig.

Sachverhalt 3

Vermietung des Betriebsgrundstücks

1. Die GmbH ist ein selbstständiges Rechtssubjekt i.S.v. § 2 Abs. 1 UStG. G erbringt mit der Vermietung eine sonstige Leistung an die GmbH.
   1.1 Die Vermietung wäre allerdings nicht steuerbar, läge zwischen G und der GmbH eine Organschaft i.S.v. § 2 Abs. 2 Nr. 2 UStG vor. Die GmbH eignet sich als juristische Person grundsätzlich als Organgesellschaft. Angesichts der Vermietung des Grundstücks läge auch eine wirtschaftliche Verflechtung vor. Eine finanzielle Eingliederung der GmbH in das Vermietungsunternehmen der G setzt allerdings zusätzlich voraus, dass G mehr als 50 % der GmbH-Anteile hält, woran es vorliegend fehlt. Eine Organschaft besteht daher nicht.
2. Die Vermietung ist gemäß § 4 Nr. 12a) UStG grundsätzlich steuerfrei. G konnte freilich gemäß § 9 Abs. 1, Abs. 2 UStG zulässig optieren.
3. Die Umsatzsteuer entsteht monatlich i.H.v. 950 €. Hierbei ist zu bedenken, dass monatliche Teilleistungen i.S.v. § 13 Abs. 1 Nr. 1a) Sätze 2 und 3 UStG gegeben sind.
4. Die GmbH ist nach § 15 Abs. 1 Satz 1 Nr. 1 UStG zum Vorsteuerabzug berechtigt. Der Mietvertrag erfüllt insoweit die Voraussetzungen einer Rechnung.

Bareinlage K1

Die Einlage ist nicht steuerbar. Die Geldzahlung stellt keine wirtschaftliche Betätigung i.S. des Umsatzsteuerrechts dar, sondern ist nur eine Gegenleistung für den Erhalt der Gesellschaftsanteile.

Einbringung K2

1. Mit der Übertragung des Grundstücks auf die GmbH erbringt K2 eine Lieferung.
   1.1 Dabei könnte es sich um eine nichtsteuerbare Geschäftsveräußerung gemäß § 1 Abs. 1a UStG handeln: Dem Sachverhalt ist zu entnehmen, dass sich die bisherige wirtschaftliche Betätigung von K2 auf die Vermietung des Grundstücks beschränkte. Die Vermietung stellt den gesamten Unternehmensbereich dar. K2 übertrug nun also ihr bisheriges Vermietungsunternehmen auf die GmbH. Weitere Voraussetzung einer nicht steuerbaren Geschäftsveräußerung ist freilich, dass der Erwerber das übernommene Unternehmen im Wesentlichen gleichartig weiterführt. Daran fehlt es hier. Die GmbH vermietet das Grundstück nicht, sondern nutzt es eigenunternehmerisch für den Maschinenhandel.

2. Der Lieferort befindet sich gemäß § 3 Abs. 7 Satz 1 UStG steuerbar in Tübingen.
3. Die Lieferung ist nach § 4 Nr. 9a) UStG steuerfrei. Allerdings kann K1 nach § 9 Abs. 1, Abs. 3 UStG optieren. Steuerschuldner ist dann die GmbH nach § 13b Abs. 2 Nr. 3, Abs. 5 UStG. Spiegelbildlich ist die GmbH nach § 15 Abs. 1 Nr. 4 UStG zum Vorsteuerabzug berechtigt.

Ausbringung der Gesellschaftsanteile

Dass die GmbH Gesellschaftsanteile an G, K1 und K2 überträgt, ist nicht steuerbar. Es handelt sich hierbei um keine Leistung i.S. einer wirtschaftlichen Tätigkeit (vgl. Abschn. 2.3 Abs. 2 Satz 1 UStAE.)

Geschäftsführerentlohnung

Mangels besonderer Angaben im Sachverhalt ist davon auszugehen, dass G und K1 arbeitnehmerähnlich tätig werden. Insoweit erfüllen sie nicht die Voraussetzungen von Unternehmerinnen i.S.v. § 2 Abs. 1 UStG. Insoweit entsteht keine Umsatzsteuer.

Änderung zum 01.07.13

1. Die Übernahme der Anteile stellt wiederum keinen Leistungsaustausch dar, ist nicht steuerbar.
2. Allerdings ist nun zu prüfen, ob angesichts der veränderten Umstände die GmbH nun doch zur Organgesellschaft und G als Verpachtungsunternehmerin zur Organträgerin gemäß § 2 Abs. 2 Nr. 2 Satz 1 UStG wird: Immerhin hält G nun mit 70 % die Mehrheit der GmbH-Anteile. Die wirtschaftliche Verflechtung besteht angesichts der Vermietung des Betriebsgrundstücks durch G weiterhin. Zudem ist G nun alleinige Geschäftsführerin der GmbH. Da sie zugleich Organträgerin ist, besteht Personenidentität. Die GmbH ist also auch organisatorisch eingegliedert. Eine Organschaft liegt vor. In der Folge verliert die GmbH ihren bisherigen Status als Unternehmerin i.S.v. § 2 UStG. Sie ist nur noch Teil des Unternehmens der G. In Bezug auf die weitere Geschäftstätigkeit der GmbH ist daher zu beachten:
   2.1 Zwischen G und der GmbH gibt es keinen steuerbaren Leistungsaustausch mehr. Die Vermietung ist ein nicht steuerbarer Innenumsatz. Die im Mietvertrag ausgewiesene Umsatzsteuer ist unschädlich, vgl. Abschn. 14c.2 Abs. 2a UStAE.
   2.2 Die steuerlichen Pflichten, die die GmbH bislang zu beachten hatte, gehen auf G über. Das bedeutet insbesondere, dass G diejenige Umsatzsteuer und Vorsteuer in ihre Steueranmeldungen aufnimmt, die sich aus der Geschäftstätigkeit der GmbH entwickeln.

Betätigung der G

1. Weil G kein fertiges Gerät ab Lager verkaufte, sondern das Gerät erst nach Vorgabe des Bestellers B anfertigen musste, handelt es sich um eine Werklieferung i.S.v. § 3 Abs. 4 UStG.
2. Der hergestellte Gegenstand wird versendet. Der (Werk-)Lieferort befindet sich gemäß § 3 Abs. 6 UStG am Sitz der G, also im Inland. Der Umsatz ist steuerbar.
3. Der Umsatz ist auch steuerpflichtig.
4. Die Umsatzsteuer betrug zunächst 8.500 € x 19 % = 1.615 €. Wegen der notwendigen Nachlackierung minderte sich die Bemessungsgrundlage (zunächst) auf 10.115 € ./. 500 € = 9.615 € x 100/119 = 8.079,83 € (vgl. Abschn. 10.3 Abs. 2 Satz 1 UStAE). Die ursprüngliche Rechnung bleibt korrekt und gehört nicht zu § 14c UStG.

Dass G anlässlich der Abtretung der Forderung von F nur 5.000 € erhält, führt nicht zu einer weiteren Berichtigung der Bemessungsgrundlage. Die Rechtsbeziehung zwischen G und F hat nichts mit der Leistung der G bzw. dem von B geschuldeten Entgelt zu tun.

Weil B allerdings zuletzt nur 6.000 € (an F) zahlte, minderte sich wegen dieses Umstands dann doch nochmals die Bemessungsgrundlage für den Umsatz der G an B gemäß § 17 Abs. 1 Satz 1 UStG auf 6.000 € x 100/119 = 5.042 € und die Umsatzsteuer der G auf 958 €.

5. Auf diesen Betrag reduziert sich spiegelbildlich der Vorsteuerabzug des B gemäß § 17 Abs. 1 Satz 2 UStG.

Abtretung der Forderung

Die sonstige Leistung der G an F ist nach § 3a Abs. 2 UStG steuerbar. Die Abtretung ist jedoch gemäß § 4 Nr. 8a UStG steuerfrei.

Einziehung der Forderung durch F

F betätigt sich als Factoringunternehmer. Angesichts der erfolglosen Mahnungen stellte die Forderung der G gegenüber B eine so genannte zahlungsgestörte Forderung dar. Der zwischen G und F vereinbarte Kaufpreis für die Forderung berücksichtigte diesen Umstand und wurde daher mit einem vom Nennwert abweichenden wirtschaftlichen Wert (5.000 €) angesetzt. F erhielt als Abtretungsempfänger die Forderung endgültig. Das Ausfallrisiko ging auf F über. Es handelt sich um echtes Factoring. Mit der Einziehung der eigenen Forderung handelte F in eigenem Interesse. F erbringt hierdurch keine Leistung an G. F erhielt von G keine (unmittelbare) Gegenleistung für das Eintreiben der Forderung. F spekuliert auf einen Gewinn als Differenz aus dem Forderungseinzug und dem an G gezahlten Kaufpreis. Die Tätigkeit des F ist nicht steuerbar. Umgekehrt steht ihm in diesem Zusammenhang kein VSt-Abzug zu (EuGH 27.10.2011, Rs. C-93/10- GFKL, UR 2011, 933 bzw. DStR 2011, 2093; BFH vom 26.01.2012, V R 18/08, UR 2012, 359 und 678 bzw. DStR 2012, 513; die abweichende frühere Meinung ist aufgegeben).

Klausuren Umsatzsteuer

Übungsklausur 3
Bearbeitungszeit: 5 Stunden

I. Allgemeine Hinweise
Gehen Sie davon aus, dass alle Rechnungen - soweit sich aus dem Sachverhalt nichts anderes ergibt – formal ordnungsgemäß sind. Erforderliche Nachweise gelten als erbracht. In Ihrer Lösung ist dennoch kurz darauf hinzuweisen.

Die Bearbeitungszeit beträgt 5 Stunden.

II. Sachverhalt

1. Existenzgründer Kaiser

Allgemeine Angaben

Herr Kaiser (K) fasste nach seiner Entlassung als Angestellter im März 2010 den Entschluss, in seinem Wohnhaus in Heidelberg ein Büro einzurichten und sich als Versicherungsvertreter und Immobilienmakler selbständig zu machen.

Am 1.4.2010 schloss er mit der Securitas-Versicherung (S) aus Hamburg einen Versicherungsvertretervertrag ab. Die Einnahmen aus Provisionen der S für seine Vertretertätigkeit schätzte K für 2010 auf 18.000 € und ab 2011 auf jährlich 30.000 €.

Ebenfalls zum 1.4.2010 nahm er seine Tätigkeit als Immobilienmakler auf. Im Auftrag von Hauseigentümern suchte er dabei Käufer für deren Immobilien in Heidelberg. Die Einnahmen hieraus schätzte er bei Aufnahme dieser Tätigkeit für das Jahr 2010 auf 12.000 €, tatsächlich betrugen sie 2010 letztlich nur 9.000 €. Für das Jahr 2011 schätzte er zu Beginn des Jahres Einnahmen aus der Immobilienmaklertätigkeit i.H.v. 20.000 €, tatsächlich konnte er jedoch nur Einnahmen i.H.v. 18.000 € erzielen. Ab 2012 blieben die Einnahmen jährlich bei konstant 20.000 €.

In den Jahren 2010 und 2011 hat K weder Voranmeldungen noch Umsatzsteuerjahreserklärungen abgegeben und keine Umsatzsteuer an das Finanzamt abgeführt.

Einzelne Geschäftsvorfälle

a) Am 1.4.2010 bestellte K einen Pkw beim Autohaus Gündel (G) in Mannheim. Den Kaufpreis von 30.000 € zzgl. Umsatzsteuer zahlte K bei der Übergabe des Pkw im Autohaus am 12.4.2010 gegen Aushändigung der Rechnung. Den Pkw nutzte er je zur Hälfte für seine Versicherungsvertreter- und Immobilienmaklertätigkeit.

Zur Finanzierung des Pkw nahm K am 12.4.2010 ein Darlehen über 30.000 € bei der Badbank (B) in Mannheim zu einem Zinssatz von 5 % p.a. auf. Das Darlehen sollte in 36 Monatsraten zurückbezahlt werden. Zur Absicherung des Kredits übereignete K den Pkw an die Bank B.

Auszug aus dem Sicherungsvertrag vom 12.4.2010:

„K und B sind sich einig, dass das Eigentum am Pkw zur Absicherung des Darlehens noch heute auf B übergehen soll. K wird gestattet, den Pkw weiterhin in Besitz zu halten und zu nutzen. Bei Zahlungsverzug ist B befugt, den Pkw zu verwerten. B kann K gestatten, den Pkw selbst zu verwerten. In diesem Fall hat K alles, was er aus der Verwertung erlangt, unverzüglich an B herauszugeben.“

b) 2012 geriet K in Zahlungsschwierigkeiten und konnte die Raten für das Pkw-Darlehen bei B nicht mehr begleichen. Als B den Pkw von K zur Verwertung heraus verlangte, bat K die Bank B, den Pkw selbst in eigenem Namen aber auf Rechnung der B verkaufen zu dürfen, da er sich hiervon einen höheren Kaufpreis versprach. B erklärte sich damit unter der Bedingung einverstanden, dass der volle Kaufpreis vom Käufer unmittelbar auf ihr Konto überwiesen wird.

K verkaufte den Pkw für 20.000 € an den Privatmann Paulus (P), der ihn am 30.4.2012 bei K in Heidelberg abholte. Den Kaufpreis überwies P noch am selben Tag auf das Konto der B, das K in seiner Rechnung an P angegeben hatte. B verrechnete die 20.000 € mit der restlichen Darlehensschuld und zahlte den Rest an K aus.

Bezüglich des Verkaufs des Pkw wurden zwischen K und B folgende Rechnungen ausgetauscht:

Rechnung K an B vom 2.6.2012		Rechnung B an K vom 6.6.2012	
Erlös Verkauf Pkw	20.000 €	Verkauf Pkw	20.000,00 €
Verrechnung Darlehen	13.000 €	netto	16.806,72 €
verbleiben	7.000 €	Umsatzsteuer	3.193,28 €
zzgl. 19 % Umsatzsteuer	1.330 €	bereits getilgt	20.000,00 €
zu zahlen	**8.330 €**	**zu zahlen**	**0 €**

2.   Restaurant- und Pensionsbetreiber Johann Laufer

Allgemeine Angaben

Johann Laufer (L) betreibt seit vielen Jahren ein Restaurant in gepachteten Räumlichkeiten in Landau/Pfalz. Ende 2011 wird er auf ein zur Zwangsversteigerung stehendes altes, heruntergekommenes Gebäude im Zentrum von Landau aufmerksam. Er beschließt das Grundstück zu erwerben, um das alte Gebäude abzureißen und auf dem Grundstück ein neues dreigeschossiges Gebäude zu errichten, in dem er ein Restaurant und eine Pension betreiben sowie mit seiner Familie wohnen will.

Einzelne Geschäftsvorfälle

a) Im Zwangsversteigerungstermin vor dem Amtsgericht Landau am 11.11.2011 erhält L für sein Meistgebot von 90.000 € den Zuschlag für das begehrte Grundstück in Landau. Die Zwangsversteigerung wurde von der Sparkasse Südliche Weinstraße aus einer ihr am Grundstück zustehenden Grundschuld betrieben. Bisheriger Eigentümer war Peter Alt (A), der in dem Gebäude bis zur Versteigerung ein Restaurant und eine Pension betrieb. Am 14.5.2012 wird L im Grundbuch als neuer Eigentümer eingetragen. Bereits am 12.11.2011 teilt L dem Finanzamt mit, dass er das Grundstück inklusive bestehendem und dem noch zu errichtenden Gebäude in vollem Umfang seinem Unternehmensvermögen zuordne.

b) Am 18.11.2011 beauftragt L das in Wissembourg (Frankreich) ansässige Abrissunternehmen Destruction GmbH (D) mit dem Abriss des Gebäudes. Bei einem ersten Besichtigungstermin zeigt die D, die auch einen Baustoffhandel betreibt, Interesse an den zahlreichen im Gebäude verarbeiteten Sandsteinen. Es wird vereinbart, dass D die Sandsteine behalten darf und diese mit 2.000 € auf die Abrisskosten von insgesamt 15.000 € angerechnet werden. Beide Unternehmer treten dabei unter der USt-IdNr. ihres Landes auf.

Nach Abschluss der vom 28.11. bis 30.11.2011 durchgeführten Abrissarbeiten werden die Sandsteine von Mitarbeitern der D auf das Betriebsgrundstück ihres Baustoffhandels in Wissembourg verbracht, während der restliche Bauschutt ordnungsgemäß entsorgt wurde. Am 4.1.2012 erhält L von D folgende Rechnung:

Kosten Abriss und Entsorgung	15.000 €
Anrechnung für Sandsteine	2.000 €
noch zu zahlen	**13.000 €**

c) Mit der Errichtung des neuen dreistöckigen Gebäudes beauftragt L am 4.12.2011 das in Landau ansässige Bauunternehmen Baumax (B), welches am 28.3.2012 die Bauarbeiten vollständig abgeschlossen hat. Nach der vereinbarten förmlichen Abnahme am 10.4.2012 erteilt B dem L am selben Tag eine Rechnung über 200.000 € zuzüglich 38.000 € Umsatzsteuer.

d) Am 1.5.2012 eröffnet L im Erdgeschoss (150 qm) sein Restaurant, im 1.OG (150 qm) bezieht er mit seiner Familie die neue Wohnung und die insgesamt 5 Zimmer im 2.OG (30 qm pro Zimmer) vermietet er ab diesem Zeitpunkt tageweise an Touristen für 120 € pro Nacht (ohne Frühstück und Zusatzleistungen).

III. Aufgabe

Prüfen Sie alle im Sachverhalt angesprochenen Umsätze nach dem Ihnen bekannten Prüfungsschema und gehen Sie dabei auch auf den Vorsteuerabzug ein.

Prüfen sie in Sachverhalt 1 zunächst, ob **K in den Jahren 2010 bis 2012 der Regelbesteuerung** unterliegt. Bei allen anderen im Sachverhalt genannten Unternehmern ist ohne weitere Prüfung von der Regelbesteuerung auszugehen.

Alle Unternehmer versteuern nach vereinbarten Entgelten und geben monatlich Voranmeldungen ab.

Begründen Sie Ihre Entscheidungen mit dem Umsatzsteuergesetz (Stand Juni 2012) und – soweit erforderlich – mit dem Umsatzsteueranwendungserlass (UStAE).

Lösung der Übungsklausur 3

Existenzgründer Kaiser

Prüfung der Besteuerungsform für K

K könnte **Kleinunternehmer** sein, sodass die von ihm geschuldete Umsatzsteuer nicht erhoben würde, § 19 Abs. 1 S. 1 UStG, ihm dafür nach § 19 Abs. 1 S. 4 UStG jedoch auch kein Vorsteuerabzug zustünde. Hierfür dürften seine tatsächlichen Gesamtumsätze für das jeweilige Vorjahr nicht mehr als 17.500 € und seine prognostizierten Umsätze für das jeweilige laufende Jahr voraussichtlich nicht mehr als 50.000 € betragen. Der maßgebliche Gesamtumsatz ist nach § 19 Abs. 1 S. 1 und 2 UStG nach vereinnahmten Bruttobeträgen zu ermitteln. Einzubeziehen sind dabei nach § 19 Abs. 3 S. 1 UStG seine steuerbaren Umsätze nach § 1 Abs. 1 Nr. 1 UStG, jedoch ohne die in § 19 Abs. 3 S. 1 Nr. 1 und 2 UStG genannten steuerfreien Umsätze.

Mit der **Tätigkeit als Versicherungsvertreter** erbringt K gegenüber S sonstige Leistungen gem. § 3 Abs. 9 S. 1 UStG. Der Ort richtet sich gemäß § 3a Abs. 2 S. 1 UStG nach dem Sitz des Leistungsempfängers S in Hamburg. Hamburg liegt im Inland i.S.d. § 1 Abs. 2 S. 1 UStG, die Leistungen sind damit steuerbar § 1 Abs. 1 Nr. 1 UStG, aber nach § 4 Nr. 11 UStG steuerfrei.

Mit der **Tätigkeit als Immobilienmakler** erbringt K gegenüber den jeweiligen Eigentümern mit der Vermittlung der Immobilienverkäufe ebenfalls sonstige Leistungen nach § 3 Abs. 9 S. 1 UStG. Diese Vermittlungsleistungen gelten nach § 3a Abs. 3 Nr. 1 S. 2 Buchst. b UStG am Belegenheitsort der veräußerten Grundstücke in Heidelberg, also im Inland als ausgeführt und sind damit steuerbar und mangels Steuerbefreiung auch steuerpflichtig.

Bei der Ermittlung der Kleinunternehmergesamtumsatzgrenze sind daher lediglich die steuerpflichtigen Umsätze aus seiner Immobilienmaklertätigkeit zu berücksichtigen, die Umsätze aus der steuerfreien Versicherungsvertretertätigkeit sind dagegen nach § 19 Abs. 3 S. 1 Nr. 1 UStG nicht mit einzubeziehen.

Im Jahr **2010 ist K Kleinunternehmer**. Im Jahr der Neugründung ist auf die bei Aufnahme der Tätigkeit prognostizierten Umsätze des laufenden Jahres abzustellen. Dabei ist die Grenze von 17.500 € maßgebend (Abschn. 19.1 Abs. 4 UStAE). Der von K prognostizierte Umsatz von 12.000 € für die steuerpflichtige Immobilienmaklertätigkeit ist dabei in einen Jahresgesamtumsatz hochzurechnen, § 19 Abs. 3 S. 3 und 4 UStG. Dieser beträgt somit 16.000 € (12/9) und liegt damit nicht über der Grenze von 17.500 €.

Auch im Jahr **2011 ist K Kleinunternehmer**. Die tatsächlichen, nach § 19 Abs. 3 S. 3 und 4 UStG in einen Jahresgesamtumsatz hochgerechneten tatsächlichen Umsätze im Vorjahr 2010 betrugen 12.000 € (12/9 von 9.000 €) ≤ 17.500 € und die prognostizierten Umsätzen von 20.000 € für das laufende Jahr 2012 betragen nicht mehr als 50.000 €.

Ab dem Jahr **2012 unterliegt K jedoch der Regelbesteuerung**, da er mit seinen tatsächlichen Umsätzen im Vorjahr 2011 von 18.000 € bereits die maßgebliche Umsatzgrenze von 17.500 € überschritten hat.

In den Jahren 2010 und 2011 ist K somit Kleinunternehmer. Eine nach § 19 Abs. 2 UStG mögliche Option zur Regelbesteuerung ist aus dem geschilderten Sachverhalt nicht ersichtlich, insbesondere gibt K für die entsprechenden Jahre auch keine Voranmeldungen ab. Die von K geschuldete Umsatzsteuer aus der steuerpflichtigen Immobilienmaklertätigkeit wird daher erst ab 2012 erhoben. Dafür steht ihm in den Jahren 2010 und 2011 (zunächst) auch kein Vorsteuerabzug zu.

Kauf und Sicherungsübereignung des Pkw

Beim Verkauf des Pkw liegt eine Lieferung von G an K nach § 3 Abs. 1 UStG vor. Der Ort der Lieferung liegt gemäß § 3 Abs. 6 S. 1 und 2 UStG am Beginn der Beförderung in Mannheim, also im Inland und ist daher steuerbar und auch steuerpflichtig. Der Beginn der Beförderung am 12.4.2010 ist auch der Zeitpunkt der Lieferung (Abschn. 13.1 Abs. 2 S. 5 UStAE). Die Umsatzsteuer von 5.700 € entsteht nach § 13 Abs. 1 Nr. 1a S. 1 UStG mit Ablauf des Voranmeldungszeitraums April 2010 und wird nach § 13a Abs. 1 Nr. 1 UStG von G geschuldet.

Ein Vorsteuerabzug steht K nicht zu, da K 2010 Kleinunternehmer ist und daher nach § 19 Abs. 1 S. 4 UStG das Recht zum Vorsteuerabzug nach § 15 UStG ausgeschlossen ist.

Bei der **Darlehensgewährung** handelt es sich um eine sonstige Leistung nach § 3 Abs. 9 S. 1 und 2 UStG von B an K. Die Leistung besteht im Dulden der Kapitalnutzung. Entgelt für die Darlehensgewährung sind die Zinsen. Der Ort liegt nach § 3a Abs. 2 S. 1 UStG am Sitz des Leistungsempfängers K in Heidelberg. Die Leistung ist steuerbar, aber nach § 4 Nr. 8a UStG steuerfrei.

Mit der **Sicherungsübereignung des Pkw** am 12.4.2010 liegt noch keine Lieferung nach § 3 Abs. 1 UStG von K an B vor (Abschn. 3.1 Abs. 3 S. 1 UStAE). Zwar wird der Bank zu diesem Zeitpunkt das zivilrechtliche Eigentum nach §§ 929 S. 1, 930 BGB übertragen. Nach den Vereinbarungen im Sicherungsvertrag kann sie von ihrer Eigentümerstellung jedoch bis zum Eintritt des Sicherungsfalles keinen Gebrauch machen. K hat daher weiterhin das wirtschaftliche Eigentum und damit die Verfügungsmacht inne (§ 39 Abs. 2 Nr. 1 AO).

Veräußerung des Pkw im Rahmen einer Verkaufskommission

Mit der Veräußerung des sicherungsübereigneten Pkw durch den Sicherungsgeber K erstarkt die ursprüngliche Sicherungsübereignung zu einer Lieferung des K an den Sicherungsnehmer B nach § 3 Abs. 1 UStG. Mit der Veräußerung durch K im eigenen Namen auf Rechnung der B, liegt daneben einen Lieferung des Pkw von K an P nach § 3 Abs. 1 UStG und zugleich nach den Regelungen der Kommission gemäß § 3 Abs. 3 UStG eine Lieferung des B (Kommittent) an den K (Kommissionär) vor (Abschn. 1.2 Abs. 1a UStAE „Dreifachumsatz").

Die **Lieferung von K an P** gilt mit Beginn der Beförderung am 30.4.2012 in Heidelberg als ausgeführt. § 3 Abs. 6 S. 1, 2 UStG. Sie ist steuerbar und auch steuerpflichtig, insbes. fällt sie als Hilfsgeschäft nicht unter § 4 Nr. 11 und ist auch nicht nach § 4 Nr. 28 UStG steuerfrei, da K den Pkw nicht ausschließlich für steuerfreie Umsätze nach § 4 Nr. 11 UStG genutzt hat. Die Bemessungsgrundlage beträgt 16.806,72 €, die Umsatzsteuer 3.198,28 €. Sie entsteht nach § 13 Abs. 1 Nr. 1a S. 1 UStG mit Ablauf des Voranmeldungszeitraums April 2012 und wird von K geschuldet, § 13a Abs. 1 Nr. 1 UStG.

Gleichzeitig liegt eine **Lieferung K an B** vor, da mit der Verwertung des Sicherungsguts die Sicherungsübereignung zur Lieferung erstarkt, indem auch das wirtschaftliche Eigentum auf B übergeht. Die unbewegte Lieferung gilt nach § 3 Abs. 7 S. 1 UStG in Heidelberg als ausgeführt, ist steuerbar und steuerpflichtig. Es handelt sich um einen Fall des § 13b Abs. 2 Nr. 2 UStG. Als Bemessungsgrundlage ist daher das in Rechnung gestellte Nettoentgelt anzusetzen (Abschn. 13b.13 Abs. 1 UStAE). Das Entgelt beträgt somit 20.000 € und die Umsatzsteuer 3.800 €.

Nach § 13b Abs. 2 entsteht die Umsatzsteuer mit Ausstellung der Rechnung (hier 2.6.), spätestens jedoch mit Ablauf des der Leistung (30.4.) folgenden Kalendermonats (31.5.). Sie entsteht also vorliegend mit Ablauf Mai 2012 und wird nach § 13b Abs. 5 S. 1 UStG vom Empfänger B geschuldet. Sie ist jedoch nach § 15 Abs. 1 Nr. 4 und Abs. 2 UStG im Umkehrschluss für B wieder als Vorsteuer abziehbar. Der Vorsteuerabzug steht B nach § 16 Abs. 2 S. 1 UStG im Voranmeldungszeitraum der Entstehung der § 13b-Steuer im Mai 2012 zu (Abschn. 13b.15 Abs. 5 UStAE).

Nach § 14a Abs. 5 S. 3 UStG darf der leistende Unternehmer in den Fällen, in denen der Leistungsempfänger die Steuer nach § 13b UStG schuldet, die Umsatzsteuer nicht gesondert in einer Rechnung ausweisen. Tut er dies doch, schuldet er die ausgewiesene Steuer nach § 14c Abs. 1 UStG (Abschn. 13b.14 Abs. 1 S. 5 UStAE). K schuldet hier also die in der Rechnung ausgewiesene Steuer in Höhe von 1.130 €, die nach § 13 Abs. 1 Nr. 3 UStG mit Ausstellung der Rechnung am 2.6.2012 entsteht und nach § 13a Abs. 1 Nr. 1 UStG von K geschuldet wird. B kann die ausgewiesene Steuer nicht als Vorsteuer geltend machen, da es sich insofern nicht um die gesetzlich geschuldete Steuer i.S.d. § 15 Abs. 1 Nr. 1 S. 1 UStG handelt (Abschn. 15.2 Abs. 1 S. 2 UStAE).

Mit der Lieferung des Pkw von K an P liegt auch zeitgleich (Abschn. 3.1 Abs. 3 S. 7 UStAE) eine **Lieferung von B an K** nach § 3 Abs. 3 UStG vor. Der Ort der unbewegten Lieferung liegt nach § 3 Abs. 7 S. 1 UStG in Heidelberg, sie ist damit steuerbar und steuerpflichtig. Die Bemessungsgrundlage beträgt 16.806,72 €, die Umsatzsteuer 3.193,28 €. Sie entsteht nach § 13 Abs. 1 Nr. 1a S. 1 UStG mit Ablauf des Voranmeldungszeitraums April 2012 und wird von B geschuldet. Die in Rechnung gestellte Umsatzsteuer ist für K nach § 15 Abs. 1 Nr. 1 S. 1 und 2 und § 15 Abs. 2 UStG im Umkehrschluss als Vorsteuer abziehbar, jedoch erst im Voranmeldungszeitraum Juni 2012, da erst hier eine Rechnung mit Steuerausweis vorliegt.

Vorsteuerberichtigung § 15a UStG im Jahr 2012

Durch den Übergang von der Besteuerung nach § 19 UStG zur Regelbesteuerung liegt bezüglich des Pkw ab 1.1.2012 eine Änderung der Verhältnisse vor, § 15a Abs. 7 i.V.m. Abs. 1 S. 1 UStG. Der Pkw ist ein Berichtigungsobjekt, das nicht nur einmalig zur Ausführung von Umsätzen verwendet wird. Der Berichtigungszeitraum beträgt 5 Jahre = 1.4.10-31.3.15 (§ 45 UStDV analog; Abschn. 15a.3 Abs. 1 S. 6 UStAE). Vom 1.1.2012 bis zur Veräußerung wird der Pkw zu 50 % für steuerpflichtige Abzugsumsätze genutzt (§ 4 Nr. 11 i.V.m. § 15 Abs. 2 Nr. 1 und Abs. 4 UStG). Dies entspricht einer Änderung im Vergleich zum ursprünglichen Vorsteuerabzug (0 %) von + 50 %. Mit der Veräußerung kommt es nach § 15a Abs. 8 UStG erneut zu einer Änderung der Verhältnisse. Die Berichtigung ist in diesem Fall nach § 15a Abs. 9 UStG so vorzunehmen, als sei der Pkw bis zum Ablauf des Berichtigungszeitraums entsprechend der umsatzsteuerlichen Behandlung der Veräußerung (steuerpflichtig = 100 % abzugsfähig) weiterhin für das Unternehmen verwendet worden. Daraus ergibt sich für 2012 eine Änderung von + 83,33 % (4/12 x 50 % + 8/12 x 100 %) und 2013 – 2015 von jeweils + 100 %.

Die Vorsteuer aus den Anschaffungskosten ist auf 5 Jahre zu verteilen, § 15a Abs. 5 S. 1 UStG. Daraus ergibt sich für die vollen Jahre 2012-2014 = 1.140 € p.a. und 2016 = 285 €.

	Vorsteuer-anteil	ursprünglich abzugsfähig	jetzt abzugs-fähig	Änderung in %	Berichti-gung	Betrag
12	1.140 €	0 %	83,33 %	+ 83,33 %	ja	+ 949,96 €
13	1.140 €	0 %	100 %	+ 100 %	ja	+ 1.140 €
14	1.140 €	0 %	100 %	+ 100 %	ja	+ 1.140 €
15	285 €	0 %	100 %	+ 100 %	ja	+ 285 €

Für den gesamte Berichtigungsbetrag i.H.v. 3.514,96 € ist die Berichtigung im Voranmeldungszeitraum der Lieferung des Pkw, also im April 2012 durchzuführen (§ 44 Abs. 3 S. 2 UStDV).

Restaurant- und Pensionsbetreiber Laufer

Grundstückserwerb
Beim Erwerb des Grundstücks liegt unmittelbar eine Lieferung des ehemaligen Eigentümers A (Vollstreckungsschuldner) an den Erwerber L nach § 3 Abs. 1 UStG vor (Abschn. 1.2 Abs. 2 UStAE). Die Verfügungsmacht wird dem L mit Zuschlag am 11.11.2011 verschafft, da er bereits zu diesem Zeitpunkt zivilrechtlicher Eigentümer des Grundstücks wird (Grundbucheintragung nicht erforderlich). Ein fehlender Leistungswille des A ist gemäß § 1 Abs. 1 Nr. 1 S. 2 UStG für die Steuerbarkeit unbeachtlich. Die Lieferung gilt nach § 3 Abs. 7 S. 1 UStG in Landau und damit im Inland § 1 Abs. 2 S. 1 UStG als ausgeführt. Da A Unternehmer ist und die Veräußerung als Hilfsgeschäft (vgl. Abschn. 2.7 Abs. 2 UStAE) im Rahmen seines Unternehmens gegen Entgelt stattfindet, ist die Lieferung steuerbar gemäß § 1 Abs. 1 Nr. 1 S. 1 UStG, aber steuerfrei nach § 4 Nr. 9a UStG, da es sich bei dem Grundstückserwerb im Zwangsversteigerungsverfahren um einen grunderwerbsteuerbaren Vorgang i.S.d. § 1 Abs. 1 Nr. 4 GrEStG handelt.

Abrissarbeiten
Mit den Abrissarbeiten erbringt D an L eine sonstige Leistung nach § 3 Abs. 9 S. 1 UStG, die nach § 3a Abs. 3 Nr. 1 S. 1 i.V.m. S. 2 Buchst. c UStG am Belegenheitsort in Landau und damit im Inland als ausgeführt gilt (vgl. Abschn. 3a.3 Abs. 8 UStAE). Das Entgelt für diese Leistung besteht neben der Zahlung der 13.000 € auch in der (Gegen-) Lieferung der Sandsteine von L an D, es handelt sich also um einen tauschähnlichen Umsatz mit Baraufgabe i.S.d. § 3 Abs. 12 S. 2 UStG. Die Leistung ist steuerbar und steuerpflichtig.

Bemessungsgrundlage ist neben der Baraufgabe von 13.000 € nach § 10 Abs. 2 S. 2 UStG auch der subjektive Wert der Gegenlieferung der Sandsteine in Höhe der vereinbarten 2.000 €, insgesamt also 15.000 €. Im Fall einer hier vorliegenden Steuerschuldnerschaft des Leistungsempfängers nach § 13b UStG ist dabei dieser Rechnungsbetrag als Nettobetrag anzusehen (Abschn. 13b.13 Abs. 1 S. 1 UStAE), die hierauf entfallende Umsatzsteuer von 19 % (§ 12 Abs. 1 UStG) beträgt damit 2.850 €.

Es handelt sich nicht um einen Anwendungsfall des § 13b Abs. 1 UStG. Zwar liegt eine sonstige Leistungen eines im übrigen Gemeinschaftsgebiet Frankreich ansässigen Unternehmers vor, die Steuerbarkeit ergibt sich aber vorliegend nicht aus § 3a Abs. 2 UStG, sondern § 3a Abs. 3 Nr. 1 UStG. Es liegen aber die Voraussetzungen des § 13b Abs. 2 Nr. 1 UStG vor, da D als im Ausland ansässiger Unternehmer i.S.d. § 13b Abs. 7 S. 1 HS 1 eine in Deutschland steuerbare sonstige Leistung erbringt. Steuerschuldner ist daher nach § 13b Abs. 5 S. 1 UStG der Leistungsempfänger L. Da die Leistung bereits mit Abschluss der Arbeiten am 30.11.11 als ausgeführt gilt (Abschn. 13.1 Abs. 3 UStAE), entsteht die Steuer nach § 13b Abs. 2 UStG vorliegend bereits mit Ablauf des Folgemonats Dezember 2011 und nicht erst mit Ausstellung der Rechnung am 4.1.12.

Vorsteuer aus den Abrisskosten

Die von L als Leistungsempfänger geschuldete Umsatzsteuer i.H.v. 2.850 € ist für diesen selbst nach § 15 Abs. 1 Nr. 4 UStG grundsätzlich als Vorsteuer abziehbar, da er das Grundstück zulässigerweise zu 100 %, also auch bezüglich der Nutzung zu eigenen Wohnzwecken, dem Unternehmen zugeordnet hat und damit die Leistung in vollem Umfang „für sein Unternehmen" bezieht (Abschn.15.2 Abs. 21 Nr. 2 UStAE).

Vorliegend greift jedoch der zum 1.1.2011 neu eingefügte Ausschlusstatbestand § 15 Abs. 1b, nachdem der Vorsteuerabzug für solche im Zusammenhang mit einem Grundstück anfallende Kosten insoweit ausgeschlossen ist, als das Grundstück für außerunternehmerische Zwecke verwendet wird. Die Vorsteuer aus den für die spätere Nutzung erforderlichen Abrissarbeiten ist daher vorliegend nach § 15 Abs. 4 S. 4 i.V.m. S. 1-3 UStG in einen abziehbaren (Restaurant und Pensionsbetrieb) und nicht abziehbaren Teil (Wohnung) aufzuteilen. Geeigneter Aufteilungsmaßstab ist dabei das beabsichtigte Nutzflächenverhältnis des nach Abriss zu errichtenden Gebäudes (vgl. Abschn. 15.17 Abs. 7 S. 4 UStAE). Abziehbar sind damit im Ergebnis nur 2/3 von 2.850 €, also 1.900 €. Die Vorsteuer kann er im Voranmeldungszeitraum Dezember 11 geltend machen (Abschn. 13b.15 Abs. 5 UStAE).

(Gegen-)Lieferung der Sandsteine

Die Überlassung der Sandsteine stellt eine Lieferung von L an D nach § 3 Abs. 1 UStG im Rahmen des tauschähnlichen Umsatzes dar. Ort der Lieferung ist nach § 3 Abs. 6 S. 1 und 2 UStG am Beginn der Beförderung durch die Mitarbeiter des Abnehmers D in Landau und damit im Inland. Die Lieferung stellt für den Unternehmer L als Veräußerung von Unternehmensvermögen ein Hilfsgeschäft dar und wird insoweit auch im Rahmen seines Unternehmens ausgeführt. Sie ist daher steuerbar, aber als innergemeinschaftliche Lieferung nach § 4 Nr. 1b i.V.m. § 6a UStG steuerfrei:

- § 6a Abs. 1 Nr. 1 UStG: Der Liefergegenstand wurde in das übrige Gemeinschaftsgebiet (FR) befördert, hier durch den Abnehmer D.
- § 6a Abs. 1 Nr. 2a UStG: D als Abnehmer ist Unternehmer, der den Gegenstand für sein Unternehmen (Baustoffhandel) erwirbt.
- § 6a Abs. 1 Nr. 3 UStG: Der Erwerb unterliegt beim Abnehmer D in Frankreich der Umsatzbesteuerung, was dieser durch Verwendung seiner USt-IdNr. zu erkennen gibt.

Die erforderlichen Beleg- und Buchnachweise (§ 6a Abs. 3 UStG i.V.m. § 17a und § 17c UStDV) liegen laut Bearbeitervermerk ebenfalls vor.

Errichtung Gebäude

Die Errichtung des Gebäudes beruht auf einem Werkvertrag (§ 631 BGB). Es handelt sich um eine Werklieferung von B an L nach § 3 Abs. 4 UStG, da B als Werkunternehmer die zur Ausführung der Arbeiten erforderlichen Hauptstoffe selbst beschafft.

Ort der Werklieferung ist gemäß § 3 Abs. 7 S. 1 UStG Landau = Inland, der Umsatz ist damit steuerbar und steuerpflichtig.

Bemessungsgrundlage ist gemäß § 10 Abs. 1 S. 1 und 2 UStG das Entgelt, also alles, was der Leistungsempfänger für die Leistung aufwendet, ohne darin enthaltener Umsatzsteuer, vorliegend also 200.000 €. Die hierauf entfallende Umsatzsteuer von 19 % (§ 12 Abs. 1 UStG) beträgt insgesamt 38.000 €.

Die Leistung gilt mit der förmlichen Abnahme am 10.4.2012 als ausgeführt (Abschn.13.2 S. 2 Nr. 1 UStAE), die Umsatzsteuer entsteht daher nach § 13 Abs. 1 Nr. 1a S. 1 UStG mit Ablauf des Voranmeldungszeitraums April 2012. Steuerschuldner ist B nach § 13a Abs. 1 Nr. 1 UStG.

Die positiven Voraussetzungen für den Abzug der ihm in Rechnung gestellten Umsatzsteuer als Vorsteuer für L nach § 15 Abs. 1 Nr. 1 S. 1 und 2 UStG liegen vor. Der Vorsteuerabzug ist aber wegen der privaten Verwendung als Wohngebäude nach § 15 Abs. 1b UStG teilweise ausgeschlossen und daher nur zu 2/3 = 25.333,33 € abzugsfähig (vgl. oben Abrisskosten).

Grundstücksnutzung

Bei der Nutzung des EG für sein Restaurant handelt es sich um einen nicht steuerbaren Innenumsatz (vgl. Abschn. 2.7 Abs. 1 S. 3 UStAE).

Die Nutzung des 1. OG als Wohnung ist ebenfalls nicht steuerbar. Zwar liegen hier die positiven Voraussetzungen einer Nutzungsentnahme nach § 3 Abs. 9a Nr. 1 UStG vor, da er das zu 100 % dem Unternehmen zugeordnete Gebäude, für dessen Errichtung ihm zumindest teilweise ein Vorsteuerabzug zustand, für außerunternehmerische Zwecke nutzt, nach § 3 Abs. 9a Nr. 1 HS 2 UStG ist die Steuerbarkeit jedoch ausgeschlossen, da bezüglich der Wohnung der Vorsteuerabzug nach § 15 Abs. 1b ausgeschlossen war (s.o.).

Bezüglich der Vermietungen im 2. OG an die Touristen erbringt L sonstige Leistungen in Form eines Duldens, § 3 Abs. 9 S. 1 und 2 UStG. Ort der Vermietungsleistungen ist nach § 3a Abs. 3 Nr. 1 S. 2 Buchst. a i.V.m. § 4 Nr. 12 UStG der Belegenheitsort des Grundstücks, hier Landau. Landau liegt im Inland, die Leistungen sind somit steuerbar und nach § 4 Nr. 12 S. 2 als kurzfristige Vermietung von Wohn und Schlafräumen auch steuerpflichtig. Der Steuersatz beträgt 7 % nach § 12 Abs. 2 Nr. 11 UStG, pro Übernachtung fallen somit 7,86 € an Umsatzsteuer an.

Klausuren Umsatzsteuer

Übungsklausur 4
Bearbeitungszeit: 5 Stunden

I.   Sachverhalte
S beschäftigt sich gewerblich in Ulm (Inland) mit Maschinen.

Sachverhalt 1
R mit Sitz in Sankt Gallen (Schweiz) verkaufte S zwei Maschinen zum Netto-Listenpreis von je 2.500 €. Der von R beauftragte inländische Spediteur IS erklärte am 30.06.2013 die Einfuhr der Maschinen an der Grenze Kreuzlingen/Konstanz im Namen des R und lieferte sodann am 02.07.2013 die Maschinen bei S an. Am 02.08.2013 erhielt S eine Rechnung, in der R ohne Ausweis der Umsatzsteuer 5.000 € für die Maschinen, zusätzlich aber auch noch 100 € für die Beförderung berechnete. Obwohl die Zusatzkosten nicht vereinbart waren, überwies S am 01.10.2013 den Betrag unter Abzug von 10 % Skonto, was freilich ebenfalls nicht vereinbart war, letztlich aber so bestehen blieb.
IS berechnete R 500 € für die von ihm erbrachte Leistung.

Sachverhalt 2
Eine der beiden in Sachverhalt 1 beschriebenen Maschinen hatte S in der Absicht gekauft, diese i.R. ihres Geschäftsjubiläums in einer Tombola zu verlosen. So kam es auch.

Sachverhalt 3
Als IS die Maschinen bei S anlieferte und angab, Richtung Italien zurückzufahren, nutzte S die Gelegenheit. IS erklärte sich bereit, im Auftrag der S ein 2 Monate altes Motorboot zu A nach Italien mitzunehmen, das mit seinen 8 Metern Länge gerade noch in den Lkw hineinpasste.
   S hatte sich das Boot zugelegt als Ausgleich zum Beruf. Sie hatte zuletzt Reparaturkosten i.H.v. 300 € zuzüglich 57 € gehabt.
   A zahlte S für das Boot angemessene 3.000 €. S hatte ihrerseits einen Kaufpreis von 3.500 € zuzüglich 665 € USt gezahlt. A war ein früherer Geschäftsfreund, der nun aber nur noch seiner Freizeit frönte.
   S zahlte IS 200 € bar aus.

Sachverhalt 4
S lieferte ihrer in Konstanz (Inland) wohnenden Schwester Heidi (H) eine Maschine für deren Haushalt. Die Maschine hatte einst 500 € im Ankauf gekostet und wurde nun von S als Schnäppchen für 300 € angeboten, obwohl sie noch immer für 400 € (netto) in der Preisliste ihres Zulieferers verzeichnet war. H hatte versprochen, im Gegenzug für die Maschine auf das Schweizer Bankkonto der S umgerechnet 200 € einzuzahlen.

Sachverhalt 5
S vermittelt immer wieder auch Maschinen für verschiedene Hersteller und Händler. Vereinbarungsgemäß erhält S in den nachfolgenden Varianten 10 % Netto-Provision

aus den Netto-Verkaufsabschlüssen, die der S wie vereinbart ordnungsgemäß gut-
schrieben wird.

a) Auf Vermittlung der S kaufte B mit Unternehmenssitz im Inland eine Maschine
für 200.000 € (netto) bei K. K ist ein Hersteller mit Sitz in Köln. Diese Maschine
des K stand noch bei S und wurde dort von B abgeholt. Diese Maschine hatte
B1 über S bei K bestellt, jedoch wegen Liquidationsschwierigkeiten nicht abgenommen. B1 hatte es vorgezogen, vom Vertrag abzuspringen und K hierfür eine
Abstandszahlung von 5.000 € zu leisten. Damals war S bereit, die Maschine einst-
weilen unentgeltlich für K in ihrer Lagerhalle einzustellen. Ohne Absprache mit K
hatte S dem B versprochen, ihm die Hälfte ihrer von K gutgeschriebenen Provision
weiterzugeben; andernfalls hätte B die Maschine nicht abgenommen.

b) Einen weiteren Geschäftsabschluss vermittelte S für den französischen Unternehmer
F. B bestellte bei F die Maschine 2 für 100.000 €. Wie mit B vereinbart, ließ F die
Maschine in das Auslieferungslager des B nach Dänemark bringen. (Von dort aus
belieferte B seine dänischen Kunden.) Dazu beauftragte F (auf Vorschlag der S) die
deutsche Spedition DS. DS fragt, wie sie gegenüber F abrechnen muss.

c) Eine weitere Provision zahlte B der S, weil S für ihn eine Verbindung zum türkischen
Hersteller D herstellte. Auf Vermittlung der S kaufte B bei D eine Spezialmaschine,
die D dem B verzollt und versteuert zuführen ließ. Der Kaufpreis betrug 10.000 €
zuzüglich 1.900 € USt.

In der später ausgestellten Rechnung gab D versehentlich die Bezeichnung einer
anderen Maschine aus seinem Sortiment an (T-A-G 12 statt A-T 13).

Sachverhalt 6

B mit Unternehmenssitz im Inland hatte sich eine Maschine angeschafft. Schon bald
stellte sich heraus, dass die Maschine umgerüstet werden musste. Damit beauftragte B die in England ansässige Bernard und Petra Ltd. (BP). BP bestellte das für die
Umrüstung notwendige Bauteil beim deutschen Händler H, der es seinerseits erst
beim Produzenten P mit Sitz in Deutschland bestellte. Sämtliche Beteiligten kannten
die Lieferkette und kamen überein, dass H das Teil bei P abholen und zu BP bringen
sollte. P lieferte ab Werk an H und H beliefert BP frei Haus.

BP verschweißte dann in ihrem Unternehmen das Teil mit der Maschine, brachte
die veränderte Maschine anschließend zu B und montierte sie dort noch. BP stellte B
ihre Leistung ohne Ausweis der Umsatzsteuer mit 4.000 € in Rechnung.

Sachverhalt 7

S ließ Anfang 2011 ein Gebäude auf eigenem Grund und Boden in Ulm herstellen. Das
vom international stark beachteten australischen Architekt A gefertigte Baugesuch
sah folgende Nutzung vor:

- Im EG wollte S ihren Handel betreiben.
- Das 1. OG wollte sie an einen Optiker,
- das 2. OG an einen Arzt (gedacht war vorrangig an einen Augenarzt) vermieten
  und
- das DG selbst mit ihren zwei Kindern bewohnen.

Das DG war doppelt so groß wie die ansonsten gleich großen und etwa gleich ausge-
statteten anderen drei Geschosse.

- Die Rechnung des Architekten erhielt S erst im Dezember 2011, nachdem eine früher gestellte Rechnung offenbar auf dem langen Postweg verloren gegangen war. Hiernach musste S umgerechnet 15.000 € zahlen (Rechnung 1).
- Bauunternehmer B aus Ulm hatte die Erdaushubarbeiten und die Erstellung des Rohbaus übernommen. Mit ordnungsgemäßer (End-)Rechnung setzte er für den Bauaushub, der bereits am 10.08.2011 abgeschlossen war, 20.000 € netto an und für den Rohbau, der am 11.11.2011 abgeschlossen war, insgesamt 30.000 € netto. Angerechnet waren zutreffend drei schriftlich angeforderten Abschlagszahlungen von je 10.000 € zuzüglich 19 % Umsatzsteuer = 1.900 €, die S vereinbarungsgemäß im August (nach Aushub), September (nach Rohbau EG) und Oktober 2011 (nach Rohbau 1. OG) geleistet hatte. S musste also noch 20.000 € zzgl. 19 % Umsatzsteuer = 3.800 € zahlen (Rechnung 2). Von der Darstellung weiterer Rechnungen wird hier abgesehen.

Anlässlich einer Betriebsprüfung fand sich ein Vorvertrag vom 01.11.2011, wonach S das erste und zweite OG des Gebäudes dem Augenarzt C vermieten wollte. Tatsächlich verwendete S das Gebäude ab 13.01.2012 im EG für ihren Handel, das 1. und 2. OG vermietete sie an den Augenarzt für dessen Praxis und auch das DG vermietete sie an den Augenarzt, der dort wohnte.

II.   Aufgaben

1. Prüfen Sie die nachfolgenden Geschäftsvorfälle auf ihre Auswirkungen auf Umsatzsteuer bzw. Vorsteuer bei den Personen mit abgekürztem/n Buchstaben.
2. Sofern diese Personen Unternehmer sind, unterliegen sie der Sollbesteuerung und geben ihre Monats- und Jahresanmeldung.
3. Sie verwenden die von ihrem Heimatstaat erteilte Umsatzsteuer-Identifikationsnummer.
4. Zuordnungswahlrechte sollen einen größtmöglichen Vorsteuerabzug ergeben.
5. Eventuell erforderliche Nachweise und Belege sollen vorliegen, soweit im Sachverhalt keine anderen Angaben enthalten sind.
6. Soweit zulässig, verzichten die Beteiligten auf eine Steuerbefreiung.

Lösung der Übungsklausur 4

Sachverhalt 1

Einfuhr

Da die Einfuhr der Maschinen im Namen des R geschah und dieser noch Verfügungsmacht an der Grenze hatte, erfüllt R den Tatbestand der Einfuhr gemäß § 1 Abs. 1 Nr. 4 UStG.

R schuldet also die Einfuhrumsatzsteuer, ist aber zugleich gemäß § 15 Abs. 1 Nr. 2 UStG zum Vorsteuerabzug berechtigt.

Verkauf

1. R ist Unternehmer i.S.v. § 2 Abs. 1 UStG. Er erbringt eine Leistung an S, die nach § 1 Abs. 1 Nr. 1 UStG im Inland steuerbar sein könnte.

2. Es handelt sich um eine Lieferung i.S.v. § 3 Abs. 1 UStG. Die zugleich übernommene Beförderung der Ware ist eine Nebenleistung. Es handelt sich hierbei nämlich um einen handelstypischen Service, der einen Warenbezug unter günstigen Bedingungen gewährleistet. Diese rechtliche Würdigung ergibt sich unabhängig davon, ob der Lieferer die Nebenkosten gesondert berechnet.

3. Der Ort ergibt sich zunächst aus § 3 Abs. 6 Satz 1 UStG: Die Warenlieferung beginnt in der Schweiz. Der Ort verlagert sich jedoch nach § 3 Abs. 8 UStG ins Inland, da R als Lieferer zugleich die Ware einführt. Die Lieferung ist steuerbar.

4. Die Lieferung ist zudem steuerpflichtig.

5. Steuerschuldner ist R, obwohl sein Unternehmenssitz im Drittland liegt. Solche Fälle einer Lieferung werden nicht durch § 13b UStG erfasst, sodass es zu keiner Steuerumkehr auf die inländische Unternehmerin S kommt. R muss sich dazu im Inland registrieren lassen und wird insoweit vom FA Konstanz gemäß § 1 Abs. 1 Nr. 25 UStZustV (Beck 519) veranlagt.

6. Die Bemessungsgrundlage ergibt sich aus § 10 Abs. 1 Sätze 1 und 2 UStG. Zudem gilt der Regelsteuersatz nach § 12 Abs. 1 UStG mit 19 %. Die Umsatzsteuer errechnet sich zunächst aus 5.100 x 100/119 = 4.285,71 € und beträgt demnach 4.285,71 x 19 % = 814,28 €.

7. Die Umsatzsteuer entsteht mit Ablauf desjenigen Voranmeldungszeitraums, in dem die Lieferung erbracht wurde. Maßgeblich ist die Fiktion aus § 3 Abs. 6 bzw. Abs. 8 UStG. Die Steuer entsteht daher abhängig vom Zeitpunkt der Einfuhr i.S.v. § 3 Abs. 8 UStG mit Ablauf Juni 2013.

8. Vorsteuerabzug: S wäre unter den Voraussetzungen des § 15 Abs. 1 Satz 1 Nr. 1 UStG vorsteuerabzugsberechtigt. Allerdings fehlt ihr die nach § 15 Abs. 1 Satz 1 Nr. 1 Satz 2 UStG erforderliche Rechnung, in der gemäß § 14 Abs. 4 Nr. 8 UStG die Umsatzsteuer ausgewiesen ist. Sie ist daher (derzeit) nicht zum Vorsteuerabzug berechtigt.

9. Skontoabzug: Da S nur einen Teil der Rechnung zahlte, mindert sich die Bemessungsgrundlage im Voranmeldungszeitraum Oktober die Bemessungsgrundlage bei R gemäß § 17 Abs. 1 Satz 1 UStG. Die Umsatzsteuer beträgt hiernach nur (noch) 5.100 € x 90 % = 4.590 € x 19/119 = 732,86 €.

Transport
1. IS leistet an R.
2. Es handelt sich um eine sonstige Leistung gemäß § 3 Abs. 9 UStG.
3. Der Ort dieser Leistung richtet sich nach § 3a Abs. 2 UStG. Maßgeblich ist der in der Schweiz befindliche Unternehmenssitz des R. Der Vorgang ist nicht im Inland steuerbar.

Sachverhalt 2 (Tombola)

Die Verlosung einer der Maschinen könnte eine steuerpflichtige Wertabgabe nach § 3 Abs. 1b Satz 1 Nr. 3 UStG darstellen. Angesichts des Wertes der Maschine liegt kein geringwertiges Geschenk vor.

Dennoch ist der Vorgang gemäß § 3 Abs. 1b Satz 2 UStG nicht steuerbar. Der Bezug der Maschine war nicht vorsteuerentlastet. Nach bisheriger Ansicht ist insoweit auf die fehlende Rechnung abzustellen. Nach geänderter Ansicht, die auf der Rspr. von EuGH und BFH beruht, scheidet ein Vorsteuerabzug unabhängig von einer Rechnung aus. Die Eingangsleistung betrifft nicht den Unternehmensbereich der S und erfüllt daher nicht die Voraussetzungen des § 15 Abs. 1 UStG. Dies ergibt sich aus der grundsätzlichen Erfassung des Vorgangs in § 3 Abs. 1b UStG, der gerade auf die außerunternehmerische Verwendung abstellt (Abschn. 15.15 Abs. 1 UStAE).

Sachverhalt 3 (Boot)

a) Verkauf

1. Der Verkauf des Bootes betrifft nicht das Unternehmen der S i.S.v. § 2 UStG. Entgegen § 1 Abs. 1 Nr. 1 UStG wäre der Vorgang daher nicht steuerbar. Allerdings gehört das Boot angesichts seines Alters und seiner Größe zu den Neufahrzeugen i.S.v. § 1b Abs. 2 Nr. 2, Abs. 3 Nr. 2 UStG. Hierdurch erhält der Vorgang seine umsatzsteuerliche Relevanz. S gilt nämlich unter den Voraussetzungen des § 2a UStG insoweit doch als Unternehmerin. Das beschriebene Boot gehört gemäß § 1b Abs. 2 Nr. 2, Abs. 3 Nr. 2 UStG zu den Neufahrzeugen. Der Verkauf des Bootes stellt bei S eine steuerfreie innergemeinschaftliche Lieferung dar. Der Lieferort ergibt sich aus § 3 Abs. 6 Sätze 3 und 4 UStG, die Steuerbefreiung aus § 4 Nr. 1b i.V.m. 6a UStG; dabei ist insbesondere § 6a Abs. 1 Nr. 2c UStG zu beachten. S unterliegt der Meldepflicht nach § 18c Abs. 1 UStG.
2. Spiegelbildlich wird nach diesen Regelungen ein innergemeinschaftlicher Erwerb durch A fingiert, obwohl A weder Unternehmer ist, noch für ein Unternehmen erwirbt, daher § 1 Abs. 1 Nr. 2 UStG nicht greift. § 1b Abs. 1 UStG ergänzt insoweit die Regelung des § 1a UStG. Hinsichtlich des Erwerbes wird daher auch A wie ein Unternehmer gestellt. Der Erwerbsort befindet sich gemäß § 3d Satz 1 UStG in Italien, ist also nicht im Inland steuerbar.
3. S erhält gemäß § 15 Abs. 4a UStG einen Teil der bezahlten Vorsteuer aus dem Einkauf des Bootes zurück. Die Reparaturkosten bleiben gemäß § 15 Abs. 4a Nr. 1 UStG unberücksichtigt. Gemäß § 15 Abs. 4a Nr. 2 UStG kann S eine Vorsteuer entsprechend dem Verkaufspreis i.H.v. (3.000 € x 19 % =) 570 € berücksichtigen.

Sachverhalt 4

1. S erbringt eine Lieferung an H. Dabei handelt es sich um einen Leistungsaustausch nach § 3 Abs. 1 UStG. Da ein Entgelt vereinbart ist, ist nicht § 3 Abs. 1b UStG betroffen.
2. Der Lieferort befindet sich gemäß § 3 Abs. 6 Sätze 3 und 4 UStG im Inland. Die Lieferung ist steuerbar und
3. mangels Steuerbefreiung auch steuerpflichtig.
4. S schuldet die Steuer nach § 13a Abs. 1 Nr. 1 UStG.
5. Legt man das aufgewendete Entgelt gemäß § 10 Abs. 1 UStG zugrunde, beträgt die Umsatzsteuer 200 € x 19/119 = 31,93 €. Weil H die Schwester von S ist, also eine Angehörige i.S.v. § 10 Abs. 5 Nr. 1 UStG, ist grundsätzlich die Mindestbesteuerungsgrundlage aus § 10 Abs. 4 Nr. 1 UStG heranzuziehen. Dem Wortlaut zufolge ist der Wiederbeschaffungspreis von 400 € heranzuziehen, sodass eine Umsatzsteuer i.H.v. 76 € entstünde. Dabei bliebe aber außer Acht, dass S die Ware auch fremden Dritten verbilligt geliefert hätte. Da die Besteuerung nach der Mindestbemessungsgrundlage nur eine Steuerumgehung vermeiden will, ist es nach Sinn und Zweck sachgerecht, auf den üblichen Verkaufspreis abzustellen (BFH vom 07.10.2010, V R 4/10, DB 2011, 800). Diese Auslegung nach Sinn und Zweck geht dem Wortlaut des § 10 Abs. 4 Nr. 1 UStG vor (a.A. Abschn. 10.7 Abs. 1 Satz 5 UStAE). Die Umsatzsteuer berechnet sich daher auf 300 € x 19/119 = 47,90 €.
6. H nutzt die Maschine nicht für einen unternehmerischen Zweck. Sie ist nicht zum Vorsteuerabzug berechtigt.

Sachverhalt 5

a) Verkauf der Maschine

1. B1 nahm die Maschine letztlich nicht ab. Es kam zu keiner Lieferung durch K. Die Zahlung von B1 stellt nicht steuerbaren Schadensersatz dar.
2. Es kommt zu einer Lieferung von K an B.
   Der Ort dieser Lieferung ergibt sich aus § 3 Abs. 6 UStG, befindet sich also am Abholort bei S. Die Lieferung ist steuerbar und auch steuerpflichtig. Die Bemessungsgrundlage beträgt 200.000 €. K schuldet 38.000 € Umsatzsteuer.
3. B ist unter den Voraussetzungen des § 15 Abs. 1 Satz 1 Nr. 1 UStG zum Vorsteuerabzug berechtigt. Die Vorsteuer beläuft sich eigentlich ebenfalls auf 38.000 €. Der Abzug vermindert sich jedoch insoweit, als B von S einen Teil von deren Provision erhält. B wendet letztlich 238.000 € abzüglich 10.000 € (Provision der S: 200.000 € x 10 % = 20.000 €, davon die Hälfte = 10.000 €), also 228.000 € auf. Daraus errechnet sich ein Vorsteuerabzug von 228.000 x 19/119 = 36.403 €.
   Diese Minderung wirkt sich nicht auf die von K geschuldete Umsatzsteuer aus. Auch die von K ausgestellte Rechnung bleibt korrekt (Abschn. 17.2. Abs. 10 UStAE)

Vermittlung

1. S erbringt eine sonstige Leistung gemäß § 3 Abs. 9 UStG in Form einer Vermittlungsleistung (fremder Name, fremde Rechnung) an K.
2. Der Ort ergibt sich aus § 3a Abs.2 UStG und befindet sich steuerbar im Inland (Köln).
3. Die Vermittlung ist steuerpflichtig.

4. Steuerschuldnerin ist S gemäß § 13a Abs. 1 Nr. 1 UStG.
5. Die Bemessungsgrundlage beträgt 200.000 € x 10 % = 20.000 €. Die Umsatzsteuer beträgt unter Berücksichtigung des Regelsteuersatzes nach § 12 Abs.
   1 UStG eigentlich 3.800 €. Die Gutschrift des K an S lautet also auf 23.800 €.
   Da S aber 10.000 € ihrer Provision an B weiterleitet, verbleiben ihr letztlich nur
   13.800 €. Hierdurch vermindert sich entsprechend die Umsatzsteuerschuld auf
   13.800 € x 19/119 = 2.203 € (Abschn. 10.3 Abs. 4 UStAE).
6. K bleibt zum Vorsteuerabzug i.H.v. 3.800 € berechtigt, weil er laut Sachverhalt
   eine ordnungsgemäße Gutschrift gemäß § 14 Abs. 2 Satz 2 UStG ausstellt. In diesem Verhältnis bleibt die Weitergabe des Provisionsteiles unbeachtlich.

> ☞ **Hinweis!**
> Für den Fiskus bleibt die Provisionsweitergabe ohne Auswirkung: Die Umsatzsteu-
> er-Schuld der S vermindert sich um 1.597 €. Spiegelbildlich vermindert sich aber
> auch der Vorsteuerabzug des B um denselben Betrag.

b) Verkauf der Maschine

1. Es erfolgt eine Lieferung von F an B. Die Maschine wird gemäß § 3 Abs. 6 Sätze 3
   und 4 UStG in Frankreich geliefert, ist also dort steuerbar. In Frankreich könnte es
   sich um eine steuerfreie innergemeinschaftliche Lieferung analog § 4 Nr. 1b i.V.m.
   § 6a UStG handeln.
2. B erfüllt die Voraussetzungen des § 1a UStG. Er muss seinen innergemeinschaftliche Erwerb nach § 3d Satz 1 UStG in Dänemark versteuern. Gleichzeitig ist B
   dort analog § 15 Abs. 1 Nr. 3 UStG zum Vorsteuerabzug berechtigt. Weil B laut
   Aufgabenstellung unter seiner deutschen Id.-Nr. auftritt, ergibt sich nach § 3d
   Satz 2 UStG zusätzlich ein Erwerb in Deutschland. Solange B die Versteuerung in
   Dänemark nicht nachweist, muss er den Erwerb in Deutschland versteuern. Weil
   dies nicht systemgerecht ist, sondern nur eine Auffangregelung zur Absicherung
   der Besteuerung, kann B insoweit keine Vorsteuer nach § 15 Abs. 1 Nr. 3 UStG berücksichtigen – dies ergibt sich aus der Rspr. von EuGH und BFH, Abschn. 15.10.
   Abs. 2 Satz 2 UStAE und ist Teil des Gesetzestextes ab 2013.

Beförderung durch DS

DS erbringt eine sonstige Leistung an F, die nach § 3a Abs. 2 UStG nicht im Inland
steuerbar ist, sondern in Frankreich. Analog § 13b Abs. 1, Abs. 5 Satz 1, Abs. 7 UStG
kommt es zu einer Umkehr der Steuerschuld. F schuldet die entstandene französische
Umsatzsteuer. DS berechnet ihre Leistung, gibt gemäß § 14a Abs. 1 in der Rechnung
die französische USt-Id.-Nr. des F an, weist darin gemäß Abs. 5 Satz 2 und 3 UStG zwar
keine USt aus, aber darauf hin, dass F Steuerschuldner ist. (Nach der ab 2013 beabsichtigten Regelung ist die Rechnung bis spätestens zum 15. des Folgemonats nach der
Leistung zu erstellen.)

Vermittlung

Die Vermittlungsleistung von S an F ist nach § 3a Abs. 2 UStG nicht im Inland steuerbar. Auch insoweit kommt es zu einer Verlagerung der Steuerschuld in Frankreich
analog § 13b Abs. 1, Abs. 5, Abs. 7 UStG auf F.

c) Verkauf von Maschine 3

1. Der Lieferort liegt unter Berücksichtigung des § 3 Abs. 6 UStG in der Türkei. Den Lieferbedingungen entsprechend wird der Ort gemäß § 3 Abs. 8 UStG ins Inland verlagert. Hierdurch wird D zum Schuldner der Einfuhrumsatzsteuer und ist nach § 15 Abs. 1 Nr. 2 UStG zum Vorsteuerabzug berechtigt, da er im Zeitpunkt der Einfuhr noch verfügungsberechtigt ist.

2. Zugleich schuldet D nach § 13a Abs. 1 Nr. 1 UStG die Umsatzsteuer aus der Lieferung an B. Die Umsatzsteuer beträgt 10.000 € x 19 % = 1.900 €. Für D zuständig ist nach § 1 Abs. 1 Nr. 11 das FA Kassel-Hofgeismar.

3. B könnte entsprechend nach § 15 Abs. 1 Satz 1 Nr. 1 UStG zum Vorsteuerabzug berechtigt sein. Dafür müsste nach Satz 2 eine ordnungsgemäße Rechnung vorliegen, die den Vorgaben des § 14 Abs. 4 UStG entspricht. Hierzu gehört nach Nr. 5 die korrekte Bezeichnung der ausgeführten Leistung. Weil in der Rechnung die Lieferung einer anderen Maschine angegeben ist, entfällt daher ein Vorsteuerabzug.

4. D schuldet zusätzlich die Umsatzsteuer für die (in Wahrheit nicht erfolgte, aber) abgerechnete Maschinenlieferung nach § 14c Abs. 2 UStG (vgl. Abschn. 14c.2 Abs. 2 Nr. 3 UStAE). Ein Vorsteuerabzug findet insoweit nicht statt.

Vermittlung

Die Vermittlungsleistung der S richtet sich auch hier nach § 3a Abs. 2 UStG und erfolgt steuerbar am Unternehmenssitz des B. Die Vermittlung ist jedoch nach § 4 Nr. 5d) UStG steuerfrei.

Sachverhalt 6

Lieferungen

a) Reihengeschäft

Zwischen P, H und PB kommt es zu einem Reihengeschäft i.S.v. § 3 Abs. 6 Satz 5 UStG: Mehrere Unternehmer tätigen Lieferungen über denselben Liefergegenstand und dieser wird von einem Ende der Reihe (P) unmittelbar an das andere Ende der Reihe (BP) geliefert. Gemäß § 3 Abs. 6 Satz 5 UStG ist nur eine der drei Lieferungen bewegt, die andere ruht am Ort des § 3 Abs. 7 Satz 2 UStG.

b) Lieferung H an BP

Da H für die Warenbewegung verantwortlich ist, liegt der Sonderfall des § 3 Abs. 6 Satz 6 UStG vor. H ist ein mittlerer Unternehmer, der von P beliefert wird und selbst an BP weiterliefert. Nach § 3 Abs. 6 Satz 6 1. Alternative UStG wäre die Lieferung des P bewegt. Nachdem P aber bekannt ist, dass auch H sich als Lieferer betätigt, wird die 1. Alternative widerlegt und die Lieferung des H an BP gilt als bewegt (BFH vom 11.08.2011, V R 3/10, DStR 2011, 2047; EuGH vom 27.09.2012 C – 587/10, DStR 2012, 1917). Dasselbe Ergebnis ergibt sich aus den verwendeten Lieferklauseln, wenn man der Verwaltungsmeinung folgt (vgl. UStAE 3.14 Abs. 10 Beispiel, Lösung b)).

Der Ort der Lieferung des H ergibt sich aus § 3 Abs. 6 Satz 1 UStG. Er befindet sich am Abholort bei P. Die Lieferung ist steuerbar, aber nach § 4 Nr. 1b i.V.m. § 6a UStG steuerfrei.

c) Lieferung P an H

Die Lieferung findet gemäß § 3 Abs. 7 Satz 2 Nr. 1 UStG steuerbar im Inland statt. Weil es hierbei zu keiner Warenbewegung kommt, entfällt eine Steuerbefreiung aus § 4 Nr. 1 UStG. Die Lieferung ist steuerpflichtig.

d) Tätigkeit der BP

1. BP leistet an B.
2. Es handelt sich um eine Werklieferung gemäß § 3 Abs. 4 UStG. BP baut das selbst beschaffte Bauteil ein; dabei ist von einem Hauptstoff auszugehen.
3. Der Ort ergibt sich aus § 3 Abs. 7 Satz 1 UStG. BP hat ihre Leistung erst vor Ort bei B vollständig erbracht, wenn sie die Maschine in Betrieb nimmt.
4. Eine Steuerbefreiung ist nicht erkennbar.
5. **Umkehr der Steuerschuld**
   Da BP als englische Unternehmerin im Inland steuerpflichtig tätig wird, kehrt sich die Steuerschuldnerschaft nach § 13b Abs. 2 Nr. 1 (Werklieferung), Abs. 5, Abs. 7 UStG auf B um. Daher berechnet BP ihre Leistung gemäß § 14a Abs. 5 Satz 3 UStG zu Recht ohne Umsatzsteuer-Ausweis.
6. Vorsteuerabzug
   Gemäß § 15 Abs. 1 Nr. 4 UStG ist B zugleich zum Vorsteuerabzug berechtigt.

Sachverhalt 7

Architekt

1. A ist Unternehmer und leistet an S.
2. Es handelt sich um eine sonstige Leistung gemäß § 3 Abs. 9 UStG,
3. die gemäß § 3a Abs. 3 Nr. 1 Sätze 1 bzw. 2 c) in Ulm steuerbar ist.
4. Eine Steuerbefreiung nach § 4 UStG besteht nicht.
5. Gemäß § 13b Abs. 2 Nr. 1, Abs. 5, Abs. 7 UStG kehrt sich die Steuerschuld von A auf S um.
6. Die Umsatzsteuer beträgt unter Berücksichtigung des Regelsteuersatzes gemäß § 12 Abs. 1 UStG: 15.000 € x 19 % = 2.850 €.
7. Die Umsatzsteuer entstand gemäß § 13b Abs. 2 UStG mit Ablauf Juli 2011. Weil die Rechnung erst im Dezember ankam, ist der Folgemonat nach Leistungserbringung maßgebend.

S könnte nach § 15 Abs. 1 Satz 1 Nr. 4 UStG zum Vorsteuerabzug berechtigt sein. Dann müsste das Gebäude zu ihrem Unternehmen gehören. S beabsichtigte in diesem Zeitpunkt der Investitionsphase, das Gebäude teils unternehmerisch, teils unternehmensfremd (DG) zu nutzen. Da die unternehmerische Nutzung im EG, im 1. und 2. OG 3/5 beträgt, kann S das Gebäude gemäß § 15 Abs. 1 Satz 2 UStG insgesamt ihrem Unternehmen zuordnen.

Die Vorsteuer ist allerdings nur teilweise abziehbar:

- Für das Gebäude gilt § 15 Abs. 1b UStG, vgl. § 27 Abs. 1 UStG. Für den selbst bewohnten Gebäudeteil (2/5 DG) besteht daher ein Vorsteuerabzugsverbot.
- Die im Zeitpunkt der Herstellung im 2.OG beabsichtigte Vermietung an einen Arzt ist vorsteuerschädlich: Sie wäre steuerfrei gemäß § 4 Nr. 12a UStG und wegen § 9 Abs. 2 UStG keiner Option zugänglich.

Der Vorsteuerabzug bezieht sich also in dieser Phase auf das EG und 1. OG und beträgt 2.850 € x 2/5 = 1.140 €.

Gebäudeerstellung

1. B leistet an S.
2. Es handelt sich um eine Werklieferung gemäß § 3 Abs. 4 UStG; die in den Rohbau eingehenden Stoffe stammen von B.
3. Der Ort befindet sich – steuerbar – gemäß § 3 Abs. 7 Satz 1 UStG in Ulm.
4. Der Umsatz ist steuerpflichtig.
5. B schuldet gemäß § 13a Abs. 1 Nr. 1 UStG die Umsatzsteuer.
6. Die Umsatzsteuer beträgt gemäß §§ 10, 12 UStG insgesamt 50.000 € x 19 % = 9.500 €.
7. Die Umsatzsteuer entsteht gemäß § 13 Abs. 1 Nr. 1a Satz 1 UStG eigentlich erst mit Abschluss der Arbeiten. In Bezug auf die drei Vorauszahlungen (Anzahlungen) entsteht die Steuer gemäß § 13 Abs. 1 Nr. 1a Satz 4 UStG aber bereits zu je 1.900 € mit Ablauf der Voranmeldungszeiträume August, September und Oktober. [Erdaushub und die Erstellung der Geschosse sind keine wirtschaftlich selbständig nutzbaren Teilleistungen gemäß § 13 Abs. 1 Sätze 2 und 3 UStG, vgl. BMF 12.10.2009, BStBl I 2009, 1292, Erlasse § 13/1 unter II 2. „Wirtschaftliche Teilbarkeit", Aufstellung unter 15.]
8. Das Recht zum Vorsteuerabzug ergibt sich auch hier nach der Absicht, wie sie jeweils vorlag, als S gemäß § 15 Abs. 1 Satz 1 Nr. 1 Satz 3 UStG die Abschlagsrechnungen erhielt und zahlte. Hierbei ist zu beachten, dass S am 01.11.2011 ihre ursprüngliche Verwendungsabsicht geändert hatte. Ab diesem Zeitpunkt beabsichtigte sie eine nur noch zu 1/5 vorsteuerunschädliche Verwendung, die sich aus der Nutzung des EG herleitet. Der VSt-Abzug beläuft sich nach dem sogenannten Sofortprinzip aus den Abschlagszahlungen noch auf 3 x 1.900 € x 2/5 = 2.280 € und aus der Schlusszahlung auf 3.800 € x 1/5 = 1.266,67 €.

Umsätze ab 2012

EG: Hier erzielt S wie beabsichtigt vorsteuerunschädliche Umsätze.

1. OG und 2. OG: Es handelt sich um Vermietungsumsätze, die als sonstige Leistung zwar nach § 3a Abs. 3 Nr. 1 UStG steuerbar, aber nach § 4 Nr. 12a Satz 1 UStG steuerfrei sind. Der Augenarzt verwendet die gemieteten Räume zwar für sein Unternehmen i.S.v. § 9 Abs. 1 UStG, doch scheitert eine Option der S an § 9 Abs. 2 UStG.

DG: Hier entfällt ein Verzicht auf die Steuerbefreiung schon nach § 9 Abs. 1 UStG, weil die Anmietung nicht für unternehmerische Zwecke erfolgt und der Arzt als Mieter kein Zuordnungswahlrecht hat.

Berichtigung der Vorsteuer

Angesichts der tatsächlichen Verwendung des Gebäudes ist eine Berichtigung der Vorsteuer nach § 15a UStG zu beachten. Dabei erfüllt das Gebäude die Voraussetzungen des § 15a Abs. 1 UStG.

Es ergibt sich eine doppelte Berichtigung: Hinsichtlich der geänderten Verwendung im 2. OG kommt eine Berichtigung nach § 15a Abs. 1 UStG, hinsichtlich der geänderten Verwendung im DG eine Berichtigung über § 15a Abs. 6a UStG in Betracht.

Der Berichtigungszeitraum knüpft an die erstmalige Verwendung an. Um evtl. anstehende Berechnungen zu vereinfachen, wird das Ende des Berichtigungszeitraums durch § 45 UStDV auf ein Monatsende verschoben, hier auf den 31.12.2021. Spiegelbildlich beginnt der Zeitraum am 01.01.2012.

Die erstmaligen Verhältnisse sind aus der gesamten Investitionsphase abzuleiten:

	Vorsteuer insgesamt	Abzugsfähiger Anteil	
A	2.850 €	1.140 €	
B	9.500 €	2.280 € 1.266,67 €	
Gesamt	12.350 €	4.686,67 €	37,95 %

Die für den Vorsteuerabzug ursprünglich maßgeblichen Verhältnisse betragen 37,95 %. Die Verwendung in 2012 führt zu einer vorsteuerunschädlichen Verwendung von 20 % (EG). Die Änderungsquote beträgt 17,95 %. Sie ist gewichtig i.S.v. § 44 Abs. 2 UStDV. Die Berichtigung ist also durchzuführen. Sie beträgt gemäß § 15a Abs. 5 UStG: 12.350 € x 1/10 x 17,95 % = 221,68 €. S muss diesen Betrag zu ihren Lasten nach § 44 Abs. 4 Satz 1 UStG a.F. bzw. Abs. 3 Satz 1 UStG n.F. in ihrer Umsatzsteuer-Jahresanmeldung ansetzen.